The Great Cities in History

【ビジュアル版】
世界の歴史都市
世界史を彩った都の物語

The Great Cities in History

【ビジュアル版】
世界の歴史都市
世界史を彩った都の物語

ジョン・ジュリアス・ノーウィッチ［編］
福井正子［訳］

柊風舎

For Mollie – who did much of the work

The Great Cities in History
Edited by John Julius Norwich

Published by arrangement with Thames & Hudson, London.
Copyright © 2009 Thames & Hudson Ltd, London
This edition first published in Japan in 2016
by Shufusha Publishing Co., Ltd., Tokyo
through Tuttle-Mori Agency, Inc., Tokyo
Japanese edition © Shufusha Publishing Co., Ltd.

Printed and bound in China by Toppan Leefung Printing Ltd

p.1：
ロンドンの呼び売り商人。
Cries of London より

p.2：
シカゴの高層ビル

右：
ムガールもしくはデカン絵画より抜粋
（p.169 参照）

pp.4〜5 背景：
ウィーン全景。
G. Veith、多色石版画、1873 年

pp.6〜7 背景：
東京のネオン街

目　次

世界の歴史都市地図　8

メソポタミアからメガロポリスへ　10
ジョン・ジュリアス・ノーウィッチ

古代の世界　　18

ウルク　世界最古の都市　20
マルガリータ・ファン・エス

モヘンジョ＝ダロ　およびインダス文明　22
ロビン・カニンガム

メンフィス　古代エジプトの首都　24
イアン・ショー

テーベ　およびエジプトの黄金時代　26
ビル・マンレイ

ハットゥシャ　ヒッタイト帝国の拠点　32
トレヴァー・ブライス

バビロン　ネブカドネザルと空中庭園　34
ジョーン・オーツ

ニネヴェ　アッシリアの王宮と神殿　38
ジュリアン・リード

カルタゴ　フェニキアと古代ローマの都市　42
ヘンリー・ハースト

アテネ　民主政治の誕生の地　44
ベタニー・ヒューズ

臨淄　および戦国時代の中国の諸都市　48
W・J・F・ジェンナー

アレクサンドリア
プトレマイオス朝の地中海における中心都市　50
アラン・B・ロイド

メロエ　ヌビア地方の王家の都　54
ロバート・モアコット

エルサレム　ヘロデとイエスの時代　57
マーティン・グッドマン

ローマ　アウグストゥスの時代　60
ナイジェル・ポラード

紀元後の最初の1000年間　　66

テオティワカン　神々の生まれし場所　69
スーザン・トビィ・エヴァンス

ティカル　マヤ文明のるつぼ　74
サイモン・マーティン

コンスタンティノポリス
東方のキリスト教の首都　78
ジョン・ジュリアス・ノーウィッチ

メッカ　イスラームの聖なる都市　82
ドリス・ベーレンス＝アブーセイフ

ダマスカス　壮麗なるオアシスの都　86
バーナビー・ロジャーソン

長安　唐帝国の首都　90
ヴィクター・C・シオン

バグダード
およびアッバース朝のカリフたち　93
ドリス・ベーレンス＝アブーセイフ

コルドバ
スペインのイスラーム王朝の輝ける都　96
ドリス・ベーレンス＝アブーセイフ

中世の世界　　100

アンコール　クメールの栄光の都　102
マイケル・D・コー

パレルモ　中世のノルマン王国の至宝　109
ジョン・ジュリアス・ノーウィッチ

カイロ　イスラーム文明の中心地　112
ドリス・ベーレンス＝アブーセイフ

サマルカンド　ティムールの選んだ都　117
コリン・サブロン

パリ　ゴシック建築の頂点　120
クリス・ジョーンズ

リューベック　およびハンザ同盟の諸都市　124
ウィリアム・L・アーバン

クラクフ　北方ルネサンスの都市　127
アダム・ザモイスキ

ヴェネツィア　地中海の女王　130
ジョン・ジュリアス・ノーウィッチ

フィレンツェ　メディチ家の荘厳美　134
チャールズ・フィッツロイ

ベニン　西アフリカの祖先の都　138
パトリック・ダーリング

トンブクトゥ　砂のなかの都市　140
バーナビー・ロジャーソン

クスコ　インカ帝国の都　146
ブライアン・S・バウアー

テノチティトラン　アステカの湖上都市　150
スーザン・トビィ・エヴァンス

近代初期の世界　　154

リスボン　大航海時代の都　156
マリアン・ニューイット

ローマ
およびルネサンス期のローマ教皇庁　159
チャールズ・フィッツロイ

イスタンブール　スルタンたちの都　164
ジェイソン・グッドウィン

アグラ　タージマハルの都　168
エバ・コッホ

イスファハン
シャー・アッバースとサファヴィー帝国　172
スティーブン・P・ブレイク

北京　および紫禁城　176
フランシス・ウッド

京都　ここちよい庭園と朱塗りの宮殿　180
レズリー・ダウナー

プラハ　ルドルフ2世の魔法の都　184
コリン・アメリー

アムステルダム
およびオランダ共和国　187
サイモン・シャーマ

メキシコシティ
新世界のユートピア　192
フェリペ・フェルナンデス・アルメスト

ロンドン　ルネサンスから王政復古へ　195
A・N・ウィルソン

ストックホルム
およびスウェーデンのバルト帝国　200
チャールズ・フィッツロイ

ダブリン
およびジョージア期のエレガンス 203
トマス・バケナム

コペンハーゲン
およびノルディックの新古典主義 206
コリン・アメリー

サンクトペテルブルク
ロシアの西側の窓 209
コリン・アメリー

ウィーン およびハプスブルク帝国 213
ミーシャ・グレニー

エディンバラ
および「スコットランド啓蒙」の時代 217
マグナス・リンクレイター

近代都市の時代 220

モスクワ 王宮のない首都 222
オーランドー・ファイジズ

パリ ナポレオン3世とオスマン男爵 226
フィリップ・マンセル

ロンドン
ヴィクトリア女王から「ビッグバン」へ 230
A・N・ウィルソン

ブダペスト ドナウ川の架け橋 234
ミーシャ・グレニー

モントリオール
カナダをつくった反骨精神 236
ローリー・マクリーン

ワシントンDC イデオロギーの可視化 238
サイモン・シャーマ

バルセロナ カタルーニャの不死鳥 242
フェリペ・フェルナンデス・アルメスト

ニューデリー 石の象徴 246
ジェーン・リドレイ

ベルリン 噴火口のへりで踊った時代 250
ローリー・マクリーン

シカゴ アメリカのエンジン 254
ジェームズ・クノー

ロサンゼルス イマジネーションの文化 259
ケヴィン・スター

ブエノスアイレス 永遠の約束の都市 264
フェリペ・フェルナンデス・アルメスト

シンガポール ライオンの都 266
ジョン・キーイ

ニューヨーク 未来の眺め 270
ジャン・モリス & アレクサンダー・ブルーム

サンパウロ コーヒーと交易 276
エリザベス・ジョンソン

シドニー
バラックの町からグローバル都市へ 278
エリザベス・ファレリー

東京 たえず変化しつづける都市 281
レズリー・ダウナー

上海 中国のスーパー・シティ 286
ジョン・ギッティング

執筆者一覧 290
参考文献 292
図版出典 297
引用出典 298
索引 299
訳者あとがき 303

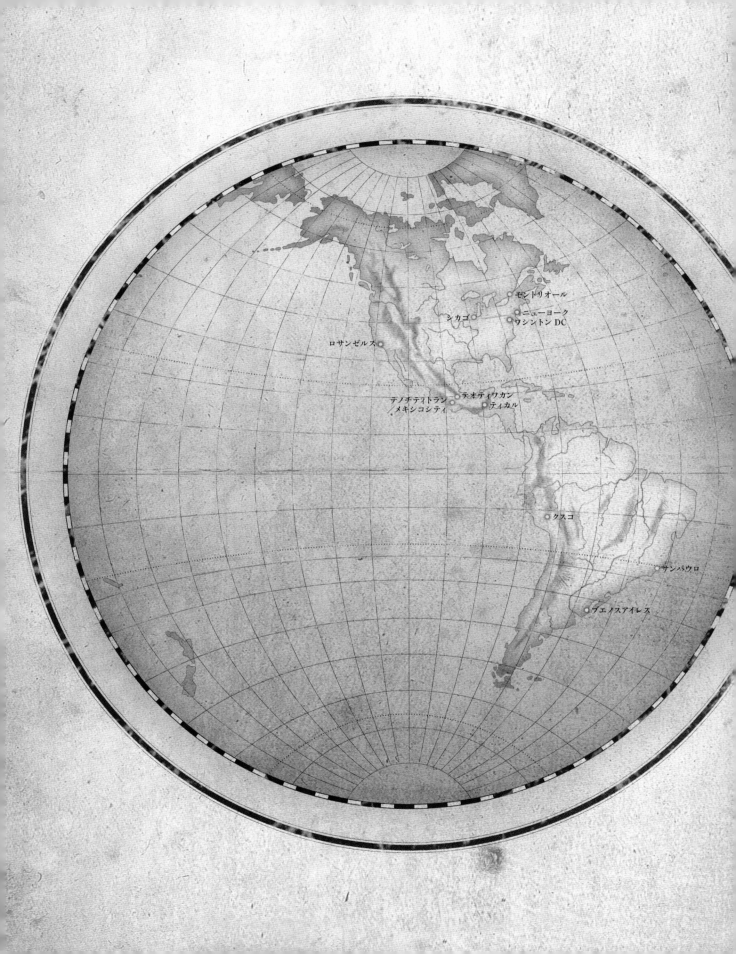

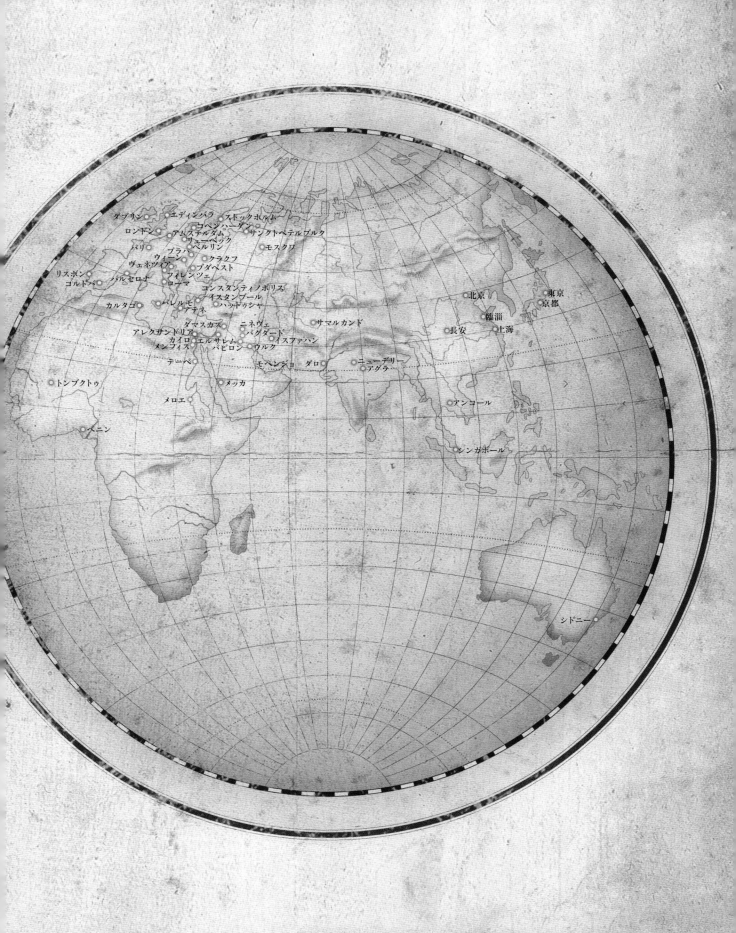

メソポタミアからメガロポリスへ

ジョン・ジュリアス・ノーウィッチ

◆歴史の大きなパラドックスに思えるが、町や都市は、農耕から誕生したといえる。種をまき穀物を育てることを知る以前の人々は狩猟・採集に依存し、初期の狩猟民たちは、1か所に留まることなく獲物を追いかける遊動生活を送っていた。たとえ獲物が豊富であっても、一緒に狩りをする仲間からなる数家族のグループが、別のグループのすぐ近くに住むようなことはなかった。一方、農業は、人々が一定の場所に集まって恒久的かつ安定した生活を営み、協力しあうことが求められる。紀元前8000年頃には、農耕の発達にともない家の建て方も進歩し、耕作地のそばに居住するようになった。それから何世紀もたち、村落共同体がしだいに大きくなって資金投入が増えると、いろいろな役割をになう建造物が個々に出現していった。それは神へ供犠をささげる社殿、支配者が政治をつかさどる王宮、蓄積された農産物の貯蔵庫、仕事をおえた人々が集まってリフレッシュする浴場や広間、外部と隔てる防御壁などである。ぜいたく品の需要に応じて交易や交換もおこなわれ、近くの海や河川が運搬に利用された。村が町になり、より大規模で重要な町は、ついに都市へ発展した。

そのなかできわだって大きな都市をテーマに扱ったのが本書である。第1章では、紀元前100年頃までの古代世界における都市を取りあげる。まさしく最古の都市といわれるメソポタミアのウルク（Uruk）、およびインダス流域のモヘンジョ＝ダロ（Mohenjo-daro）にかんしては、文字の刻まれた破片が散らばっているぐらいで都市の痕跡は地上に見あたらず、考古学者の発掘に頼らなければ何もわからない。本書で取りあげたメンフィス（Memphis）とテーベ（Thebes）については、建造物、絵画、彫刻、碑文などが残存し、古代エジプト文明のかたちをはっきり思い浮かべることができる。古代のアテネ（Athens）や帝政ローマ（Rome）も、幸運なことに当時の建造物が残り、かつ多数の優れた文学や文書がそろっているので、都市の外貌はどのようで、どんな人々がどんな生活を営んでいたか、はっきりと再現することが可能である。エルサレム（Jerusalem）は、特殊な都市の例といえる。ここには古代ギリシャやローマに匹敵する大きな建造物はないが、ユダヤ教徒とキリスト教徒の双方にとって（のちにはイスラーム教徒にとっても）、根源的な位置を占めており、偉大な聖典や文学が後世に残された。不幸な歴史にかかわらず、この都市は、世界のどこにもないオーラを発している。

次章では、紀元後最初の1000年間に花開いた都市について、さらに世界を広げてみつめていく。ティカル（Tikal）とテオティワカン（Teotihuacan）という2つの大都市は、中央アメリカにある。もう1つは中国で、唐王朝の首都、長安（Chang'an）である。イスラームの都市は4つ以上取

右ページ：アテネのアクロポリスの神殿群。古代ギリシャそしてとくにアテネは、現代にいたるまで世界じゅうのさまざまな都市で模倣され、永遠に感化しつづける建築様式の源泉となった。

下：テーベの墓の壁画をもとに、詳細に模写した古代エジプトの農耕シーン。ナイル川の毎年の氾濫のおかげで、砂漠地方に農耕が生まれた。そして農耕は大勢の人々が集まって都市を形成、維持することを可能にした。

ジョン・ジュリアス・ノーウィッチ

上：テームズ川の河川交通は、何世紀にもわたって、交易の大動脈であると同時に、もっともたやすくロンドンに旅行できる方法であった。1666年の大火以後、ロンドンは建築上の大改革をとげたが、それ以前は、シェイクスピアの作品で知られるような過密でゴミゴミした街であった。

右ページ：上左：近代のメキシコシティは、アステカ帝国の首都テノチティトランの廃墟の上に築かれた。征服者は徹底した目的意識をもって過去を消し去り、ヨーロッパ風の新都の建設に邁進した。上右：現在のカイロの路地や裏通りの多くが、中世のマムルーク朝の時代の雰囲気を残している。下左：ダマスカスの大モスクはビザンティンのモザイク職人の超絶技巧と、イスラームの霊感と伝統とが結び付いている。下右：明朝北京の中心であった紫禁城の黄金色に輝く瓦屋根。黄色は王室だけに許された色であり、龍は皇帝のシンボルであった。

りあげる。アラブ・ムーア人文化の優位さが歴然としていた時期が何世紀もつづき、北ヨーロッパはいまだ暗闇のなかであった。キリスト教の都市にあげたのは、唯一コンスタンティノポリス（Constantinople）である。コンスタンティヌス大帝によって紀元330年頃に創設され歴史的には遅れて登場したが、建設当時から東ローマ帝国の首都であり、1204年に第4回十字軍による大惨害をこうむるまでほぼ1000年間、地中海東部の中心として繁栄した。

中世期は紀元1000年から1500年までとし、本書で取りあげる地理的な範囲はさらに広がる。すなわち、北はリューベック（Lübeck）とハンザ同盟の諸都市、南はカイロ（Cairo）とパレルモ（Palermo）、ベニン（Benin）、トンブクトゥ（Timbuktu）、東はクラクフ（Kraków）、サマルカンド（Samarkand）、アンコール（Angkor）、そして西はコロンブス以前のアメリカ大陸の2つの大都市を扱う。アステカ王朝のテノチティトラン（Tenochtitlan）は、のちにメキシコシティの地下に埋もれてしまった都市で、クスコ（Cuzco）は、標高3400mに位置する驚嘆すべきインカ帝国の首都であった。これらの都市を比較しあうことは難しく、とくに両者の地理的、文化的な距離があまりにも隔たっていれば不可能である。中世の世界がどのくらいの人口を有していたかも推定できず、多くのことが謎に包まれている。はっきりしているのは、そのころの旅はゆっくり進み、遠くかけ離れた世界との接触はなく、いまだ緯度の計測もできない原始的な航海術に頼っていたことである。ヨーロッパはともかく、本書で取りあげた都市のほとんどは互いの存在を知らない状況であった。

しかし、15世紀の最後に突如めざましい進展がはじまった。1492年クリストファー・コロンブスが新大陸を発見し（たぶん再発見であった）、わずか1、2年後にヴァスコ・ダ・ガマが喜望峰（ケープ岬）を経由するヨーロッパ－インド航路をひらいた。それ以降、船はロンドンやハンザ同盟都市を出航して最終港のボンベイや香料諸島（モルッカ諸島）で載荷をおろし、新しい荷を積みこむという交易に取って代わった。もはや紅海やペルシャ湾で貴重な積み荷を海賊たちに略奪されるおそれはなくなり、中央アジアのステップを往復する旅に3、4年をかけたラクダの隊商にゆだねる必要もなくなった。これは、地中海地域が衰退する運命に拍車をかけた。1453年にオスマン帝国によってコンスタンティノポリスが陥落した動揺で、ヴェネツィアや地中海沿岸の商業港はすでに深刻な状況にあった。一方、スペインとポルトガルにとっては喜ばしいことであった。とくにボルジア出身のローマ教皇アレクサンデル6世が就位すると、トルデシリャス条約が締結され、スペインとポルトガルの2国間で新しく発見された南アメリカ大陸の地図を線引きし、分割統治することになった。

したがって「近世初期」は、それ以前の世界とひじょうに異なる。水平線のかなたをめざして、造船や遠洋航海の技術が飛躍的に進歩した。以前と比べて可能性が限り

12　メソポタミアからメガロポリスへ

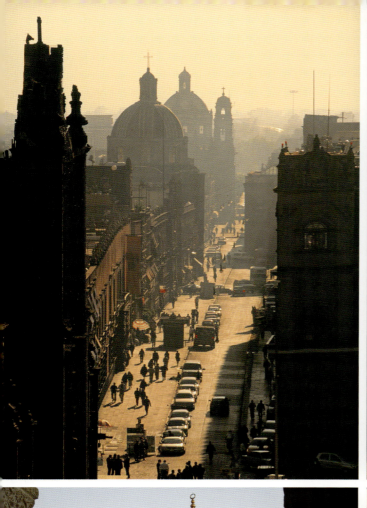

ジョン・ジュリアス・ノーウィッチ

上：ヴェネツィアの繁栄の一端は、うわべは有望性にかける ラグーナ（環礁に囲まれた海）の浅瀬という特異な地理に負っている。ラグーナのおかげで外敵から安全に守られ、名だたる海洋帝国の基点を築き上げることができたのである。グローバルな交易の構図は変化したが、今なおヴェネツィアは世界でもっとも美しい都に数えられている。

なく広がった時代であり、あらたな帝国が形成されていった。オスマン帝国によって、コンスタンティノポリスはビザンティンに置きかわった。ウィーン（Vienna）がハプスブルク家の権力の中心都市になった。ロシアは統一され、18世紀初頭にピュートル大帝はサンクトペテルブルク（St. Petersburg）へ首都を移した。東方諸国では、イスファハン（Isfahan）、アグラ（Agra）、北京（Beijing）、京都（Kyoto）などの都市が繁栄した。新世界を制圧したスペイン帝国は、アステカのテノチティトランのあとにメキシコシティ（Mexico City）を建設した。さらにこの時期は、宗教上の絶対的権威であるローマ教皇庁によって、その並はずれて荘厳なルネサンス・ローマ様式が花開いたのである。ロンドン（London）とエディンバラ（Edinburgh）も近代初期に登場し、18世紀にエディンバラは「スコットランド啓蒙」とよばれる驚くべき学芸・文化の爆発を生んだ。

そしてついに「近代都市の時代」にいたる。本書ではその幕開けを1800年頃としたが、取りあげた都市は何百年にもわたっているので時間軸で区切るのは無理であり、きちんと年代順に並べたわけではない。産業革命がだいぶ進み、田舎から都会へ大量の人口移動が生じた結果、大都市が出現した。ロンドンとパリ（Paris）は、1850年代後半を取りあげる。どちらも劇的変化が進行した時代である。たとえば、ロンドンの爆発的な人口増加を可能にしたのは、公衆衛生が大きく改善されたからである。また、パリは、ナポレオン3世とオスマン男爵によって抜本的な大改造がおこなわれた。北アメリカはこの時代まで目立たなかったが、カナダではモントリオール（Montreal）、合衆国ではニューヨーク（New York）、ワシントン（Washington）、シカゴ（Chicago）、ロサンゼルス（Los Angeles）の輪郭がはっきりしてきた。電動式エレベーターの発明によってつぎつぎに摩天楼が築かれるようになり、あっと驚く斬新な光景が出現した。本書では、さらにパナマ海峡を南下し、ブエノス

ジョン・ジュリアス・ノーウィッチ

アイレス（Buenos Aires）とサンパウロ（São Paulo）、そしてヨーロッパでは、バルセロナ（Barcelona）、ベルリン（Berlin）、ブダペスト（Budapest）に目を向ける。またアジアでは、ニューデリー（New Delhi）、シンガポール（Shingapore）、上海（Shanghai）、東京（Tokyo）、さらにオーストラリアのシドニー（Sydney）を取りあげる。

ところで本書における都市の選択には、当然説得性がなければならない。たとえば、トンブクトゥがトロントよりも、メロエ（Meroë）がメルボルンよりも選択に値すると主張して本当によいだろうか。

選ぶ基準は、本書の題名（*Great Cities in History*）にあるように「歴史」における重要度にかかっている。たとえば13世紀と14世紀当時のトンブクトゥは、西洋ではほとんど無名であったかもしれない。だが、じつは3代つづいた帝国の要都であり、中世期の都市にあげるのは適切な選択といえる。

歴史好きの読者にとって、この本はまさに都市の歴史を描いたものといえる。しかし、何にもまして「人々」にかんする書であり、それぞれの都市の芸術や建築、交易や商業、旅行や探検、経済や都市計画などについて述べたものである。それぞれの都市の住民はいったいどんな仕事や遊びをして暮らしていたか、どのような信仰をもっていたか、そして、近接した家どうしが日々どのように調和と協調をはかって過ごしていたか？　こうしたことがらは、都市に生きる人々自身が、何世紀もかけて挑みつづけてきた最大の社会的テーマにほかならない。

上：電動エレベーターの発明をはじめテクノロジーやエンジニアリングの進歩が、摩天楼の出現を可能にした。こうした建築学的に画期的な事業は、とくに第2次世界大戦前後のニューヨークと関連しておこなわれた。

次ページ見開き：シドニーは、天然の良港の周囲を基盤とし、創設200年を過ぎたばかりで、掘っ立て小屋の小さな町がグローバル都市へ成長をとげた。現在は都市のシンボルとなっているオペラハウスは、1960年代の莫大な建設費用に苦慮する地方政治家たちにとって厄介の種であった。

メソポタミアからメガロポリスへ　15

古代の世界

◧たぶん半世紀も前のことだが、私は、エジプトの上空を飛んだとき、下に広がる光景が自分の手にしていた地図とそっくりであった驚きをよくおぼえている。眼下にナイル川が流れ、その細い線の脇腹に、鮮やかな緑の幅広い帯が横たわっている。そして、帯の向こうは、黄色い砂地以外何もみえず、水平線のかなたに消えていく。私はその日はじめて、雨がめったに降らない砂漠の民にとって、河川がすべてなのだと実感した。大昔の時代、川は、畑の灌漑用水だけではなく、主要な伝達手段であった。大きな道路は事実上存在しておらず、唯一の効果的な輸送方法が河川であり、船は、かなり重い荷物でも運ぶことができた。本章で扱う最古の文明化した都市、ウルク（Uruk）には、幅が広く雄大なユーフラテス川があり、どんな貴重な天然資源よりも水の豊かさが都市の生活を支えた。このことは、メロエ（Meroë）とモヘンジョ＝ダロ（Mohenjo-daro）についても同様で、ニネヴェ（Nineveh）やバビロン（Babylon）、古代エジプトの２大都市であるメンフィス（Memphis）とテーベ（Thebes）についてもあてはまる。もしティグリス・ユーフラテス川とナイル川がなかったら、古代世界はわびしいものであったにちがいない。

頼りとなる大河がなくても文明を築くことができた都市は、適度な降雨量に恵まれ、海岸沿いに位置している。アテネ（Athens）とカルタゴ（Carthage）がその明白な証しである。しかし海は、川に比べてかなり高度な航行術が必要で、紀元前1500年以前に海を渡るのに適した船はほとんどなかった（ホメロスの叙事詩によれば、オデュッセウスは、トロイを出てイサカに着くまでの航海の旅に10年もの年月を要した。ただし、当時でも記録的な長旅であったと思われる）。一方、川の都市は、海の都市よりもはるか昔に成立した。たとえばウルクは、アテネが誕生したときすでに3000年以上の歴史を有していた。

もっともアテネは、地中海沿岸の都市でもある。紀元前6世紀以前からは造船の技術もすすみ、アテネや海岸近くで暮らす人々が、地中海を航行する危険度は減り、まるで橋を渡るのと変わらなくなっていた。アテネとアレクサンドリア（Alexandria）には親しい絆が培われた。ただし、ローマとカルタゴ（Carthage）の友好関係は、チュニジアに故地をもつカルタゴがイベリア半島の植民都市カルタヘナに重要な拠点を築くと、紀元前３世紀にポエニ戦争をくり

かえして消滅した。エルサレム（Jerusalem）は、海というより山の都市であるが、海へすぐに到達できる位置にある。例えば、『列王紀上』には、フェニキア人の都市国家チュロス（ティール）の王ヒラムが、ソロモン王の神殿建設のために木材と熟達した職人を送ったことが記されている。紀元前63年のポンペイウスによるパレスティナの征服後、エルサレムはローマ帝国すなわち地中海世界の一部になった。

紀元前５世紀から紀元前３世紀までつづいた中国の戦国七雄時代の諸都市は、領域や組織において当時おそらく世界最大であっただけでなく、別の理由でも驚かされる。というのは、都市が繁栄するには「平和」を主要な条件にあげるのがふつうだが、中国では都市拡大をうながす前提が、「戦争」にあったからである。ヒッタイトがハットゥシャ（Hattusa）に建設した岩の要塞もまた、軍事力を基盤においた都市といえる。

古代人の風習はさておき、こうした古代都市に共通していたことは何だろうか？　どの都市も時代が若いということ以外、共通点はほとんどみられない。もっとも早く出現した都市には、書物のたぐいはなかったし、現在では当然とされるものもまったく知りえなかった。すべて自分たちで発見していかなければならなかった。ただし農業についてはかなり理解していたし、彼らを魅了した天文学（占星学）は、航海にくりだす助けになった。青銅器時代に由来する都市は、ごく初期の都市をのぞき、しだいに鉄器時代へと重要な転換を果たしていった。都市で暮らす人々はみな例外なくあることに誇りをもっていた。すなわち、自分たちが都市を築いたという自負であり、古代社会におけるたいへんな偉業であった。

右ページ：狭い通路に泥レンガの建物が連なるインダス川流域のモヘンジョ＝ダロ。この都市は、格子状の道路で同じ大きさの区画に仕切られており、それぞれに浴場や下水路が整っていた。市街計画において卓越したこの都市が、どうして廃墟となったのかは不明である。

ジョン・ジュリアス・ノーウィッチ

ウルク
Uruk

世界最古の都市

マルガリータ・ファン・エス

◆紀元前3000年の初め、ウルクは、現代のバグダードから南へ約300km離れたユーフラテス川とティグリス川によるデルタ地帯の北側に位置し、推定人口3〜5万の繁栄した都市であった。城壁に囲まれた面積は5.5km²で、当時世界最大の都市として、近隣および遠方の国家や都市と、政治や交易の相互関係を維持していた。ウルクは、みごとに組織化された都市行政と記念碑的な大建築物で有名であり、とくに最古の文学作品の1つとされる「ギルガメシュの叙事詩」のなかで賛美されて登場する。ウルクのギルガメシュ王は、紀元前27〜26世紀に実在した為政者であったとされ、叙事詩における彼の英雄譚は、同時に古代の出来事を反映しており、王国がきわめて洗練された域にたっしていたことを示している。

ギルガメシュ在位時、ウルクはすでに1500年の歴史を経ていたと考えられ、メソポタミア南部の厳しい生活条件のなかでうまく適応しつづけた。ただし、中東のどこか別の地域には、もっと古くから人が定着していた村落社会が存在し、ウルクのようにティグリス・ユーフラテス川流域の沖積土の平原や、湿原の多い地域に人が住みついたのは、紀元前5000年頃にすぎないと考えられている。デルタ周辺は気温が高すぎるうえ、しばしば洪水をおこす河川の管理が難しかったのである。

デルタ地域での安全な社会生活は、河川をコントロールできる高度に発達したシステムがなくては成り立たない。このシステムには、まず近隣の、そしてやや離れた集落と合意をはかる必要があり、集落と畑がかかわる同意の取り付けを専門に扱うことのできる交渉人を必要とした。ウルクは、紀元前3500年頃にはすでに大きな中心都市であったことが考古学的に検証されており、有能な政治、ととのった宗教儀式、公共建築物など、都にふさわしいすべての特徴をそなえていた。確実に食物供給をになえる農民、衣服、陶器、道具類を大量に製造する職人、さらには都を美しく飾るための工芸品をつくる芸術家も存在した。

南メソポタミアは、天然資源に恵まれていなかったため、トロス、ザグロス、レバノン山系から産出される木材や金属類を、アフガニスタンのような遠方から半貴石やラピスラズリなどを輸入する交易がかなり発達した。社会階層は複雑化し、さまざまな専門職や行政官、軍人、神官が

ウルクの城壁に登り、前後に歩いてみよ! その基盤を探り、レンガ造りを調べてみよ! いにしえの七賢が横たわっていなかったか? 1マイル四方の市街地、1マイル四方のナツメヤシ林…等々。それに0.5マイル四方のイシュタルの神殿。さよう、ウルクは、3.5マイル四方もの広大な領域を占めている。

（ギルガメシュの叙事詩、紀元前3000年紀）

力を強め、自然界を観察する科学者や天文学者が育った。紀元前3200年頃に生まれた世界最古の文字は、役人が会計簿をつけるために使用したといわれる。

ウルクの初期の公共の建物は、全体の大きさや豪華な装飾が映えるように人工の段丘の上に設けられた。かなり遠くからでもよく目立つので、見た人はウルクの富と力をまざまざと知ることになる。紀元前3000年頃、都の中心部はまったく新しいデザインに改造された。真ん中に築かれた大神殿には、愛と戦争の女神イシュタルが祀られ、神殿の周囲にはやや質素な建物が並び、祭礼を施行する広場をともなっていた。

都が栄えるにつれ、面積もしだいに拡大した。おそらくギルガメシュ王の時代に、900か所を扶壁（バットレス）で補強した全長11kmにたっする城壁が築かれた。城壁の建設は、川の水を引きこんで利用できる運河の工事をともなった。結果的に都市域の周囲や内側に大小の水路が網目状にはりめぐらされ、交通も便利になった。この画期的な運河のスケールの大きさや精巧さによって、ウルクの名声は2500年間確固たるものであった。

紀元4世紀まで、ウルクの中心部には人々が居住し、都として、また宗教上の要所として、依然重要な位置を保持していたが、その後、過去の政治的な威力を取り戻すことは2度となかった。そして今はイラクの人里離れた砂漠で廃墟と化している。

右ページ：ウルクは、ユーフラテス両岸の小規模な集落から発達したので、2つの聖所をもっていた。のちにイシュタル神を祀る神殿が宗教上の主な中心地となったにもかかわらず、昔からここにある天上の神アヌの聖所もつねに人々の崇拝を集めた。てっぺんにその跡をとどめる有名な高い段丘は、紀元前4000年紀の終わりまでさかのぼることができる。

マルガリータ・ファン・エス

ウルク

モヘンジョ=ダロ
Mohenjo-daro

およびインダス文明

ロビン・カニンガム

◆紀元2世紀、熱心な仏教信徒たちは、インダス川の畔でみつけた大昔の廃墟に残っていた大量のレンガを再利用して僧院を建てた。それから400年で放棄されたこの僧院のあった場所こそ、のちに有名になった現パキスタンのモヘンジョ=ダロ、すなわち「死者の丘」である。考古学者のR・D・ベナルジが1921年に発掘をはじめたのは、その丘全体が歴史的に重要な遺跡だと信じたからだが、出土した印章に刻まれた文字をみて、その前年にハラッパ遺跡で発見された未解読の文字と同じものであることがすぐにわかった。まもなくして本格的な調査にあたった英国の考古学者ジョン・マーシャル卿は、400km離れた双方の遺跡の類似点をあげつつ、インダス流域にこれまで知られていなかった青銅器時代の文明が存在したことを確証した。

インダス文明は、紀元前2500年から紀元前1900年の間、およそ50万km²もの範囲で栄えたとされる。そのうちモヘンジョ=ダロはもっとも保存状態がよく、200ヘクタールを占める最大の遺跡であるが、発掘調査はあまり進んでいない。紀元前3500年頃、丘陵地域の農耕民と牧畜民が、インダス川の氾濫原に移り住んで定着したのがはじまりとされる。この古い層は今では地下数メートルのところに水没している。したがって、先祖たちが暮らした痕跡は覆い隠されたまま、最後の600年間にあたる層が発掘されたにすぎないが、青銅器時代のモヘンジョ=ダロは都市計画のもとにつくられており、街路の跡が当時の青写真を伝えている。建設にのべ400万人の労働力を要したと考えられるこの都は、細かい堆積土による2つの巨大な高台（プラットフォーム）を築き、表面をレンガで覆って補強した構造であった。

2つの高台のうち、広いほうの区域が「下の町」で、町は、幅の広い道路で碁盤目状に仕切られ、それぞれが近くの井戸を利用

ティリンスやミュケナイにおけるシュリーマンや、トルクメニスタンの砂漠におけるシュタインのように、長く忘却されていた遺跡を世の中に知らすことのできた考古学者はめったにいない。にもかかわらず、我々は今、明らかにインダス川の流域における革命的大発見の瞬間に立っている。

（ジョン・マーシャル卿、1924年）

できるように、わき道や小道が中庭に面した個人の家の入口と通じるように作られた。多くはきわめて等質的だが、平均より大きい建造物の跡も少数存在し、それらはおそらく住居以外の機能を果たしていたと思われる。簡単な構造の区画は、奴隷や浮浪者の家にあてられていたのかもしれない。出土品から、大半の家庭が、貝殻、石、陶器、金属品を扱う仕事に従事していたことがわかる。この町に共通してみられる特徴は、沐浴場が普及していたことで、網の目状に排水路がはりめぐらされ、排水は狭い溝を通って、細砂のろ過装置によって市内の主要道路わきを流れるようになっていた。沐浴は宗教的な習慣として日常化しており、こうした大がかりな設備投資は、沐浴用の水の確保と少ない年間降雨量への対処法であったと考えられる。

「下の町」は、均一にまとまっているのが特徴だが、西隣の「城塞」とよばれる区域は、独特の建物跡によって大きく異なっている。「大浴場」の遺構は別格で、縦横12×7m、深さ2.4mもある大浴槽は、瀝青（天然のアスファルト）を塗りこんだ防水加工が施され、列柱の中庭に囲まれている。鏡面のように磨かれた通りに面した大浴場への細い入口は、浴場へのアクセスが制限されていたことを示す。2番目に目をひく建造物の跡は、西側に並ぶレンガの壁で、これははじめ床下暖房装置と考えられたが、モーティマー・ウィーラー卿はのちに、公共の穀物倉とした。というのは、ロタール遺跡（インド）でそっくりの構造をもつ建造物がまさしく貯蔵庫の役目を果たしていたことが証明されたからで

左：「下の町」から出土したステアタイト（滑石）の胸像。刈りそろえたあごひげの男性が、左肩で止めた筒衣を身につけ、額と右腕に環状のアクセサリーを巻いている。彼の身体を飾るこの筒衣は裾まであり、三つ葉を彫った模様にはかつて象嵌細工が施されていたとみられる。高さ20cmにみたないが、威厳のある落ち着いた表情と、額の環飾りや神性を意味する三つ葉模様と合わせると、「祭祀的な王」の像と考えられる。

ある。丘の南端には、四角いレンガの柱が5本ずつ4列に並ぶ900m²の広間があり、最大の面積を占める。しかし、こうした巨大な遺構があるにもかかわらず、王宮、寺院、王家の墓のたぐいがみられないのは、大きな謎である。ただし、モヘンジョ゠ダロのそうした等質的な特徴は、インダス文明がメソポタミア文明に比べ、社会的な階層分別が少なかったことを明らかに示している。

モヘンジョ゠ダロ遺跡の発見以来、学者たちは、今から約4000年前になぜ滅亡してしまったのか、その理由を追求してきた。外部からの侵略を主原因とする説や、天災に見舞われたことを指摘する別の説もある。しかし、ゆっくりと終焉を迎えた可能性もある。住民たちはモヘンジョ゠ダロの郊外へじょじょに移動していったと考えられ、川の流れが町から離れたところに変わってしまったせいで、毎年肥沃な土をもたらしてくれた氾濫農耕ができなくなったという。モヘンジョ゠ダロは、都市計画のユニークな実践都市であり、この地に別の都市社会が再生したのは、さらに1000年以上を経たのちであった。ただし、2度と過去の統制のとれた形態が取り戻されることはなかった。

上：大浴場は、インダス文明で知られる最大かつ堂々たる構造物であり、井戸から水を引きこんでいた。インダス下流の半乾燥の土地では、すばらしい奇跡の出現であったにちがいない。またほとんどの家が、それぞれ沐浴台をそなえていることから、ジョン・マーシャル卿は、モヘンジョ゠ダロでは、水浴は「宗教的な勤行」とみなされていたにちがいない、としている。

モヘンジョ゠ダロ　23

メンフィス
Memphis

古代エジプトの首都

イアン・ショー

◆ メンフィスは、異常なほど墓地に囲まれた都市である。ギザの大ピラミッド、サッカラの階段ピラミッド、そして聖なる動物のネクロポリスやセラペウムの地下埋葬所などの保存状態は良好で、これらの遺跡のほうが市街地の道路、住宅、神殿、王宮、市場より有名である。しかしメンフィスは、ファラオの時代のはじまり（紀元前3000年頃）からアラブによる征服（紀元641年）まで、3500年間の大半においてエジプトの首都であり、政治的な活力の源であった。そして、最後はカイロ（p.112参照）に取って代わられる。古代エジプトのほかの多くの市や町と同様、メンフィスも市街地の遺跡は墓地ほど残っておらず、考古学者も大して注意を払ってこなかった。メンフィスの遺跡の範囲は、4km²におよんでいるが、住居の区画はほとんど破壊されてしまったか、ミトラヒナやアル＝バドラシェーンといった現在の村の地下に埋もれている。

地勢的にナイル・デルタの三角点に位置する都市は、デルタ地方（下ナイル）とナイル河谷（上ナイル）の両方を支配するのに適っており、「両地域の均衡する場所」として知られていた。最初に記録されたこの都市の名前はイネブ＝ヘジで、「白い壁」とか「白い要塞」を意味しており、おそらく古代の王が築いた堅固な要塞がまぶしく輝いてみえたことによる。この最初の町は、現在のアブシル村の付近が故地で、その後しだいに南方へ居留地を移していったと考えられている。

メンフィスの遺跡は、新・旧カイロの郊外の近くにあり、はげしく損壊しているものの、1800年代初期から今日まで、氏神プタハを奉じた大神殿からなる遺跡群も含め、神殿、宮殿、個人邸宅の遺構の断片をつなぎ合わせる作業がじょじょに進んでいる。この都市が拡大したのは、サッカラ埋葬地（ネクロポリス）における王家代々のピラミッドの建設地が西側へ伸びつづけたことが大きく影響したと思われる。新しいピラミッドの建設が始まると、都市の地理的中心がゆっくり移動した。古王国時代の終盤には、第6王朝の初代テティ王のピラミッドの建設と結びついて、もっと南の郊外にディジェド＝イストを中心に町や宮殿の都市が生まれ、イネブ＝ヘジは失墜したようにみえる。しかし、イネブ＝ヘジは、メン＝ネフェル（「整備されて美しい」という意味）、すなわちペピ1世（在位紀元前2321～2287）のピラミッドの建設に関連した都市の一画であった。そし

つぎに、初代の王メネスは、乾燥した土地を欲し、かくのごとくナイルの流れを曲げると、そこに今ではメンフィスとよばれる都市を最初に築いた。

（ヘロドトス、紀元前5世紀）

て、メン＝ネフェルからメンフィスという語が生まれ、後世にはこの都市全体をさす名称になった。

のちに、メンフィスについては、町の創建者かつ半神話上の王国の最初の支配者とされるメネス王の名前に由来するとした別の解釈もある。エジプトの歴史学者マネト（紀元前305～285頃）によると、メネスは、「2つの土地」の統一を果たし、エジプト国を創始した。多くの学者が、この伝説の支配者メネスは、記録が多く残っているナルメル王と同一人物であると考えている。ナルメル王の系譜はよくわかっていないが、ギリシャの作家ヘロドトスは、メンフィスの町だけでなく排水設備を整えたのも彼の功績だと信じていた。最近、ナルメルが「メンフィテ（メンフィス人）」を意味していた可能性も浮上し、メンフィスを首都として創建し、かつ上ナイルと下ナイルを統一した人物としても見直されつつある。古代エジプト人は、彼を最初の人間の支配者であるとし、それ以前の王位は半神化してとらえていた。

少なくとも新王国時代以降、メンフィスの中心にプタハ神を奉じる広大な神殿が君臨していた。ただし、かつて勢力を競いあったにちがいないテーベ（p.26参照）のカルナックのアメン神殿と比べて、遺物はごくわずかである。プタハは、妻であるライオン頭の女神セクメトおよび息子のロータスとともに、メンフィスの3柱神をなす。主神であるプタハ自身は、ふつうミイラの姿で、両手は亜麻布の包衣からはみ出し、剃った頭にぴったりしたキャップをかぶっている。「エジプト」という名称は、メンフィスのプタハ神殿の1つであった「フウト・カ・プタハ」を、ギリシャ人たちがなまって「アイギュプトス」と発音したことによるとされる。神殿の建物の一部は、旧王国時代のピラミッドのレンガが使われ、サッカラから運んできた。また、建物の本体構造に、中王国時代の支配者アメンエムハト3世（紀元前1855～1808）時代のリンテル〔まぐさ石：出入口の上に水平に渡した石のこと〕などを再利用した部分もみつかっており、メンフィスの地で、もっと古い時代のものが今後も発見される可能性がある。

近代になって、メンフィス遺跡を訪れる一般客にとって最大の呼び物は、新王国時代の支配者であったラムセス2世の横倒しになった巨大像と、アラバスター・スフィンクス像であるが、神殿の遺跡は地下水の上昇で水浸しになっていることが多い。ラムセス2世を継承したメルエンプタ

24　古代の世界

ハ（紀元前1213〜1203）の王宮の遺跡は、小規模なプタハ神殿とともにコムカラ地区で発見された。ナイル川の流れが現在の位置に向けて東へと変わるので、ファラオの力が絶大だった期間中は、住宅や神殿も南と東の方向へしだいに広がった。それゆえ、初期のメンフィスの遺物は、現在ナイルの堆積土の分厚い層の下に横たわっているはずで、大半は水面下に埋もれている。

プタハ神の生ける具神とされるアピス牛にミイラ加工を施すための作業場は、第22王朝のシェションク1世（紀元前945〜924）によってメンフィスに建設された。これは以前の建物の改築であったと思われ、トラバーチン〔独特な文様の大理石の一種〕の巨大な加工用テーブルなどを今でも見ることができる。アピス牛が死ぬたびに、国をあげて服喪の儀礼をおこない、死骸にミイラ処理を施したのち、セラペウムの名で知られる地下埋葬室に据えた花崗岩の大きな石棺に埋葬された。そのさいは、聖なる道にそって人々が行列をつくった。

プタハ神殿構内の北側は末期王朝の囲い地であり、第26王朝のアプリエス（紀元前589〜570）の王宮跡で知られている。ただし、荘厳さを誇ったアプリエス王宮で現在残っているのは、石灰岩の柱石を基盤に大量のレンガで覆った高台のみである。第26王朝の4代目の支配者であったアプリエスは、聖書ではホフラと記されている。彼の治世は軍事行動にあけくれ、おもにエジプト北東部の国境を防衛するためにキプロス、パレスティナ、フェニキアと戦った。バビロンのネブカドネザル2世に敗北してまもなく、アプリエスは、前任の軍司令官であったアマシスに王座を奪われた。アプリエスは国を脱出して、バビロニアの軍隊の援護で武力で王位を奪還しようとしたが、おそらく紀元前567年の戦いで死んだとされる（ヘロドトスによると、アプリエスは捕えられたのちに絞殺されたという）。王宮からは、サッカラのネクロポリスをはっきり眺めることができ、アプリエスは第26王朝時代の芸術復興への意欲を高めた。

プトレマイオス朝の時代、メンフィスは昔日の偉大な都市の姿を失い、新しい海港都市アレクサンドリア（p.50参照）に敗れた。紀元7世紀にアラブに征服されたのち、フスタートの近郊の町（そこからカイロが成長した）が建設されて、メンフィスはとどめを刺された。かつての荘厳な都は、12世紀にはまだ形をとどめていたが、何世紀も経るうちに、神殿や王宮の石のブロックは切り出して再利用され、家屋の泥レンガは細かく砕いて畑の肥料になったりした。

上：ミトラヒナのラムセス2世の巨大像は、もとは広大な新王国のプタハ神殿を中心に敷かれた行幸ルートの道に沿って立っており、メンフィスの空にひときわ高くそびえていた。ラムセスは、神殿の西側に、おそらく王室の記念祭の祝典などの関連施設を建設した。

テーベ
Thebes

およびエジプトの黄金時代

ビル・マンレイ

◆古代エジプト人は、テーベに人間が考えられるかぎりの荘厳な都市を築いた。ここは時を越えた都であり、矛盾して聞こえるが、不死身のファラオが生まれ、そして死んで埋葬された地である。職人たちは、故人のアクー（「輝ける魂」）が永遠に存在するように、黄金や彩色画を施し、「聖なる地」を表現した。そこで創造神アメン（「隠されしもの」）とファラオ（「アメンの血肉からなる息子」）が安らげるように願った。現在のルクソールで目にすることができる都の神殿、王宮、墓地、大通りなどは、紀元前2000年をかけて構想し、建設されたものである。石灰岩や花崗岩のがっしりとした壁面に刻まれた大きな象形文字（ヒエログリフ）の解読がおこなわれているが、アメン神の意思は人間の諸事にどう顕示されるのか、といった内容の部分はまだ完全には復元できていない。理由ははっきりしないが、古代の（ヘロドトスのような）作家たちは、この都市をギリシャの「7つの塔門のテーベ」からとった名前でよんだ。しかし、エジプト語によるテーベの名称は「ウァセ」であり、住民たちはテーベを単純に「町」を意味する「ニョ」とよんでいた。テーベの絶頂期にあたる紀元前13世紀の詩人は、「ウァセはすべての町の範である」とうたった。なぜなら「ほかの町もみな、本来はテーベの名称であるウァセを名のっている」からだという。

テーベは、紀元前3000年紀に、上エジプトの4番目の州都として歴史に登場する。紀元前2100年頃、敵の帆船でそこを航行したフェファット（現在のモアッラ）の長官は、この地が農家、要塞、墓などが散在するありきたりの町であると述べている。北へ700km付近にあるメンフィス（p.24参照）が統一エジプトの首都であったことから、テーベは大きくなれず、最盛期でもエジプト全土の人口約300万のうち、テーベの住民数は3万人を超えることはなかったと思われる。しかし、テーベの運命は国内の戦争によって変化し、テーベ州侯がメンフィスにあった王国に対抗して第11代王朝のファラオに就任した。その正当性は不明瞭であり、対抗相手からみれば強奪者であったが、その後、新生国を引き継いだ王たちは、それまで続いた混沌の世紀の統一に成功し、全エジプトの価値を守ったファラオとして君臨した。なかでもメンチュヘテプ2世（紀元前2010～1960頃）は、戦争で流血の勝利をあげ、つづく1500年間は、

「我が名はオジマンディアス、
王のなかの王なり。
全能の神よ、我が業をみよ、
そして絶望するがよい！」
遺跡のほかに何もない。とてつもない残骸、
限りなく、むきだしの、崩壊のあと。
周囲には、寂寥と、単調な砂漠が
はるか遠方へひろがっている。
（パーシー・ビッシュ・シェリー、1818年）

テーベの価値、テーベの神々、そしてテーベの住民自身が、エジプト人の生活の中心であった。

第11王朝の墓群は、デル・アル＝バハリ周辺のナイル川西岸に集まっており、カルナックのアメン大神殿から川を渡ったところにある。これらの場所はそれぞれナイル川をはさんだ両側の道の片方にあり、テーベの領域を定義づけている。カルナック神殿群の後方から日が昇り、デル・アル＝バハリの向こう側に日が沈む。アメン神は、太陽の暖かさや光に隠れて、カルナック神殿の「イペス」、すなわち「もっとも特別の場所」とよばれる暗い祭壇のなかに祀られた。

2000年間をつうじて、この神殿は少なくても100ヘクタール（この面積は、バチカン市国の2倍以上に相当する）を超える壮大な敷地に拡張したと考えられ、アメン神の配偶者のムト、息子のコンス、その他の神々のための神殿が含まれる。毎年1回乾季のさなかに、アメンの小さな木像をイペスに残し、王はデル・アル＝バハリへ船で渡り、先代の王たちのために築いた神殿の1つに籠って暗い夜を過ごし、不死身の神の霊魂と現世の王の身体が交感する儀式をとりおこなった。この「河谷の大祭」のときに、テーベ市民は、家族とともに先祖の墓へ出かけて、供物をささげ、冥福を祈るならわしであった。

「オペ祭」は、「河谷の祭」と並ぶ大きな祭礼で、ナイルの氾濫の季節に何日間にもわたって催された。鮮やかに彩色されたアメン神像や先代の王たちの彫像をナイル川の南へ帆船で運び、北部のイペスから祭礼の道にそって5kmの間を、都の南端までみこしで移動した。南端にはルクソール神殿、すなわちオペラシ（「南の本殿」）があり、紀元前14世紀にはカルナックと同じ壮大さを誇っていた。食べ物や酒が行幸ルートの沿道に集まった群衆に配られ、人々はつぎつぎに神像の前で尋ねごとをし、神託が下されるの

右ページ：オペ祭のとき、ルクソール神殿へ向かう王の行列が通る道。神殿の現在の形は、アメンホテプ3世の治世（紀元前1390～1353頃）にさかのぼり、その後もさらにさまざまな付属建造物が加わった。たとえば、道の両側のスフィンクスの列は1000年後に設けられた。神殿内部はアメン神を祀る場で、神官たちが仕えており、とくに祭礼のさいには一般の人々が入ることは制限された。

を待った（神像のみこしが、質問者の側に近寄れば「イエス」、離れれば「ノー」とする）。このような託宣は、財産争いといった世俗のもめごとにたいする典型的な解決方法であった。祭礼が最高頂にたっすると、王は単独で神殿の奥へ進み、「父親が息子に話すように」語りかけてくるアメン神の前で過ごす。

テーベの最盛期は、新王国時代（推定では紀元前1539～1069年）で、エジプト人の観念世界の中心をなし、アメン神は、ヌビアのジェベル（山地）からレバノン山地にいたる広大な地域で崇拝された。ファラオの墓は国の威信をかけた信仰の証しであり、新王国のファラオたちは、トトメス3世の在位期（紀元前1479～1425頃）から、「王家の谷」として有名なデル・アル＝バハリの向こうの砂漠にある広大な裂け目のなかで、永遠の眠りについている。王墓の壁画は、暗く何もない空間を通って黄泉の国へ到達するという魂の旅の叙事詩的なシーンを今に伝えている。「悟りを得る」という不朽のテーマを、砕けやすい頁岩質の石灰石に丹念に刻み、鮮やかな色彩を施した繊細な浮彫りには、代々の職人技がこめられている。

壁画の製作にかかわったのは、奴隷ではなく、財産も教養もある専門職人たちであった。アメンの神殿の敷地外にあった大半は、現在のルクソールの地下に消えてしまったが、河谷における王家の墓が閉止されたとき、墓の造営に携わる職人たちが住んでいたデル・エル＝マディーナ村も放棄された。ただし村の住居跡は砂漠のなかに残り、文書類もかなり残されたので、古代世界の社会集団を理解する最良の記録となっている。紀元前13世紀には、村内に80戸にまで拡大した家屋があり、近接地の12戸以上をともなっていた。村人の食糧や衣料などの必需品はすべて、王宮が神殿の貯蔵庫から供給した。村の家屋はすべて、入口の部屋に先祖の霊を祀る祭壇が置かれ、次の世代が誕生するとそれに合わせて部屋を仕切ることができるようになっていた。

紀元前1111年の氾濫期のある日の夕暮れ、テーベの長官パーセルは、市内の通りで墓泥棒の嫌疑が晴れてシュピレヒコールを上げている職人たちの騒々しい群れに出くわした。「おまえたちは負けた私の家の入口まできて、そんなに嬉しがりたいのか。おまえたちの今日のおこないは、がさつで騒がしいだけではない。自分たちで身を滅したも同然だ」と長官が戒めたことが記録されている。「なんと言われる。我々は王家の谷の墓を守りこそすれ、荒らすことなど絶対にしませんよ」と言い返した彼らに、長官は冷たく言った。「怪しいものだ。おまえたちが言うこととすることはかけ離れているからな」。かくして、王家の谷の歴史における醜悪な終末の行為がはじまったのだという。最期の幕がおりたのは、紀元前961年、アメンの神官たちによってトトメス3世と継承者たちのミイラ遺体がデル・アル＝バハリへ移された頃であった。この遺骸はそこで近代まで秘密裏に安置されることになる。その後、ファラオ

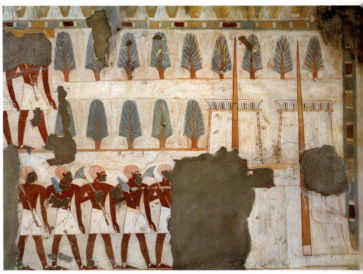

最上：デル・エル＝マディーナの住居は、主要街道沿いにはりめぐらされた路地に集約している。村は門のある囲壁で守られ、外側に村の墓地と神殿があり、村民のよい暮らしぶりが伝わってくる。交易で手に入れた油や香辛料を用いた料理を楽しみ、たまに納税のことや警吏がやってくるのを心配したりした。

上：アメンの神官、アメンホテプ＝サシの墓の壁画。植栽された道に沿って、新王国の祭司たちがアメン像（今は欠落している）をたぶんルクソールと思われる神殿へ運んでいるシーンが、神殿入口の大きな木の旗棒と王の巨像とともに、鮮やかな色彩で描かれている。

左ページ：デル・アル＝バハリの「河谷の大祭」の参道。新王国時代以降、ハトシェプスト葬祭殿の段々状のテラスへは長い傾斜した参道を上っていく。ハトシェプスト葬祭殿は、その横にあるメンチュヘテプ2世の古い葬祭殿（今は崩れている）を模範に築かれた。デル・アル＝バハリの後方の日没のようにみえる砂漠の丘陵は、「王家の谷」である。

テーベ 29

ビル・マンレイ

はテーベから遠く離れた場所に埋葬されるようになり、王墓が築かれなくなったテーベは、かつての都市の精彩を失なった。とはいえ、テーベの祭礼は続行され、アメン神の託宣をおこなう神官たちが町を運営した。

エジプトとヌビアの王族たちは、自分の娘の一人を選んでアメン神の聖妻に捧げることにより、現世と来世に繁栄と威光をもたらす仲介役として政治権力を握っていった。紀元前9世紀頃のテーベは、そうしたよその地域の王族たちの野望を果たす活動の場になった。その後、ますます惨憺たる状況に陥り、偉大なるテーベは、「はじまり」と同様、暴力で「終焉」を迎えた。紀元前664年、アッシリアのアシュルバニパル率いる軍隊が全エジプトを占領下におくために侵攻し、テーベのエジプト人の精神は引き裂かれ、はげしい略奪をうけた。旧約聖書の預言者ナホムは、この事件を自民族への戒めとした。「あなたはニョ（テーベ）にまさっているか…その子供たちもまたすべての街角で打ち砕かれ、その尊い人々はくじで分けられ、その大いなる人々は皆、鎖につながれた」（『ナホム書』第3章）

アメン神殿での2倍大のファラオ像の建立は、何世紀もつづいた。そのほとんどがペルシャ、マケドニアあるいはローマ出身の支配者のためであった〔たとえば、紀元前332年にエジプト王となったアレクサンドロス大王は、みずからアメン神を祀る建物を造営し、ファラオ像や浮彫りを残した〕。ルクソールの神殿もついにローマ軍の本拠地となり、ナイルの西岸は、古典時代にすでに観光の名所であった。しかし、外国支配にたいするエジプト人の反乱がときおりテーベ市内で生じ、キリスト教の高まりにもかかわらず、アメン神の崇拝は周辺部よりもテーベの方がずっと長く残った。この聖なる地で、キリスト教の修道士たちはアメンの神殿を教会のために再利用した。たとえば、紀元650年頃、フランク王国からきた修道士が、2000年も前のアメノーペ王の墓を、キリスト教の書物の製造所に使っていた。

今日でもテーベの偉大さは、アラビア語名のルクソール（すなわち「宮殿」）に反映されており、オペ祭の面影は、イスラーム聖職者アブ・エル＝ハッジャジの祭礼に残っている。この祭礼の期間中、船の模型はルクソール神殿から「航行」する。いずれにせよ、ナイル泥地の下2mに埋もれたテーベの考古学調査が求められている。1862年にここを訪れた初期の探検家アレキサンダー・リンドは、物思いに耽りながらこう記した。「土に埋もれたテーベの遺跡に、今はただ豊かな麦の穂波がゆれている」。

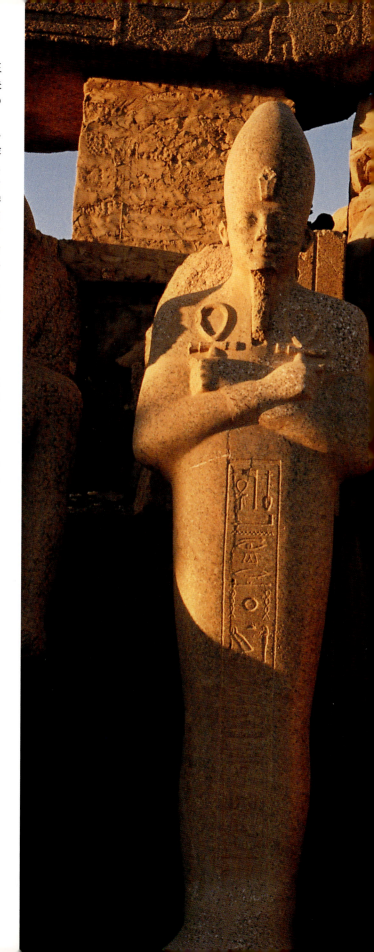

右：紀元前17世紀から紀元前12世紀にわたる歴代のファラオが並んで、カルナックのアメン神殿群をじっと見つめている。崩れかけた第七塔門を背にファラオ特有のポーズで立っているのはトトメス3世である。つねに遠征に勝利し、敵を惨滅して最大の範図を拡げた。古代エジプトの神殿の壁に刻まれた図や象形文字は、一般に、現世で権威あるアメン神にファラオたちの勇敢な行為を示すためであった。

ハットゥシャ
Hattusa

ヒッタイト帝国の拠点

トレヴァー・ブライス

◆ハットゥシャは、青銅器時代後期のヒッタイト人の王国の帝都である。古代の文書では「ハッティ人の国」とよばれ、この王国の歴史は、紀元前17世紀から12世紀前半までのほぼ500年間におよんだ。最盛期のヒッタイト帝国は、アナトリア、北シリアを越えてユーフラテス川とメソポタミアの西端地域まで領土を拡大した。帝国の首都であるハットゥシャは、アナトリア北中部、すなわち現在のトルコの首都アンカラの東160kmに位置し、ボアズキョイ（ボアスカレ）村の隣にあたる。発展のピーク時には、185ヘクタールの面積を要し、古代において中近東の大都市の1つであった。

ここに昔あった集落は、紀元前18世紀の中頃に、アニッタ王に忌み嫌われて破壊されたままであった。しかし、王の呪縛に抗して、ハットゥシリとよばれるヒッタイト帝国を建国した王の一人がハットゥシャを再建し、城塞（アクロポリス）に王宮を築いた。側壁に天然のごつごつした岩を高く積みあげた狭い出入口は、現在ビュユッカレとよばれ、北側からの侵攻はほぼ不可能であった。しかし、この新しい都は、南側の防御が不完全で、敵の攻撃にたいして脆弱すぎたので、200年後には周囲に厚さ8mもの防御壁が築かれた。ただしハットゥシャは、それからほんの2、30年しか存続せず、あらゆる方向から進軍してきた敵の襲撃、略奪、放火によって陥落した。調査した学者たちが「徹底した集中攻撃」と述べたように、ヒッタイト王国そのものも紀元前14世紀前半からしばらく壊滅状態におかれた。

結局、占領軍から国土を取り戻せたのは、当時まだ王子であり、のちにヒッタイトの歴史でもっとも偉大な王となるシュッピルリウマ（在位紀元前1350〜1322頃）という軍事の天才の出現によるところが大きい。そして首都ハットゥシャの再建がはじまり、ヒッタイト王国が2世紀後に最終的に崩壊するまで遂行された。新たなハットゥシャの都は南へ大きく拡張され、元の面積の2倍以上になり、距離にして5km以上の新たな城塞が築かれた。その主な特徴は、地上からの高さ10mの壁とそのてっぺんにそそり立つ大きな砲郭塔で、壁の全長はこの塔によって等間隔に仕切られていた。このメインの城壁の手前には、やはり砲郭塔をそなえた第2の壁が立ちはだかり、その塔はメインの壁の塔と重ならないように中間に置かれていた。内部のアクセスにはいくつかの城門が設けられ、記念碑的な浮彫りを施したそれぞれの門は、スフィンクス、ライオン、戦い

かの地に私は雑草の種をまいた〔呪いをかけた〕。私のあとに王となり、ハットゥシャに再定住をはかる者は、嵐の神の一撃にて倒されん！

（アニッタの粘土板文書より）

の神（あるいは「王」の門）を喚起させる名前がついている。

王宮の城砦と嵐の神の巨大な神殿のあった元のハットゥシャは、のちに再開発、再強化がはかられ、その遺跡は、今日では「下の町」とよばれている。その南側に「上の町」を拡張したことについては、近年「上の町」の発掘がすすみ、すでに知られていた5つに加えて、26の神殿の基礎部分が明るみにでて、考古学者のさまざまな言及がなされている。こうした発見はおそらく今後もつづくと思われる。発掘を指揮したペーター・ネフェによれば、ハットゥシャが、聖なる儀礼都市としての性格をそなえていたのは明白であるという。全市の配置は、王宮は地上の世界、神殿のある町は神を敬う人々の世界、そして束の間（この世）から永遠（あの世）へ移行する途中に横たわる儀礼空間に区分され、ヒッタイト人の世界観を象徴的に図形化していると考えられる。ネフェの後継者として発掘をつづけたユルゲン・ゼーヘルは、大きな穀物貯蔵庫が集まっている場所と、砂泥で埋まるまでの短期間だが都市の水の主要な供給源としてつぎつぎに利用したと思われる貯水場の跡を5か所発見した。ハットゥシャの王宮や神殿の文書保管所の遺跡からまとまって出土した膨大な数の粘土板の破片は、ヒッタイト世界の歴史と文明についての主な文字情報源となっており、そこには宗教、法律、当時の他の大帝国、とくに古代エジプトとの関係といったことがらが含まれる。1986年には、スフィンクス門の近くで無傷の青銅板が掘り出され、352行からなるその文書は、王国が存在した最期の数十年間におけるヒッタイトの政治地理と歴史の研究の両方に、重要かつ新しい解釈を投じている。1990年と91年には、3500以上の印章を収納した保管所跡が発掘された。これは、ヒッタイトの王室の系譜について重要かつ細かな情報をもたらすことになった。

ハットゥシャは、敵の激しい攻撃によって突然滅んだと長く信じられてきた。しかし最近の発掘調査で、その考えは否定されつつある。たしかに暴力的な破壊行為が襲った証拠はあるが、一方で、ハットゥシャそのものが当時かなり内部崩壊していたと考えられる。ハットゥシャの最後期にあたる紀元前12世紀前半の遺跡の調査で明らかになったのは、王や宮廷人は、都の陥落以前にどこか安全な避難場所へ移り、公文書を含め貴重な財産の大部分は組織的に運び出された可能性が高いということである。その護衛の

ために大勢の軍人や兵士もいっせいに都を離れてしまい、残った住民たちは市内に放置されることになった。その後、襲撃してきた外部勢力に屈服したとき、都はすでに崩壊していたと考えられる。

上：ハットゥシャの主要な入口である「ライオン門」。この門構えを通って、有力家臣や、他国の王の大使たちは、儀式万端とどこおりなくヒッタイト王との謁見にそなえた。

右：ハットゥシャの都に近く、おそらく密接な関係にあった聖地（現在のヤズルカヤ）の岩肌に施された浮彫り。ヒッタイト王のトゥドハリヤ（4世）が彼の守護神であるシャゥルーマの庇護に包まれるシーンが描かれている。

バビロン
Babylon

ネブカドネザルと空中庭園

ジョーン・オーツ

◆バビロンは、古代世界でもっとも有名な都市の1つである。西洋で悪評をこうむってしまったのは、新約聖書に「淫婦どもと地の醜むべきものとの母」とまで書かれたこの都への激しい非難の語句に由来するところが大きい。もっとも、この都とはじつはバビロンではなくローマのことだといわれている。バビロンにかんする古典のなかでは、とくにヘロドトスの『大いなる都とその空中庭園』の記述が有名だが、それを実証するのは困難である。古代のある時期のバビロンは、その文化や学識の高さで世界じゅうの称賛を集めていた都市であった。そして紀元前1225年頃、都はアッシリア軍に攻撃されていったん陥落するが、勝利者たちがおびただしい数の楔形文字板を略奪し、故国へ持ち去ったのは、明らかにバビロニア文化への憧れからであった。バビロンの名声は、紀元前7世紀にまたがるネブカドネザル大王の統治時代に頂点にたっした。また、紀元前330年のアレクサンドロス大王によるバビロン入城は、かれの最大の勝利の1つに数えられている。版図を拡げたアレクサンドロス大

> 大いなるバビロン、淫婦どもと地の醜むべきものとの母…これほどの大いなる都がどこにあろう！
> （『ヨハネの黙示録』第17章5節および第18章18節）

王は、バビロンを東方の首都に選択したのち、その王宮内で急逝した。

バビロンが、とくに「新バビロニア」王国の時代（紀元前625〜539）、もっとも荘厳な都市であったのは疑う余地がない。しかし、メソポタミア文明というカテゴリーのなかで、ウルクのように古いわけではない。バビロニアの書記たちは、遠い昔の市町村の入念な記録をのこしているが、初めて小さな村にバビロンの名前が出てくるのは紀元前3000年後半であり、頭角をあらわすのは紀元前2000年代にすぎない。おそらく南メソポタミア地域の土地の塩害化がすすんだことや、それまで繁栄していた海上交易ルートの衰退がはげしくなったことが、新興都市のバビロンの発展をうながしたと思われる。バビロンは、ティグリス・

下：「行列大路」は、シュメール宮殿と並行にすすみ、そのあと巨大なイシュタール門を通り抜ける。北側のイシュタール門が近くなると、行列大路の幅は広がり、両側を光沢のある彩釉レンガによる約120頭のライオンの浮彫りを施した高い壁で守られる。黄色いたてがみの白ライオンが、背景の青色とみごとなコントラストをなしている。

ジョーン・オーツ

右：玄武岩製の「ハンムラビ王の法典」の石碑。上部の浮彫りは、正義をつかさどる太陽神シャマシュ（右）の前で、王が託宣をうけるようすを示している。法典の文字は縦書きで段ごとにびっしりと刻まれている。石柱の高さは2.25mもあり、エラム人により戦利品としてスーサに運び去られた。

　ユーフラテス川が接近する狭い地域のなかにあり、古代世界の名だたる陸上の交易ルートを2つとも支配できる位置にあった。すなわち、のちに王の道（ロイヤルロード）とよばれるイラン南東部のスーサからアナトリア西部のサルディスへ向かう道と、東部へ向かうコーラサンロードとよぶ道で、後者はのちの大シルクロードの一部にあたる。この狭い地域のなかで、6つの首都に引き継がれた古代世界が展開したのである。
　地理的に有利な立場を活かした最初の王は、ハンムラビ（紀元前1792〜1750）で、彼の「法典」は有名である。彼は、地方を統一して持続的な国家を建設することには失敗したが、一時的にせよ、バビロンの地で政治的な成果をあげ、つづく2000年間のメソポタミアの歴史に影響を与えた。バビロンは王権の中心地となり、その確固たる地位はほぼ1500年近く変わることなくつづいた。ハンムラビ王朝は、ヒッタイト人がユーフラテス地域に襲来し、都を破壊したことにより、紀元前1595年頃に滅亡した。ところがヒッタイト人はアナトリアの故地へさっさと引き返してしまい、バビロンの都は、結局、東方のカッシート人（起源も言語も不詳）に乗っとられた。しかし、他の多くの侵略者と同じく、カッシート人は現地のことばや慣習、宗教もとりいれて、バビロニア王国を4世紀以上にわたって支配し、生粋の王朝よりも長命を保つこととなった。ただし、ついにはイラン南西部からやってきたエラム人に滅ぼされ、エラム人たちは戦利品の多くをスーサへ持ち去った。なかには、かのハンムラビ法典の石碑（現在はルーヴル美術館所蔵）もあった。
　紀元前1000年紀の間、バビロンの都は、アッシリアの侵入をたまに受けながら、いくつもの現地の王朝に支配されていった。紀元前8世紀にカルデアの族長ナボナッサルがバビロニアの王権を握り、即位した年（紀元前747）にもとづく年代暦（いわゆるナボナッサル紀元）を制定したので、聖書や古典資料のなかに記された支配者や敵にかんするバビロンの歴史について正確な年代を知ることができる。ナボナッサル時代は、天文学（占星術）の歴史の節目とみなされ、カルデア人といえば「占星術家（アストロノマー）」を意味するまでになった。紀元前625年にはカルデア人の別の族長であったナボポラッサルが権力を掌握し、威嚇するアッシリア人を打ち負かしたばかりでなく、バビロンの名声が最高潮となる新しい王国（新バビロニア王国）を樹立した。彼の息子のネブカドネザル（紀元前604〜562）については、ここで紹介するまでもない。ヘロドトスの「バビロン」は、ネブカドネザルの設計した建造物

上：サダム・フセインは、ネブカドネザルの宮殿の廃墟を見おろせる小高い丘のうえに、彼自身のバビロンの宮殿を築いた。まさに、現代の支配者が、過去をひきあいに自分の権勢を示そうとした典型的な例といえる。宮殿の建設工事は古代遺跡に無用な損傷を与えなかった。

上：古代バビロン王国の遺跡は、現在メソポタミア地方に残っている最大の古代市域である。無釉の光沢のないレンガで築いた最初期のイシュタール門の跡と、〔フセイン時代に〕再建された地母神ニンマーを奉じた神殿が、後方に写っている。だが、最近、上空を飛びかうヘリコプター機によって損壊した。

の記述が大部分を占めている。この古代都市は850ヘクタール以上の広い面積におよぶメソポタミアのなかでも最大規模の遺跡として、今も訪れる人たちの目を奪っている。1899年から1917年までドイツの調査隊が発掘調査をおこない、1958年以降イラクの考古学者たちによるさらなる発掘と復元作業がつづけられている。

ここを訪れた人がまず気づくのは、周囲にめぐらされた巨大な二重の壁である。北側の「夏の宮殿」は、建物内に冷気を送る通気管を備えていたことからそうよばれ、この装置は今でも一般に用いられている。ここには古代からバビルという名前が残っている。つぎに目にする都市の内域は、別の二重構造の巨大な壁に囲まれ、なかに40以上の神殿を含む主要な公共の建造物が封じこまれている。最も印象的なのは、「行列大路」である。この道は、バビロンの主神殿（エサギラ）から、巨大なジッグラト（階段式の神殿）すなわち「バベルの塔」を通って、ネブカドネザルの広大な宮殿を過ぎ、有名なイシュタール門（現在はベルリンのペルガモン博物館で復元中）を通り、ネブカドネザルが設立した世界最古の博物館を過ぎ、新年の祝祭が催される神殿へ到達するルートであった。

36　古代の世界

ジョーン・オーツ

宮殿の北東隅の建造物については多くの議論がある。地下に14のアーチ構造の石造りの部屋を連ねた「クリプト」で建物全体の並外れた重量を支え、ユニークな水圧方式によって水を汲み上げる井戸も設けられていた。こうした特色を兼ねそなえたこの巨大建造物は、「空中庭園」として世界の七不思議の１つに数えられた。その建造にかんしては、神話で有名な庭園とセミラミス女王を結びつける伝承がある一方、ネブカドネザル１世が、生まれ故郷のペルシャの緑や山並みを懐かしんでいるアミティス王妃を慰めるために築いたという説もある。しかしこの場所からは、エルサレムから連行された「バビロン捕囚」のユダヤ人たちに支給する食糧リストが発見されており、おそらく行政施設や食糧貯蔵庫であったと考えられる。

ペルシャやギリシャが支配した時代にも、バビロンの建物の多くが使用されつづけた。ペルシャのダレイオス大王（紀元前521～486）は、息子のクセルクセスのために円柱列の大広間のある宮殿を増設したが、紀元前482年、バビロニア人の反乱に怒ったクセルクセスは、バビロンの都を破壊した。ギリシャの影響は、現在復元された劇場にはっきり残っている。その近くには、アレクサンドロス大王が死の直前に信頼する幼なじみのファイスティオン将軍に（火葬用の）薪を積みあげるように言ったとされる場所や、また、かつてクセルクセス１世によって破壊されたジッグラトを再建するために大王が片づけさせたレンガの山も残っている。

バビロンをマケドニアの東の首都に選んだアレクサンドロス大王が早逝した〔紀元前323〕のち、家臣の大将セレウコスは、バビロンの近くに新しい都市（ティグリス河畔のセレウキア）を建設し、バビロンの威光は終焉してしまった。ただし、セレウコス朝の継承者たちの手でエサギラ神殿は再建され、バビロニア人の学者たちは大事な書庫を維持しつづけることができた。バビロニア人の神官ベロッサスは、アンティオコス王（セレウコス朝）までのバビロニアの歴史の編纂に専念した。バビロンについて記したものは紀元75年が最後である。紀元116年にローマ皇帝トラヤヌスはバビロンで越冬し、アレクサンドロスが死去した部屋で供犠をおこなった。

バビロンの遺跡は、近年かなり復元されている。サダム・フセインは、高所からネブカドネザルの王宮遺跡が見下ろせる人工の丘に贅を尽くした宮殿を建設した。支配者が過去に照らして自分の力を誇示したい願望がみてとれる。もっともフセインの宮殿は、大昔は河床だった場所に建設され、古代遺跡に損傷を与えることはなかった。しかし、近年のイラク占領軍の行為はまったく異なる。大型運搬車両や軍隊を駐屯させるために、広大な土地を平らな舗装面にならしてしまい、地下に埋もれた遺跡や地上に残されていた建造物を損壊してしまった。もっとひどいことに、ヘリコプターの離着陸ゾーンにあたるという理由から、大昔にアレクサンドロス大王の兵士が残したジッグラトの砕片レンガの置き場や、ファイスティオンがしきった大王の火葬場と伝えられるどちらも考古学上きわめて重要な遺跡を崩し、他所に移してしまった。しかも、戦車や大型運搬車両がかの「行列大路」を走行する無謀ぶりで、かつてネブカドネザル、ダレイオスそしてアレクサンドロス大王たちが歩き、これまでよく保存されてきたレンガ敷きの道も、その表面に自分たちの名前を刻ませた跡も永遠に失われてしまった。

下：おそらくバビロンでもっとも有名なランドマークである「地面に横たわる人間にのしかかるライオンの像」。この未完成の玄武岩の石彫りは、1776年に「北の宮殿」の廃墟で地元の村民が発見した。その宮殿にはネブカドネザル大王が創立し、後継者たちが守った世界最古といわれる博物館が付属していた。

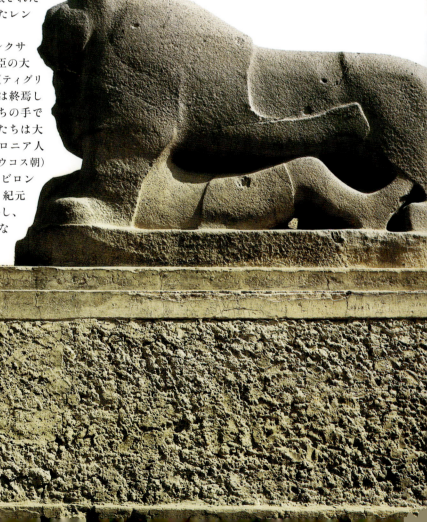

ニネヴェ
Nineveh

アッシリアの王宮と神殿

ジュリアン・リード

◆ニネヴェという名前は、聖書になじんだヨーロッパ人にとって、東洋の異国の風景のなかで「無限の富と放蕩にまみれた町」をさしていた。だだし、町についての明確な知識はほとんどなく、想像を広げたというべきである。詩人のバイロン卿は、ニネヴェ最後の王を想定した暴君サルダナパロスについての戯曲を書き、一方でウジェーヌ・ドラクロアやジョン・マーティンなどの画家は、ニネヴェの劇的な陥落シーンを描いた。

想像ではないじっさいのニネヴェは、イラク北部のモスル周辺の街並みが見おろせる巨大な土塁の丘に築かれた大規模な都市であったことが、現在では考古学者たちの手によって明らかになっている。都を囲む防御壁の片側にティグリス川が流れ、かつてはいかだ舟に積まれた商品が、トルコからモスルを経由してペルシャ湾にいたるこの川を下った。ニネヴェの北と東は、クルディスタン山地に向かって農村が点在する起伏のゆるやかな平原が広がる。また西側の低地はメソポタミアの砂漠であり、伝統的にラクダやヒツジの群れと暮らすアラブ遊牧民の故地である。ニネヴェは、天然の交差路として地理的にめぐまれ、いろいろな地方の人々が商品や情報のやりとりをするために集まる大きな都市であった。

最古の居住遺跡は紀元前6000年前にさかのぼり、そのずっとあとに町はイシュタル大神殿を中心に拡大した。「イシュタル」は、アッシリアの女神で、愛と戦いという理不尽な女神アフロディテに相当し、古くから中東のさまざまな地域で崇拝され、紀元前1700年頃、シャムシ・アダド1世が町を征服したのち、イシュタル神のために当世風のバビロニア様式の神殿を新築した。神殿の壁は、アッシリアのほぼすべての公共建物に共通する日干しレンガが使用されたため、良い状態を維持するには定期的な改修が必要であった。にもかかわらず1000年以上この荘厳な建物は保持された。

イシュタル神殿の名声は広く伝わっていたが、ニネヴェの町がつねにアッシリアの首都であったわけではなかった。センナケリブ（在位紀元前704〜681）はアッシリア王に就くと、以後、中東で最大の帝国として知られることになる広大な版図と、多様な民族にふさわしい大市街地をニネヴェに建設する決定を下した。帝国は、中央トルコからペルシャ湾まで、中央イランからキプロスやエジプトの国

さて、主は、アミッタイの子ヨナに臨んで言った、
「さあ、大いなる都ニネヴェに行ってこれに呼びかけよ。
彼らの悪はわたしの前に届いている」

（『ヨナ書』第1章：1−2）

境にいたる広大な地域を直接あるいは間接的に支配した。アッシリア軍がナイル河谷地帯にたっし、略奪したヌビア王の像をニネヴェに持ち帰り公開したのもその後まもなくである。ニネヴェの町は、ひげ面の兵士、宮廷に出入りする身なりのよい宦官、商人と雇われ人夫、農民そして奴隷など、さまざまな人々であふれ、遠方の地の出身でいくつものことばを話す住民も少なくなかった。

センナケリブ王は、ニネヴェを18の塔門を合わせもつ長さ12kmの巨大な防御壁で囲み、そのなかを3つの地区に分けた。王宮とイシュタル神殿を含む主要な公共建造物は、頑強な城塞で囲まれたクユンジクとよばれる地区にあった。もう1つの城塞地区には、軍隊の基地や兵器庫が置かれた。ここには、現在は中世のモスク跡があるが、その昔はキリスト教会とヨナの墓があったとされる。ヨナは聖書に登場する預言者で、みずからクジラに呑みこまれてニネヴェの人々に悔い改めるように諭したと伝えられている。残りの地区は、ニネヴェの人々の住宅や生業活動の場で、道路を侵害すると厳罰に処する法をそなえていた。ニネヴェは、アッシリア人が古代アルメニア（ウラルトゥ）に遠征したときに目撃した運河を真似て建設した大がかりな運河網の中心都市であった。ニネヴェの運河の水は50km離れたザグロス山脈から引き入れ、王室の庭や果樹園、農地の灌漑をおこなった。石造りの用水路の一部はいまも残っており、クユンジクの宮殿を飾る壁面には灌漑用水の光景が彫られている。

センナケリブの王宮は、イシュタル神殿のそばで町を見下ろす位置にあり、威厳にみちた建物は「無比の宮殿」とよばれたように、少なくともアッシリアに同様の建物は存在しなかった。縦約500m、横約250mの広大な宮殿は、王宮としてだけでなく行政府として利用された。主要な部屋と中庭の壁は石板彫刻で飾り、センナケリブの偉業をあらわすために、王が遠征した外地での戦いに勝利する数々のシーンとともに、王の指図で頭は人間で羽のはえた牡牛（敵や病気、不幸をしりぞける魔力をもつとされた守護神）の大きな石像の製作と搬送のシーンが刻まれた。宮殿の両翼の一方は、背の高いシーダー（レバノン杉）材の太い柱の並ぶ広間が、もう一方は王妃の居室が特別に築かれた。センナケリブは、彼女について「すべてにおいて最高の女性」と表現し、ともに健康で幸せに暮らせるように願った碑文

ジュリアン・リード

下：現在はロンドンの大英博物館にあるニネヴェの浮彫りの石板。石造りの送水路〔右端やや中程に、水道橋のアーチ状の土台が示されている〕を通って、緑の森の灌漑がおこなわれたようすがわかる。美しい石柱のならぶ建物は、王の石碑をおさめた聖堂で、香を燃やした祭壇が前方に置かれている。おそらくこの王はセンナケリブ王であり、送水路と建物は紀元前700年頃に完成し、この石板は、紀元前645年頃、孫のアシュルバニパル王の宮殿に飾るために製作されたと考えられる。

ジュリアン・リード

を残している。これは、アッシリアの数々の戦歴を中心とする王室記録のなかで、めずらしく感傷的な内容とされる。

1847～51年に、この宮殿部分を調査したイギリスの考古学者A・H・レヤードの推定によると、宮殿には71もの部屋があり、壁はのべ約3.2kmにおよぶ彫刻を施したパネルで飾られ、27か所もの出入口には巨大な牡牛やライオンの守護神像が立っていた。レヤードは、おびただしい数の楔形文字の粘土板も発掘した。センナケリブ王の孫のアシュルバニパル（在位紀元前668～631）は、バビロニアとアッシリアの伝統的な科学書や文書類をすべておさめた図書館を創設しようとした。これはアレクサンドリアや近代社会の大図書館に先んじた事業といえる。アシュルバニパル自身は、同じクユンジクに別の宮殿を築いたが、その壁面には王族のピクニックやライオン狩りなど、これまでなかった写実的なシーンの彫刻が施されている。

国際都市ニネヴェの繁栄は、100年足らずであった。アッシリア王室も他国と同じく分裂をくりかえして帝国のまとまりを失い、内外の敵の攻撃を受けることになった。数年間の戦いののち紀元前612年、イランとバビロニアをはじめとするメディア同盟軍がニネヴェ攻略を果たした。城砦門の内部でいまだに発掘されるのは、このとき戦死した兵士の遺骸とされている。宮殿とイシュタル神殿は、アッシリアの勝利の記念碑とともに焼き払われてしまった。廃墟となった建物のなかでひっそりと生き残った人々が暮らしていたと思われるが、古代ギリシャの軍人で哲学者のクセノフォンの記録によると、紀元前400年頃の町はすでに無人と化していた。

その後、ニネヴェは商業の町としての重要性を回復したものの、結局、対岸のモスルにその地位を奪われた。ニネヴェという名称は消えることはなかったが、ヨーロッパの旅行者や考古学者が、土の下にどれほど大きな古代都市が埋もれているかを知ったのは、19世紀半ばに過ぎない。20世紀にはイラクの考古学者が主要な遺跡の復元に取り組んでおり、都を囲んでいた大昔の防御壁を今でもところどころ見ることができる。

右：ニネヴェの都の囲壁は、紀元前700～690年頃センナケリブ王の統治期に築かれた。現在は、上部をギザギザの胸壁におきかえ、オリジナルの石組みの構造が復元されている。壁は泥レンガが主体だが、外側に面した壁の低い位置には石灰岩が使われた。

40　古代の世界

カルタゴ
Carthage

フェニキアと古代ローマの都市

ヘンリー・ハースト

◆カルタゴは、ひじょうに栄えた都市であった歴史が2回ある。どちらの時期もいわゆる「西洋」社会を脅かす存在であり、まず、拡大しつつあったローマの勢力にとって、それから500年後の衰退したローマ世界が抱きかかえた宗教にとって、脅威であった。

カルタゴの創立はローマよりやや古く、伝説では紀元前814年にチュロス〔レバノン南部〕からの移住者が築いたとされる。そのため文化的には中東と北アフリカの影響が混ざり合い、カルタゴの住民はフェニキア語を話していた。カルタゴは地中海の東西の航路を見渡せる要所として勃興し、スペイン（イベリア半島）から供給される貴重な金属類も含め、地中海の西の交易をすべて支配した。紀元前3世紀にローマ勢力の拡大に直面すると、カルタゴの有力者であったバルカ一族は、スペインにおける植民領地を統治し、「カルタヘナ」を建設した。バルカ家のもっとも有名な息子ハンニバル〔紀元前247～183〕は、そこから軍を率いてイタリア半島に攻め入り、覇権をめざすローマ軍との連戦に圧勝しつづけた。だが結局、紀元前202年にザマの戦いで敗退した。すべての植民都市を失ったカルタゴ本土は、ローマへの賠償を完済しつつ繁栄を取り戻すが、大カトーの願いどおり、紀元前146年、3年間の戦いの末に陥落し、徹底的に破壊された。

歴史上再び名を馳せるカルタゴは、ローマ帝国の管轄した「植民協定都市」で、ローマ人のウェルギリウスは、彼の叙事詩『アエネーイス』4巻の「ディードーとアエネアースの物語」のなかで、アウグストゥスの「協調（コンコルド）」政策の好例として称賛した。旧カルタゴの破壊後100年あまりで発展をとげ、まったく異なる都市になった。しかし、この新旧の都市の文化的連続性は強かったといえる。新しいカルタゴを訪れた聖アウグスティヌス〔紀元後354～430〕は、「カエレスティス」を崇拝するカルト宗教の放縦さと根強い人気に憤慨した。「ローマのカルタゴ」というたてまえと裏腹に、フェニキアの女神アスタルテに由来するカエレスティスつまりタント信仰が、精神的な核

> カルタゴは滅ぼさねばならぬ
> （元老院の大カトーのことば、紀元前150年頃）

下：円形の「コトン」想像図。紀元前150年頃。古文書によると220隻の軍艦を収容できる「乾ドック」（船底が見えるドック）を備え、イオニア様式の2本の支柱が各ドックの入口に立っていた。

として受け継がれていたことを示す例である。

　新旧カルタゴに共通しているのは、チュニス湾沿岸という好立地条件とよく練られた構想のもとで建設され、進んだ工法を取り入れた都市であったことである。市内はどこも格子状に道路が配備され、方形の区画に仕切られていた。ただし、ローマの敵であった旧カルタゴは、ビュルサの丘の城砦の周りに放射線状に配列されていたが、ローマの管轄下ではじまった改造計画は、全市を単一の格子形でレイアウトする思い切ったもので、起伏の多い自然の特徴にはまったく考慮しなかった。そして計画の遂行から400年たっても一定の大きさの区画を増やしつづけ、そこからはみ出た建物は強制撤去した。カルタゴは、4世紀の世界地理の本である『知られざる世界の記述』に取りあげられ、都市計画の秩序正しさで知られた。

　同じ都市構想の実践は、軍用船の係留港にもみられる。つまり、沿岸の平坦な土地に、中心を残し周囲に正確な巨大な円環を掘るという工法を用いて、軍用船を待避させる内港施設（コトン）を築いたのである。これは『アエネーイス』の物語でも称賛され、「コトン」という現地名は、いわゆるダッグアウト・ハーバー（待避壕式の港）の一般名になった。また、ローマ帝国のかのトラヤヌス帝のポーツマスの「六角形の入江」は、カルタゴのコトンを真似て建設された。

　カルタゴの人々にかんする好意的な記録はほとんど残っていない。「不実なアルビオン」〔17、8世紀のイギリスを揶揄する表現〕と似てなくもないが、「プニカ・フィデス（カルタゴの信義）」という語句は「裏切り」を意味し、旧カルタゴ住民と商いの交渉をするとき、ローマ人がひそかに用いる決まり文句であった。旧住民にたいする嫌悪感は、その残酷な宗教儀式からきており、カルタゴを引き継いだローマ人たちが、口にできない恐ろしい慣習にとらわれて混乱し黙殺しているのを、何人ものキリスト教作家がみている。しかし、これらはカルタゴをかなり誤って伝えている。最後になったが、11世紀にこの失われた都市のすばらしさを「発見」したエル・ベクリは、旅行記のなかで「もしカルタゴで生活することになり、毎日カルタゴを眺めて過ごすことができたら、新たな驚きをみいだすことができるだろうに」と記している。

上：カルタゴのアントニヌスの大浴場跡。古代ローマ世界で4番目の規模を誇った。修復されたもっとも高い柱は、床面からの長さが20.6mもあり、フリギダリウム（冷浴室）のアーチ型天井の8本の支柱の1本をなしていた。

カルタゴ　43

アテネ
Athens

民主政治の誕生の地

ベタニー・ヒューズ

◆広場に頭蓋骨が陳列されているのは驚きである。しかも、アテネのアゴラ博物館の収納棚は、それらの標本でいっぱいである。現在、「アテーナー神の都」の中心地アゴラは、蝶の群れが羽を休める広大な史跡公園になっている。ここを訪れる人たちは、アッタロスの柱廊をゆっくり進み、紀元前5〜4世紀の法廷跡という太く短い石柱が散乱する場所を過ぎ、古代アテネの黄金期に数々の勝利の盃をあげたヘーファイストスを祀るがっしりした神殿のあたりを散策する。パルテノン宮殿の前では背筋を伸ばして大きな柱を見上げ、アテネの賢人会議がひらかれたアレスの丘（アレイオスパゴズ）では、表面がすべすべした自然の岩に触れてみる。だが、驚きにみちた散策がつづく地面の下に、過去の死者たちの霊が何層も埋もれていることは忘れてしまいがちである。「古代ギリシャの奇跡」とよばれる「アゴラ」は、民主政、高度な芸術の発祥地として有名だが、じつは墓地であった過去をもつ。アテネにはギリシャ人が3500年間以上住んでいる。しかし、中石器時代に人が住みはじめてからだと8000年以上になり、青銅器時代には、ミケーネ文化とともにギリシャ本土に移り住んだ人々が控え壁（バットレス）で補強した防御壁に囲まれたアクロポリスを築いた。この防御壁のなごりは今日でも目にすることができる。また矢じりや香水瓶、人骨などの考古学的遺物を丁寧

> 我々の町が偉大なのは、世界じゅうの産物がすべて我々の港に集まってくることであり、アテネ市民にとって外国産の果物も珍しくなく、自国の果物のように贅沢に味わうことができる。（トゥキディテス、紀元前5世紀後半）

に発掘する作業がつづいている。紀元前1200年頃から「ギリシャの暗黒時代」（じつに誤った表現である）に入ると、有力な部族、僣主、独裁者、寡頭派といった地の利に恵まれたアテネで権力を握ろうとする者たちが激しい争いをくりひろげた。アゴラで掘り出されるなまなましい人骨は、古代アテネにロマンとかけ離れた面があり、本能を露わにした反平和的な場所でもあったことを示している。魅惑的な美しさ、すばらしい閃き、そして高尚な思想を可能にした都市は、苦難と苦渋の試練の場でもあった。

アテネの発展をうながした要因の1つは、その地勢にある。伝説では、知恵の女神アテーナーと海神ポセイドンがこの地へ降臨することを望んで争った。外敵を拒む山々に囲まれ、かつ領内に大理石、石灰石、粘土、銀などの天然資源産出地がある。しかも海側は、豊かな漁場をねらう海鳥の声が届くほど近い。アテネの住民は、海上交易から富を得る一方、海賊の襲撃をうけることはほとんどなかった。それゆえ海神のポセイドンは拒絶され、知力で勝る女神アテーナーを守護神として迎え入れた。白亜紀後期の赤色筋入りの石灰岩質からなる小高い丘、すなわち「ハイシティ（高所）」とよばれる「アクロポリス」の丘は永遠の聖域となった。

紀元前507年、アクロポリスで前代未聞の事件が起きた。民衆の支持するクレイステネスと対立した頑迷な貴族イサゴラスの要請で、援軍を率いてアテネにやってきたスパルタ王がアクロポリスに封じこめられてしまったのである。この突然の包囲攻撃は、一般民衆すなわちホイポロイとよばれた「平民」によるもので、有史以来はじめて人々が一致団結しておこなった政治行動といえる。スパルタ王は退去し、クレイステネスは追放先から帰還した。民衆のさまざまな要求が全土で地殻のうねりのように噴出し、アテネは平民の力が大きくなった。ソロンは、貴族の当主たちによる部族制議会が互いにけん制しあって議案がいっこうに通過しない弊害を正すため、一連の改革案を策定した（紀元前594/593年頃）。彼は、「都合のいいことだけを押し

左：紀元前4世紀まで、デモクラティアすなわちデモクラシーは、アテネでは女神として崇拝されていた。この女神がデモス（民衆）の頭に冠をかぶせている浮彫りは、アゴラ博物館に展示されている。この下側は、女神の「お告げ」がいろいろ刻まれているが、「アテネでデモクラシーの転覆をはかり、僣主政治を打ち立てようとする者を、殺したとしても非難すべきではない」とある。

とおす」貴族の権限を減らし、アテネ市民の基本的権利を広げていった。紀元前6世紀と5世紀のアテネの政治改革は、正義と知恵の基本理念に立って比類なき都市国家をめざし、民主政とよぶべきソリダリティ（協同一致）とセルフディターミネーション（自決権）を法制化した。デモス・クラティアという語が発明される以前に、世界ではじめて「デモクラシー」が実現したのである。

　紀元前479年、東地中海の強大な覇者ペルシャ帝国をサラミス海戦で撃退すると、アテネ市民の士気はいっそう高まった。羽の生えたばかりの民主政ではあるが、不可能なことは何もないかのようであった。人々は、新しく建設された「自由の神」ゼウス・エレウテリオス神殿の柱廊を自信にみちた足どりで行き来し、帝国のように統括された都市政体に結集した。「ストラテゴス（将軍職）」に選出されつづけたペリクレスは、民衆を前に、我々の都をスミレの花冠をつけた「愛する人」のように扱うべきだと演説した。民主政への期待をこめて、生まれた息子に「デモクラテス」と名づける市民もいた。紀元前4世紀になると「デモクラティア」の女神が崇拝された。

　活力をまし躍動するアテネは、今やギリシャ世界の経済の中心となった。民会では、靴職人と貴族が同席し、2年に1度は起きる戦争に賛成票を投じた。アテネの人口は以前の2倍以上に増えた。ただし、質素な家並みが多く、あばら家に劣る家もあった。プラトンが揶揄したように、ギリシャ人は「池のまわりに群がるカエル」のように暮らし

上：20世紀半ばに忠実に再建されたアッタロスの柱廊（ストア）。現在は博物館となっており、その涼しさと円柱の列は観光客を現在から古代へいざなう。もともとアゴラの東側に紀元前2世紀に建設された。戸外の広場は公共生活の中核をなし、大勢の市民が集まり、さまざまな活動がおこなわれた。活発な定期市が立ち、また、祭り、演劇などの公演、運動競技、宗教儀式などが催される場でもあった。また、ここで弁論家や哲学者、作家が出会い、談論した。

ていた。しかし、カエルたちはみな、金箔をはったスイレンの葉の上に跳び移ろうと懸命であった。

　アゴラはもはや死者の安住する地ではなく、生気にみちあふれていた。枯れない泉があり、音楽会が催され、兵士が教練を受け、香をたきしめた祭壇に捧げものをし、行政官たちが市民の生活や商売の基準について討議する場であった。紀元前6世紀と5世紀にかけて、アゴラでは市場も栄えた。山と積まれたイチジクやアヘン、新鮮な魚、織りあがったばかりの布、東方から運ばれてきた香料などのそばで奴隷も売買された。市場には採掘したばかりの鉱物や鋳造したての銀貨の匂いがただよい、外のかまどで調理するシチューは、異国の香辛料のピリッとした味がした。

　アテネは、大理石の多い「石の都」であり、しかも最盛期には花と緑に包まれていた。アッティカの山間部や平原出身の住民が多かったので、工芸職人、石工、絵師たちが意識的にそうしたのかは不明だが、アテネに「都会に鄙あり」的なものがもちこまれた。石細工にはユリの花を彫り、甕（かめ）にはオリーヴの枝を揺らして実を採取する風景がよ

上：左と右：パルテノン神殿を擁するアクロポリスの丘は、アテネにとって欠かせない象徴的な眺めをなしている。紀元前480年、アテネはペルシャ軍に破壊され陥落したあと、ペリクレス（紀元前495～425）があらたに大改造計画をはじめた。結果的にたくさんの建造物が生まれた。パルテノンのように、現在、我々が目にする古典様式のギリシャの建物は白っぽく清楚だが、じっさいは、復元を試みたデジタル画面（右）のように、極彩色が施されていた。

下：このアテネの黒絵式のつぼは、靴屋の仕事のシーンが描かれている。真ん中の客がテーブルの上に足をのせて、靴職人がナイフで皮を切りとって足型をとっている。左上には工具掛けが描かれ、テーブルの下のたらいは、たぶん皮なめし用の液に原皮を浸しておくのに使われている。こうしたものづくりや商いのようすは、古代アテネの人々の日常を伝えてくれる。

く描かれた。建物外側の低い水平梁（アーキトレーヴ）には、植物文様を彫った庇やキャノピーを設けて日陰がつくられた。現在は暗渠のエリダノスとイリソス川は自由に流れていた。

アテネ全体でおこなわれる数々の儀礼や「エレウシスの秘儀」の大祭中、乙女たちは月桂樹とブドウの蔓で花輪を編み、強い刺激臭のする松明（たいまつ）をかかげて季節のめぐみを神に感謝し、豊穣を祈願した。アゴラの周囲は、防御のためにプラタナスが植樹され、市内のあちこちに、民会の活動や決議事項を刻んだ石塔（ステラ）が立っていた。そして、アテネ最大の貢献は、さまざまな「知」の種子が播かれたことである。小アジアの西海岸の科学者、シチリア島の修辞学者、テッサリアやマケドニアの哲学者がアテネに移り住み、ソフィストたちが学問の都の発展に大いに貢献した。ガヤガヤ騒ぐことを、古代アテネ人は「トルボス」とよび、街路で、会議室で、集会で、アゴラの広場で、そして永遠に名を残すことになったプラトンやアリストファネスたちの集まる「饗宴」の場で、人々は活発に議論をかわした。ウィットに富む会話と酒があふれ、詩人は自作を朗誦し、さまざまな自己実現が孵化する機会であった。

目に映るものもまた、ことばの喜びと調和していた。最近の調査で明らかになったことだが、古代アテネは、派手な色彩のまばゆいばかりの都市であった。白い大理石像は、じつは縁日で見るようなけばけばしい色に塗られていた。夕食は色どりよく盛りつけられ、神殿に祀られた神や半神半人の像は、両目にきらきら光る準宝石を嵌めこまれていた。しかも、街角では、サフラン色のヴェールをつけた娼婦が「宿」の入口に凭れていた。

（客の呼び込みに懸命な）悪しき場所で堕落する者もいたが、とくにペリクレスの時代は、市民の大半がきびしい行動規範にしたがって暮らしていた。オリンピック競技会は、人々の大きな楽しみであり、共同体の絆と互いに切磋琢磨しあう意識を高める行事であった。アナクサゴラスやソクラテスの哲学的会話やペリクレスが後押ししたアイスキュロスの演劇、そしてペリクレスの才色兼備の愛人アスパシアの発言にもオリンピックの開催に満足していたようすがうかがえる。ペリクレスの指導力は、威風堂々とした建造

物をアテネの空に立ちあげる事業にも注がれた。プロピライア〔ドリス式とイオニア式の柱が並ぶパルテノン神殿の前門〕や、エレクテイオンやアテーナー女神のニケ神殿もおそらくこの時期に建設された。究極のパルテノン神殿は緑、青、金色の装飾が施され、まるでクジャクの羽のような眩しさであった。

現在アテネを旅すると、パルテノン神殿をすぐには去りがたくなる。夕陽の輝きとたそがれ時の景色は、古い絵葉書の写真そのままである。プルタークは、ペリクレス時代の建築について500年後にこう書いた。「短期間で建立されたにもかかわらず、長い時間を経た今もそのすばらしさは変わらない…建物すべてが生き生きとして、完全無欠なものにみえる…こうした建造物の創造には、永遠の命や不老不死の霊のようなものが吹きこまれたにちがいない」

しかし、民主政と都市国家の繁栄のうらで戦火があがった。紀元前404年、かつてアテネと同盟を結んだこともあったスパルタが、最近は敵対関係が長くつづき、ついにアテネの名だたる城壁を破壊し、アクロポリスを攻略した。フルートを奏で、踊りを舞っていた少女たちを連れ去ったという。

その後アテネ再生の動きもみられた。デモステネスのような雄弁家は、アテネは再び卓越した都市に戻ると確信し、民主政も一時的に復活した。しかしあとになって言えることだが、それは、アテネが黄金時代のなごりを惜しみつつ終焉にいたるまでにみせた一瞬の輝きにすぎなかった。

ペリクレス自身、「アテネは、ギリシャのどのポリス（都市国家）よりも強大で秀でた国」として、永遠に人々の記憶にとどまるだろうと考えていた。古代アテネの人々は、現代の民主政治における穏健な平等主義の本質を理解していたわけではない。彼らの熱意あふれる実験的社会は不安定であり、しばしば矛盾もひきおこした。しかし、彼らの高い資質と偉大な業績が消えることはない。「スミレの花の匂い」と同時に汗と垢にまみれた人々のことを思い、民主政を創造し維持し、超一流の芸術を具現したアテネに最大の敬意をいだかざるを得ないのである。古代アテネをユートピアとよぶことはできない。いろいろな面で歓喜と恐怖が入りまじり、官能的な魅力もあれば、ひじょうに精神的な哲学もあるなかで、興隆の歴史が刻まれた。黄金期のアテネは、我々に人間のありかたを思い起こさせてくれる。

下：全アテナ祭（アテナイア祭）の期間中、アクロポリスには大勢の人が押し寄せた。アテネの守護神であるアテーナーを讃え、古くから女神が生誕したと伝えられる夏に毎年開かれるアテネ最大の賑やかなフェスティバルであった。新しい聖衣を女神像に奉献する祝賀行事のクライマックスには、群衆がえんえんと列をなしてアクロポリスの丘を登り、神殿の巨大な柱廊式前門（プロピライア）をくぐった。

臨淄
Linzi
および戦国時代の中国の諸都市

W・J・F・ジェンナー

◆紀元前5世紀から紀元前3世紀の中国の大きな都市は、いずれも木と土で築かれた。都を取り囲んでいた土壁や王宮の基礎部分などの一部をのぞいて、ほとんど残っていない。しかし、これらの都は、その後の中国に築かれた都市のすべてに通じるパターンを示していたとされる。

この時期はまさに戦国時代であり、七雄と称される列強同士の戦いがつづいた。紀元前771年の周王朝の崩壊以来、強力な中央集権体制は存在しなかった。周のかつての統一領土は分割されてしまい、それぞれの国に堅固な防御壁をめぐらした主都が生まれた。そこで戦国七雄の政権は、生き残りをかけて自国の領民と資源を活用した。また都へ侵入する敵を阻止し、挫折させるために大規模な要塞を作る必要があった。支配者は政治に熱心に取り組み、役人は全領民の戸籍をもとに徴税や労働や兵役を課した。平民が政治にかかわることはまったく許されなかった。

戦国七雄の主都はみな、古代王朝時代の王都の縮小形といえる。現存する郭壁跡から測りえた3つの都の面積は、15〜18km²とされる。すなわち、今日の山東省にある斉の都、臨淄と、西に約320km離れた趙の都、邯鄲、南西に900km離れた揚子江中・下流域で勢力を誇った楚の都、郢である。また、当時、最大の要塞都市であった燕下都は、燕が周王朝の属国であった頃の少なくとも20倍の面積を有し、臨淄の2倍の規模があったと考えられる。七雄国の主都の多くが、壁を二重にめぐらし、おそらくどこも10万以上の人々が住んでいた。また、それより小さいが堅固な壁に囲まれた都市も存在していた。

農業と商業の革命は、都市の発展を可能にした。鋳鉄の農具の使用によって農作物の収穫量が上がり、人口は増加し経済が発展した。

都市を囲む壁や塔門のほか、主都においてもっとも重要な構造をなしているのは、支配者の宮殿を中心とする建物群で、残りの市街区とさらなる城壁で分離されていた。宮殿と隣接する

都が滅びる理由は5つある。第一に、長い囲壁をめぐらしながら人民がほとんどいないこと。第二に、囲壁内部が狭すぎて人民が過密状態にあること。第三に、食糧の不足。第四に、市場が囲壁から遠すぎること。第五に、家畜飼養や作物栽培が囲壁の外側でおこなわれ、そこの方が豊かに暮らせることである。
（孟子、紀元前5世紀）

政府の役所では、軍人や書記が記録を保管したり、地方へ命じる通達を出したりする仕事についていた。また、どの主都にも立派な軍隊が駐屯する大きな兵舎があった。都市住民の日常生活は、こうした囲壁の内部に限られていた。

外部からの侵略を受けた場合は、あらゆる人々が都の防衛のために結束した。包囲戦は、攻撃する側と防御する側のどちらにも苛酷な状況をもたらす。『孫子の兵法』を著した孫子は、堅固な壁に守られた都への攻撃はできるだけ避けるべきだと説いた。壁の外側を包囲する準備に3か月間、壁をよじ登る傾斜面を築くのにさらに3か月間も要する長期戦となる。しかも、敵の将軍が忍耐力に欠け、兵士を蟻の大群のごとく突入させたなら、その3分の1は殺され、都を攻め落とすことはできないという。

住民のなかには、戦争がおきると、労働奉仕として無償で武器や装具類を作らなければならず、すべてを失ってしまう職人階級もあった。5世紀には、平民から搾取し富をむさぼる支配者の暴政を阻止し、苛酷な戦いには反対すべきだと説く墨子の思想に賛同した「墨家」とよばれる反体制派集団が広まった。ただし、著書『墨子』には、戦時下での住民の動員のしかたや、塹壕や毒ガス兵器もふくめた軍事技術を生かす兵法について記されてもいる。

戦国時代の高名な政治思想家や軍師の多くは諸国を遊説し、王の安泰や富国強兵策を提言し、それを聞き入れて雇ってくれる主君を探しもとめた。彼らの報酬は政策や軍略の成功にもとづくものであった。いくつかの国では、諸派の思想家たちを自国に招くことにとりわけ熱心な王がいた。たと

左：臨淄の都の門の跡。踏み固められた土台だけしか残っていないが、かつて木造の塔門がそびえていた。都を囲む壁は、その厚さが足元で20〜70mもあった。頑強な防御壁の建設は、敵の攻略を阻むためにあらゆる都市に不可欠であった。

えば、斉の王都、臨淄には、彼らが長期逗留し議論をかわすことのできる学士院まで設置されていた。戦国時代の都市において熟成された「官僚政治による権威主義体制」の根本的原理と慣行は、その後2000年間の中国を決定づけた。

商業と交易は大都市の繁栄に不可欠であり、商品の扱いは国の管轄する市場に限るなど、厳重な統制がしかれた。交易人のなかには、孫子の兵法などに匹敵する商法をあみだし、国の宰相になる人物も現われた。どの国の主都も、より小さな都市や他国どうしの都市と緻密な交易路網で結ばれていた。覇権を失った周王朝の洛陽における2つの都市は、政治的な重要性は失ったものの商業の中心として繁栄しつづけた。背後に大国の後ろ盾をもたなくても、洛陽の人々は生活力にすぐれ、中国全土と交易をおこなうことができたのである。

都市を囲んだ壁が、防御につねに成功したわけではない。燕下都の囲壁の真南には、貴人の墓のそばに、3万個の頭蓋骨が埋まった14の墓穴がある。骨の分析から、そのほとんどが18歳から35歳までの男性のものであることがわかった。つまり、内乱や敵の侵略と戦って勝利を目前に死んだ貴人の墓のために、降伏した敵の兵士の首を副葬品にしていた。

この時期の臨淄の都については、ある戦略家〔趙の大臣〕が生き生きした記録を残し、また後世に編纂された春秋左氏伝や史記にも記されている。臨淄には推定7万戸の家があり、どの家にも武器を取ることのできる男が3人はいたという。

「臨淄は、豊かな都で確固たる繁栄をおう歌している。人々はみな、さまざまな楽器（笙や笛、琴、琵琶のたぐい）をたしなみ、闘鶏、闘犬、六博、囲碁のような盤上ゲーム、蹴鞠を楽しんでいる。臨淄の街通りは、荷馬車がきしみながら乱暴に行きかい、人々はお互いを押しのけながら進む。あまりにも混み合っているので、彼らの衣服が段幕のようにつらなってみえる。服の袖を高くかざすと天蓋のようになり、それを揺らすと汗が雨のように落ちる。」

上：漆塗りの木製の矢柄と直角に、剃刀のように鋭い刃を取りつけた三叉鉾槍。戦車の上から使用しやすいデザインになっている。現在の湖北省隋州で、紀元前5世紀に強大な楚と同盟関係にあった曽侯乙の墓から発見された。

アレクサンドリア
Alexandria

プトレマイオス朝の地中海における中心都市

アラン・B・ロイド

◆アレクサンドリアは、アレクサンドロス大王によって紀元前331年に創立されて以後、急速に地中海世界の主要都市に成長し、900年以上もその地位を保ちつづけた。アレクサンドロス大王のエジプト征服による記念碑的な都市といえるが、彼にはそれ以上の強い思い入れがあった。この都が経済的にみごとな進展をとげたのは、エジプトやその後背地域と密接につながり、かつ地中海と紅海の両方の交易に有利な最高の立地にめぐまれていたからである。さらに、別の動因もあと押しした。地中海東部や小アジア、エジプトという版図のなかで、視線の先を北側のギリシャの文化や政治の伝統的な世界の中心地へはっきりと向けていた。

アレクサンドリアは、プトレマイオス1世の在位中にエジプトと近隣地域の首都になった。彼は、故アレクサンドロス大王の将軍の一人で、紀元前306年にアレクサンドロスがのこした広大な帝国を分割した領地を受け継いで正式に王位についた。これにより「プトレマイオス王朝」は、紀元前30年に才色兼備の女王クレオパトラ7世が死亡するまで存続した。その後アレクサンドリアは、紀元641年にアラブに征服されるまで行政の都としての座を保っていたが、しだいに衰微し、繁栄を取り戻したのは19世紀になってからであった。

碁盤目状の道路に計画された都市は、細長く帯状の地域に拡がり、北は地中海、南はマレオティス湖に面し、両方の港を使える利点があった。市街を囲む城壁のはずれの西側には、広大な庭園にみたされたネクロポリス（墓地）が横たわる。東隣りはエジプト人居住区のラコティスで、その向こうの王宮とギリシャ人居住区からなる都市の心臓部には、目をうばう建造物が集まっていた。さらに東に行けばユダヤ人居住区にいたる。こうした民族ごとの住み分けは、ときにこの都の構造的な弱点となり、多くの軋轢を生み、激しい争いに発展することもあった。

沖のファロス島は、都の中心部と人工の堤防（ヘプトスタディアム）でつながれ、2つの港（東のグレートハーバーと西のユーノストス）が築かれた。グレートハーバーの東側には、アンティロードス島や海岸に面して、多数の宮殿が威容を誇り、クレオパトラの宮殿もここにあった。古代の基準ではアレクサンドリアはきわめて大きな都市で、紀元1世紀に記録された成人男子の数は18万人と総人口は

都にはきわめて美しい公共の施設があり、王宮もある。荘厳さを好む王たちはみなそうだが、公共の建造物に自らの偉業を示す装飾を加えるのがつねであり、自分の君臨する場所に王費を惜しみなくつぎこんだ…したがって、詩句を借りるなら、今や、「そこでは建設のうえに建設がおこなわれている」。

（ストラボン、紀元前／紀元後1世紀）

相当多かった。

初期のプトレマイオス王朝は、アレクサンドリアを、富と権力およびギリシャ風の異国文化の豊かさにおいて世界のどこの地よりも抜きんでた都市へ発展させた。市街地そのものがまるで大劇場と化し、「プトレマイオス」文化の帝国の栄華を照らす壮大なロイヤル・フェスティバルが演じられていたといえる。

アレクサンドリアの港を本拠とする軍艦は、大きさとすぐれた性能で有名であり、地中海全体に軍事力だけでなく技術力においてもプトレマイオス王朝の権威をみせつけた。アレクサンドリア港のきわだった特徴は、海軍基地としての役割をこれまで一度も失わず、現在も軍艦を保有していることである。そして、当時の訪問者の目をもっともひきつけたのは、建造物のみごとさであった。長い年月を経てそれらはすべて地震や陸岸の浸食作用により海中に没してしまったが、今日でも宮殿の柱や土台、影像など、堅固な材質のものは海底に残り、エジプトで異国の文化を希求したプトレマイオス王朝におけるギリシャとエジプトの混合様式をはっきりと伝えている。

都の中心に位置する王室の墓地はもともと荘厳な場所だが、アレクサンドロス大王の墓があるためにいっそう人々を魅了した。大王の遺骸は、本埋葬をする予定であったマケドニアへの帰還中、プトレマイオス軍が奪い取ってアレクサンドリアに運ばれたとされる。博物館とその関連施設の図書館は、隣接して建設された。こうした複合的な研究機関は、ギリシャ・ローマ世界における学問、文芸振興、科学探求の大きな原動力となった。他の王朝や国家にもしばしばそれと似た施設が造られたが、アレクサンドリアに

右ページ：「セラペウム」と「ポンペイの石柱」の写真。セラピスは、ギリシャとエジプトに共通する救済神であり、双方の住民がとりわけ厚い信仰をよせていた。セラペウムは、アレクサンドリアの大神殿に祀られたセラピスに捧げたものである。アミアヌス・マルセリヌス〔紀元4世紀最大のローマの歴史家〕は、この神殿のみごとさについて「…言葉がみつからず、正確に伝えることができない。だが、巨大な列柱に囲まれた方庭、真にせまった彫像、多数の作品は、ローマのカピトリウム神殿をのぞけば、世界にならぶものがないすばらしさである」と記している〔その後まもなく紀元391年に、テオドシウス帝の許可を得たキリスト教徒によって破壊された〕。ポンペイの石柱は、紀元293年にローマのディオクレティアヌス皇帝によって建立されたものであり、共和政時代のポンペイウスとは無関係である。

上：アレクサンドリア市街とその港を、中央付近のファロスの灯台とともに再現した画像。完全に崩壊していたにもかかわらず、世界の七不思議の1つであるこの灯台の姿が、かなり確信をもって描かれている。カイトベイ要塞の場所にあったと伝えられてきたが、現在は、もっと東の暗礁付近に位置していたと考えられている。灯台の後方の港湾地区はグランドハーバーであり、東南海岸の周辺に（左から右へ）王宮などの建物がつづいていた（今は海底に沈んでいる）。右上のヘプタスタディオン堤道はファロス本島とつながり、灯台の右側にユノストス港がある。

左：アレクサンドリアの海岸線が沈降し、王宮の区域は水没してしまった。建造物や彫像などの大量の遺物を保存することは、最近の水中考古学者たちの重点的な調査テーマになっている。海底の多数の発見物によって、アレクサンドリアの宮殿地域が、最初からひじょうに壮麗で異国情緒にあふれていたことがいっそう明らかになった。遺物のなかにはエジプト様式のものやギリシャ・ローマ様式のものもあるが、両方を混合した特徴をもっていることが多い。写真の「カノプス壺」〔ミイラづくりで取り出した臓器を入れる〕をかかえたイシスの神官の像はその典型であり、ギリシャの彫像の影響が強くみられる。一方、そばによこたわる一対のスフィンクス像と、柱の基部はきわめてエジプト的である。

匹敵するものは2度と現われなかった。プトレマイオス王朝のもとで、博学者のエラトステネス、著述家であるキレネ出身のカリマコス（全図書目録づくりなど、アレクサンドリア学派に決定的な貢献をした）やロードス島出身のアポロニオス、天文学者のアリスタルコス、文法学者かつ批評家のビザンティウム出身のアリストファネスなど、傑出した人物が多く育ったのである。

優秀な学者たちを輩出したことによって、研究施設の存在は、アレクサンドリアの名声をさらに高めることに役立った。そしてローマ帝国支配下でも、学問の大中心地としての機能を果たしつづけた。なかでも優秀な実験科学者ヘロン、新プラトン主義の哲学者プロティノス、そして地理学、天文学、占星術の各分野で有名なクラディウス・プトレマイオスは、古代後期と中世期の世界に巨大な影響を与えた。

キリスト教到来後も、この都の学問的な地位が低下するようなことはなかった。初期教会の最初の4大主要管区となり、キリスト教の教義を学び論議をかわす場の中心へと急展開し、クレメンスやオリゲネスのようにギリシャ思想とキリスト教を結びつけようとする神学者が活躍した。しかも、アレクサンドリアはキリスト教初期の混迷した神学論争において重要な役割を演じた。ユダヤ人社会もまた、学問の都アレクサンドリアで紀元前2世紀中旬には旧約聖書のギリシャ語訳（七十人訳聖書）を成しとげた。ユダヤ人哲学者フィロンの書物もここで生まれた。

アレクサンドリアの大きな建造物は、王家の地区に限られていたわけではない。エジプト人居住区内に都の守護神を奉じた壮麗なセラペウムの神殿に祀られたセラピス像の高さは、海岸沖からも目にすることができるほどであった。ただし紀元391年、キリスト教が到来すると、異教徒となった神域の多くが閉鎖においこまれていった。かつての豪壮な建造物は再利用されるか容赦なく破壊されてしまう悲惨な状況のなか、急速にキリスト教会の建造物に取って代わった。

アレクサンドリアの宝は、なんといってもファロスの灯台である。これは世界の七不思議にかぞえられ、プトレマイオス1世の在位中にファロス島の東端付近に建造がはじまり、プトレマイオス2世の治世下の紀元前283年頃に開所した。この灯台は、たんに航海の役に立つという実用面ばかりでなく、地中海の北側から都へやってくる人々に、プトレマイオス王朝の威光を強く感じさせる役目を果たした。こうした建造物は、最盛期のアレクサンドリアを他に比類のない輝かしい都市にした。しかし、最近の分析によると、後世の人々にとってもっとも感謝すべきことがらは、アレクサンドリアが文化や科学の中心都市として傑出した役割を果たしたことであり、それこそがアレクサンドロス大王の最大の功績であった。

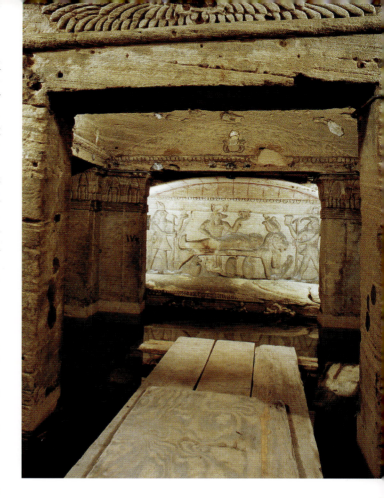

上：コムエル＝シュカファのカタコンベ（その起源は古代ローマ時代にさかのぼる）は、葬儀や定期的な弔いのための祭礼を催行する地下埋葬所であり、ひじょうに見ごたえのあるアレクサンドリアの遺跡である。埋葬の慣習は、グレコ・ローマン文化とエジプト文化の要素を合わせておこなわれたが、ミイラを寝かせた台を前にホルス神、アヌビス神そしてトート神が弔っているこの場面のように、かなりファラオ的な観念にもとづく壁画で飾った。

アレクサンドリア　53

メロエ

Meroë

ヌビア地方の王家の都

ロバート・モアコット

◆メロエは、古代ギリシャ人やローマ人にとってロマンティックな場所であり、自分たちの世界の向こうに離れてよこたわる異国の土地であるが、交易圏内であった。1772年にこの地を通過したジェームス・ブルースは、いくつかの廃墟を記録し、メロエに違いないと推測した。だが、その広大なピラミッドの墳墓群が、旅行家や学者の出版物によってヨーロッパ世界の注目を浴びたのは、19世紀前半である。

古代都市はアトバラ川との合流地点のさらに南を流れるナイル川東岸の、現在のシェンディの付近にあった。2つの川に挟まれたナイルの東部は、古代は森林性サバンナで覆われ、ゾウやキリンをはじめ、現在ははるか南の地域だけにみられる野生動物が生息し、しかも降雨帯気候のなかで、牛の放牧地に使用されていた。メロエ社会は、マサイやディンカといった牧畜民のように牛飼養に依存しつつ、農耕による定住生活をおくっていた。

その文化は、土着の「クシ人」と強大なエジプト人の影響が混じりあった複合的なものであり、宗教や建築にかんしてエジプトがメロエの最上層部に与えた影響はとくに大きかった。

メロエは、近隣および遠方から異国の物資を集めた重要な交易の中心地として活動し、ペルシャやプトレマイオス王朝のエジプトへ商品を供給し、のちにはローマ帝国とも交易をおこなった。主な商品は、象牙、エボニー（黒檀）、インセンス（香）、奴隷であった。ヘロドトスの記録によると、ペルシャのクセルクセス王のもとには、ギリシャへ遠征するペルシャ軍に加わる「エチオピア人」（クシ人）兵士が大量に送りこまれた。ヨーロッパで「メロエ」が伝承されているのは、古代の地中海世界とのこうしたつながりからである。

ただし、メロエの起源は相当古く、これまで発掘された最古の遺跡の年代は紀元前1000年の前期にさかのぼり、紀

> エレファンティンの南の土地にはエチオピア人が住んでいる…（その）40日間の陸路の旅のあと、さらに船に乗って12日目にメロエという名の大きな都へ到達する。メロエはエチオピア人の国の首都であるという。そこにはゼウスの神託所があり、人々はその宣告によって戦いをおこなう。
>
> （ヘロドトス、紀元前5世紀）

元前8〜7世紀に急速に拡大したクシュ王国の中心地となった。ピラミッドをともなう貴族の墳墓がメロエ市街の東側の丘陵に建設され、はじめは王族のなかでさほど重要でない人たちがそこに埋葬された。王家に関する碑文によると、メロエは、紀元前5世紀にはすでに、クシュ国王をはじめ重要な地位にある皇族たちが住まいを構える都になっていたが、王家の墓地が設けられたのは、紀元前約300年以降のことである（それまで、王の埋葬地は、もっと北に行ったナパタに近い、ナイル川の第4瀑布のそばにあった）。その後紀元4世紀の半ばまで、メロエのピラミッドの墳墓群は増えつづけることになる。

メロエという古代都市の姿を再構するのは困難である。これまでの発掘調査が十分でないことも理由の1つだが、メロエの街並みは、泥レンガを積み上げた家や、大きな円錐形の草ぶきの家が混在する粗末な居住環境であったと思われる。発掘作業は、がっしりした石壁で囲まれた広大な「王家の都」と名づけられた区画の宮殿や神殿の遺跡に集中しておこなわれている。考古学者が「ローマの浴場」とよんだ変わった建物は、現在ではニンファエウム（噴水のある館）の跡だと考えられている。

「王家の都」（ロイヤルシティ）は元来、川の中州島にあったが、時が経つにつれ東側の河床は干上がり、川の位置も変化した。都を取り囲む壁の隣りには、国の守護神である羊頭の太陽神アメンを祀る巨大な神殿がそびえていた。典型的なエジプト様式の建築で、大きな石の塔門の神殿入口は、柱廊式の中庭に向かって開かれ、円柱に囲まれた広間と内部の聖域に通じている。神殿の入口にいたる参道の両側には、小さな祠や牡羊の像が配置されていた。

左：黄金の「シールドリング」型のブレスレット。紀元前1世紀後半に、「カンダケ」つまり女王の位についていたアマニシャケトという女王のピラミッドから発見された宝物類の1つ。この精巧なデザインはエジプトのものであり、神聖な蛇のコブラが何匹も並ぶ神殿の正面に、牡羊の頭とともに日輪の光背に守られた太陽神アメンが刻まれている。

　「王家の都」は、少なくとも2層構造の豪邸が通りに並んでいた。小神殿跡には、外国の捕虜たちを連れたカンダケ（メロエの女王）の彩色絵を施した石膏のかけらが残っていた。また、この神殿の床下からは、実物大を超えるアウグストゥス帝の銅像の頭部が発見された。その銅像は、メロエの傭兵軍が辺境を越えて急襲し、アスワンの都を攻略したときの褒賞として持ち帰ったとされ——この戦争についてはストラボンによる記録がある。紀元前23年に両国の平和条約が締結されると、ローマとメロエの都市間で大量の貿易品が流通するようになり、メロエに黄金期がもたらされた。メロエのみならずクシュ王国のほかの町にも、新しい神殿がつぎつぎに建設された。

　メロエの都は、3世紀にローマ帝国が陥った経済と政治の危機と連動して衰退した。そして、その終焉は、（ヌビア地域の）ヌーバ人の侵入や、日の出の勢いであったエチオピア高地のアクスム王国によってもたらされた、と考えられている。

上：メロエのピラミッド群は、広い面積に密集している。明らかに古代エジプトの影響をうけているが、メロエの方が小さく、側面が急勾配である。このピラミッドの丘は、ファラオ個人というよりも、王を含めたメロエ社会の富裕層のものであった。大ピラミッドの埋葬者は、王家の一族に帰せられ、考古学者が調査に入ったときはどのピラミッドもすでに盗掘にあっていた。しかし、アマニシャケト女王のピラミッドで発見された宝物などの遺物から、安置した遺体は金銀の宝石で飾られ、食べ物や家具などの副葬品を備えたことがわかっている。また、従者や動物が殉葬されたと考えられる。

メロエ　55

エルサレム
Jerusalem

ヘロデとイエスの時代

マーティン・グッドマン

◆古代ローマ帝国の大博学者プリニウスがこの文章を記したのは、紀元70年代であり、将来の皇帝ティトス率いるローマ軍の攻撃によって、エルサレムが破壊されてまもなくであった。アラム語とヘブライ語が占めるオリエントの都エルサレムは、紀元前330年、アレクサンドロス大王に征服されて以来、つねに西の強大な勢力に順応してきた。この都市の人口はほぼユダヤ人で構成され、ユダヤ民族の歴史の記憶は、ヘブライ語聖書〔旧約聖書〕に残されたはるか昔にたどることができる。しかし、とくに大ポンペイウスによる紀元前63年のエルサレム攻略ののち、人々の運命はローマ人に絡めとられていった。

聖書には、神は、ユダヤ人にエルサレムを地上で唯一の聖域として扱うように命じ、生贄や酒、香油の儀式をつうじた礼拝を望んだことが記されている。ローマ政府が紀元前40年にユダヤの統治者に任命したユダヤ王ヘロデは、紀元前1世紀後半期に、驚くべき大きさと威厳をそなえた神殿の再築と拡張をおこなった。現在残っているのは、神殿の土台部分である「嘆きの壁（ウェスタンウォール）」にすぎないが、今も堂々とした印象を与えている。神殿はエルサレムの都を見下ろして立ち、そこには大勢の人々が集まったので、初期キリスト教徒が出会い、支持者を広げる効果もあった。どの日も明け方から日の暮れるまで絶えることのない信者の供物とともに、世襲階級の司祭たちから選ばれた一団によって、ユダヤを代表して定められた儀式がおこなわれた。神殿のポルチコ〔破風付き柱廊式入口〕の

> イドゥミヤとサマリアを越えると、広々としたユダヤの地が伸びており、オリネを含む10の行政管轄地に分かれている。オリネは、ごく最近までもっとも有名な東方世界の都であったエルサレムの所在地である。
>
> （大プリニウス、紀元70年代）

周辺は、生贄に捧げる動物を買いもとめ、神聖な寄付金を払うために持参した硬貨をチュロスのシケル銀貨に取りかえる信者で人だかりができていた。こうした日常の礼拝のリズムは、毎年3回、過越し祭、五旬節（ペンテコステ）、幕屋祭の期間は乱れる。エルサレムの神殿や市街は各地から大勢の巡礼者がどっと押し寄せ、都は国際色にあふれた。『新約聖書』のなかの聖ルカの「使徒行伝」（2章5節）にも、「天下のあらゆる国々からやってきた信仰深いユダヤ教徒たち」で賑わっていたと記されている。

こうした熱狂的な宗教行事の最中に、しばしば政治的な激変が生じた。紀元66年には、過越し祭に暴動が起き、4年後のエルサレム陥落のきっかけとなった。36年前に、ナザレスのイエスが、ローマのユダヤ総督ポンテオ・ピラトによって処刑されたのも、同じく祭りの季節であった。しかし、宗教的な熱狂的興奮は、そうした動乱をまねくこともあったが、都にすばらしい繁栄をもたらした。

左ページ：ヘロデ神殿を取り囲む壁の南側の長い階段の遺跡。崇拝者たちは、ここを上って壁の中に入り、内部のトンネルを通っていく。そして囲壁の最上部に築いた列柱のならぶ建物（「ロイヤルポルチコ」あるいは「ロイヤルストア」とよばれる）の玄関から、本神殿と祭壇のある外庭に出られるようになっている。

下：キドロン峡谷の世にいう「アブサロム〔ダビデ王の三男〕の墓」。聖堂の東はすぐ崖になっている。ギリシャと東洋の建築様式が融合したこうした記念碑的な墓標は、エルサレムがヘロデ王の以前に、何世紀もギリシャ文化に感化されていたことを示している。

マーティン・グッドマン

エルサレムは特別な天然資源にめぐまれず、双方向に交易路があるわけでもなく、都市の財源は、熱心な信仰によって外部から流入する富に完全に支えられていたのである。

紀元1世紀半ばには、さまざまな国の巡礼者がもたらした建設ブームによって、エルサレム市街の大半が、ヘレニズムやローマの建築文化に塗りかえられた。新たに建設された送水路が、北部のベゼサの広い郊外にまで伸びたおかげで住民人口も増えた。何千年も前に最初に都が築かれた丘の付近は、大がかりな刷新は免れたものの、狭い街路に同時代のポンペイを思わせるモザイクやフレスコ画で飾られた家並みがつづいた。パックス・ロマーナ(ローマの平和)は巡礼の旅を容易にし、かつ国際間の貿易がさかんにおこなわれ、エルサレムは長期にわたり、ローマ帝国の繁栄と統治政策にのみこまれていたかにみえる。

しかし、そのみかたは誤解である。紀元前30年頃、ヘロデ大王はみずから先頭に立ち、(ギリシャをモデルとした)陸上競技、舞台演劇、戦車競走をはじめ、(ローマをモデルとした)野獣狩り競争などが楽しめる当代屈指の遊戯施設をエルサレムに建設するつもりであった。しかし、ヘロデ王の願望は、地元民に厳しく拒絶された〔結果的にこれらの施設は、新港湾都市カエサリウムに建設された〕。古くからのエルサレム住民は派手な興奮を好まず、そうした行為は先祖伝来の慣習に反すると主張した。エルサレム市民の生活姿勢は清廉であり、身体を清めることは精神の清らかさと強い比喩関係にあるという信念が一般に広がっていた。当時のエルサレム市内の沐浴場は、考古学的にもきわめて特徴的である。

ユダヤ人が宗教的慣習にきわめて熱心なことは、外部にも知られており、ポンペイウスは、ユダヤの安息日をねらってエルサレムの軍事攻撃を開始したとされる。ユダヤ律法の解釈はじつに多岐であり、ファリサイ派とサドカイ派のグループはまったく対立する意見をもち、クムランで発見された死海文書のなかにも異なる考えを再三記した部分がある。にもかかわらず、ローマ軍の攻略によって凄惨な結末を迎えた紀元70年8月の終わりに、エルサレムの防衛に大挙して戦った人々を奮い立たせたのは、ユダヤ律法への献身的な帰依心であった。

エルサレムは、紀元70年までの最初の世紀はローマの管理下にあり、総督が選んだユダヤ大祭司をはじめエリート階層かヘロデ大王の子孫(ローマ政府から職務を任命された)によって政治が運営されていた。ローマ帝国は、ユダヤ属州にはごく小規模の軍隊しか置かなかった。はるか北

マーティン・グッドマン

部のシリア属州の地域で、もっと深刻な不穏な動きを封じこめる必要があったからである。ところが、66年の一連の事件が軍事衝突にエスカレートし、エルサレムは反乱の拠点となった。67年、ローマ皇帝ネロが反乱を制圧するためにシリアから送りこんだ出自不明の将軍、ウェスパシアヌスが、つぎの年から都を包囲しつづけた。68年後半にネロの自殺で帝位が空くと、ウェスパシアヌスは、69年6月、軍隊の前で自ら皇帝に就く宣言をした。彼にとってエルサレム攻略戦に勝利することはローマ社会にたいして、皇帝としての威信をみとめさせる新たな意味をもつことになった。70年の過越し祭の直前、ウェスパシアヌスの息子ティトスが激しい攻撃を開始し、ついにエルサレムは壊滅にいたった。同時代のユダヤ人司祭のヨセフスは、その凄惨な結末をつぎのように記録した。「都はすっかり灰燼に帰してしまい、いつか訪れる人があっても、かつて人が住んでいたとはとても信じることができないだろう」

しかし破壊されても、エルサレムは人々の想像のなかに残った。長年にわたりユダヤ人は神殿の復旧に強い期待をいだいた。ラビの地位にあるユダヤ人指導者は、かつて神殿でおこなった動物の生贄の代償に、祈祷と善行に励めば幾分あがなえるとする新たな律法を展開した。キリスト教徒は、都の壊滅はキリストの預言を冷たくあしらったことにたいする神の報いであると重くうけとめた。ユダヤ教徒と同じようにキリスト教徒も最期の日には、新エルサレムが再び地上に出現するのを待ちのぞんだのである〔「聖なる都、新エルサレムが、夫のために着飾った花嫁のように用意をととのえて、神のもとを出て天から下って来るのを見た」という『ヨハネの黙示録』21：2の千年王国思想をさしている〕。

下：「神殿の丘」（テンプルマウント）と「嘆きの壁」（ウェスタンウォール）。「オマールのモスク」（岩のモスク）は、ヘロデ王時代のユダヤ教の神殿跡のやや上方に、何世紀も経ってから建設された。ヘロデ王が、神殿の基壇（プラットフォーム）を拡張するために設けた当時の壁は、大量の石灰石のブロックを積み上げた土台に残っている。ここは古代晩期以来ユダヤ人の巡礼地であった。

ローマ
Rome

アウグストゥスの時代

ナイジェル・ポラード

◆先の将軍オクタウィアヌスは、紀元前27年、アウグストゥス（「尊厳者」）の称号を与えられ、「初代ローマ皇帝」とみなされる独裁的な支配者となった。当時のローマはすでにイギリス海峡からエジプトのアスワンにまたがる大帝国の首都であった。伝説によると、ローマの起源はその700年以上も昔にさかのぼり、アウグストゥスの時代にも、創設者のロムルスにゆかりの場所がパラティヌスの丘の上に保存されていた。ローマの都の富と力は、帝国の全域から移民や商人、旅行者、奴隷などを引きよせて、人口ほぼ100万という産業革命以前で最大規模の都市に成長した。しかし、都の外観は、ローマの支配階級の軍事力、政治力にそぐわないものであった。

ローマは、毎回1年の任期を執政官（コンスル）たちが権力を行使する共和政体制のもとで、集約的かつ長期的な都市計画を欠いたまま無秩序に大きくなった。都は伝説の「ローマの七丘」（付近にはもっと多数の丘が存在するため、どの丘をさすのか古代ローマ時代においても論争があった）に分布し、200年前にハンニバル軍の攻撃を防いだ「セルビウスの城壁」を凌駕する大きな防御壁で囲まれていた。

ローマには、昔ながらの見かけは立派な公共の建造物がいくつもあり、その大半はかつて軍事的勝利で得た収益で建設されたものであった。しかし、地元産の多孔質で脆いトゥファ石を積みあげて漆喰で塗り固めた建築がほとんどで、新しく入ってきたギリシャ世界の大理石の神殿や聖所のみごとさに比ぶべくもなかった。そして、ギリシャの諸都市の特色をまねた恒久的な劇場の建設もおこなうようになった。この動きは、伝統的な道徳観の衰退を危ぶんできたローマ人のなかで生じた最近の新機軸であった。ほんの20年前に落成したポンペイウス劇場は、ローマで初めての娯楽施設である。その後、「フォルム」をはじめ、さまざまな公共空間が、木造の観覧席で囲んだ仮設闘技場に使

大帝国の首都ローマがその立場にふさわしい建造物もなく、火事や洪水にもろいことを懸念したアウグストゥスは、ローマの外観を徹底的に改良し、自分を誇って当然の貢献を果たした。「私はレンガ仕立てのローマを受け継いだ。そして大理石で覆ったローマを残す」（スエトニウス、紀元2世紀前半）

用され、ローマ文化の典型とみなされるグラディエーター（剣闘士）たちが人間同士や猛獣と死闘をくりひろげる見世物がさかんに催された。さらに1世紀後には、ローマ最大の円形闘技場であるコロッセウムが完成した。ポンペイの都にはすでに50年の歴史をもつ円形闘技場があったが、アウグストゥス時代のローマの主要なスポーツ開催地は、戦車競走のためのキルクス・マキシムス（現チルコマッシモ）円形競技場だけで、峡谷の自然の曲線に合わせてトラックと見物席の歓声がこだまするように工夫されていた。

世界最大の都市ローマの「フォルム」は、もともとまとまった都市計画の産物ではなく、何百年の間に建物が増えたようにいつのまにか拡大した大勢の市民が集まる公共広場であった。フォルムは、ローマ世界の最高神ユピテル（ジュピター）の神殿とともにカピトリヌスの丘のそばの低い場所に位置し、ほぼ長方形のピアザ（広場）であるフォルムの周囲を、バシリカ〔裁判に用いたりした長方形の会堂〕や政庁の建物、さらに大小の神殿が占めていた。

ローマの富裕な政治的エリート層は、パラティヌスの丘に豪壮な邸宅をかまえて良好な生活を送ったが、過密化した都市の住民は、粗末な材料で建てた不潔で危険な借家に押しこまれて暮らしていた。アウグストゥス時代に『建築大全』を著したウィトルウィウスは、編み壁と漆喰の構造は火災に弱く崩れやすいと嘆いている。産業革命以前に都市の大火が建物に燃え広がり、多くの人命を奪ったように、ローマの都もくりかえし被害にあった。ローマには適切な

右：「ポンペイウス劇場」の復元模型。この劇場はアウグストゥス時代の20年前に完成した初期の常設娯楽施設で、2期目の執政官をつとめていたポンペイウス（紀元前48年暗殺）が権力と財源を投じて建設した。半円形に囲んだ観客席と舞台のそばにウェヌス女神の神殿が設けられ、回廊の入口前の広い庭園とユリウス・カエサルがのちに暗殺された元老院議会場（クリア）などで構成されていた。アウグストゥスをはじめローマ皇帝が、より強力な長期の統治基盤にもとづいて各地で計画し建設した「ローマ劇場」の建築スタイルの先例となった。

公共の消防組織が整っておらず、私的消防団とともに現場にかけつけた富裕な市民のなかには、消火を命じる前に燃えている共同住宅の区画を安値で売るように家主に持ちかける者もいた。ただし、昔から都には水道設備によってきれいな水が運ばれていた。例えば「アクア・マルキア」は百年以上の歴史のある水道で、高い技術力によって24km離れたところからカピトリヌスの丘のてっぺんまで送水路が配備されていた。もっともテベレ川は氾濫をくりかえし、カンプス・マルティウス（マルスの野）などの低地帯はたびたび水浸しの被害にあった。

ローマは長年後背地の農業だけでは賄えず、シチリアや北アフリカからの農産物の輸入が人口を支えていた。海賊、内乱、悪天候は食物の供給不足につながり、暴動が生じることもあった。前世紀が内戦に満ちていたこともあり、ローマ人の生活には暴力はつきまとい、派閥の政敵どうしが街頭でなぐり合う光景も珍しくなかった。暴力による報復や、犯罪がくりかえされた。一方、奴隷は、司法容認のもとで公然となされる暴力の苦痛に耐えなければならなかった。「ポメリウム」（ローマ市の聖なる境界域）の大きな通りの目立つ場所は貴族の墓で占有され、その向こう側では平民を火葬にふす煙が立ちのぼっていた。しかし、磔刑にされた奴隷や、自由身分でも極貧で死んだ人の遺体は、そのまま大きな墓穴に埋められた。

ローマは、アウグストゥスが権力を握ってひと晩で変化したというわけではないが、名実ともに帝国にふさわしい都市へしだいに進化した。都の美化や公益事業もさかんにおこなわれた。アウグストゥスを助けたのは、「尊厳者」に授けられた最高権力を維持し（45年間つづいた）、彼自身は辞退したものの事実上の皇帝であり、帝都に集まる膨大な私財と国庫金を支配していたことであった。以上のすべては、共和政時代の彼の前任者たちが1年かそこらの任期に限られていたのと異なり、長期計画を実行可能にした。しかも養父のユリウス・カエサルとちがい長命を保った彼は、ローマという都の基盤形成に大きく貢献した。アウグストゥスは、自伝風の「業績録（レス・ガスタエ）」で、数々の軍事的勝利とともに、自分がかかわった多数の建造物についてもこまかく顕彰している。それは青銅板に刻まれ、彼の死後、「マルスの野」の北端に築かれた豪壮なアウグストゥス霊廟に置かれた。

宗教の復興は、アウグストゥスの内政の中心課題であり、古い神殿の再建（紀元前28年だけで82を数える）をはじめ新しい神殿の建設に反映された。宗教の復興政策は表面的かつ保守的であったが、建築についてはまったく異なる。古色蒼然としたカストール神殿（ギリシャ伝説の双子カストールとポルックスにちなんで紀元前5世紀に建立された）は、当時開発されたトスカーナのカラーラ（ルニ）の採掘場から切り出された光沢のある白い大理石を使って再建された。神殿は、土台に据えた背の高い列柱がそびえ（現在はそのうち3本が残っている）、円柱の先端（柱頭）にはそれぞれ、

最上：ローマ劇場のパラティヌスの丘にあった「アウグストゥスの宮殿」のローマ劇の間。舞台の列柱や飾り物を置いた凹みがまるで本物のように遠近法で描かれている。こうした壁画を施すのは、紀元前30年〜紀元前20年頃のローマ・イタリアの貴族階層の邸宅によくみられる様式であり、アウグストゥスは自分がかけ離れた独裁者ではなく、「同じ議員のなかの第一人者」（尊厳ある者）として印象づける配慮をしたと思われる。

上：2007年、アウグストゥスの宮殿があったパラティヌスの丘の斜面で、豪華なアーチ型のドームの遺物が発見された。これは「ルペルクスの岩屋」、すなわちローマの神話上の創立者であるロムヌスと弟のレムスが、雌オオカミに育てられた洞穴のあった場所にちなんで建設された聖堂の一部なのではないか、といった議論で賑わっている。

次の見開き：ローマの「フォルム」の起源は、紀元前6世紀にさかのぼる。しかし北西角からの現代の眺めは、建物群の多層構造がはっきり分かる。ローマの歴史において、アウグストゥスの在位以前とその後の千年間で増築や再建をくりかえした。そしてつぎの千年間で破壊、変換、再発見がつづく。

ローマ　61

アカンサスの葉を入念に彫刻したコリント式の豪奢な装飾が施された。

　こうしたローマの空を刷新した荘重な神殿建築には、パラティヌスの丘に新しく建立されたアウグストゥスの守護神であるアポロ神殿や、オクタヴィアヌスと名のっていたころにユリウス・カエサルのために復讐の成就を神に誓願したというマルス・ウルトル（「復讐者」）神殿（紀元前42年建立）なども含まれる。とくに後者の神殿は、今や「アウグストゥスのフォルム」とよばれる公共広場の新しい建築群を構成し、まとまりなく広がっていた古い「ローマのフォルム」と対照的に、計画にしたがって生まれ変わった。「アウグストゥスのフォルム」にはさらに経済や司法の活動ができる空間も加わり、訪れる人々が、すばらしい彫刻に見入りながら、ローマの昔の栄華や、アウグストゥスのユリウス氏族が果たした役割（すべて伝説のトロイの英雄アエネアースと母ウェヌスにさかのぼる）を思いおこす場にもなった。

　「フォルム」は、今ではアウグストゥスの政治的、精力的な野望を映しだす場であり、整然とした新しい空間をなしていた。新設の弁論者の演台は、フォルムの北端のユリウス・カエサル神殿を軸に設置された。この神殿の南にカエサルを薪で火葬したとされる場所があった。アウグストゥスはまた、元老院の会館も新築したが、共和政時代の昔日の重要度は失われていた。代わりに、新しいバシリカや戦勝アーチなどの記念碑的建造物がアウグストゥスの権威や政治力を伝えていた。マルスの野（カンプス・マルティウス）には、「初代皇帝」のアウグストゥスの霊廟が建立されたが、「アウグストゥスの平和の祭壇（アラ・パキス・アウグスタエ）」とよぶ建物や、巨大な日時計装置なども設けられた建築複合体をなしていた。日時計の針は、エジプトから運んだオベリスクの柱が使用され、クレオパトラとその王朝と戦ってローマに凱旋した若き日を象徴している。

　アウグストゥスは、市民のもっと基本的な要求に応えることも忘れなかった。何百年の間、娯楽のための恒久的な建造物のなかったローマに、2つの劇場が新設された。1つは亡くなった義理の息子を奉じたマルケルス劇場で、もう1つは総督のバルブスが建てた劇場である。これらは、ローマ帝国がその歴史を終えるときまで用いられ、かつてないみごとな建造物であった。ローマ市民は、剣闘士の試合や野獣狩りを石造りのあたらしい闘技場で見物することもできた。しかし、アウグストゥス時代の総督スタティリウス・タウルスが建設したローマ初のこの円形闘技場は、紀元64年の大火で焼失した（結局、コロッセウム闘技場に建て替わった）。さらに、昔からの戦車競走場であるキルクス・マキシムスにも、改修が施された。アウグストゥスは、膨大な建設費と、祝祭や見世物興行に必要な多額の出費を惜しまなかった。伝記作家スエトニウスは、アウグストゥスが主宰した見世物の種類の多さとぜいたくな演出は前代

未聞であったと述べたうえで、舞台演劇、剣闘士、野獣狩り、陸上競技のほか、人工湖に軍艦を浮かべた模擬海戦まで記録に残している。アウグストゥス自身が主催した8回の剣闘士の試合には、1万人の観客が集まり、26の見世物ショーで3500頭の野獣が殺されたという。

　あまり目立たないがアウグストゥスは公益事業の改善にも熱心であった。ローマ市内を14の行政区に分割し、各地区に治安判事をおいた。さらに、食糧支援、街路、テベレ川の護岸工事といった主要な事業には、直轄の恒久的な機関を設けた。また常設の消防団を設立し、その司令官の任命もおこなった。建築家のウィトルウィルスが「編み垣と漆喰」よりも安全だと主張した石灰コンクリート材が、さまざまな建物や高層のアパート建築に広く用いられるようになった。アウグストゥスのもっとも信頼する友にして優秀な部下であったアグリッパは、市内の排水溝の総点検にも出向いた。有名な話だが、彼はボートに身をよこたえて下水道を航行しながら精査したという。アグリッパは大浴場の建設もおこない、浴場の水は新しく完成した水道、「アクア・ヴィルゴ」から供給された。彼は、将来アウグストゥスの継承者たちが建設するであろう帝室の大浴場のモデルとすることを条件に、アグリッパ浴場を市民のための公共施設として提供すると遺言した。

　アウグストゥスの時代は、すぐに成果が得られないこともあった。暴動、洪水、火事はあいかわらず発生し、大多数のローマ人は不潔、危険、暴力のつきまとう暮らしのままであった。にもかかわらず、この都はしだいに世界一の首都としてふさわしい姿に変貌していった。アウグストゥスは都とその住民の生活に責任を負うべきことを明言し、継承した皇帝の多くが彼の例にならおうとした。歴史の流れとともに、ローマは、キリスト教徒の首都に変貌し、イタリア再統一の要となり、そしてファシスト政権の首都でありもしたが、アウグストゥスの影響はあまりにも強く、今もなおその遺産をはっきりと目にすることができる。

右ページ：有名なプリマポルタのアウグストゥス像〔紀元前20年頃製作〕は、理想化された若者の表情をたたえており、若く鎧をまとった姿は、彼のイメージを決定的なものとした。アウグストゥスは、70代に入っても40年間以上統治し、その長期政権のおかげでローマは帝国の首都にふさわしい変貌をとげることができた。古代アテネの古典様式による彫像は、あえて若さを強調し、しかも、戦さによって「平和」を築いた過去の業績を後世に伝えたかった彼の意図がこめられている。

紀元後の最初の 1000 年間

◆この章で扱うキリスト暦の最初の 1000 年間で繁栄した 8 つの大都市のうち、キリスト教徒の都市は 1 つだけである。コンスタンティノポリス (Constantinople) がその唯一の都市であるが、ほかに候補はなかったろうか？ むろんローマではありえない。栄華の都は、帝国の衰亡とともに、熱病 (マラリア) がはびこる沼沢地にますます悩まされるようになっていた。教皇庁も 5 世紀のレオ 1 世と 6 世紀のグレゴリウス 1 世のようなごく例外をのぞき、凡庸でむしろ劣った人物が就位し、9 世紀と 10 世紀には、「教皇の娼婦政治 (パパル・ポルノクラシー)」とよばれる暗愚政治がつづいた。

こうした状況は、ボスポラス海峡では考えられないことであった。紀元 330 年、コンスタンティノポリスは、コンスタンティヌス大帝によりビザンティウムに建設され、正式に聖母マリアを守護聖人とする都市となった。つづく 200 年間で、代々の皇帝は「亜使徒 (使徒につぐはたらきをする者)」の称号を受け継ぎ、キリスト教が皇帝自身の公務や市民の日常生活のあらゆる面に浸透していった。西ヨーロッパは異民族に占領され、それまで培われた学識の光は修道院のなかで小さく揺らめく炎をのぞき消滅したも同然であったが、かつて古代ギリシャの植民都市であったビザンティウムでまぶしく輝いた。今日我々が知ることのできるギリシャ語やラテン語の古文書の大半は、コンスタンティノポリスの学者や筆写職人、写本家の多大な貢献によっている。ビザンツ帝国〔東ローマ帝国〕は、後世に美術と建築というとてつもなく貴重な財産をのこしてくれた。6 世紀初期に、ユスティニアヌス皇帝が 5 年半の歳月をかけた聖ソフィア (ハギア・ソフィア) 大聖堂は、今なお世界で最大の威容を誇る教会建築の 1 つである。ビザンティンの芸術家たちは、大聖堂内のモザイク、フレスコ、イコンなどの制作という、キリスト教の精神を描くことを求められる困難な作業に心血を注ぎ、誇りをもって成し遂げた。

一方、西ヨーロッパはまさに「暗黒時代」であった。キリスト教会はあらゆる科学や文化に不信感をいだき、暗がりのなかにいた。イスラーム教にはそのような禁忌はなく、物理、医学、地理学、天文学、建築学の分野でリードしたのはアラブ世界の人々であった。視覚美術においては、人物を描写した表現をおこなってはならないという宗教上の規範が厳しく守られ、この偶像崇拝のタブーによって、抽象的なデザインや独特のカリグラフィー (筆跡) の比類のない美が生み出された。本章は、つぎつぎに興隆したイスラーム諸国のうち 4 つの都市を扱った。すなわち預言者ムハンマドの生誕地、かつイスラーム教徒の聖地であるメッカ (Mecca)。ウマイヤ朝のカリフ政治の首都で、750 年にアッバースによって征服されるまでイスラーム世界の中心地であったダマスカス (Damascus)。その後 500 年間を支配するアッバース朝のカリフがあらたに建設した行政府バグダード (Baghdad)。そして、亡命したウマイヤ朝の王子アブド＝アッラフマーンが後ウマイヤ朝を樹立し、広大なモスク「メスキータ」を誇るコルドバ (Córdoba) の 4 都市である。8 世紀末に完成したメスキータは、世界でもっとも壮麗なモスクといえる。

中南米の 2 つの古代都市は、あまりなじみがないかもしれない。だが、テオティワカン (Teotihuacan) の太陽と月の大きなピラミッドは、メキシコの驚嘆すべき文化遺産として知られ、最近の旅行ガイドブックには「噴門切除手術」、「人間の生贄」がさかんだったことが記されている。テオティワカンは、さまざまな民族が集まって約 400 年間繁栄をつづけた中南米最大の都市であった。現在のグアテマラで栄えたティカル (Tikal) は、やや規模は小さいが、コロンブス以前のインカのケチュア人とともに卓越した才能に恵まれたマヤ系の人々が創出した都市であり、その建築の演出は芸術的な美しさをたたえ、造形彫刻は今なお息をのむ迫力をそなえている。

テオティワカンが中南米最大の都市なら、長安 (Chang'an) は、人口 100 万以上を擁する世界最大の都市であった。現在では、西安の名称で知られるこの地には、秦の始皇帝の有名な「兵馬俑坑」があり、大勢の旅行客が訪れる。ただし、中国の黄金時代をつくった唐王朝の首都であったことに思いを馳せる人は少ない。7 世紀ならば、そこにはまさに最盛期の長安の景色が広がっていた。

右ページ：バグダードのティグリス川の眺め。1468 年の作品だが、モンゴルに 1258 年に占領される以前の都のみごとさを想像して描いている。アッバース朝のカリフたちのもとで、バグダードはイスラーム世界のなかで輝きを放ち、『千夜一夜物語』のような数々の名作の舞台となった。

ジョン・ジュリアス・ノーウィッチ

テオティワカン
Teotihuacan

神々の生まれし場所

スーザン・トビィ・エヴァンス

◆テオティワカンは、神々が生まれた場所というだけでなく、時間そのものが生まれた場所でもある——これは、この偉大な都市が凋落して1000年後の16世紀に著された記録書の一節である。紀元100〜500年頃に栄華をきわめたテオティワカンは、東に1600km以上離れたマヤ文明とは異なる文化の都として畏敬された。テオティワカンは、文字どおり、現代的な意味においても、まさに「コスモポリタン」都市であった。すなわち、天上界と地下界を束ねる中心軸（アクシス・ムンディ）であり、350km離れた現オアハカ州のモンテアルバンや、200km東のメキシコ湾沿岸の低地帯などから、さまざまな人々の集まる洗練された多民族的都市国家を形成していた。商人が都から運んだ品物は、古代メキシコと中央アメリカ全域の同時代の遺跡から発見されており、テオティワカンを象徴する形や文様は、支配者の力がいたるところに及んだことを示している。

テオティワカンは、その勢力の大きさにふさわしく、都市面積は20km²を超え、紀元400年頃の人口は約12万5000にたっしていた。これは、紀元1500年に最盛期を迎えるアステカ帝国の首都テノチティトラン（p.150参照）の出現まで、中南米で最大の規模であった。しかも、ピラミッドやアパートメント式住宅が碁盤目状に計画的に配置されており、その近代性は目をみはるものがあった。新旧世界の古代都市のほとんどが曲がりくねった道路をめぐらした町並みであるのとは、まったく対照的といえる。テオティワカンでは壮大なスケールの都市づくりがなされ、主要

> 神々が誕生した…かの地テオティワカンで。
> （ベルナルディーノ・デ・サアグン、1569年）

道路の方角、正確な長さの単位を使った測定値、建造物の配置とプロポーションは、すべて自然環境や宇宙観にてらして緻密に割りふられていたことが最近の調査で明らかになっている。

成熟期に入ったテオティワカンの支配者と建築家は、王権の威信にかけて建造物の設計と実現に取り組んだ。ただし、このテオティワカン盆地における定住生活のはじまりは比較的遅く、気候とのたたかいもあって質素であったと考えられる。半乾燥地域は主食穀類であるトウモロコシ栽培の限界地にあたり、標高2240mという高地は、寒暖差がひじょうにはげしく冬季には霜がよく降りた。しかし、この地域が泉（湧水）に恵まれているのはそれにまさる利点であり、初期の居住地は泉の周囲に集中した。そして紀元前の最後の100年間でこの共同社会には約1万人が暮らし、実質上の都市へ成長していった。

テオティワカン盆地は、メキシコバレイの広大な高原地帯の北東部にあたり、寒冷で乾燥した地域であった。南西部は温暖かつ比較的雨量にめぐまれており、現在のメキシコシティ（p.192参照）はその地域に位置する。メキシコシティのすぐ下には、ずっと古くから定住集落が築かれ、なかでも、クイクイルコは、テオティワカン以前に大規模な立派な都市に発達していた。しかし、クイクイルコは大活火山に近く、紀元150年頃悲運にみまわれ廃墟と化した。火山の噴火で完全に埋もれ、住民に放棄されたのである。最近の調査によって、削岩機を用いて20mの高さのピラ

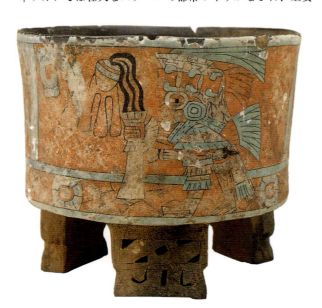

左：テオティワカンの鉢器は、ずんぐりした筒型と太い三脚が特徴である。化粧漆喰の表面にさまざまな彩色画を施す方法は、市内の建物にみられる壁画と共通している。この鉢の絵は、装束をつけた公人の姿である。青緑色のケツァル鳥の長い羽とともに豪華な頭飾りをかぶり、彼が高位の人であることがわかる。前にさしだすように掲げた黒曜石の刀剣の先には、血の滴る人間の心臓が刺さっている。

左ページ：「月のピラミッド」の頂上から「太陽のピラミッド」を眺めた写真。テオティワカンの最大の建造物で、南北アメリカでも最大規模を誇る。数段階を経て建設され、紀元225年によこ幅226m、高さ75mの最終的な形ができあがったとされる。ただし、現在の計測値の高さは65mで、てっぺんの神殿は失われている。ピラミッドの形を遠くの山並みに照らしてみると、山の形と合うようにしたピラミッドの設計者の意図が理解できる。

上：「羽のある蛇」という神格は、メソアメリカじゅうで信仰の対象になっていた。テオティワカンでは、3番目に大きな神殿ピラミッドの各段に「羽のある蛇」のモチーフがいくつも嵌めこまれ、蛇の頭が突き出た羽毛の枠は、まるで「占いの鏡」の額縁を思わせる。この神格は、創造力、雨を呼びこんで豊穣をもたらす力、支配力、軍事力、供儀など、さまざまなことがらと複雑に結びついていた。とくに人身供儀とのかかわりは、何百という犠牲者の遺骸がピラミッドの基部で発見されていることでも明らかである。

左：テオティワカンの人々は、アパートメント式集合住宅に住んでいた。広い方形の平屋一戸建ての住宅を、いくつかの居室空間に分けて、それぞれグループごとに暮らしていたのである。大都市の社会的身分の高低差を反映して、住宅の構えはかなり多様である。なかでも、写真の「羽のある蝶（ケツァルパパロトゥル）宮殿」は、広大な構えを誇り、「月のピラミッド」のすぐ近くという有利な場所にある。四角い石柱に浅浮彫り（バス・レリーフ）など、ひじょうに精巧な仕上げを施した立派な建築複合体であり、おそらく「月のピラミッド」で祭祀をおこなう神官たちの住まいであったと考えられる。

ミッド遺跡が発掘されている。
　火山活動が激しかったその時期は、テオティワカンの人口が急成長した時期と符合しており、ほとんどの学者がこの２つは関連していると考えている。クイクイルコからの避難民はテオティワカンの労働力となり、おそらく当時着工中の大ピラミッドの建設にもかりだされた。南北5kmにわたる「死者の大通り」（この名称はかなり後世につけられた）の最北端には「月のピラミッド」があり、途中には大きな「太陽のピラミッド」がある。さらに行くと高い城壁で囲まれた「シウダデラ（シタデル）」広場があり、その東側は「羽のある蛇のピラミッド」が陣どっている。じつは、さまざまな建造物の連なるこの大通りの方位軸は真北よりやや東にずれており、「太陽のピラミッド」の洞穴から西面を眺めた水平方向が南北軸と直角に交わるように設計されている。つまり、メソアメリカのテオティワカン人やマヤ系の諸民族は、現宇宙のはじまりを紀元前3114年8月13日とする暦法にもとづく天体観測をおこない、彼らにとって、「太陽のピラミッド」からみえる地平線はその重要な基準標識であったと考えられる。
　3つの大きなピラミッド型神殿の建設は、数世紀かけておこなわれ、その間テオティワカンの住民の大半は粗末な小屋で暮らしていた。「羽のある蛇のピラミッド」は、祭祀性の強い埋葬墓の記念碑的建造物であり、ほかのピラミッドと同じ機能を果たしていたと思われる。この最後に建造されたピラミッドには、とてつもない犠牲が払われ、何百という人間が生贄として地下に埋められているのが発見されている。精巧な石彫りの「羽のある蛇」や「四角い頭」などの図像を嵌めこんだ正面（ファサード）の壁は、その完成後まもなく、ピラミッドのすぐ前に増築された基壇〔アドサド・プラットホーム〕によって人の目から隠れてしまった。それは、まるで手のこんだ図像表現や生贄の記憶を消し去るためであったかのようである。
　このあと、都市のエネルギーは、住宅地の建設や市民生活および農業用の水利システムの整備といった実用的な課題に向けられていった。四方を厚い石壁で囲んだ約2000棟の住居が、市内の碁盤目にそって建設された。その大半を占めるアパートメント式集合住宅は、平均で1辺が60mの正方形の敷地からなり、建物の外壁には窓がなく、内側はそれぞれ別の集団が暮らすパティオ（中庭）とそれを囲む部屋どうしがつながっていた。この集合住宅は、かつては個別の住宅が存在していたなごりとみられ、別々の家族が集まって住むようになった証拠でもある。
　集合住宅は、その構造や材質の豊かさにかなり違いがみられる。最大規模のものは、「死者の大通り」の複合建造物で、支配階級の住む行政機関をそなえた宮殿であったと考えられ、一辺の長さが300m以上もある区画のなかに建っていた。一方、社会階層の末端に属する大勢の人々は、たとえば都の南端に位置するトゥラジンガ地区では、パティオの周囲にせまい部屋が寄りそう粗末な集合住宅で暮ら

上：派手に着飾った陶製の人物像が、「劇場型香炉」（演劇の舞台の複雑なシーンのようにみえる）の上に立っている。彼は、あきらかに高位の人物だが、蝶が羽を広げたような大きな冠装束（仮面の部分は大部分が破損している）をつけ、個人の特徴は最小化されている。テオティワカンの芸術では、特定の高位の人間を表わすのではなく、このように公人が勇猛な装束に身を固めた姿を強調する。

していた。さまざまな大きさと質からなる集合住宅のなかで、とくにサクアラ、テパンティトラそしてテティトゥラ地区には立派な基壇をそなえた「大邸宅」が並び、ケツァルパパロトゥル宮殿やシウダデラの集合住宅には、おそらく神官たちが住んでいたと考えられる。
　集合住宅には建築と同時に設置したと考えられる排水溝の跡もみられ、テオティワカンの洗練された都市構造を裏づけている。こうした排水システムは市民生活の健康面に貢献した。しかも、市内の泉から灌漑用の畑へ水路をひいて上下水を流した結果、雨に頼る傾斜のはげしい畑と比べ、収穫量が数倍に増えた。こうした改善事業は、都市住民の生活基盤にとって決定的な転機となった。ひじょうに観念的なテオティワカンの芸術は、雨と結びついた「羽のある蛇神」を強調したものから、泉の水を呼びだす「ジャガー神」の描写へとテーマが移行した。アパートメント式集合

住宅の内側の壁の彩色画は、手のこんだ装具をまとった国の役人や祭祀をつかさどる神官とならんで、さまざまな超自然界の生き物が描かれている。テティトゥラの集合住宅の壁絵には、武装したジャガー神が祭壇の前で重要事について朗唱または祈祷し、泉の祭壇から畑を潤すための水がどくどくと用水路に流れ出るシーンが描かれている。

壁画の構図において、ジャガーの衣装と神殿の装飾部分に、当時ひじょうに珍重された「威信材」を模倣した色づかいとモチーフが組みこまれているのは、メソアメリカじゅうの重要な図像にみられる手法である。たとえば、神殿の正面（ファサード）には、ジャガーの毛皮らしき掛け物が描かれているが、じっさいに、ジャガーの毛皮は支配者の王座にも掛かっていたと考えられる。壁画のジャガーの口と足先から噴き出している渦巻きや祭壇に施された円盤のモチーフは、古代メキシコでもっとも貴重な宝石とされた翡翠玉を表わしている。さらに神殿の上側とジャガーの頭部を飾る緑色の長い羽は、熱帯の希少種ケツァル鳥の尾羽がモチーフになっている。

宝石や、ジャガーの皮、ケツァル鳥の羽などといった「威信材」はすべて、何百マイルも離れたところから、商人たちが運び入れたと思われる。テオティワカンの商人は、逆に高値で交換される中央高地産の緑色透明な火山性ガラス（黒曜石の一種）を携えてメソアメリカじゅうへ行商に出たのである。彼らはまたテオティワカン様式の土器も地方へ運んだ。なかには、土器の表面に漆喰を塗って、壁絵のデザインの一部を彩色したものもあった。さらに商人たちは、テオティワカンの周期暦をはじめ支配者の統治の正当性、重要な神々の神格などさまざまな知識を身につけており、それらを地方へ広めることになった。低地のマヤ系民族が築いたいくつかの主要都市、とくにティカル（p.74参照）とコパンは、紀元400年頃、テオティワカンの影響を直接受けていた証拠があり、おそらくテオティワカンにゆかりの人物がコパンの王位に就いていた。マヤ王朝の中断は結局短期間でおさまったが、テオティワカンから取り入れた権力を表象することがらは、テオティワカンがメソアメリカ随一の古代都市としての役割が縮減されたのちも、マヤ人によって何百年も用いられることになる。

都市の凋落は、ピラミッドや神殿など「死者の大通り」の建造物が炎上して損壊した紀元500年頃から始まったとされる。火災の原因が内部紛争なのか、外部の侵略によるものなのかはともかく、この都市の生命であった祭祀の場を荒廃させた。かつての人口は離散し、使われなくなった

祭祀施設の周囲に少数の人々が集まって暮らした。この近隣集団は何世紀もひっそりと存在しつづけた。そしして今日のテオティワカンは、ユネスコ世界遺産に登録され、その周辺は現代的な市街地になっている。

最上および上：テオティワカンの壁画の絵画様式は、現代人の目には挑発的である。我々は、さまざまな色や濃淡に重きをおいて表現することに慣れている。一方、ジャガーと水の祭壇は、背景部分に溶けこんでいる（形は、輪郭のみで示される）。この絵は、テオティワカン人にとって明白なメッセージがこめられている。畑に水がなければ生存できない。それゆえ、豊かな泉を守ってくれるジャガーの精霊を崇拝している。

テオティワカン 73

ティカル
Tikal

マヤ文明のるつぼ

サイモン・マーティン

> 我々が高い丘をいくつも越えていった森のなかには、さまざまな古い建造物がひそんでいる。集合住宅と認識できるものを除けば、それらはひじょうに高さがあり、私の体力は消耗しきっていたけれど何とかてっぺんまで上ってみた。そこには修道院に似た建物が立ち、小さな回廊と多数の居室はすべて屋根に覆われていた。そして…内部は、漆喰で白く塗られていた。
>
> （アンドレ・アベンダーニョ、1696 年）

◆何日もつづく徒歩行によって飢えと喉の渇きに苦しみ、自分のいる場所もはっきりしないまま、フランシスコ修道会のアンドレ・デ・アベンダーニョは、1696年鬱蒼とした森のなかでマヤの巨大な遺跡に遭遇した。アベンダーニョ神父が通った地域には、過去に滅亡したさまざまな都市の廃墟があったが、上述の記録にぴったり合うのはティカルであり、神父はおそらくそこを目撃した最初のヨーロッパ人であった。

今日ではティカルは、独特な形状の建築とともに古代マヤ人の都市として重要な意味をもっている。急勾配のピラミッドがジャングルの樹冠をつきぬけている絵や写真は、本の表紙やグアテマラの紙幣などに用いられ、異次元世界のような輪郭をしたピラミッドは、映画『スター・ウォーズ』のオリジナル版にも登場した。ティカルはグアテマラの誇る文化遺産であり、その神殿跡で儀礼や供物をおこなうことを許されている現代のマヤ系民族にとって、象徴としての意義はますます大きくなっている。

ティカル遺跡は、19世紀にようやくまともな報告がみられるようになったが、1955年にペンシルバニア大学博物館が発掘調査をはじめるまで、ほぼ未踏査の状態であった。その14回以上におよぶ現地での活動期間を経て、ティカルの規模や複雑さが明確になった。大規模に掘りおこされた遺構によって古代の歴史に光があたり、SFドラマ『アウターリミッツ』のようなティカルの都市図が作られている。とくにグアテマラ政府は、後続のプロジェクトで、ティカルの全体図をさらに広げて精度を高めることに取り組んでいる。調査の過程で新しい事実も立証され、ティカルを森のなかでごく少数の住民に守られた神殿群からなる

左：ティカルの統治者たちは、古代マヤ時代のもっとも主要な国家の1つを支配した。この名のないティカル王の陶製の小像は、盛装した王の姿を伝えており、生前に異国の羽飾り、織物の布、緑色の翡翠石を着用していたことがわかる。この作品自体は、香炉の「ふた」の部分であり、芳香性の樹脂の結晶（コーパル）を焚きしめて神々に供えた。

右：19世紀にティカルを訪れた探検家は何人もいるが、英国人のアルフレッド・パーシヴァル・モーズリーは、活力と臨機の才にきわめて恵まれていた。1881年と1882年に、1000年間森林帯にひそんでいた大ピラミッド群の存在を初めて明らかにし、右図の「1号神殿」などの写真撮影に成功した。

「祭祀の一大中心地」とした従来の仮説は打ち砕かれた。今では、神殿を囲んで何千もの家が放射状に散らばり、マヤ系社会全体に共通する非密集型の典型的な都市であったというみかたが最有力である。ティカルの総人口はかなり多く、ジャングルを伐りひらき、トウモロコシ、豆類、カボチャなどを栽培する畑と、柑橘類や有用樹の林が混在する環境に住んでいたと考えられる。

1800年間もつづいたティカルに人々が定住しだしたのは、紀元前800～600年のある時期とされ、はじめは2つの集落がせまい傾斜地に生まれ、3つ目の集落が沼地の周辺に設けられた。紀元前300年を過ぎてようやく、傾斜面のてっぺんを開発して堅固な構造物を築きだした。現在「ノースアクロポリスおよびロストワールド複合体」とよばれる位置に、大きな基壇（プラットフォーム）や平坦な広場（プラザ）が建設され、ティカルの重要な拠点となった。とはいえティカルは、ナクベ、ティンタル、エルミラドールといった大きな都市に比べ、何世紀も影のうすい存在であり、紀元後200年頃のいわゆる「古典期」がはじまるまで真価を発揮することはなかった。この古典期にマヤ世界に画期的な変革が生じ、有力都市の多くが消え去り、ティカルのような社会が勝ち残った。そして、とくに歴史にかんする記録をマヤ文字で刻んだ石彫記念碑が建立されるなど、これまでにないマヤ文化の特色が現われた。

現在ノースアクロポリスとよばれる地区は、ティカルの王族の墓所が広がり、その正面のグレートプラザとよばれる地区は、古典期の都市の中心になった。7世紀には背の高いピラミッドがぞくぞくと建立され、そのなかには王家の遺体を安置したピラミッドもあり、空に壮大なシルエットを画した。同時期に、やや離れた要所間を結ぶ一連の幅の広いあぜ道も建設された。グレートプラザ南側のセントラルアクロポリスには、王の主宮殿が置かれ、そのそばに石造りの館が集中して建設され、時代とともに中庭のながめも変化した。中核部を取り囲むように建造物複合体が接しており、そこにはおそらく貴族たちが居住していたと思われる。都の周辺のかなり離れたところに砂利で溝を固めた土塁が築かれ、約25km以上の長さにたっした。ただし、この土塁はあきらかに防御壁と思われるが、あちこちが欠落し、都市の南側はもともとつながっておらず、特別な目的で整備しはじめたものの、おそらく未完成のまま廃棄されたと考えられている。

1970年代、石灰岩を加工した記念碑や建造物の壁画に刻まれた絵文字の解読がはじまり、1980年代にはついに内容が理解できるようになった。今日、我々はティカルの歴史の概略を再構し、石彫碑文に刻まれた考古学的な記録との関連づけをおこなっている。ティカル王朝の古典期の起源は紀元約100年頃までさかのぼり、王朝の創始者ヤシュ・エーブ・ショークについては、少なくても28代つづいた王の継承者によって碑文で何度も顕彰されている。初期の王たちのことはほとんど不明だが、14代目のチャク・トク・イチャークの在位中、遠方の中央メキシコのテオティワカン勢力（p.68参照）との強い関係を示す記録もある。またいくつかの碑文は、紀元378年の同日に、シャフ・カックとよばれし者が到着し、チャク・トク・イチャーク王が死んだことを伝えている。これらは、ティカルの既存体制が乗っ取られた事件を表わしているとみられ、1年後にはシャフ・カックの後ろ盾でヤシュ・ヌーン・アィーンが15代目のティカル王に就いた。石碑に彫られたこの2人は、あきらかに中央メキシコのテオティワカン様式の装束をまとっている。ティカルの遺跡からテオティワカン文化と共通の美術工芸品が多数発見されるのも、この時期である。15代目の王の父は、「投槍フクロウ」というテオティワカ

ティカル　75

サイモン・マーティン

ンとの強い近親性を示す名前の将軍で、ひょっとしたら、かの大都市国家テオティワカンの統治者本人であったかもしれない。

以上のできごとは、テオティワカンがティカルにほぼ200年間の繁栄をもたらし、見かけ上この地方を支配していたことを示している。しかし、それは他のマヤ系の諸王国にティカルと争うライバルがいなかったというわけではなく、第21代のワク・チャン・カウール王は、562年の戦いで大敗を喫した。勝った側でいちばん得をした仕掛け人は、謎の「蛇」王国であるとされ、その首都はツィバンチェであったが、7世紀初期にはカラクムルへ移ったと考えられる。その後ティカルは、かつての地位の奪還をめざして長い抗争をつづけた。そして第26代のハサウ・チャン・カウィール王が、695年についにカラクムルとの戦いに勝利して復活をなしとげた。ティカルはあらたな黄金時代を迎え、ハサウの息子イキン・チャン・カウィール王は、743年にカラクムルの2大同盟国であったエルペルーを、744年にナランホを打ち負かした。このとき対立した2人の王は捕虜にされたこともわかっている。

しかし、その後1世代か2世代のうちにティカルは再び衰えだした。ただし今回は、9世紀初めには破滅にいたるこの地域の環境劣化によるものであった。衰退期にティカルの人口は急激に減少し、大規模な建造物や石彫モニュメントの建立はまったくおこなわれなくなった。住民の活動は周縁の狭い場所にかぎられたものの、その首長たちは小さい石塔にティカルと同じ王統の称号を刻ませた。長い空白を経て、869年にグレートプラザ内で石彫記念碑の奉納がおこなわれたが、ティカルの地はもはや末期状態であり、900年頃には不法居住者の家族集団をわずかに残して放棄された。

今日のティカルは小さな国立公園のなかにあり、この地方を訪れる旅行客をひきつけている。観光や寄付でもたらされるお金が、国立公園の向こうに広がる広大な熱帯林の保護に役立つのか否か、時がたたないとわからないが、よい兆しはみられない。大規模な森林伐採や整地事業が押しよせたために、ジャガー、バク、コンゴウインコなど、さまざまな珍しい生き物たちの安息地であったグアテマラ北部の広大な自然保護区は、急速に消え去りつつある。ティカル遺跡の場所はだいぶ離れており、チェーンソーの音は聞かれない。しかし季節はずれの風が吹くと、森を焼き払ったことにより空に立ちのぼった煤煙が大量に運ばれて、遺跡を有害な煙幕ですっぽり覆ってしまう。

右：現代のティカル中心部の眺め。森林の樹冠を突き抜けた47mの高さの1号神殿がみえる。紀元734年頃に完成し、このピラミッドの基部にはハサウ・チャン・カウィル大王の墓所が設けられた。写真の左側の崩れた建造物（4号神殿）は、ノースアクロポリスで一番高く、ノースアクアポリスには、紀元前350年までさかのぼるティカル王朝のネクロポリス（墓地）が集まっている。

76 紀元後の最初の1000年間

コンスタンティノポリス
Constantinople

東方のキリスト教の首都

ジョン・ジュリアス・ノーウィッチ

◆紀元1000年紀末のコンスタンティノポリスは、世界で最大というだけでなく、もっとも賛美され、多くの人々にとってはおとぎ話に近い都であった。じっさいに訪れた西ヨーロッパ人は少なかったにもかかわらず、誰もがこの都市の途方もない富について知っていた。教会や宮殿のみごとさ、儀式の荘重さ、あるいはキリストの敬虔な十二使徒にも並び称される皇帝の偉大さを耳にしていたのである。

コンスタンティノポリスは、ローマやミラノ、アレクサンドリア、アンティオキアといった古代都市の基準から大きく外れている。コンスタンティヌス大帝がローマ帝国の新しい都を創設したのは紀元330年で、当時からすると7世紀近く前のことであった。コンスタンティヌス大帝はつねにローマの共和政支持者や異教徒の慣習に不信感をもち、自分のキリスト教の帝国に入りこむ余地を与えなかった。そして、コンスタンティノポリスは新しく進歩的なヘレニズム世界の文化と接触を深めて発展した。大帝は直観的に文明の中心が東方に移っていくのを必然のことと理解していたのである。イタリアは衰退の一途をたどっていた。

ギリシャ人が古い時代に入植したビザンティウムは、完璧な地形をそなえていた。アジアのまさに玄関口に面し、広大な三角形の岬の最先端を占め、南側は現在マルマラとよぶプロンティス海の波が打ち寄せており、北東側には、船が航行できる入江が約8kmにわたってよこたわる。そこはゴールデンホーン（金角湾）の名で知られ、自然の造化による最良の港であり、かつ難攻不落の要塞でもあった。マルマラ海じたいが、地中海に通じるヘレスポント（ダーダネルス）海峡と黒海に通じる北東のボスポラス海峡の2つに守られた内海であり、外海から侵攻することは困難であった。それでもこの天然の難所を通り抜けた敵艦が侵入してきたら、金角湾の入口に自在に上げ下げできる大型の鎖錨をわたして航行できなくなったところを攻撃した。

天然の海上の要塞にめぐまれてはいるが、とくに守備を固めなければならない西側の境界に沿って、5世紀初期に陸上の要塞を築きはじめた。南のマルマラ海から北の金角湾までえんえんとつづいた城壁の遺跡は、今日でも強い印象を与える。等間隔に巨大な塔を設けた茶褐色の縞模様のぶあつい防御壁には、ところどころ砲弾で打ち砕かれ攻撃をうけた証拠がみられるが、現在まで1600年間もちこた

徒歩で…皇帝みずから荘重な行列を先導し、神によって運命づけられた首都の境界を定める線引きを指揮した。その線がどんどん大きな円環を描いていくのを、皇帝の補佐役たちは驚いて見まもった。

（エドワード・ギボン、1776～81年）

えてきた。ただし、この城壁の守りは1453年にたった1度突破され、ビザンツ帝国は終焉を迎える。

コンスタンティヌス大帝が首都を移したことから奇妙な歴史がはじまった。東ローマ帝国（ビザンツ帝国）は、ヘレニズム世界の文化が移植されてしだいにギリシャ化していった。紀元530年頃、ユスティニアヌス帝が編纂を命じたローマ法大全はラテン語で書かれたが、彼はラテン語を流暢にあやつれたおそらく最後の皇帝であったが、都ではこのことばは消えつつあった。ビザンティウム（コンスタンティノポリスの旧称）の住民は、アウグストゥスやハドリアヌス帝が生きていた昔のローマ帝国ゆかりの市民であり、ローマ人であると自負していたが、実体のないものであった。人々はギリシャ語を使い、まもなく法廷や政府でも同じくギリシャ語が公用語となった。紀元1000年よりかなり前に、コンスタンティノポリスは完全にギリシャ化した。しかも、コンスタンティノポリスの教会は、うわべはローマ教皇庁へ敬意を払いつつ、東方の正統派キリスト教にのっとった儀式をおこなった。帝国の正統派キリスト教会の中心は、ハギア・ソフィア（聖ソフィア）大聖堂であった（ハギア・ソフィアとは「聖なる叡智」を意味し、かの「聖女ソフィア」を奉じているわけではない）。532年の凄惨な反乱（ニカの乱）で、その前身の大聖堂と都の中心部の大半が焼かれて灰燼と化すと、乱の鎮圧に成功したユスティニアヌス帝は、ハギア・ソフィア大聖堂の再建に取り組んだ。989年には大地震の災禍にあい、大々的な修復が施されたとはいえ、その壮麗かつ高度な建築技法は驚異的で、例えば、丸天井の縁に40個の窓をくりぬいたドームはかつてない大きさを誇り、15世紀にセビリアの大聖堂が建立されるまで、キリスト教世界における最大の宗教建築であった。やはりユスティニアヌス帝が建てたエイレーネー大聖堂は、ホリーピース（聖なる平和）大聖堂ともよばれ、都の中心のやや北東に位置し、ハギア・ソフィアにつぐ重要な地位にあった。さほど重要ではないが、ユスティニアヌ

右ページ：1453年、2か月つづいた攻略戦ののち陥落したコンスタンティノポリスを描いた細密画。ほぼ同時代のベルトランドン・ド・ラ・ブロキエールの『海外の旅』（Voyage d'outremer）の写本にもとづいている。この市街図は正確とはいえないが、金角湾の河川には障害となる橋が架かり、それを克服するために、トルコ兵たちが本土の左側から小舟で対岸に侵入した様子が示されている。

紀元後の最初の1000年間

Le siege du grant turc auec ij deses pncipaulx cõseilles
Le siege du capitaine gñal de la turquie

ス帝が最初に再建したセルギオス・バッコス聖堂は、ラヴェンナの聖ヴィターレ教会堂の建築モデルになり、現在は「キュチュック・アヤソフィア・ジャーミー」という名のモスクとして知られる。

　コンスタンティノポリスにおいて宗教はきわめて重要で、ビザンティン人にとって生き方そのものであった。ニッサの聖グレゴリウスは、「ビザンティンでは両替を頼んだだけで、店の主人に'父なる神から生まれたキリスト'と'そうではないキリスト'といった哲学的な話題をふっかけられる」と記している。神学論争がどこでもひっきりなしにおこなわれ、ヒッポドローム（戦車レースのための競馬場）で2派に分かれて熱狂する青党と緑党は、それぞれキリストの両性説と単性説を支持した。ふだんは無害な神学論争が激化することもあり、偶像破壊主義が横行した8世紀から9世紀にかけて、無数にあったイコン像やフレスコ画、モザイク画の多くが消滅した。世紀を重ねるごとに、コンスタンティノポリスの教会側とローマ教皇庁との差異は鮮明になり、1054年にはついに回復不能な分裂にいたった。

　グレートパレス（大宮殿）は、コンスタンティヌス大帝の当時から都の南東角を占有し、聖ソフィア大聖堂やヒッポドロームはパレスに近接していた。後代にオスマン帝国の後継者たちによってグレートパレスの区画は拡張され、現在のトプカピ宮殿が占めることになる。トプカピもそうだが、グレートパレスはたんなる王宮をこえた建造物複合体であり、広大な敷地に20もの別棟の建物や大小の教会が並び、パレス専用の小さな港まで整備されていた。マグナウラ宮殿はこの中心にあり、9世紀にテオフィルス帝は、この宮殿の王座のそばに贅を尽くした珍重品を置いた。それは「黄金のプラタナスの木」の名で知られ、宝石をちりばめた黄金の枝に止まっている小鳥たちが、きまった時間にいっせいにさえずり出す「からくり玩具」であった。テオフィルス帝の2代あとのバシレイオス1世が建てたネア・エクレシア教会（新しい教会の意味。残念なことに破壊されて失われた）もグレートパレスにあり、金色に輝くドームの威容は海の向こうからも見えたという。ドームの大広間（ロトゥンダ）は、万物の支配者かつ全能のキリストを描いたモザイク画で飾られた。イコン像には金や銀を使用し、貴石を象嵌した。11世紀半ばから100年間、コムネノス朝の皇帝たちは、ブラケルネの地に移り、金角湾にせりだすように築いた城壁に囲まれた豪壮な宮殿に住んだ。しかし、紀元1000年当時は、バシレイオス2世（「ブルガリア人殺し」の異名をもつ）が従来のグレートパレスの王宮で暮らしていた。

　中流以上の裕福な住民にとって、コンスタンティノポリスはおそらく世界中のどこよりも快適に暮らせる都市であった。帝都の富と通商ルートが交わる好立地のおかげで、日用品は店や市場でいつでも手に入り、大通りは暗くなると灯がともされた。よそからコンスタンティノポリスを訪

上：聖ソフィア大聖堂の南柱廊のディーシス（請願図）の精巧なモザイク壁画。キリスト、洗礼者ヨハネの人物像は最高傑作とみなされている。漆喰で覆った上にイスラーム文様が施されていた。

左ページ：ユスティアヌス帝の聖ソフィア大聖堂の内部は広くて壮麗である。532年に建設がはじまって、6年足らずで完成した。1453年にオスマン帝国のトルコ軍によって陥落すると、キリスト教会は、ミナレットやミーラブなどのイスラーム要素を取りこまれ、壁面はすべてイスラーム特有の文様で塗りつぶし、さらにイスラームの教義を記した巨大な円盤（メダリオン）を取り付けてキリスト教色を覆い隠した。1935年に博物館となった。

れた人たちは、夏の渇水期にも水の供給が止まらないことに驚嘆した。375年という早い時期に、ヴァレンス皇帝による大規模な水道橋の建設がおこなわれ、現在でもアタチュルク大通りをまたいで巨大なアーチ型の橋脚の水道橋が500m以上にわたって残っている。ヴァレンス水道橋は、じつに開通から1500年間都に水を供給しつづけた。水はいったん貯蔵されるため、都には貯水槽がいくつもあった。最古のビンビルディリク貯水槽の施設は、「1001本の円柱のシスターン」という名で知られ、建設はコンスタンティヌス大帝の時代にさかのぼる。また、聖ソフィア大聖堂の向かい側にあり、高度な技術を駆使した「地下の水槽宮殿」とよばれたユスティニアヌス大帝のイェレバタンサライ貯水槽は、今もこの都市の不思議の1つである。

　バシレイオス2世は、紀元1000年の前後50年近く在位した。醜く、不快で実利的、かつ異常な倹約家であると評され、権力をひけらかす儀式や勲章などに無関心であった王は、いわゆるビザンティン人とかけ離れた人物といえる。彼は教会や国のあらゆる部門を直轄し、指導した。軍事面でもきわめて優れた将軍であったが、うわべの魅力や信望に欠けていた。友人もなく独身を貫いた王の願望は、偉大な帝国の繁栄にのみ向けられ、彼の手でビザンツ帝国の版図は最大にたっした。

メッカ

Mecca

イスラームの聖なる都市

ドリス・ベーレンス＝アブーセイフ

◆起伏の多い山々と境をなす高所の谷間に位置するメッカは、有史以来アラビア半島の主要都市である。その名声と威光は、預言者ムハンマドの生まれた聖地であるという事実に負っているが、じつはここは古代から聖なる都であった。コーランによると、預言者イブラーヒムが「カーバ」、すなわち「立方体（キューブ）」と名づけた神殿を建てたとされる。おそらく都そのものより先に神殿が存在したと思われるが、考古学的証拠は発見されていない。カーバの近くには聖なるザムザムの泉があり、聖地はここで発祥したと考えられる。暑くて乾燥した土地では、泉は何にもかえがたい存在であった。

カーバは、人々が礼拝をおこなう場（モスク）となっている屋外の聖域空間、すなわち「ハラーム」（アラビア語で「禁域」を意味する）の真ん中に置かれている。ほぼ立方体の黒くて窓のない簡素なカーバ神殿は、高さが15mで4辺の幅は約10mから12mと差があるが、それぞれの角は東西南北を向き、北東側に入口がある。なかには銀盤の枠に嵌めこんだ黒い隕石が置かれている。

メッカは、6世紀後半に主要な交易の中心都市になり、商人たちは隊商を引き連れて、地中海とインド洋の間をシリア経由で、アビシニアとの間を南アラビアやイエメン経由で行き来した。メッカの社会は中央政府がなくアラブ諸部族の連合で構成され、預言者ムハンマドは5世紀以来有力なクライシュ族に属していた。大商人であるクライシュ族は都を支配し、神殿を監視する勢力をもっていた。

ムハンマドは570年頃メッカで商人の家に生まれた。イスラームの伝承によると、610年頃、のちに彼が結婚することになるハーディヤという女性商人の代理人を務めていたときにコーランの啓示をうけた。新しい宗教の布教はメッカでは不評であった。政治的、社会的変化を恐れる人たちからの迫害をうけ、622年、ムハンマドは信徒（ムスリム）を率いてより北方のメディナへ移住した。イスラーム暦はこの「ヒジュラ（聖遷）」を元年に定めている。メディナで年月を経るうち、ムハンマドはメッカの敵対勢力にたいし聖戦（ジハード）をくりかえし、ついに勝利を果たすとメッカのイスラーム教への改宗を断行した。メディナは、ムスリム共同体の首都として存続し、一方のメッカ、とくにカーバ神殿は、ムスリムたちがイスラーム教の祈りをささげるときの方角すなわち「ギブラ」の基点となった。

> イブラーヒムは言った…主よ、わたしは子孫の数人を、水も草もない谷間の、あなたの神聖な館の近くに住まわせました。主よ、かれらに正しい礼拝のつとめを守らせて下さい。
> （コーラン、第14章）

632年のムハンマドの死後、メッカ出身の4人の正統カリフは拡大していくイスラーム共同体を支配し、ウマル（第2代）とウスマーン（第3代）は、乾燥地帯とはいえ、地形的に集中豪雨の被害をうけやすいメッカを守るために、貯水池や堤防を築いた。661年から750年まで、ダマスカスはウマイヤ朝の首都であった（p.86参照）。ウマイヤ朝初代カリフのムアーウィヤは、メッカ出身であるため、メッカとその後背地域をとくに大切に扱い、彼の後継者たちもそうするように命じた。しかしながら、息子のヤズィードはクライシュ族の支持を得られず、反ウマイヤ勢力との内乱を引きおこした。そして、メッカで支持を集めていたクライシュ族の有力者アブアッラー・イブン・アルズバイルが自称カリフに就任したが、結局692年にウマイヤ朝第5代カリフのアブドゥルマリクに打ち負かされた。この戦いで初代のカーバ神殿は焼けてしまい、再建を余儀なくされた。

8世紀初めにアルワリード帝（ワリード1世）は、人々がひざまずいて祈る屋根のない聖域（マスジド・ハラーム）の周囲に回廊を建設し、この様式は今日に受け継がれている。いまや近代建築の林立する都市へすっかり変貌をとげてしまったが、以前のメッカは何百年間も住居や小礼拝堂がマスジド・ハラームの柱廊に隣接して並んでいたのが特徴であった。ただし、カーバ神殿だけは変わることなく、預言者の時代のものと信じられている原形を保つ修復がおこなわれている。毎年巡礼の期間中、カーバを覆っている黒い布（キスワ）が古来の伝統にのっとって取り替えられる。

ウマイヤ朝時代のメッカの貴族たちは、政治の実権は失っているにもかかわらず、拡大するイスラーム帝国の富を享受し、詩人や楽師たちを抱えた優雅な生活を送った。アッバース朝カリフ、そのあとのマムルーク政権、さらにはオスマン帝国も、メッカを惜しみなく支援し、巡礼地の役割をみたす神殿に多大な寄付をした。ムスリムの統治者や後援者たちは、敬虔な人生を送りたいと願う人々のために、メッカに病院や大学、住宅などを建設し、巡礼者を迎えい

右ページ：中心にモスクと「カーバ」のあるメッカの広場（ハラーム）は、毎年巡礼者たちで埋めつくされる。昔の伝統が受け継がれているものの、多数の高層ビルが並ぶ今日、都市の景観はひじょうに異なっている。

ドリス・ベーレンス゠アブーセイフ

れる道路や水などの基本的な設備を提供した。メッカの住民たちは中央政府の費用で暮らすことに慣れてしまい、巡礼にかんする商売以外に自分たちの経済活動を広げることはほとんどなかった。

　カリフの座はすでになく、国の首都でもないが、メッカは唯一無比の都市の恩恵を与えられて今日にいたっている。

上：メッカの巡礼は、イスラームの教えの「5つの柱」（順守すべき行為）の1つであり、イスラーム教徒はみな、できれば一生に1度は巡礼の旅を実現したいと願った。近代的な輸送手段がない昔は、仲間同士で集まって安全にメッカまでの砂漠を縦断するために、ダマスカスなどの重要な地点で大巡礼団が毎年編成された。この巡礼者たちが楽隊と一緒にラクダや馬の背に乗る細密画の出典は、1237年にさかのぼるハリーリーの『マカーマート』（中世アラブの物語）である。

右ページ：1551年におそらくチュニジアで作成されたメッカを中心とした海図（航海図）のような彩色画。円の中心のカーバに向かって、各地のイスラーム教徒が礼拝するときの方角を示す。円の周囲には40のイスラームの主要都市の名称が記され、それぞれミフラーブを意味する窪みも描かれている。イスラーム世界ではどこにいようと、メッカの方向をまず知ることが肝心であった。

メッカ 85

ダマスカス
Damascus

壮麗なるオアシスの都

バーナビー・ロジャーソン

◆ダマスカスは、砂漠を見おろす聖なるカシオン山のふもとに位置し、乾ききった山並みから勢いよく降下する奇跡のような水流に恵まれている。ダマスカスの東側には広大なシリア砂漠の台地が広がり、当時は、ユーフラテス川沿いの諸都市やアジアとの交易をつなぐキャラバンの道が、北東に向かって無数に刻まれていた。一方、南東方向にはエジプトやイエメン、インドの港へのルートがしかれていた。バラダ川（昔のアバナ川）の豊かな水が市内に供給され、果樹や香草の庭園には灌漑が施されるなど、ダマスカスが存在しえたのは、その地の利が生かされたことによる。

神殿に集まるイスラームの巡礼者たちにとって、ダマスカスは「楽園のかおり」のする都であった。ムーア人の偉大な旅行家イブン・ジュバイルは、「楽園が地上にあるなら、それは疑いなくダマスカスである。楽園が天上にあるのなら、ダマスカスは地上でそれに並ぶ存在である」と記している。預言者ムハンマドは、青年時代にダマスカスのそばを通ったが、都のきらびやかさを眺めて満足し、みずから歓楽に誘いこまれることはなかった。

市民はダマスカスが世界最古の都だとみなしていた。カインはアベルをカシオン山の斜面で殺し、アブラハムはこの地で主なる神の啓示をうけて回心した。紀元1世紀には、キリスト教徒を迫害していたサウロもまたダマスカスへ向かう道で回心し、初期のキリスト教会創始者の一人である聖パウロとなった。住民の古代からの神殿は、洗礼者聖ヨハネの首の安置所や、アッラーの預言者フードの墓、預言者ムハンマドの娘の二人ザイナブとルカイヤの墓、数は不明だが族長たちの墓、そして不死身とされたイスラームの緑の騎士エルキドゥの秘密の墓、といった聖遺物を祀る場所と結びついていた。1000年間以上、「ハッジ」、すなわち大巡礼をめざす膨大な群衆は、メディナとメッカに通じる砂漠を縦断するために、毎年ダマスカスの城郭の外に集合するのがならわしであった（このキャラバン形式の巡礼は1864年で終わり、それ以後、紅海からジッダへ上陸する海路に引き継がれることになる）。エブラ、アマルナ、マリといった古代都市に埋もれた宮廷文書の発掘は、ダマスカスの驚くべき歴史の古さを裏づけている。エジプト文字にもメソポタミア文字にも、今日のアラビア語のディマシュクにあたるダマスカスの名称を用いた記録が残されている。一方

ダマスカスはこれまで地上で生じたあらゆることがらをみてきたし、これからも生きつづける都である。千の帝国の白骨をみつめ、都が滅ぶ前にさらに千の墓をみることになるだろう。

（マーク・トウェイン、1869年）

「太陽」を意味するアルシャムもダマスカスをさす一般名称とみられ、同じように古くから用いられていた。

ダマスカスは、優勢な政治の流れにさからわず、商業、文化、生活、宗教に集中したほうが得だということを創成期から学びとってきた。ダマスカスが関係を結んだのは、古代世界の強大な権力とではなく、ペトラ、ベイルート、デゥラエウロポス、エメサ、バールベック、パルミラ、アパメアといったレバント地方のさまざまな古代商業都市である。ただし、これらのうち、ダマスカスと同じように長く生き残ることのできた都市はほとんどない。

ダマスカスは、9つの門で囲まれたいびつな長方形の区域を占め、シリアの多くの都市と同様に行列に使う大通りが縦に1本貫いている。これは福音書の「まっすぐな道」として知られ、ローマ人は「ヴィラレクタ」、アラブ人は「スーク・アル＝タウィル」とよんでいる。西側の門「バブ・アルジャビエ」にはユピテル神が祀られており、まっすぐ進むと東側の「バブ・シャルクイ」とよぶ古い太陽の門にいたる。北へは2番目に広い行列大路が、都の中心の神聖な禁域に向かって整然としかれている。そこにはギリシャのゼウス神とローマのユピテル神が合体して壮大な永遠の融合へ進化をとげたバール・ハダッド神を奉じる古代の神殿があった。紀元2世紀後半、ローマ皇帝のセプティミウス・セウェルス（シリアの古王朝の血筋できわめて知性にすぐれた王女と結婚した）は、神殿のまわりの柱廊や歩道、聖域内を王妃のために愛情こめて再建した。4世紀後半にテオドシウス帝がこの聖所を破壊し、洗礼者聖ヨハネを祀るバシリカに置きかえてしまったが、セウェルス帝の業績の片りんは今日でも目にすることができる。

ゾロアスター教のサ-サン朝ペルシャ帝国と正教会のビザンツ帝国との国境戦争が果てしなくつづいていたにもかか

右ページ：ダマスカスの大モスク（ウマイヤド・モスク）に立ち寄ったメッカ巡礼の客のために、香やビーズを売る露店が並んでいる。写真のマダーナト・アル・ガールビエ（南西の塔）とよばれるミナレットは、カイロのマムルーク朝のスルタン、カイトベイ帝によって、エジプト様式で1488年に増築された。南西角の場所には、古代ローマとビザンツ帝国の時代にも塔が設置され、ミナレットはその土台のうえに築かれた。手前のアーチ状の柱は、紀元2世紀後半に、北アフリカ出身のローマ帝国の皇帝セプティミウス・セウェルスが、シリアの王女（最高位の神官の娘）と結婚したときに建て増した。

わらず、中世初期のシリアはさらに繁栄した。ボスラ、ハマ、アレッポなどの都市周辺には石造りの市街地が密集していた。6世紀後半から7世紀前半にかけて、ビザンツ帝国のヘラクリウス帝とササン朝ペルシャのホスロー2世は、在位中に残虐な戦いをくりかえし、ニネヴェの戦い（627年）でペルシャ側は惨敗した。その後も中東における権力構造は変化し、ダマスカスの歴史にもまったく新しい局面がもたらされることになる。

634年、アラビア半島中央の部族同盟に鍛えられた騎兵軍団がこの地方を席巻しはじめたのである。彼らはみな預言者ムハンマドに帰依したイスラーム教徒であり、征服の意志で統一されていた。このアラビア砂漠で生まれた新しい状況を、ダマスカス市民はキャラバン交易の仕事をつうじてよく把握していたので、シリアの他の都市にさきがけてイスラーム新勢力を迎えいれた。わずか2、3年後には、この判断の賢明さが証明される。ビザンツ帝国の全野戦軍は、真夏の砂嵐のなか、ダマスカスのすぐ南のヤルムークの3日間の戦い（636年）で、すでにシリア全土を掌握していたイスラーム軍によって壊滅した。

タウルス山脈の稜線に沿って新たな国境（シリアとトルコの現在の国境に大まかに受け継がれている）がつくられると、ダマスカスは今まで以上の地位を確実なものとした。メッカやメディナのイスラーム諸都市へ砂漠を越えて直接行けるルートを統括し、また新しい国境までじゅうぶん安全で近い場所として、アラブ諸地域の重要な拠点に成長した。ダマスカスはシリア北部の原野で育成した世界最高の軍馬を手に入れることができる場所でもあった。一方、古い勢力の拠点であったほかの都市は、急速に影を失っていった。

ダマスカスは、イスラーム教義に厳格な第2代正統カリフのウマルが、みずから選んだシリア軍事総督ムアーウィアの統治下に入った。ムアーウィアが軍の総司令官としてひじょうに聡明であったとはいえ、これは奇妙な選出であった。なぜならムアーウィアの父アブー・スフヤーンは、イスラーム教化される以前の異教の都メッカの指導者として、旧ビザンツ帝国の官僚や伝統的なアラブの貴族たちの支持を集めた人物であった。644年に、ムアーウィアのいとこにあたるウスマーンが第3代正統カリフに選出される

下：ダマスカスの大モスク（ウマイヤド・モスク）は、城塞に囲まれた古い都で優位を占める。ただし、20世紀のシリアの首都は、山麓側に広がっている。かつてはバラダ川の灌漑によって、農耕地や果樹園の広がる緑豊かな「オアシス庭園」であった場所の大半が、市街地で覆われてしまった。モスクのドームの真下には、ミフラーブ（窪みを施した壁）が置かれ、礼拝者が祈りを捧げるメッカの方向を示している。南東の塔（写真の右側）は、ローマ・ビザンツ帝国時代の古い塔の土台を利用し、ウマイヤ朝時代に角塔が築かれたが、さらにオスマン帝国の時代になって、ほっそりしたミナレット（尖塔）が継ぎ足された。

バーナビー・ロジャーソン

と、ムアーウィアの権力はさらに強まり、ついには、第4代正統カリフのアリーと敵対して内戦を扇動するまでになった。661年にアリーは暗殺され、ムアーウィアは、急速に拡大するイスラーム帝国の支配者として確固たるカリフの地位についた。30年も経たぬうちにダマスカスは、シリアの一地方都市から、チュニジアやアフガニスタンまで拡張したウマイヤ帝国の首都へと変身したのである。

ウマイヤ朝のダマスカスのコスモポリタンな宮廷には、アラブの古くからの部族文化を受け継ぐ歌姫や詩人、遊牧民の覇者たちと、ビザンツ帝国やササン朝ペルシャの旧支配階級、そしてイエメン地方やエジプト出身の学識のある高官たちが混じりあっていた。父親がキリスト教徒でありながらウマイヤ朝の重臣であった「ダマスカスの聖ヨハネ（ダマスコの聖イオアン）」は、多言語を使う学者の資質をそなえ、さまざまな業績を残したこの時期のキリスト教の聖人として崇敬されている。また、第6代カリフ、ワリード1世の時代（705〜15年）には世界に比類なき「ウマイヤド大モスク」がキリスト教のバシリカの上に建造された。それまでバシリカは、祈祷用の教会としてクリスチャンとムスリムが共用していたのである。

ワリード帝は、ウマイヤド大モスクの完成に丸7年の年月をかけ、帝国の全財産を注ぎこんだ。古代からの聖なる囲い地は、預言者ムハンマドの最初の住居兼モスクの伝統とビザンティンの工芸や建築様式が融合した建造物によって一新された。その豪華な金のモザイク壁画は、ダマスカスのバラダ河岸やコーランの第13章にある「正しい行いをする者に約束される楽園とはかくのごとくである。小川がさらさらと流れ、果実はつねにみのり、日ざしをさえぎる緑陰に欠くこともない」という表現を思わせるような牧歌的な風景が描かれている。

750年、暗殺された第4代正統カリフであったアリーの支持派たちなどの反対勢力は、ついにムアーウィアが創立したウマイヤ王朝への報復、打倒を果たした。ウマイヤ朝の関係者はすべて捕えられ、遺体は焼かれた。また宮殿は跡形もなく破壊され、墓も暴かれて遺骨は粉々に砕かれて塵と化した。ただし、ウマイヤド・モスクだけは破壊をまぬがれ、建築学上中世初期の最大の不思議の1つとされるその威容が後世に伝わることになった。一夜にして、帝都ダマスカスはシリアの一商業都市に後退し、バグダード（p.93参照）が新しいイスラーム帝国の首都の座についた。その後のダマスカスは、幸運なことに11世紀には再生を果たした。同じ時期に十字軍の遠征がはじまり、とくにエルサレム攻城戦における十字軍兵士の残虐、非道ぶりはすさまじく、何千人もの難民が城塞に逃げこみ、イスラーム諸都市はそれぞれ十字軍の再攻撃にそなえ、「シタデル」の名で称えられる高い塀の要塞の建設を急いだ。ダマスカスは十字軍に3度包囲されたにもかかわらず耐え抜き、アラブのアミール、サラディンのもとに結集し、1187年の聖地エルサレムの奪還をたすけた。

最上：中庭に面した大モスクの外壁（ファザードや回廊部分）の上側に施されたモザイク画は、中世初期の世界の奇跡といえる傑作である。もとは礼拝堂の壁に沿ってえんえんとつづいていた。ビザンティンのモザイク職人の技術を踏襲しているが、完全にイスラームの観念を反映しており、欠点だらけのこの世の向こうに、緑と青と金色で彩られた牧歌的な天国の理想郷をみている。

上：大モスク（ウマイヤド・モスク）の中庭は、すべて足元が大理石で舗装されている。今日ではもっとも有名なシーア派の本山となっている。680年のカルバラの戦いで、殉死した預言者ムハンマドの孫のフサインの首が、イラクから勝利者であるダマスカスのウマイヤ朝の統治者ヤズィードへ送られ、壁のくぼみに置いてさらし物にされた話は、今もシーア派のはげしい恨みとして消えることがない。ワリード1世の建設計画によって、以前のキリスト教の聖堂（ここの一角でイスラームの礼拝をおこなっていた）の場所を取り壊し、705年から10年をかけて完成したモスクは、ダマスカスで最古の由緒を誇る。

長 安
Chang'an

唐帝国の首都

ヴィクター・C・シオン

◆渭水盆地中央の関中、すなわち現在の陝西省南部に位置する長安は、中国でもっとも栄華を誇った唐王朝（618〜907年）の首都であった。畿内の面積は84km²、8世紀初期の人口は推定100万以上とされ、世界最大規模の当時の中国を支配した権力の中心地として、人々の生活は、文化、商業ともに活気にみちていた。

唐王朝が出現する以前、関中の地は、すでに3つの国家の主府の役目を果たしていた。すなわち、西周（紀元前11世紀〜771年）、秦（紀元前221〜206年）そして西漢（紀元前206〜紀元9年）である。関中の地形が戦略上重要なことは漢時代に明らかであった。険しい山峡の道が天然の要塞となって、東からの敵の攻撃をたやすく退けることができたのである。また、肥沃な渭水盆地に支えられ、西南部の四川流域の富を利用できたことは、中原ならびに中国全土の軍事制覇をすすめる有力な足掛かりとなった。漢の長安は、漢帝を廃位させた新（紀元9〜23年）が崩壊し、洛陽（現在の河南省にある）に東漢（紀元25〜220年）が建国されると首都の地位を失った。その後、群雄割拠の世紀がつづくなか、長安は中国本土の一部だけを支配した諸王朝の首府の役目を断続的につとめた。

582年から翌年にかけて、新しく隋（581〜618年）をおこした文王は、漢の長安城の南東に大興城を築いて隋の帝

> 何百、何千もの家並みは碁盤目のよう。
> 十二街（都大路）は野菜を植えた畑の畦のよう。
> 遠くの視界の、ほのかな、ほのかな、かがり火の列は、五門（大明宮）の西によこたわるひとすじの星座のようである。
> （白居易、772〜846年）〔七言絶句「登観音台望城」のアーサー・ウェーリーの英訳詩より〕

都とした。この名前は、文王が前王朝（北周）の大興郡公に封じられていたことに由来する。しかし隋が唐に倒されると、大興城という名前は廃止され長安城に改名された。したがって「唐の長安」とか「隋、唐代の長安」として後世に知られるのは、漢代の同名の都とは異なっている。

隋・唐代の長安の設計者たちは、2つの伝統をふまえている。まず、宮殿の区画を都の最北側に位置づけるという古来の慣習にしたがったことである。つぎに、さまざまな機能をもつ区画〔坊〕を配分しつつ、易経の思想を取り入れて卦の「六爻」にならい、市街地を6本の水平線で仕切ったことである。しかし、市場を置いた南の2か所の位置は、きわめて強い力をはらんでいるとされた。そこで解決策として、強大な力が災いとなる危険性を封じこめるために、それぞれに仏教国寺（大興善寺）と道教の修錬場（玄都観）を築いた。

長安は、長方形の碁盤目状に計画された「都城」であり、中国の中世における大都市に典型的な様式である。王の住まいは「宮城」内にあった。そのすぐ南は「皇城」すなわち政務や儀礼のおこなわれる朝廷である。「皇城」の南側は、市街の中程の2か所に「東市」と「西市」とよぶ商業区が設けられていた。市街地全体が100以上の区画に分かれ、その大半に平民たちが居住した。それぞれの区画は、十字形に仕切った道路と防御壁や守備門をそなえたミニ都市を形成し、都大路にそって碁盤目のように整然と並んでいた。長安城の平面図で目をひくのは、「宮城」を始点に想定された南北の軸であり、宮城の南門から出て「皇城」の真ん中をつらぬき、南方向へまっすぐ伸びる「朱雀大路」とよばれる中央通りが、都の東西をほぼ2等分していた。隋から唐に変わってもこの都の基本理念は同じといえる。ただし、唐代には本来の都城の北側を拡張した大明宮と、市街地の北東部の1区画半を転用した興慶宮が新たに加わり、

左：1080年の石板にくっきりと刻まれている長安の興慶宮の見取り図。興慶宮は宮城区の南東に、玄宗皇帝（在位712〜56）によって建設された。晩年に「安禄山（安史）の乱」が勃発するまで、玄宗はここを主宮殿として過ごした。ほかの皇帝たちは、長安の宮城区内の太極宮か、やや北側の大明宮で暮らした。また東都の洛陽で暮らした時期もある〔則天武后が政権を握った一時期、洛陽に遷都したが、のちに長安に戻った〕。

ヴィクター・C・シオン

下：唐王朝の金メッキを施した青銅製の「闊歩する龍（ドラゴン）」は、大明宮の場所で発掘された。中国の伝統で、龍は皇帝を象徴する最高に高貴な創造物であり、『易経』にも取りあげられている。長安の興化坊（現在の西安郊外）で、1970年代に金の宝物が200点以上埋蔵されているのが発見され、この作品と同じ趣旨の金の龍のミニチュアもかなりあった。

外観はかなり変化した。

長安の人口は、609年当時は50万人弱であったと推定されるが、隋王朝末期の動乱と唐王朝の初期の政争の影響でいったん減少した。742年には100万人を記録したが、その後安史の乱（755〜63年）の大混乱期を経て深刻な減少が生じ、長安の人口が乱以前の最大レベルに戻ったのは、おそらく9世紀初期になってからである。

アラブの旅行家イブン・ワハーブが長安の都を訪れたのは、870年代後半と思われるが、豊富な水量をたたえて都じゅうをめぐる水路、木々で畔を囲まれた池、2頭立ての背の高い馬にとくに注目した。また、長安の想像を超える規模の大きさ、幅の広い中央通り、人口の多さにも感心している。文書記録や考古学で立証されているように、もっとも顕著な長安の特徴は、そのとてつもなく広大な規模にあった。宮城の南側を東西に走る横大路ならびに南北の朱雀大路は、長安の都の最大幅をもつ大通りで、それぞれ441mと150〜55mあった。都の建設にあたってはじめから想定しうる規模よりもはるかに広い領域を外郭壁で囲んだ。したがって、長安の都が過密問題にさらされることはなかった。ただし、2つの市場のある周辺は例外で、さまざまな商店街でひしめきあっていた。

住環境は当然ながら、大きさも質もまちまちであった。大明宮の含元殿は、76m×41mという最大の建坪面積を有するが、三大内〔太極宮、興慶宮、大明宮をさす〕に築かれた12の宮殿はどれも大きく、含元殿もその1つにすぎない。市街地の居住区画では、富裕な権力者たちはしばしば広大な屋敷に住んでいた。隋王朝の2人の皇子は、それぞれ1区画をまるごと敷地に用いた大邸宅を所有した。唐王朝下では、きわめて有能で戦功のあった将軍、郭子儀（697〜781）は、皇族ではないが総面積13万7970m² もの大邸宅を構え、そこで3000人もの従者や親族たちと一緒に暮らしたという。その対極にある平民は、土地が劣るとされる都の西と南の居住区画内の簡素な家に住んでいた。一般の家屋は主広間と両翼からなり、樹木や野菜を植えた庭に囲まれているのがふつうであった。

唐の長安は、杜甫（中国史上もっとも偉大な詩人と評される）、李白（西域生まれの抒情詩人）、白居易（もっとも人気のある唐代の詩人）および画家の閻立本（肖像画、人物画を得意とした）、李思訓（山水画の祖）、呉道玄（画聖とよばれる）のような文化人たちを厚遇した。国際都市の中心としてオーラを放っていた長安に、ネストリウス派のキリスト教徒、マニ教徒、ゾロアスター教徒、インドのタントラ仏教徒、朝鮮や日本からの留学生、ソグド人の商人など、多数の外国人が長期滞在した。著名な外国人としては、ペーローズ皇子（ササン朝ペルシャの最期のヤズデギルド3世の息子）、日本から遣唐使としてやってきた阿倍仲麻呂、新羅王国の

長安 91

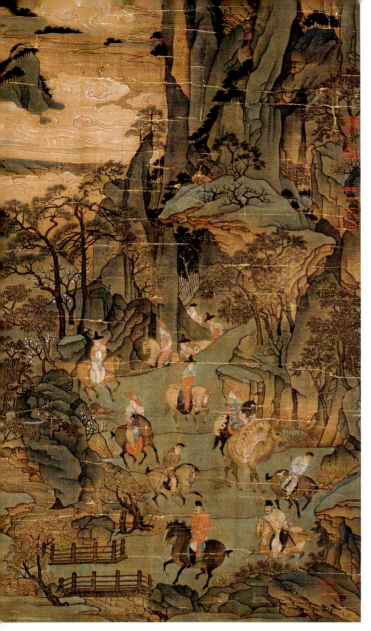

崔致遠（この2人は優秀な文人として、唐の長安で官職を与えられて暮らした）、そして中国にタントラ密教をもたらしたインドの仏僧ズバカラシンハがあげられる。

　開明的で洗練された文化の都、長安の雰囲気は、道教に傾倒した武宗（在位840〜46）が843〜45年に外国の宗教を敵視し、とりわけ仏教にたいし苛酷な迫害をおこなったために急に殺んでしまった。日本人僧の円仁は、寺院の建物、財産の没収や、学識をつんだ僧にたいする容赦のない弾圧ぶりに戸惑う証言を残している。881年には、都は黄巣の乱によって占領されるという壊滅的な打撃をこうむり、再び完全に復活することはなかった。都の再生に向けた努力はことごとく失敗し、904年、唐王朝はついに滅亡に追いこまれた。そのとき全権を掌握した軍閥の朱全忠は、後梁を建国し、長安の東〔現在の開封〕に遷都することを決めると、宮殿の建造物や行政機関の建物、さらには一般住居にたいする組織的な破壊を命じた。

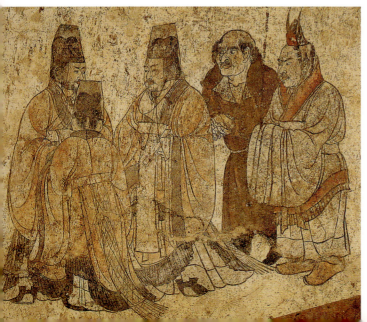

上左：中国の北東部で挙兵した反乱軍の首謀者、安史の乱のさなか、玄宗皇帝が楊貴妃ならびに側近たちと一緒に長安を脱出し、蜀へ向かう場面を描いた作者不詳の絵の一部。主謀者安禄山はみずから皇帝の宣言をおこない、自分の軍隊を長安へ進めたので、玄宗は長安を放棄せざるを得なかった。

左：唐代の長安は、コスモポリタン都市であった。李賢（諡号は章懐太子）の葬礼の列をなす人々が描かれている。高宗の六男で皇太子の李賢は、684年に母の則天武后の謀略によって幽閉され、自害したが、死後名誉回復をはたして、706年には大々的な葬儀が催され、外国の高官たちも朝廷の儀式に近隣諸国の貢物を携えて参列した。

バグダード
Baghdad

およびアッバース朝のカリフたち

ドリス・ベーレンス＝アブーセイフ

◼バグダードは、8世紀から13世紀まで栄華をきわめたイスラーム世界の主都であった。また、第5代カリフ、ハールーン＝アッラシードが偉大な帝王として登場する説話集『千夜一夜物語』の主な舞台でもある。全盛期にはイスラームの全都市に匹敵するほどに発展したバグダードは、支配者の権勢と変わりゆく運命をそのまま映しだす鏡であった。1258年のモンゴル民族の来襲によるバグダードの荒廃は、イスラームとくにアラブ社会の歴史に大きな隙間を生んだ。

バグダードの都は、アッバース朝の第2代カリフ、マンスールによって、762年にティグリス川の西側に創設された。アッバース家は、ダマスカス（p.86参照）のウマイヤ朝のカリフ政権を倒し、もっと東の自分たちの勢力基盤であるイランとイラクに近い場所に新しい王朝の中心を移したのである。マンスールは、戦略面、気候条件、経済面を考慮し、みずから首都の位置を厳選し、そこを楽園と結びつけて「平安の都」〔マディーナ・アッサラーム〕と名づけた。ヨーロッパ人の旅行家はバビロンとよく混同したが、バグダードはイスラーム教徒の創設した都市なのである（ただし、イスラーム以前から小さな集落名として存在していた）。

中世のアラブ人の歴史家たちのおかげで、我々はバグダードの詳細な描写と歴史にかんする知識を得ることができる。バグダードは、城塞で円形に囲んだ都城を中心に建設され、このいわゆる円城様式はすでに古代の中東地域にもみられる。円形の一番内側にはカリフの王宮が立ち、その高さ48mの緑色のドーム屋根のてっぺんには、槍をかまえる馬上の人物像が取り付けられていた。その隣は大きなモスクと行政府の建物であった。

円形の周囲には、一番外側の城壁に等間隔に設けられた4つの門とつながる道路網がめぐらされ、それぞれ市場や公共広場の位置だけでなく、階級順に整備された居住区が計画的に配備されていた。円城の南側には商業の拠点が広がり、一方、北側は軍部の区画があった。マンスールと彼の後継者たちは、ティグリス川岸の東にも宮殿や軍人の居住区を建設し、西岸と浮き橋で接続した。最初に城塞で囲んだのは円形の都城のみであったが、軍備の不安から、第12代カリフのムスタイーン（在位862〜66）は、東側の区域にも要塞を築くように命じた。都への水の供給は、ユーフラテス川をティグリス川と結ぶ古代に掘削された運河が

> バグダードの都は、ティグリス川の右岸と左岸に生じた2つの広大な半円形の台地に築かれた。多数の人が住む郊外の市街区は、公園や庭園、美しいプロムナード付きの邸宅、そして立派なモスクや公共浴場があり、両岸のかなり離れたところまで広がっている。
> （ヤクト・アル＝ハマウィ、1224年）

用いられた。石造りの橋を渡した運河は、バグダードの典型的な都の光景であり、社会生活に重要な役目をになった。ほかに地下用水路も使われた。

ハールーン＝アッラシードの2人の息子、マムーンとアミーンの間の対立が火花を散らした814年の内紛のあと、円形のすばらしい都城は廃墟化し、しだいに周囲の密集した市街区に呑みこまれていった。

アッバース朝の首都としてのバグダードの歴史が遮られるのは836年のことで、第8代カリフ、ムータシムは、バグダードの住民と増大したトルコ人傭兵との衝突を避けるために、新たに造営したサーマッラーの都に権力の中枢を移した。892年にはサーマッラーの王宮を引き上げてバグダードに戻ったカリフは、ティグリス東岸の宮殿で暮らした。そこには、いくつかの建造物や、中庭、池、庭園、動

下：アッバース朝のバグダードは、学問文化の一大中心地であった。都の図書館（「知恵の館」とよばれた）に集まる学者たちの光景。1237年のハリーリーの『マカーマート』にワシティが描いた挿絵からの引用で、皮とじの書籍がうしろの壁の棚いっぱいに置かれている。

ドリス・ベーレンス＝アブーセイフ

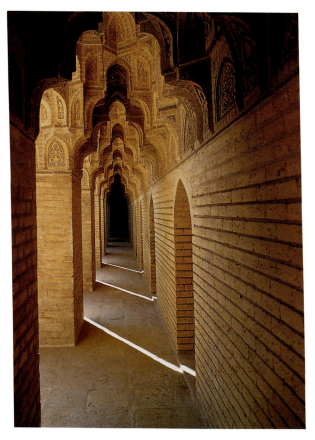

上：アッバース朝のカリフたちは、イスラーム文明の花盛り期を迎えた。10代目カリフ、ムタワッキルの在位中に鋳造されたこのコインの片面には肖像画が刻まれ、彼が偉大なカリフであったことがわかる。ムタワッキルは、トルコ人傭兵の憤懣が原因でバグダードに反乱がおきた後、847年から861年まで王宮をサーマッラーに移して統治した。

上：バグダードにカリフが君臨し、イスラーム文化が隆盛をきわめた時代の建築はごくわずかしか残っていない。その１つが、アッバース宮殿であり、ナーシル（在位1180〜1225）によって建てられた。広い中庭は、「ムカルナス」という天井に精巧な鍾乳石状装飾を施した柱廊（アーケード）で囲まれている。それぞれ尖りアーチ形の入口をもつ部屋が、アーケードの片側に沿って並んでおり、構造的にみて、もともと「マドラサ」（イスラーム教の神学校）であったと考えられている。

物園までそろった邸宅も築かれて、首都バグダードの豪壮な区域に発展した。1095年、第28代カリフのムスタズヒルはこの宮殿複合区域の周りに城壁を築いたが、この壁はその後も何世紀も維持され修復が施された。

アッバース朝のバグダードは、規模においてコンスタンティノポリス（p.78参照）に匹敵する。現代の歴史家はその面積を5000〜7000ヘクタールと推定しているが、人口については定かでなく、28万から150万と推定の幅に隔たりがある。多い方の数字は、バグダードの都に1500のハマームすなわち公共浴場があったという記録をもとに、ハマーム１か所につき、ほぼ５人家族からなる200世帯が利用していたと仮定している。他の大都市では人々が集合礼拝をおこなう大モスクは１つしかないのに、バグダードには６つもあった。

バグダードはたぐいまれなる大都市であった。その豊かな都市文化は、支配階級の貴族と軍属、官僚、商人、工芸職人、知識人、学者たちによって形成され、民族的にも宗教的にもさまざまな人々がバグダード住民を構成していた。それはアラブ人のカリフ統治の構造にも反映しており、イラン人の行政顧問によって政権を掌握し、軍事面は戦闘にすぐれた中央アジアのトルコ人傭兵に依存していた。また、地域のキリスト教徒やユダヤ教徒、ゾロアスター教徒との融和政策をすすめ、バグダードの都は、イスラーム教徒の世界のみならず、あらゆる世界の人々を魅了する名声と富を享受した。

歴代のカリフや官僚たちがおこなった文化支援の結果、バグダードは宗教教義に加え、非宗教の学問の中心地となり、何世紀もつづくイスラーム文明の栄華がおとずれた。スンニ派イスラームのハナフィー学派やハンバリー学派でよく知られる神学理論と法とともに、史料編集、文法学、自然科学、純文学、美術工芸などあらゆる分野で花開いた文化は、都から全ムスリム世界へ広がった。

「知恵の館」とよばれる総合研究施設が第７代カリフ、マムーン（在位814〜833）によって創設され、とくにギリシャ科学の翻訳部門は、イスラーム科学の発展の基盤となる役割を果たした。貴族や知識人は、多数の公共図書館や半官半民の研究施設だけでなく、モスクや家のなかでもおこなわれる勉学や研究成果のスポンサーをつとめ、宗教学や非宗教の科学の学問を振興した。バグダードには医学や薬学知識の粋が集まり、９世紀と10世紀には多数の病院が設立された。

バグダードは、中世における世界の叡智の中心であると同時に、商業のかなめであった。市場の富裕ぶりとぜいたく品は、『千夜一夜物語』の内容にも多大な影響を与えている。都の繁栄の基盤は、後背地における高収穫の農業と、ムスリム帝国内外のインド洋や中国、アフリカ、大西洋、ヨーロッパにまで伸びた広域的な交易網であった。市場は、検査官の監督付きで業種ごとに並び、世界じゅうの品物を売っていた。またそれだけでなく、製造業や、金融取引の

ドリス・ベーレンス゠アブーセイフ

中心でもあった。

　バグダードの栄華は10世紀前半までつづき、カリフたちは、ティグリス沿いの豪華な宮殿で洗練された生活様式を築いた。しかし、945年、イラン西部を支配していたシーア派のブワイフ朝がバグダードを占領すると、カリフは最高権力者としての実権を奪われた。ついで1055年には、今度はブワイフ朝がやはりイランからきたトルコ系のセルジューク朝に倒され〔カリフは保護とひきかえに、バグダードの統治権をスルタンへ移譲した〕、セルジューク朝はスンニ派を復活させた。そして、3代目スルタン、マリクシャーのすぐれた宰相であったニザーム・アルムルクが1067年にマドラサを導入したことによって、スンニ派は躍進を後押しされた。マドラサは、教育と寄宿生活をおこなえる官立の機関であり、イスラーム教義を学ぶ模範的な学院としてムスリム世界に広がった。

　バグダードは、アンダルシア出身の旅行家、イブン・ジュバイルが訪れた1185年には、すでに凋落していた。洪水、火災、動乱、宗派間の争いなどでこの中世の都市は、かなり損害をこうむってきたが、1258年モンゴル軍の攻撃をうけ、フラグによって最後のカリフの殺害が命じられ、カリフ位が廃止されると、その栄光の歴史を終える決定的な破滅にいたった。今日、円形都市の物的証拠は認められず、偉大なカリフの統治期をしのばせるものを少し残すだけである。それらは、ナーシィル〔バグダードを支配していたセルジューク朝の衰退後、アッバース朝第34代カリフとして光芒をはなつ〕（在位1180～1225）の宮殿と2つの大霊廟、そして同じくナーシィルが1221年に再建した都の2つの門と、第36代カリフのムスタンシィルが1232年に設立したマドラサの建物である。

下：1258年にフラグ率いるモンゴル軍にバグダードは占領され、最後のカリフが殺害された。これがイスラームの歴史の分岐点であった。ラシード・アッディーンの有名な歴史書『集史』（14世紀後半）のこの細密画にも描かれている。当時の歴史家は、モンゴル人の軍隊について、「まるで羊を襲う獰猛な狼のように…人々を殺し、恐怖にさらした」と述べている。

バグダード　95

コルドバ
Córdoba

スペインのイスラーム王朝の輝ける都

ドリス・ベーレンス＝アブーセイフ

◆コルドバの輝く時代は、ダマスカスのウマイヤ朝カリフ政権が750年に滅ぼされ（p.86参照）、一族皆殺しにあうなかでアブド＝アッラフマーン王子がただ一人逃亡し、たどりついたスペインの地であらたに後ウマイヤ朝を創設したときに始まる。アラブ民族は、すでに8世紀初めに西ゴート王国を滅ぼし、征服したイベリア半島をアラビア語で「アンダルス」と名づけ、コルドバをイスラーム教徒によるスペイン領の首都であると宣言していた。ここでカリフ政権を築いた「コルドバ・ウマイヤ朝」、すなわち「後ウマイヤ朝」は1031年までつづき、その後60年間、分裂と抗争のつづく共和政を維持したが、新興のムラービト朝についで、1148年にはムワッヒド朝というイスラーム勢力に服従した。そして1236年に、コルドバは、レコンキスタ〔1492年までつづくキリスト教国によるイベリア半島の失地回復運動〕をめざすキリスト教徒勢力に占領され、フェルナンド3世のカスティーリャ王国に組みこまれた。古くから地中海世界においてキリスト教徒もしくはイスラーム教徒の主要都市であったコルドバは、その特別な地位を終えた。

ほぼ500年間、とくに10世紀のコルトバは、文明の輝きにみち、おそらく他のどの都市よりも平和な政治と寛容さを享受できた。都は、アラブ人、ベルベル人、イベリア人（ヴァンダル人や西ゴート人）、ユダヤ人など人口10万以上の諸民族からなる文化のるつぼといえた。カリフの宮廷は同時期のヨーロッパのすべての都市を凌駕し、華やかに花開いた文明の中心であった。バグダード（p.93参照）の宮廷の影響をうけ、コルドバも外国の学者たちを引きつけ、科学、薬学、哲学、詩や芸術においてめざましい発達をとげた。10世紀後半の統治者であるハカム2世は、40万冊

> コルドバは、4つのもので世界じゅうの首都を凌駕している。まず、川に架かる橋とモスク〔そしてマディナ・アッサーラ宮殿〕…しかし、もっとも偉大なものは、知識であり——それで4つというわけである。
>
> 〔マッカリ〔歴史家〕、16世紀初期〕

以上の蔵書を集めたイスラーム最大の図書館を創設した。コルドバの市場は、織物、宝石、皮革製品、武器、象牙の彫刻といったぜいたく品で有名であった。とくに傑出していたのは書籍の市場で、写本製作や出版事業もおこなっていた。ヨーロッパのキリスト教徒にはアヴェロエスの名前で知られるイブン・ルシュド（1126〜98）は、ここで暮らし活動した。城壁のほか、壮大なモスク「メスキータ」は現存するカリフ時代のコルトバの遺産であり、現在はキリスト教の大聖堂（コルトバの聖母マリア大聖堂）になっている。

メスキータは、アブド＝アッラフマーン1世（在位756〜88）によって、即位30年に彼が破壊した既存のキリスト教の聖ビンセント教会の敷地内に創設された（キリスト教徒には代替となる教会の建設を許可した）。ひとまず完成したのは彼の死の前年であった。メスキータは、後ウマイヤ朝の王たちによって4回拡張され、壮大なモスクの建設が、イベリア半島のイスラーム勢力を示す重要な事業であったことがわかる。唯一匹敵するダマスカスの大モスクと同じように、メスキータは中庭の片側に礼拝堂の建物が並び、預言者ムハンマドの当時にさかのぼる伝統をふまえている。

礼拝堂の建築様式は、シリアのウマイヤ朝と現地固有の特徴を合わせもつ。広間に林立している柱をつなぐ二重のアーチは、スペインにローマ人が築いた水道橋を連想させ、その馬蹄形のデザインは西ゴート人の伝統にしたがっている。使用されている多種多様な柱や柱頭部分の材料は、コンスタンティノポリス、アレクサンドリア、ニーム〔南フランスにローマ人が植民した都市〕といった遠隔地の古い建造物から奪いとってきたものも多い。最終的に完成した礼拝堂の内部は、19の側廊（アイル）

左：コルドバのアブド＝アッラフマーン3世の息子、ムギラの銘が刻まれた象牙の小箱。満ち足りた宮廷生活の楽しさが装飾的に彫刻されている。後ウマイヤ朝の王たちはそれまでアミールを名のってきたが、929年、アブド＝アッラフマーン3世は、「カリフ」として就任すると、以前の敵対的な派閥を統合し、コルドバを繁栄の黄金期に導いた。芸術文化面の偉業とならんで医学を含む科学の発達もめざましかった。

が重要な壁面にたいし直角に平行して並び、中央部のやや幅広の身廊（ネイブ）とともに、大勢の信徒たちが礼拝をおこなえる場になった。最初期には、中庭に面して礼拝堂入口をふさぐように建つ細長い屋根付きの柱廊（アーケード）はなく、ミナレットもなかった。アブド＝アッラフマーン2世（在位822〜52）はモスクの南側を増築し、956年にはアブド＝アッラフマーン3世は中庭を拡張し、モスクの北側の囲壁に角型のミナレットを加えたが、この塔はのちに現在のキリスト教会の鐘楼に変更された。さらに、ハカム2世（在位961〜76）の拡張工事によって、モスクはじつに巨大な建造物になった。礼拝堂は奥行きが104mもあり、肋材で補強されたドームを3つそなえ、ビザンティンの工芸職人たちが完成させたガラスモザイク装飾の礼拝の間は3倍の規模になった。978年、宰相のマンスールは、北側に8つの側廊とアーケードを増築し、それにつれて中庭も拡張した。

メスキータは、モスクの宗教的な機能をみたすと同時に、政治的な会合の場であり、裁判所や教育施設としての役割も果たした。メスキータの隣りには、王宮と行政の中枢をなすアルカサル宮殿が築かれた。コルドバは、南北方向に

上：コルドバの大モスク（メスキータ）は、8世紀に開設され、その後、歴代のカリフによって拡張された。手前の棟屋根をつらねた単調な礼拝堂の建物は、その外観に反して、内部はアーチ状の列柱が平行にならび、豪華きわまりない空間をなしている。しかし、1236年に、コルドバがキリスト教徒によって征服されると、カトリックの礼拝にも転用されはじめた。現在優勢を占めるのは、16世紀初期に、モスクの真ん中に建てたゴシックとルネサンス様式の大聖堂である。

流れる川を1本の大きな通りが横ぎり、132の塔と13の門をそなえた市街を囲む城壁の外へも拡大していった。この城壁は、アブド＝アッラフマーン1世が築いたものだが、彼は、西の郊外にもう1つ宮殿を建てた。川と城壁の間のアレシフェとよばれる河川敷は、一般大衆の娯楽の場や王朝の権威を示す場であり、公共広場としての機能を果たした。アブド＝アッラフマーン3世は、コルドバの西6kmのマディナ・アッサーラと名づけた場所に宮殿と行政府を新たに建設し、都市領域は西へ広がった。また、宰相のマンスールは、コルドバの東郊外にアルマディナとアルザヒラという都市を新設した。

ドリス・ベーレンス=アブーセイフ

　コルドバがキリスト教国に征服されると、メスキータはキリスト教の礼拝堂に転用された。1523年には、教会用の仕切り壁や祭壇、聖歌隊席をそなえた「内陣」が設置され、致命的な損傷をこうむった。この占める面積は、じつは全体の広さに比べると小さく、内陣を無視すれば元来の建物のよさを味わうこともできる。しかし、改修の許可を出したカール5世は大いに嘆き、当局者にあてた書簡のなかで「おまえたちは、だれでもどこにでも建てられる代物をこしらえて、世界で唯一無二のものを破壊してしまった」と叱責した。

　コルドバのイスラーム王朝時代の城壁や門は今も残っており、レコンキスタを果たした後に建設された多数の教会や宮殿も有名である。しかし、19世紀の歴史家ロドリゴ・アマドール・デ・ロスリオスが述べた「コルドバは、衰退の苦しみに長くとらわれたまま、過去に恋している」と述べたことばは、まさしく今日のコルドバにも当てはまる。

上：コルドバのモスク（メスキータ）のミフラーブの前に特別に設けられたマスクーラ（貴賓席）のドームは、八角形に交差するリブ構造で支えられ、それぞれ小さなアーチ枠の窓が設けられている。すべての構成に、スペインのイスラーム建築職人たちの離れ技がみてとれる。何世紀も経て、イタリア北部のバロック様式の建築や装飾に影響を与えた。

右ページ：アウグストゥスの時代から古代ローマの属州（ヒスパニア・バエティカ）の首都として栄えたコルドバは、コンスタンティノポリスやアレクサンドリア同様、ギリシャ・ローマ様式の建造物がいくつも築かれた。メスキータの馬蹄形のアーチを下で支える太くまっすぐな柱は、そうしたはるか昔の建物を壊して再利用したものである。アーチをのせた柱の列は、「メスキータの森」にいる印象を与える。モスクは、イスラーム教徒がミフラーブの位置が示すメッカの方向に額づき、祈りをささげる大広間からなるが、イスラーム世界はさまざまな地域にまたがって驚くほど多様な建築様式を生みだした。ここでは古代ローマの水道橋のアーチ構造をまねると同時に、西ゴート王国の2色の石を交互に嵌めた馬蹄形のデザインが取りこまれている。

中世の世界

紀元1000年になると、4つの世界大陸に大都市が出現し、つぎの500年でこうした都市は驚異的な発展をとげた。イタリア北部に限っても、ヴェネツィア（Venice）やフィレンツェ（Florence）のような大きな都市国家は、西洋の文明に計り知れない影響を与えた。一方、イタリア南部では、悲劇的な短命政権ではあったがシチリアのノルマン王国が輝きをはなち、歴史上2度とみることのないラテン、ギリシャ、アラブという地中海地域の三大文明の融合を生んだ。アルプスの北では、中世のパリ（Paris）が大都市に成長していった。またリューベック（Lübeck）などのハンザ同盟都市は、ロシア、スカンジナビア、バルト海沿岸地域との交易をはじめた。そしてヨーロッパ最大の王国の首都、クラクフ（Kraków）は、全土から学生をひきよせる大学の所在地であった。

ヨーロッパは極北の地をのぞき、地理学者たちにとって謎の場所ではなくなっていた。商人や外交官もあちこち旅行し、ヨーロッパを描いた地図はかなり正確になった。一方、その他の大陸の地図化はまだ試みることができず、たとえある場所の存在は知られていても、じっさいに現地を踏査した人はいなかった。アフリカ大陸の場合、カイロ（Cairo）は当時すでにイスラーム学と富の中心地として抜きん出ており、壮麗きわまるモスクがいくつも建っていたにもかかわらず、この大都市をヨーロッパ人が訪れることはまれであった。本章で扱うアフリカの他の都市、ベニン（Benin）やトンブクトゥ（Timbuktu）は、ヨーロッパ人にとって伝説にすぎなかった。各論のページで明らかにされるように、ヨーロッパ人に知られていなかったからといって、こうした都市の偉大さが損なわれるわけではない。

アメリカ大陸の2つの都市、テノチティトラン（Tenochtitlan）とクスコ（Cuzco）についてもヨーロッパ人はまったく知らなかった。中世期の最後の10年〔つまり1490年代〕まで、アメリカ大陸はヨーロッパ人にとって未発見の地であったからである。アステカ人の首都テノチティトランにかんしては、奇跡的に残った大きな石彫の円盤が、大神殿ピラミッドとは別に、約40年前にメキシコシティの大聖堂の隣で発見されたが、ベルナル・ディーアス・デル・カスティーリョがスペイン人の征服を記した報告は、この都市の荘厳さをまざまざと伝えている。クスコもまた、本章で取り上げるのにふさわしい栄華を誇った大都市である。コンキスタドール（征服者）に破壊され、たびたび大規模地震にみまわれても、インカの建造物は壊滅をまぬがれた。それは驚くべき石工技術のおかげであり、今でもサクサイワマン付近でその堅固な石組みを目にすることができる。

本章のもう1つの都市について、詩人はこううたった。

井戸のある場所を出て夕方にラクダに乗って前に進む
甘美さよ
影が砂の上に大きく伸び、
静寂の中をやわらかく鈴のぶつかる音がする
サマルカンドへの黄金の道に沿って旅はつづく

しかし、このジェイムズ・エルロイ・フレッカーの詩行がなければなおのこと、サマルカンド（Samarkand）はあまり知られていないが、ティムールが創造した気宇壮大な都で、彼の墓廟もある。中央アジアのステップ地帯に大きな都市があったとは想像しがたいが、じつは世界でもっとも裕福で豪華な都市が築かれた。現代のサマルカンドの大部分は、旧ソ連の粗野な建築物で損なわれてしまったが、15世紀のサマルカンドを訪れた人々はあまりの美しさに息を呑んだ。そして今日でもその片鱗を見ることができる。

最後になったが、アンコール（Angkor）は、150年前にヨーロッパ人旅行家に再発見されるまで、ジャングルに隠れたまま、何世紀も存在を知られずにいた。たぶんそのことと、あまりにも巨大な規模であったことなどから、遺跡は致命的な破壊をまぬがれた。とはいえ周囲の森は大きな敵であり、樹木が建物を分割し、ときには大蛇のようにからみついてきた。ヒンドゥーと仏教徒にとって、アンコールはその栄華期には何千何万という巡礼者を惹きつけた。現在では他の多くの都市と同様に、果てしない旅行客の破壊行為に対峙しなければならず、しかも、夜間の泥棒が、小さな彫像を削り取ってバンコックの古美術品店に1週間後には持っていくありさまである。

右ページ：パリの城壁に守られたルーヴル宮殿（現ルーヴル美術館）の裏手で、農民が冬穀物の畑を耕し、種子を播いている。1412〜16年頃にリンブルク兄弟によって描かれたベリー公ジャンのための『いとも豪華なる時祷書』の写本より。

ジョン・ジュリアス・ノーウィッチ

アンコール

Angkor

クメールの栄光の都

マイケル・D・コー

◆カンボジア北西部の中世の都市アンコールは、1860年代にフランス人探検家のアンリ・ムーオによって「発見」されて以来、西洋世界を魅了してきた。大部分が熱帯の密林に埋もれ、廃墟と化した壮麗な寺院群について、ムーオをはじめ多くの旅行家が、アンコールを築いたのはいったい誰なのか、またその滅亡の原因は何なのか、といった謎解きに取りつかれた。「アンコール」という現在用いられているクメール語の名称は、「首都」を意味するサンスクリット語の「ネガラ」にあたり、古い名称は、「ヤショーダラプラ」、すなわち「栄光の都」であった。ジャヤヴァルマン7世（在位1181～1215頃）の最盛期には、その名にふさわしい巨大な都市複合体に成長し、東南アジアの大陸部の大半を支配したアンコール王朝の行政的役割になった。

アンコールは、北部と北西部のクレーン山系と、南部の「グレートレイク」すなわちトンレサップ湖との間のゆるやかに傾斜した平原部に位置する。トンレサップ湖は、東南アジア最大の淡水湖であり、5月と11月中旬にモンスーンの雨季がくると、クレーン山系を源とするいくつかの川とメコン河の支流がどっと流れこむため、日ごろは渇水気味のトンレサップの湖面は最大に膨れ上がる。一方、冬の乾季には縮小して水深も4分の1に減る。この湖は、今でもクメール民族に豊かな魚を供給している。魚はアンコールの住民たちの重要なタンパク源であり、米はつねに主食穀物であった。

アンコールに都が建設される以前、ジャヤヴァルマン2世は802年に「宇宙の支配者」であると自ら宣言し、やや南東に王都〔現在ロリュモス遺跡のある場所〕を設けた。彼と継承者たちは、そこにシバを主神とする王家を守る神々や、先祖の霊を祀るレンガや砂岩造りの寺院複合体を建立した。それらはヒンドゥー教の正統な様式をふまえ、聖なるメルー山（須弥山。ヒマラヤの神々の神話上の故地とされる山）を表わす中心の塔と四隅の小さい塔で「5点形」をなすように設置された。そして寺院複合体の周囲には、メルー山の外輪をなす宇宙の海を象徴する方状の濠がめぐらされた。

9世紀末に、ヤショーヴァルマン1世は北に約20kmの位置に都の中心地を移し、再建した都城を自分の名前にちなみ、「栄光に包まれた」という意味の「ヤショーダラプラ」と名づけた。

> この驚くべき人間のわざ…その建設には、権力と文明の証しを後世に残すため、あらんかぎりの根気、力、才能が注ぎこまれた。
> （アンリ・ムーオ、1864年）

12世紀初期、スールヤヴァルマン2世は、その地に、今日多くの人が世界でもっとも美しい宗教的建造物とみなしている大規模なアンコールワット寺院を建立した。当時はビシュヌ（ヒンドゥー教の三神のうちの「守護神」）に捧げられた寺院であったが、アンコール朝の没落後は、仏教徒の僧によって維持され、ヒンドゥー教徒と仏教徒の双方にとって敬虔な巡礼地となった。アンコール王朝時代も現在と同じように、西側から徒歩で参道を進み、広い濠の土手道を渡って寺院に着くと、四方を壁に囲まれた3つの回廊の最初の1つに入った。巡礼者たちは、回廊の片側を時計まわりに進みながら、ヒンドゥーの叙事詩であるラーマーヤナとマハーバーラタの挿話や宇宙の創生神話を刻んだすばらしい浮彫りをつぎつぎに眺めた。段状に積まれた高い塔は、かつては金色に覆われていたとされ、そのうち5点形の中央に位置する最も高い金塔は、ブラーマンの僧たちが神と礼拝者たちとの媒介役として管理する聖域、かつ「ご神体」であった。

アンコールはどんな都であったのか、ということは、唯一残された目撃証言である『真臘風土記』に頼るところが大きい。著者の中国（元朝）の周達観は、13世紀末に北京から派遣された貿易外交使節として約1年間都に滞在し、「広域」のアンコールではなく、中核部について生き生きと描いている。なかでもアンコールトムは、ジャヤヴァルマン7世によって、外敵のチャンパ軍から奪還した旧都ヤショーダラパラに築かれ、再び超大化したアンコール朝の政治と宗教の中心であった。3km四方の正方形の敷地を有する建築複合体が、環濠とひじょうに高い城壁に囲まれていた。5か所に設けられた豪壮な塔門（五大門）は、人と一緒にゾウも通り抜けることができる十分な高さがあり、上から不思議な笑みをたたえた石彫りの顔面像を見おろしていた。西側の塔門（図の方角）は、処刑の場に用いられたという。正方形の敷地の真ん中にあるジャヤヴァルマン7世が建立した国家鎮撫のバイヨン寺院は、それぞれ4面に顔面像を施した巨大な石塔が林立し、大乗仏教を奉じた祠堂が並ぶ広大な建築複合体をなしている。周達観に

右ページ：アンコールワットを西から東に向かって眺めた空中写真。方形の巨大な濠と城塞に囲まれた人工島に、12世紀の前半に築かれた建築複合体は、スールヤヴァルマン2世の守護神であるビシュヌを祀っている。

よれば、当時中央の石塔は金で覆われ、複合体の基台の周囲の祠堂には8体の金仏が祀られていた。

『真臘風土記』で「国宮」と記された王宮をはじめ、役所の建物、役人の官舎などからなる建築複合体は、バイヨンの北西部のおうぎ形の場所を占めていた。永遠なる神々のための石造りの大きな寺院群とは異なり、王の住居は木造建築であった。建物は光沢のある黄土瓦で覆われ、正殿にあたる屋根には鉛が使われていた。「国宮」の規模の巨大さは、王の5人の妻と使用人の住まいとは別に、後宮の女性や宮仕えの少女、役人、宮廷舞踊団や楽師たちが3000人から5000人、さらに日中はそこで働き夜は自宅にもどる女性2000人以上をかかえていたという数字でわかる。宮殿の敷地内には5つの王室の沐浴場と王を守護する寺院があり、そこでジャヤヴァルマンは毎晩身を隠して「蛇の王女（ナーギィ、蛇の女神）」と共寝したという。王は、東南アジアの規範的な様式にしたがい、鏡を何十面も置いた金枠の窓の近くに座り、かならず金の冠をかぶり、金の腕輪や指輪とずっしり重い真珠の首飾りをつけた威厳のある姿で王の前にひれ伏す人々を謁見した。また宮殿を離れるときは、「聖剣」（のちにカンボジア国の神器となる）をつねに携えていた。

王宮の建物の東端の正面には、戦闘シーンやゾウ軍団の浅浮彫りを壁一面に施した巨大な観覧台があった（ゾウは戦場に駆り出されたが、馬は使われなかった）。ここから王と皇族たちは、軍隊の閲兵式や人々の行列を眺め、花火の打ち上げも見物した。さらに毎年おこなわれた帝国の人口調査の時期には、戸主が集合して整列する様子を眺めたりし

下：アンコールワットの5つの砂岩石の塔（祠堂）は、かつては金箔で覆われていたと考えられている。写真は西から眺めた「第三回廊」で、ヒンドゥー神話や叙事詩をはじめ王の行軍シーンなどを浮彫りにした壁画で飾られている。

た。この建物の北端の有名な「ライ王のテラス」は、今日ではおそらく王家のための火葬場であったと考えられている。

　ジャヤヴァルマン7世は、カンボジアのもっとも精力的な建設者であったばかりでなく、大乗仏教の強力な庇護者であった。彼は、広域アンコールのなかに、それぞれ環濠と周壁をそなえた寺院中心の建築複合体を3か所〔バンテアイクデイ、タプローム、プリヤカーン〕に建設したが、それらは仏教徒のいわば「総合大学」の機能を兼ねていた。それぞれの複合体内では、雇われ人（舞踊団なども含む）、庶民、奴婢(ぬひ)とともに数千人の僧侶や役人が生活し、そのすべての財源は、王が荘園から得る収入が支えた。たとえば、タプローム寺院を支える膨大な富も、おそらくアンコール王国の全土にちらばっていた3000を下らない荘園によってもたらされたのである。

　貨幣がないことは、交易の障害にはならなかった。周達観も『真臘記』のなかで、都に住んでいた主に中国人と思われる商人についてかなり触れている。バイヨン寺院の壁面には、中国人の商家を生き生きと描いた浮彫りもみられる。メコン下流を航行するのは困難をともなったが、海外との交易もさかんにおこなった。外国でとくに価値のあるカワセミの美しい羽、サイの角、象牙などをカンボジアの特産品として輸出し、その交換に絹織物や陶磁器などの中国製品を輸入した。

　アンコールとは、いったいどのような都であったのか？　どこで庶民は生活していたのか？　6つの巨大な貯水池を造った目的はなにか？　考古学者や美術史家が100年あまり寺院や碑文や壁画を調査し、こうした疑問に取り組んできたが、納得できる答えはまだみつかっていない。ただ、発掘をともなう最近の調査やレーダー分析によると、アンコールの住民の大半は、（周達観も記したように）小さなため池が散在する田んぼの近くで杭で支えたワラ葺きの家に住んでいたようである。これは、人口密度の低い広い地域でみられ、国の大々的な灌漑システムのためには巨大な貯水池を築いて、一年中稲作の収穫を確実にしていた。「栄光の600年間」の終わりに、なぜアンコールのすべてが廃墟と化したのか、ということは大きな謎だが、侵略をめざすタイ国のはげしい軍事攻撃に加え、環境の劣化もまた深刻な要因であった可能性が指摘されている。

マイケル・D・コー

最上：アンコールトムの「バイヨン」は、ジャヤヴァルマン7世の「国宮」（本文参照）の寺院である。多数の塔（祠堂）の四面すべてに彫られた顔面像は、観音菩薩、ブラフマー（ビシュヌ、シヴァとならぶヒンドゥーの最高神）、あるいはジャヤヴァルマン7世自身を表わすといったさまざまな解釈がある。

上：バイヨンの浮彫りには日常生活のさまざまな場面がみられる。写真は、中国の商人たちと市場のシーンを表わしている。アンコールの商取引は、中国人を介していたと思われる。

次の見開き：タプロームは、ジャヤヴァルマン7世によって12世紀末に創立された大乗仏教の3つの壮大な寺院複合体の1つであり、かつては数千人の仏教僧が住んでいた。アンコールを管轄したフランス当局は、巨大な樹木の根が深く入りこんで荒廃したタプロームの建物を、慎重に保存した。

アンコール　105

パレルモ
Palermo

中世のノルマン王国の至宝

ジョン・ジュリアス・ノーウィッチ

◆ 12世紀の半ばにヨーロッパに存在したあらゆる都市のうち、パレルモはもっとも輝いていた。ノルマン人がシチリア半島全体を征服した11世紀後半のパレルモはすでに、住民はおそらく25万人、モスクは約300、キリスト教会もそれと同じくらいの数を有し、市場や工芸職人や熟練職人の店でにぎわう一大商業都市であった。都市の全域がイブン・ジュバイルの描いた丘陵部ばかりではなく、イスラーム世界でよくみられる泉水や小川のさらさら流れる広場や快適な庭園に囲まれていた。

イタリア南部にノルマン人が増えだしたのは、1015年頃からである。その年、ノルマン人の巡礼者の一行がイタリア半島南東端のアプリア州モンテサンタンジョロの聖域に着くと、あるロンゴバルド民族主義者〔6～9世紀にイタリア全土を支配したゲルマン系のロンゴバルド王国の末裔〕が近づいてきて、一行にとって魅力的な申し出をおこなった。もしも200人のノルマン人の同胞を集め、ロンゴバルド人の土地を占領しているビザンティン人との戦いに加勢してくれるなら、広大な土地の一部をノルマン人が開拓し移り住んでもかまわない、ともちかけたのである。この誘いに乗じて以後50年間、途絶えることなくノルマン人の自由で気ままな若い冒険者たちがアルプス山脈を越えて南下した。もはや傭兵ではないノルマン人たちは、1050年、事実上アプリアとカラブリアの全域を武力で制圧してしまった。1053年、ローマ教皇レオ9世は、ノルマン人に反発して軍隊を送り込んだが、捕われて失敗した。6年がたち、3代のちの教皇ニコラウス2世は、ノルマン人の指導者であったロベルト・グイスカルドに、アプリア、カラブリアそしてシチリア伯の爵位を授与した。

1061年当時、シチリア島に足を踏み入れたノルマン人はいなかったが、シチリア伯という大義名分のもとにロベルトは弟のルッジェーロとともに侵攻しはじめた。それは

王の宮殿群は、都を囲下する丘陵部に連なっており、まるで女性の喉元に巻かれた真珠のようである。王は、宮殿の庭園や四阿を逍遥して心身を休める。どれほど多くの宮殿や建物、見張りの塔や見晴台など所有していることか。どれほど多くの修道院に広大な土地を寄進していることか。金や銀の十字架の教会がどれほど多いことか！

（イブン・ジュバイル、1184～85年）

彼らの従兄弟たちが、ヘイスティングスの戦いでイングランドに勝利するちょうど6年前のことである。シチリアに住むギリシャ人とアラブ人は徹底抗戦をつづけ、ロベルトとルッジェーロ兄弟は1072年にようやくパレルモを手に入れた。ノルマン人の征服王ウィリアムが短期間の決戦でイングランドを制圧したのと対照的に、シチリアでは山あり谷ありの展開をたどった。しかし、長期的には明らかに成功とよぶべきであり、シチリアでは、ギリシャ人とアラブ人さらにノルマン人という言語的にも宗教的にも異なる民族どうしが1つの国で溶解しあう平和的な状況がつくりだされた。それは、ロベルトが封公の役目を果たすために本土に帰還したのち、シチリア伯を引き継いだルッジェーロ1世とその息子ルッジェーロ2世の二人の神わざ的な偉業であった。

彼ら父子には相違点もある。ルッジェーロ1世は生粋のノルマン人だが、ルッジェーロ2世はシチリアで生まれ、母親はイタリア人でヨーロッパ南方系のオリエント的性格であった。父はシチリア伯の地位に甘んじたが、息子は、兄の死で本土の領地もいくつか相続したうえ、シチリア国の王冠を切望した。そして3年後の1130年のクリスマスの日に、パレルモ大聖堂で戴冠式を挙行した。新ローマ教皇（「対立教皇」のアナクレトゥス2世）は、激しくもめた教皇選挙に勝つことができた恩に報いるために、ルッジェーロ2世に王位を授けたのである。シチリア王国の首都パレルモの黄金時代の幕が開いた。

王国はまず行政面できわだっていた。昔からきわめて航海術にたけていたギリシャ人官吏は、パレルモの天然の良港を基点に海軍の重要事に責任をおった。海軍大将や、総督をさす「アドミラル」という一般名は、アラビア語のアミール・アル＝バフル（海の尊い君主）に由来し、ノルマン・シチリア王国から広まった。ルッジェーロ2世は、国の財政にかんしては、数学に抜きんでたアラブ人を重用した。地中海のど真ん中の島という地の利を生かし、航路が縦横にめぐらされ情報を交換できる場として、シチリア王国とパレルモの都に莫大な富が集まるようになった。ルッジェーロ2世は、今も残る彼の記念碑や建造物でもわかるように、よいと判断すれば負担を惜しまず、不要なものは受け入れない賢人王であった。なかでもパレルモの王宮内のパラティーナ大聖堂（カッペラ・パラティーナ）は、1140

左ページ：キリストがルッジェーロ2世に王冠を授けているこのモザイク画は、パレルモの小さなマルトラーナ教会に飾られている。ルッジェーロ2世は、ノルマン朝シチリア王国に1130年から1154年まで君臨した。シチリアはノルマン人に11世紀後半に占領され、父親のルッジェーロ1世までシチリア大公を名のっていた。マルトラーナ教会の当時の精巧なモザイク画のいくつかは、ビザンティウム（コンスタンティノポリス）出身のギリシャ人の工芸職人の作品である。

パレルモ **109**

左：パレルモのノルマン朝の王宮はほとんど損なわれずに残っており、宮殿内のカッペラ・パラティーナ礼拝堂は、ビザンティン、ロマネスク、アラブの芸術様式がみごとに融合している。天井は、星形、花、動物、アラビア文字をあしらった木彫の鍾乳飾りで構成されている。

下左：カッペラ・パラティーナの壁面は、ビザンティンの質の高いモザイクで覆われている。全能の支配者（パントクラトール）キリストと聖者を描いた八角のドームの交差部から、「誕生」、「洗礼」、「変容」など、キリストの生涯を描いた壁画がみえる。

年代にルッジェーロ2世が創立した世界に類のない教会建築であり、ノルマン・シチリア王国の奇跡が具現化されている。

　大聖堂の礼拝堂は、身廊および側廊、内陣の階段をそなえ、西ヨーロッパの教会建築をふまえている。しかし、壁面を覆うビザンティン様式のモザイク画は、ギリシャ人の熟練した職人技による一方、天井から鍾乳石のように垂れさがる木工装飾は、完全にイスラームの建具職人の技であり、コルドバやダマスカスに帰せられる「東方文化」の粋が結集されている。パレルモから海岸沿いに東にかなり離れたチェファルーの大聖堂も、ルッジェーロ2世によるシチリアを代表する芸術性にあふれた建築で、とりわけ、礼拝堂の後陣の半丸天井に大きく描かれた「全能のキリスト」のモザイク画は、キリストの肖像画の最高傑作としばしば評される。

　ルッジェーロ2世は、こうした聖堂などの建設に大々的な財政支援をおこなっただけではない。彼が在位していたパレルモの宮廷文化は、おそらく12世紀のヨーロッパでもっとも輝いていた。中世の科学を学ぶにはギリシャ語とアラビア語を必要としたが、北ヨーロッパでそれらを習得することは事実上不可能であった。コンスタンティノポリスへ出向いたり、アンダルシア〔イスラーム領イベリア半島〕に定住してアラビア語に熱心に取り組む研究者も少なくなかった。しかし、ギリシャ語とアラビア語を同時に学ぶ決意をした人にとって、唯一の場所はパレルモであった。ルッジェーロ2世は、キリスト教国とアラブ世界の一流の文学者や科学者、物理学者、哲学者、地理学者、数学者をパレルモに迎え、1140年代には永住する家や土地を与えて厚遇した。晩年には王自身も学者の集まりに加わって過ごす時間が多くなり、学問、文化の隆盛に貢献した。

　ルッジェーロ2世が1154年に死去すると、シチリア王国は傾きはじめる。息子の「悪王」グリエルモ1世は、そのあだ名ほどではなかったが、父親のような活力や洞察力に欠けていた。彼の息子の「善王」グリエルモ2世（善王という表現もしっくりしないが）も、建築にかける情熱以外、祖父の能力を受け継がなかった。彼がパレルモから3〜4km離れたモンレアーレに創設した大聖堂は、建築学的にパラティーナやチェファルーに匹敵するみごとさで、壁面をえんえんとモザイク画が埋め尽くした回廊は世界でもっとも美しいとされる。グリエルモ2世と妻ジョアンナ（イ

上：モンレアーレ（モン・レガリス、「王の山」）の修道院は、グリエルモ2世（在位1168〜89）がパレルモを見渡せる丘の上に創立した。驚くばかりのモザイクが施されたその大聖堂は、シチリア芸術の極致といえる。写真の回廊は、柱の頭部に自然や神話、聖書をテーマに施された彫刻および、2本の柱ごとに嵌めこまれた金色のモザイクがとりわけみごとなことで知られる。

ングランド王ヘンリー2世の娘）には子がなく、王位は、彼の叔母でルッジェーロ2世の娘コンスタンツァに移譲された。しかし、彼女はのちに神聖ローマ帝国皇帝となるハインリヒ6世とすでに結婚していたので、シチリア王国は神聖ローマ帝国に組み込まれる結果となった。つまり、1134年のルッジェーロ2世の戴冠から64年つづいたノルマン朝（オートヴィル朝）シチリア王国は、制圧されたのではなく消滅したのである。

ホーエンシュタウフェン朝の支配下に置かれたパレルモは、ハインリヒ6世とコンスタンツァ妃の息子であるフリードリヒ2世がシチリア国王を兼ね、あらたな都市文化が形成された。フリードリヒは、神聖ローマ帝国の歴代の皇帝のなかできわめて優れた人物とされ、イタリア・ルネサンスが開花する200年も前に、その先駆けとなる文芸復興活動に取り組んだ賢帝であった。しかし、ローマ教皇とイタリアの諸都市に阻まれてイタリア統一の企てに失敗すると、イタリア全土に紛争が生じ、シチリア地方はナポリ王国に併合され、パレルモは首都の座を永遠に失った。現在のパレルモは、ひどく傷んでいるものの本質的にバロック時代の美しい都の姿をとどめている。「コンカドーロ」すなわち「黄金の貝がら（盆地）」と讃えられたパレルモの自然環境は不変で、シチリア州議会は今もルッジェーロ2世の旧王宮で招集されている。パレルモがすべてを失うことは起こりえない。

カイロ
Cairo

イスラーム文明の中心地

ドリス・ベーレンス＝アブーセイフ

◆マムルーク朝のカイロは、ムスリム世界の中心地であり、アラブの哲学者イブン・ハルドゥーンは、「想像を絶する都」と評している。エジプト本土に加え、アナトリア南部や聖都メッカ、メディナのヒジャーズ地方を含む広大なシリア地域も領有したスルタンが統治する大都市であった。アッバース朝のバグダードがモンゴル民族に1258年に征服されると、カイロは、バグダードから落ちのびたカリフを迎えいれ、その座を維持させた。かつての権力は失われ、たんに儀式的な象徴にすぎなくなったとはいえ、カリフの存在は、全イスラーム教徒の精神的、文化的な中核として、この都に確固たる地位と名声をもたらした。カイロは、はるか昔の古代エジプトの旧都メンフィス（p.24参照）に近いデルタ地帯のすぐ南側にあり、上エジプトと下エジプトの商業ルートが分岐する重要地点に位置した。カイロの豊かさは、インド洋と地中海の間の香料貿易の仲介で得た莫大な富や、毎年ナイル河の氾濫によってもたらされる肥沃な黒土が両側に広がっていたことによる。

今日の大都市カイロのある場所は、はじめは2つに分かれていた。そのうちフスタートは、641年にアラブ人がエジプトを征服したとき最初に建設された都で、周囲に派生した小都市とともに発展した。さらに10世紀には、北側のアル・カーヒラにファーティマ朝の宮殿が建設され、マムルーク朝下でしだいにフスタートを上回る独立した機能をそなえた都市に成長した。ナイル河岸のフスタートとちがい、アル・カーヒラは、ナイル河からフスタートの北まで分岐させた運河すなわち、「カリジ」に沿って、もっと東側の地に築かれた。12世紀にサラディン（サラーフ＝アッディーン）は、かの「シタデル（城塞）」を造営し、アル・カーヒラとフスタートの間を結んだが、双方が完全に溶けこむことはなかった。フスタートは上ナイルとカイロを結ぶナイル河に良港をもつ工業地域になり、カーヒラは王朝の途方もない権力と庇護をほぼ独占的に享受した。その後、フスタート－カーヒラの2つを統合したマムルーク朝の巨大都市カイロへと進化するが、それが実現したのは、宗教と都市生活の保護を重視した統治政策の浸透によるものである。

1250年に権力を手にしたマムルーク朝は、十字軍やモンゴル軍との戦いに勝利して支配の正当性を確立すると、前代未聞の規模と壮大さを誇る信仰心のあつい都市建設の事業に取りかかるゆとりができた。モスク、大学、修道院などに惜しみなく資金をそそぎ、壮麗さをきわめた建築ラッシュがつづいた結果、巨大都市の面積は2倍になった。マムルーク朝の終わりには、ほぼ以前の5倍の地域に拡張

> 1481年6月17日の日曜日、我々はカイロに到着した。
> 私はカイロの市民とそのありさまを観察することになった。カイロの豊かさと人々について述べるには、この本の全ページを費やしても十分ではない。ローマ、ヴェネツィア、ミラノ、パドヴァ、フィレンツェ、さらに4つ以上の都市を合わせたほどの広さがあり、しかも富と人口を加えても、カイロの半分にも及ばないと誓って言える。
> （ヴォルテッラのラビ、メシュラム、1481年）

左：ガラスにエナメル塗料と金泥を施したモスク・ランプ。1341年に亡くなったマムルーク朝のスルタン、ナシール・ムハンマドの名前がデザインされている。長く繁栄しつづけた彼の治世は、カイロの黄金時代であった。たくさんの記念碑的建造物を築き、アミール（スルタンに仕えた高官）たちにも建築に力をそそぐように奨励した。しかもナシールは、都市全体にたいする建設ビジョンをもっていたので、個々の建造物がたんに集まっただけではなく、まとまりのあるカイロの風景が生まれた。

上：カイロの空に、マムルーク朝時代に建った数多くの壮大なモニュメントがシルエットを画している。手前の花模様の石造のドームは、16世紀初めのアミール、カニベイ・カラの霊廟モスクで、すぐ右の双頭のミナレットとともに建造された。左側後方のシンプルなドームとミナレットはさらに古く、スルタンのハサーンによって1356～63年に建造された。この金曜礼拝モスクとマドラサは、当時もっとも大きく人目をひく建物であった。

され、人口は50万にたっした。マムルーク朝以前からカイロにはさまざまな民族、宗教が混在していたが、イスラーム教、キリスト教（コプト派）、ユダヤ教の少数集団や、トルコやチェルケス民族に由来するマムルーク人のほか、モンゴル、シリア、アフリカ、アナトリア、イラン、中央アジアの諸民族が加わって、さらにコスモポリタンな都市が形成された。

　マムルーク朝がカイロの繁栄に貢献した大きな要因は、おそらく貴人階級〔アミールの称号をもつ太守や司令官たち〕とスルタンの統治府との注目すべき関係にあった。13世紀と14世紀初期のスルタンとアミールたちは、ファーティマ朝の旧都カーヒラの中心地であったバイン・アル・カスラインに、より大きな宗教施設を建設することを熱心に競い合ったからである。当時、スルタンのカラウン〔在位1280～90〕が建設した修道院や大学、そして有名な病院（マリスタン）などの複合施設は、近代直前19世紀初めまで、エジプトの医療の主要かつ中心的役割を担った。

　スルタンのナシール・ムハンマドの在位中（1294～1341）が、カイロの歴史の黄金時代であった。長期統治と繁栄がつづいたうえ、ナシールは建築物や都市の整備に情熱をそそいだ。アミールたちと一緒に都市領域を拡張し、多くの立派なモスクを建設して新しい地域の中心においた。その用地を入手できたのは、ナイル川の河床が長年の自然浸食よって大きく西へ移動していったからであるが、

カイロ　113

上：印象的な一対のミナレットは、15世紀前期にスルタンのムアイヤドが建設した霊廟複合体の1つで、今日ではカイロ市内の有名なランドマークになっている。それらは、かつて都の南の境界として築かれたファーティマ朝時代の城壁門、バブ・ズワイラの上に設置された。ムアイヤド・シャイフは、建築に膨大な財政支援をおこない、カイロ市内にすばらしい世俗的・宗教的建造物を築いた。たとえば、彼の霊廟複合体は、モスクとマドラサのほかに公共浴場も含まれていた。既存の建物の上にミナレットを築くことは、高い建築技術がもとめられる難しい作業であり、じっさい最初に建てた一対のうち片方の塔は、1418年に取り壊されて1年後に再建されている。

14世紀初期にはそうした変化もおさまり、ナシールは運河の西岸と首都をつなぐ橋を増設した。夏季には運河はナイル川によって氾濫し、ため池も満水となるが、残りの季節は干上がって緑あふれるくぼ地に変わり、居住区の人々が娯楽や気晴らしに集まる快適な場所となった。運河はまたカイロ市内へ水を供給した。ナシールは、都のはずれに方形の広場や閲兵式場をいくつも設けた。壁や住宅に囲まれたこうした広場は庭園や観覧席をそなえ、儀式や祭礼に用いられた。

スルタンのナシールの在位中、大いに奨励された建築ブームはカイロの東と南の墓地にもおよび、アミールたちもそれぞれ大霊廟をともなう宗教施設を建設した。ナシールは、宮殿やモスクと一緒にシタデルの改造をおこなった。カイロのシタデルは、おそらくこの種の建造物としては中世における最大規模であり、この要塞の構造じたいに宮殿や役所、兵舎、住居、店舗などが組みこまれ、「シタデル市街区」をなしていた。いまやシタデル周辺は、皇族の宮殿やモスクがならび、軍属の貴人や軍隊が兵馬や武器をもとめる市場などで賑わう経済の中心地であった。その頃のカイロを訪れた有名なムスリムの旅行家、イブン・バットゥータは、「カイロは諸都市の母であり、広大な領地と肥沃な土地を支配し、おびただしい数の建物がつづき、比類のない壮麗な美をたたえている」と記している。

1400年にティムール（タメルラン）がシリアを侵略すると、マムルーク朝の経済はかなり打撃をこうむった。そのうえ自然災害や政治不安がつづいたために、一部の地区や市場はさびれ、放棄された。しかし支配階層による建設熱はつづき、建築の質が低下することもなく、15世紀のスルタンとアミールたちは、都市の様相をより華やかにした。たとえば、スルタンのムアイヤド・シャイフは、運河沿いの北郊外にあらたに快適な宮殿を建設し（彼の退位後は残らなかったが）、宮廷滞在中に接触しやすいよう付近に廷臣たちの邸宅を築くことを奨励した。さらにファーティマ朝時代のバブ・ズワイラ門のそばに宗教施設を建設した。現在もカイロ市のランドマークとなっている一対のミナレット（尖塔）は、この門の真上に建てたものである。

スルタンのカイトベイ（在位1468～96）は、墓地区に自分のために繊細美をきわめたモスクと学院を建てたのと別に、都市の大々的な修復計画をかかげ、カイロ市内の宗教的、世俗的建造物の大改修をおこなった。カイトベイは、以前の建物の補修や復元によって、さまざまな施設の向上をはかり、カイロの商業を支える基盤を再強化した。スルタンのカイトベイが都の記念碑的遺産の改修に熱心に取り組む一方、アミールたちは独自の都市改造を積極的にすすめた。優秀な大臣であったヤシュバクミン・マフディや、陸軍大将のアズバックは、よこ長のデザインの目をひく建築様式を取り入れて、カイロ市街と隔たりがあった北と西の郊外をそれぞれ、モスク、宮殿、大邸宅などで埋め尽くした。マムルーク朝の最期につかのまの光芒を放ったスル

タンのガウーリは、市場や商業関連の建物に囲まれた都心部に、独創的な霊廟建築複合体を建立した。カイロ最大の市場は、ファーティマ朝の旧カーヒラ市街に集中し、大通り沿いにシタデルに向かって拡張された。商店や露店が共同住宅やモスクの建物の下側にひしめきあって並び、中庭のある大きな隊商宿は、家畜を休ませたり、商談を交わす場を地階に置き、階段を上がったところに住居や仕事場を構えていた。

マムルーク朝のスルタン政治は、1517年にオスマン帝国軍に占領されて終焉した。しかし、その支配者たちは、当時最大かつもっとも裕福な都市の1つであったカイロを残した。珠玉のイスラーム建造物が数多く寄進され、現在、旧カイロ市街の狭い通りには、あらゆる時代の記念碑的な建造物が集まっている。とてつもなく古い時代からその歴史をずっと絶やすことなく、人口密度の高い都会を維持してきたカイロは、まさしく世界で唯一無二の都市である。

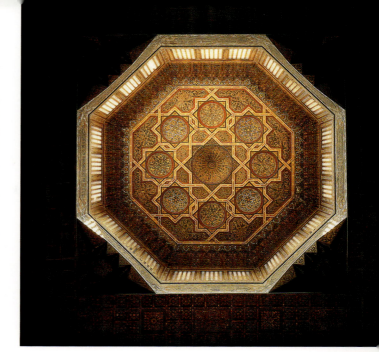

上右：カイトベイによって1472〜74年に修復された霊廟モスクの天井の明かり窓は、外光を建物内部に採りこんでいる。スルタンのカイトベイは、29年間エジプトを支配し、自分で記念碑的建造物を築いたばかりでなく、写真の美しい彫刻を施したドームの霊廟モスクを含め、多くの既存の建造物の修復・再建をおこなった。彼の芸術にたいする愛顧と支援活動は、伝統工芸の復活を推進し、精緻な建築文化をもたらした。

右：現代のカイロは、旧市街地のいたるところに中世の外観と雰囲気が残っており、街の雑踏を歩くとさまざまな時代のみごとな建造物に思いがけず出会える。「カン・エルカリーリ」のバザールは、金属加工品、皮細工、ガラス工芸品、木工製品などを売る店が無数に入りこみ、現在もひじょうに賑わっている。店の奥の工房で製作した商品が並ぶバザールの光景は、マムルーク朝時代のカイロと変わらない。

サマルカンド

Samarkand

ティムールの選んだ都

コリン・サブロン

サマルカンドの美しさについて聞かされていたことのすべてが、本当だった
（アレクサンドロス大王、紀元前 329 年）

◆サマルカンドという名前は、「トンブクトゥ」や「ザナドゥ」と同様、おとぎ話に出てきそうなひびきがする。どこにあるのか、たいていの人が思い浮かべる地図はぼんやりかすんでいる。サマルカンドは、衰退後ずっと中央アジアの砂漠に閉じこめられたまま、ヘンデルの音楽やゲーテ、マーロウ、キーツなどの「黄金の道」や「異国の暴君」の幻想的作品のなかで語られる永遠の都となった。

サマルカンドは海洋から遠く離れ、シルクロードの流れに乗って大都市に成長した。最古参の住民とされるソグド人は、中央アジアの交易を支配するイラン系商人であった。紀元前 329 年、サマルカンドを占領したアレクサンドロス大王は、その美しさに驚嘆した。教養豊かで洗練されたソグド人は、中国人にガラス細工とブドウ栽培を教えたといわれる。

紀元 712 年にアラブ民族に征服された後も、サマルカンドには新たな特色が加わった。製紙業（中国人の戦争捕虜から製法を学んだ）の中心地となり、上質な紙がここからヨーロッパ市場へ送られた。サマルカンドは何世紀も外敵の侵略をうけながら、つねに回復力をみせた。例えば、1220 年にチンギス・ハンに無残に征服されてから約 50 年後を目撃したマルコ・ポーロは、かつて激減したサマルカンドの人と富は回復しつつあると記録した。その後まもなく、サマルカンドを訪れた大旅行家のイブン・バットゥータ（1304 ～ 77）にいたっては、世界でもっとも美しい都市に位置づけている。

だが、こうした昔日の輝きは、ティムールによって征服された 1366 年以降のサマルカンドに到底及ばない。チュルク－モンゴル系の最強の騎兵軍団を率いたティムールは、出自ははっきりしないが、足に障がいがあったので「ティムール－イ－レン（足が不自由な人）」、ヨーロッパでは「タメルラン」とよばれた。サマルカンドは、彼が最初に征服し、もっとも好んだ場所であり、ティムール帝国の首都に選ばれた。パミール山脈が終わり現在のウズベキスタンの砂漠へ入るところに設けられたオアシス都市であり、砂金を産出するザラフシャン川が近く、リンゴやメロン、ザクロで有名な果樹園がつづく。周囲の牧草地や山麓ではブドウ栽培もおこなわれ、綿花や小麦の畑とともに野生動物も多く、肥えた家畜が飼育されていた。

ティムールは、この理想郷から 30 年以上アジアを股にかけて快進撃をくりかえし、ダマスカスやイスファハン、バグダード、デリーを奪い、「黄金のオルド」（ジョチ・ウルスと総称されるモンゴル遊牧民国家）やオスマン帝国の大軍を粉砕するなど、戦った国や都市をすべて打ちのめし、死者は約 1700 万人にたっしたとされる。ティムールが遠征から戻る先はつねにサマルカンドであり、戦利品として円熟したイスラーム世界の宝物を持ち帰り、熟練職人や労働者を大勢引き連れてきた。そしてサマルカンドの再建にあたらせ、類のない壮麗さを創出したのである。

丘の上にあった昔の城塞都市から南西へ拡張されたサマルカンドは、全長 8km の環濠城塞都市に発展した。ティムールの 35 年間の在位中ずっと都は建設工事でにぎわった。郊外の果樹園の村にそれぞれティムールが征服した数々の都市の名前をつけ、そこから 6 本の主要道路が敷設され、モスクや神学校、庭園、隊商宿（キャラバンサライ）などの泉の広場を通って、最後にレギスタン広場に設けた巨大なドーム屋根の市場に収れんした。モスクや霊廟には、ペルシャのレンガ職人や陶工たちが、肋状あるいは滑らかに仕上げたターコイズ色のドームが雲が湧くように立ち上った。サマルカンドへは、捕虜となった科学者や知識人に加え、ペルシャ出身の建築家、絵師、写本職人、シリア人のガラス吹きや絹織物職人、インド人の銀や宝石の細工師などがたえず入国してきた。一方、宝物や戦利品を集めた宮殿のそばでは、次の遠征にそなえてアナトリア人の銃鍛冶（火縄銃や大砲などの製造）や甲冑づくりに励む槌音がひびいていた。

都および帝国全体の政治にかんしては、各地方の長官や軍の幹部をチュルク・モンゴル系出身者が占め、財政や住民行政を優秀なペルシャ人官僚が担当した。サマルカンドは高度な専門技術者たちの宝庫であり、住民にはアラブ、ペルシャ、インド、アルメニアといった多様な民族出自と

左ページ：ビビ・ハーヌムのモスク。この驚異の建築は、世界最大規模のモスクを意図したティムールによって、1399 年から 1404 年に建造された。入口にそびえる門の高さは 35m もあり、大理石で舗装された中庭の端に陣どったトルコブルーの大きなドームの屋根は、400 個の小さなクーポラ〔ここでは半球形の窪みのこと〕が円周にそって施され、さらに金色も混じる文様で縁どられている。しかし、モスクはティムールが死ぬ前にひびが入りはじめ、のちには地震に襲われて放棄された。モスクの建材は奪い去られ、19 世紀には荒れ果てた跡を帝政ロシアの軍隊が厩舎に使っていた。現在は、長年の再建事業の完成途上にあり、サマルカンドの旧市街を再び見おろしている。

最上：レギスタン。かつては真ん中に屋根つきの大きな市場（バザール）が設けられ、サマルカンドの中心点として賑わった。イスラーム世界の卓越した建築術が結集され、広場の三方にそれぞれイスラーム教義の神学校（マドラサ）の建物が面している。写真左の秀麗なマドラサは、ティムールの孫で高名な天文学者でもあるアミールのウルグ・ベグが創立した。

上：ティムールの一族や臣下たちが埋葬されているシャーヒ・ズィンダとよばれる霊廟群が並ぶ美しい通り。聖廟のファサード（大きな建物の正面）の壁面には、14世紀と15世紀に特有の陶磁タイルによるみごとな装飾が施されている。

信仰をもつ奴隷や自由身分の人々や、キリスト教徒も少数だが混じっていた。シルクロードに沿って中国産の翡翠からインド産の香料、ロシア産の毛皮までさまざまな商品が、都心の市場へなだれこんだ。

サマルカンドは短い間に、「宇宙の中心」「こころの園」「世界の鏡」などと称賛される都に成長した。しかし、規模においては唐王朝の長安（p. 90 参照）ほど大きくなく、同時代のパリ（p. 120 参照）にも及ばなかった。カスティーリャ王国からの使節団としてサマルカンドに滞在したゴンザレス・デ・クラビホは、この都市をセビーリャよりやや大きく、人口を約15万と推定した。サマルカンドに魅了され、完ぺきな権力をみせつける多民族都市の壮麗さと豊かさに驚嘆している。

たった一人の男がかくも純粋に創造した都は、おそらく世界史上どこにもない。チンギス・ハンはまるで他国の文明を見下しているかのようなやり方で各地を平定した。しかしティムールは、その後200年近くも美術や科学に抜きんでた栄誉をサマルカンドにもたらした。熱心に全世界のすぐれた業績を集めて後世に残すことが、自分自身と神にささげる記念碑であったのかもしれない。ティムールは、都の中心付近にビビ・ハーヌム妃にちなんで、49m高のミナレットがそびえる威風堂々とした王立モスクの建設を企てた。何千人もの熟練工が労役に服し、95頭のインド象を使って大理石を運搬した。ティムールは現場に赴き、建設中の門の高さをもっと上げるように命じたりした。年

老いて半身不随になってからは担架の上から監督し、気に入った作業員に恩賞の食糧を投げ与えることもあった。ただし、モスクは建設を急ぐあまり、皇帝が亡くなる前にひび割れが生じたといわれる。

　ティムール皇帝のおかげで発展した都だが、じつは本人は留守にすることが多かった。遊牧民出身のティムールは、遠征からサマルカンドに戻っても城塞外に設けた「野営地」で暮らすことを好んだ。そこは馬が行方不明になるほど広大な敷地に囲まれ、宮殿や幕舎の屋根や外壁を中国の陶磁タイルで覆い、戦争や恋愛を描いた非宗教的なフレスコ画で飾るなど、贅を尽くした16の建造物からなっていた。ティムールは、壁や天井に貴石をちりばめた絹織物を吊るした幕舎で外交使節を謁見した。スペイン人のクラビホは、黄金のテーブルや驚くばかりの宝石を嵌めこんだ酒器類のみごとさや、羊の頭や馬の臀部を載せたなめし革の大皿が重みで床にずり落ちた野蛮味あふれる宴会について記している。

　しかし1405年、中国（明朝）へ遠征中のティムールが死ぬと、たちまち帝国は壊乱状態に陥った。チンギス・ハンが死んだとき、帝国の領土は彼の子孫たちに分割され、以後何百年間にわたって汎モンゴル覇権が維持された。一方、ティムールの帝国は彼の独裁に支えられていたので、死後はたちまち統治をめぐる混沌と狼狽をまねくことになった。

　ただし、サマルカンドの文化的遺産は受け継がれた。その名声はティムールの孫で天文学者のウルグ・ベグ帝が王子の時代も健在であった。彼は天体観測によって200以上の星を発見したといわれる。ティムールの息子のシャールフとその継承者たちは、ティムールが征服したアフガニスタン西部に移り古都ヘラートを再建し、サマルカンドとの二大政権を樹立した。ここでも学問や文芸を重んじたティムール朝の宮廷文化が維持され、まれにみる細密画（ミニアチュール）や詩、文学などを後世に残した。1500年にサマルカンドがウズベク人によって陥落すると、ティムールの息子の玄孫にあたる第6代バーブル帝は都を捨てて長い戦歴ののちに、インドでムガール帝国を創始した（在位1526～30）。ここではティムール朝のドームの建築様式が再興され、かのタージマハル宮殿に結実した。

　今日、ソビエト時代の集合住宅が並ぶサマルカンド市内できらめくドームは、幻想の世界のようである。ウルグ・ベグが創立した神学校は、レギスタン広場（19世紀末に、英国領インド副総督のジョージ・カーゾン卿が世界でもっとも気高い公共空間と評した）の空に向かって輝き、息をのむビビ・ハーヌムの大モスクは修復がすすんでいる。細い参道ぞいのティムール一族や特別なアミールたちの霊廟群は、どの建物入口の壁にも色鮮やかな陶磁タイルが嵌めこまれ、世界最大といわれる翡翠石のかたまりの下に葬られたティムールの霊廟もまた、驚くほどの美しさをとどめている。

上：シャラフッディーン・アリー・ヤズディ（1454年死去）によって著された『ザファルナーマ（勝利の書）』に、ヘラートで細密画を施し、1467～68年に編纂された写本より。タメルラン（ティムール）がバルフで1370年4月に権力を掌握した豪壮な式典を開き、謁見を果たした様子を描いている。ティムールは、戦いでチャガタイ王国のハーン（チンギス・ハンの流れをくむ支配者）を打ち負かした後、みずから皇帝の冠をつけて、キュルゲン（ハーンの娘婿）の称号を名のった。有力な族長たちは、この式典で彼に王位が移ったことを認め、ティムール帝の前に屈従し、貴石類を儀礼的にまき散らした。その時がティムール朝時代のほんとうのはじまりで、反逆者たちへの大量殺りくをはじめ、巨大だが一時的な帝国の確立をみることになった。

サマルカンド　119

パリ
Paris
ゴシック建築の頂点

クリス・ジョーンズ

◆14世紀初期のパリの住民は、すでに正当な理由をもって自分たちの都がキリスト教世界でもっとも偉大だと考えていたようである。パリの自信に満ちた統治者たちは、全キリスト教徒の精神上の絶対的権威であるローマ教皇庁にたいして無礼なふるまいに及びながら、とがめだてをうけることもなかった。美術や建築におけるパリの都のゴシック趣味は、西ヨーロッパの風土に刻みこまれた。パリ大学は、ほかのヨーロッパの教育機関に比べて日の出の勢いがあり、輝ける星のごとくであった。しかし、つねにこのようであったわけではない。千年以上も昔のパリが、ヨーロッパの歴史で重要な役割を演じたことはほとんどなかった。

パリの発祥は、キリスト誕生の約2世紀前であり、のちにシテ島となるセーヌ川の中州の島に、パリシイ人として知られる民族集団が定着した時期とされる。古代ローマの征服者たちによって「ルテティア」とよばれたパリの都は、島の両岸に拡張された。このことは、紀元前53年のユリウス・カエサル本人をはじめ、当地を訪れた名士たちもは

神の5つの御傷〔キリストが十字架にかけられて手足4つと胸に負った計5つの傷痕〕のおかげでパリはひじょうに大きな都市になった！そこには余の理想とする大聖堂がある。余はできるなら、それを直列につないだ荷車に載せてゆっくりと転がし…そっくりそのままロンドンへ運びたいとさえ思う。

（イングランド王ヘンリー3世のものとされるスピーチを扱ったフランスの風刺詩、1260年代）

っきりと証言している。約400年後、最後の異教徒の皇帝として知られる「背教者」ユリアヌスは、ルテティアの兵士の前で盾を高々と持ちあげ、帝国の正帝の就位宣言をおこなった〔当時コンスタンティヌス2世が帝位についていた〕。パリは、4世紀頃からようやく世の中に知られるようになったが、後進地のままであり、商業の中継点程度であった。

ローマ帝国が属州として支配していたヨーロッパ西部地域から撤退すると、パリはシテ島に築かれた城塞に囲まれた領域まで縮小した。ローマ人が去ったあと、空白を埋めて入りこんだゲルマン系のフランク王国メロヴィング朝に

下：パリ大学は、神学論争の大立者を輩出した。なかでもアモーリー・ドゥ・ベネ（1206年頃に死亡）は、ここに描かれているように講義をうけもち（左）、教皇（右）に召喚された。しかし、アモーリーの学説は異端とみなされ、彼の死後、遺骨は掘りおこされて、彼の信奉者たち（アルカリック派）は火刑に処された。フランス王ジャン2世のために14世紀半ばに作成された「フランス王室の歴史」の写本より。

支配された。そして、この王朝がやがて衰微し、かつヴァイキングの略奪にあい事実上断絶するまで、短い間だがパリは重要な地位を享受した。ただし、歴史の表舞台へ本格的に姿を現わすのは、12世紀になってからである。

パリの運命は、12世紀になってカペー朝のフランス国王〔カペー朝以来、西フランク王国の流れをくむフランス国を名のるようになった〕が、パリを王のもっとも重要な居住地に定めるとさらに大きく変化する。宮殿と諸官庁の存在は、パリの人々の暮らしを豊かにし、都はフランス王国の政治の中心となった。例えば、テンプル騎士団の歴史を終焉させる陰惨な決議もここでなされた。1314年、騎士団の総長であったジャック・ド・モレーは、キリスト教の異端のかどで突然有罪とされ、テンプル騎士団を破滅させることをもくろんだフィリップ4世（在位1285〜1314）の監視のもとで火刑に処せられた。それより10年前、パリの都でフランス王国初の代表者集会が催されとき、フィリップ4世は、集会を利用して教皇庁へ反抗する自分のやり方（1303年にローマ教皇をアナーニに拉致し、退位をせまった事件をさす。教皇の権力は弱体化の一途をたどった）を説明し、全員から国王を支持する賛同を得た。また、王宮に法廷が設けられ、政治的な問題が人民に公開されるようになり、パリはたんなる交易の中継場所から、王都にふさわしい都へと変身していった。

市街の悪臭を防ぐ対策としては、早くもフィリップ2世（在位1180〜1223）が1186年に道路の舗装を命じている。また、ノルマン人のイングランド支配者たちによる敵対行為が増えたことを憂慮し、ライトバンク（セーヌ川右岸）の商人たちの協力を得て、防御壁を築いてパリの都を囲むという難事業に着手した。1190年にはじまり1215年に完成したこの防御壁は、現在ほとんど残っておらず、たまにパリの駐車場の平坦地や市民のスポーツグラウンドの端の人目につかないところでその跡をみかけるぐらいである。防御壁のなかでとくにきわだっていたのは、都の西端部のセーヌ川の隣に建設された巨大なルーヴルの城塞であったが、今はルーヴル美術館の下に埋もれている。

フィリップ2世のパリ改造の努力は、彼の後継者たちに受け継がれた。現在では低層部分しか残っていないがシテ島の元王宮にフィリップ4世が築いたグランドサル（大広間）もその例である。その大広間には、かつて歴代のフランス王の彫像が何体も置かれていた。哲学者ジャン・ド・ジャンドゥン（1285〜1323）が「彫像はあまりにも表現力が豊かで、まるで生きているようだ」と評したとおり、彫像の王たちは、後世の王の政治手腕を凝視していた。

パリのあらゆる建造物のうちで、シテ島の宮殿複合体の中央を占めるサントシャペル礼拝堂ほどすばらしいものはない。この王室用の聖堂は、ルイ9世がキリストの荊冠の聖遺物を納めるために建立し、1248年にはそびえ立つゴシック建築が人の目をうばった。構内の高い窓の1000枚を超えるステンドグラスのパネルには、聖書の内容やパリ

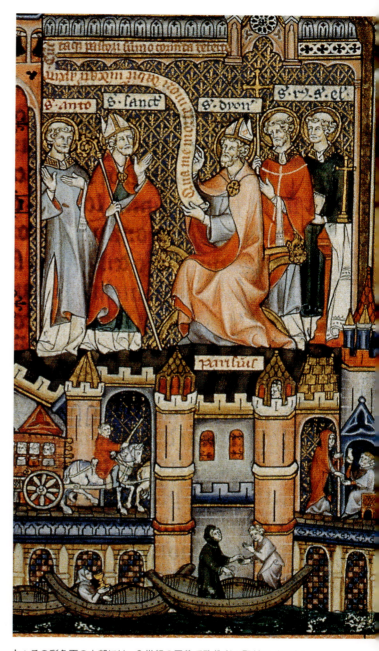

上：この彩色画の上部には、3世紀の司教で殉教者の聖ドニ（聖ディオニュシウス）の生涯の一幕が描かれている。パリ住民にキリスト教を最初に導入したドニは、モンマルトルで斬首の刑に処された後、自分の頭を拾って、現在サンドニ修道院がある場所まで歩いたと伝えられる。下部には、14世紀初期のパリの街の生活が描かれている。舗装された道を屋根付きの馬車が行き交い、セーヌ川沿いの船上では商人たちがワインの樽の積荷の取引をしている（ただし商談の成立には時間がかかる）。「イヴ・ドゥ・サンドニの聖ドニの伝記」の写本より。

上：15世紀のステンドグラスの尖塔アーチの窓がきわめて魅力的なサントシャペルは、王族のための特別な教会堂であった。1242～48年にさかのぼる最初期の3分の2のステンドグラスが現存している。かつて荊冠などの聖遺物が収められていた祭壇のすぐ後ろのステンドグラスには、キリストの生涯や受難のシーンが描かれている。一方、両側の窓の大部分は、旧約聖書のエピソードが表現されている。またその中に、フランスの王権を象徴するフレール・ドゥ・リス（アイリスの花の紋章）や、ルイ9世の母にして権力の座にあったブランシュ・ドゥ・カスティーユの紋章がデザインされている。

へ聖遺物を運ぶ旅の場面が描かれている。この建物のデザイン様式はヨーロッパじゅうに伝わり、光のスペクタルがつくる壮麗な空間が人々を魅了した。イングランド王ヘンリー3世がパリを訪問したさい、「ロンドンへこの聖堂を運べるものなら運び去りたい」と述べたというフランスの小話は、初めに引用したとおりである。

王宮はシテ島の西端を占め、王の権威は島の東端にノートルダム大聖堂があることで相互のバランスが保たれていた。1163年に築かれた初期ゴシック様式の大聖堂は、サントシャペル大聖堂と同じく豪華なステンドグラスが、「バラ窓」とよばれる円形窓に嵌めこまれている。

パリは、さまざまな要素が加わって中世後期には高い名声を得たが、なかでも大学はとくに評価が高かった。12世紀を機に、パリの大聖堂に付属した教育機関における学問の評判が大きくなると、ヨーロッパじゅうの学生や学者がパリをめざして集まるようになった。哲学者のピエール・アベラールも12世紀の初めにパリで学んだ一人で、論理学研究に大きく貢献したが、教え子であったエロイーズとの恋愛事件で名を馳せた。不幸にもエロイーズの叔父がアベラールを拘禁し、去勢するという凄惨な報復劇も加わって世間はいっそう沸き立ち、この時代でもっともよく知られる話となった。

13世紀に入ると、大聖堂に付随していた学院は独自性を確立していった。王室と教皇の両方の支援をうけた大学が創設されると、学生数の増加でつぎつぎに学寮（カレッジ）が建ち、レフトバンク（セーヌ川左岸）地域の大部分を占めるまでに成長した。このうちもっとも有名なのは、1254年に宮廷司祭であったロベルト・デ・ソルボンが創設した学寮で、ソルボンヌの名称の由来となった。パリ大学がヨーロッパ随一の学問の場としての名声を確立すると、学者たちの前にキリスト教の信仰全体にかかわる神学問題が持ちこまれるようになった。教皇ヨハネス22世が異端論争で味わったように、もしパリの神学者が正統性に欠けるという見解を下せば、教皇すら容赦なく打ち負かされたのである。

大学のあるおかげで、製本業など書物に関連した仕事もさかんになったが、羊皮紙づくりや、筆写、製本などの専門職人の数は少なかった。アベラールが12世紀の初めに上京したとき、3万足らずであったと推定されるパリの人口は、約200年後には20万に膨張し、その時代の西側諸国で最大の都市となった。

書物の装丁にたずさわる職人とならんで、当時のパリの人々は、彫刻家や画家、そして鎧などの武具づくりの職人や、とくにパンを焼く職人の腕のよさを誇りにしていた。1323年にパリのパンづくりに感心した大学のある主任教授は、「達人芸というべき職人たちは…信じられないほど良質でおいしいパンを焼く」と述べている。同じくジャン・ド・ジャンドゥンも、都の家屋の数のあまりの多さや、市場で売られている商品が豊富なことに驚いている。パリの活発な経済は、セーヌ川が与えてくれる交易の好条件を十分に生かした商人たちの活動が原点にあり、都の支配者たるフランス王によっていっそう促進された。例えば、1182年から83年にフィリップ2世は、パリのユダヤ人社会に費用を負担させてライトバンクの土地をきれいにし、レ・アールとして知られる屋根つきの公共市場の建設を実現した。

上：シテ島は、2000年間パリの中心として、世俗と聖域の勢力が分かれた状態の中世の姿を継承している。東側にある教会は、いまもノートルダム大聖堂が威容を誇り、西側のカペー朝の王宮は、壮大なパレ・ドゥ・ジュスティス（パリ司法宮）のなかに組みこまれている。

右：ノートルダム大聖堂は、19世紀に外側の大部分は修復をうけた。にもかかわらず、1163年の司教モーリス・ド・シュリーによる傑作とされる西側正面のファサードは、装飾的な門と旧約聖書の王たちの像がずらりと並び、中世の教会勢力を象徴している。

　現在のパリにおいても、ノートルダム大聖堂は市内の中心に位置し、中世時代の栄光と偉大さを伝えている。ただし14世紀半ばになると、1回目の黒死病が襲いかかり、その後は城門にイングランド軍が攻め入るなど、パリの都は凋落の道をたどった。

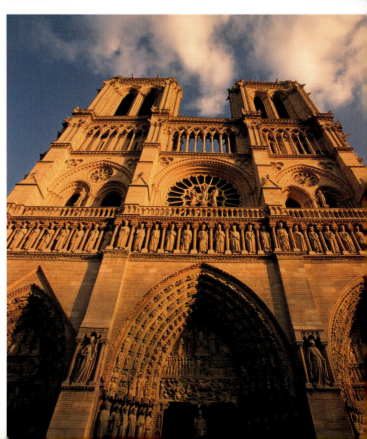

リューベック

Lübeck

およびハンザ同盟の諸都市

ウィリアム・L・アーバン

あなたたちは、（ハンザの）盟主である。
（カール4世がリューベックの市議会へ向けたことば、1375年）

◆トラフェ川の河口に面した中州には古くから人が住んでいたが、1143年、ホルシュタイン地方の領有を任された伯爵アドルフ2世が居城と要塞の都を築いた。ここは南北をつなぐ航路の中心に位置し、バルト海を船で渡る漁師や商人にとって良港をそなえた理想的な交易拠点であった。しかし同時に妬みぶかい敵の攻撃をうける危険がたえずつきまとっていた。

じっさい、アドルフ伯の築いた都市リューベックは、2年も経たないうちに隣のウェンド人によって一部焼失するという苦難にみまわれた。2年後、宣教師の聖ヴィツェリーンは、リューベックに近いオルデンブルグの司教に就くと、ウェンド人の改宗に成功した。それをうけて、アドルフ伯は、フランドルといった遠く離れた地方の農民や商人を、リューベックへ招致した。1158年、都は強大なザクセン大公ハインリヒ獅子公に奪いとられた。彼はリューベックに根づいた商人たちのために北部ドイツを開放し、オルデンブルグの司教がリューベックに管区を移すのを助け、リューベックが一政体としてまとまることを許可した。しかし1180年以降は、まず神聖ローマ帝国皇帝フリードリヒ1世（赤ひげ王）、つぎにデンマーク王の支配下に置かれ、市民間の争いも生じた。1226年にデンマークが失墜すると、リューベックは神聖ローマ帝国下の自由都市となった。それ以後市民は自治を獲得し、貨幣を鋳造して自由に交易をおこなうようになった。

リューベックの商人は、東バルト海に向けて航行した。そこには十字軍が支配するプロシアやリヴォニアがあった。またスウェーデンやその先のロシアに向けても航行し、フランドルの布織物、ドイツの鉄、リューベック付近で採掘される塩などの商品を運んで売った。ハンブルクとは陸路で、ブレーメンとは海路で、バルト海やノルウェー沖の魚を運び、ロシアで仕入れた蝋や毛皮、ポーランドの穀物、プロシアの木材を運んで売っていた。ゴトランド島ヴィズビーの貿易港で、商人たちは協働の利点を学んだ。そして1356年以降、国をこえた都市間の商業組合が、相互の問題を議論するためにしばしばリューベックで集会をもつようになった。加盟都市のメンバーはそれぞれ相手との取引において、正しい重量、低い税率、手ごろな手数料を守ること、そして家や倉庫、銀行、医療、礼拝などの設備を整えることを約束した。バルト海に新たに参入する都市は、リューベックの法律にしたがうことになった。このことは、リューベックが地域の硬貨鋳造を独占していることと合わせて、この都市の地位を著しく高め、ドイツ内ではケルンにつぐ大都市へ成長した。

組合の加盟都市の数は70から170とあいまいで拘束力の弱い組織だが、メンバーは誇り高く「自由ハンザ都市」と称した。ハンザ同盟という名称は13世紀半ばに初めて使われたが、一般に広まるのはもっとあとである。同盟のメンバーが会合を開くのは、結束した行動が必要なときで、海賊退治の対策をたてたり、船に課税する動きを阻止するなど、ライバルと力を出しあって精力的に対処した。ハンザ同盟が商業を独占しているかぎり、同業組合（ギルド）の生活や商売も独占状態が保たれると強く信じていた。商売にとって大切なのは信用であり、合同で冒険的な事業にいどめば個人のリスクを減らすことができる。商売仲間の子ども同士の結婚はふつうであった。ハンザ都市の商人たちは、外国の土地に、簡易宿泊所や教会、倉庫とともに「工場（コントレ）」を建設した。それらはノブゴロド、ロンドン、ベルゲン、ケルン、ブリュージュなどの都市の中心から離れた地区に設置され、メンバーを外部の干渉や不法行為から守っていた。

14世紀のリューベックには、レンガ造りの多層住宅や頑丈な倉庫、豪華に装飾された教会、そして市民も旅人も利用できる飲食店や宿屋もあった。市庁舎は市民生活の中心であり、装飾的なゴシック様式をふんだんに取り入れた建物と構内の調度類のみごとさは、北方ルネサンス建築の最高傑作といえた。市場は小売店が密集し、近くの通りは市場に持ちこまれる商品にちなんで、魚屋、銅細工師、肉屋、鐘づくり業といった名前がつけられた。どの職業もギルドを形成し、組合が選出した24名のリューベックの市議会議員のなかから4名の市長職を選んだ。

リューベックでは、ときおりギルドの職人たちの不満がうっ積した。商人たちが取引で得た利益を不正に分配し、過剰な政治力を行使したからである。このことは、自治と繁栄を保とうとするどの都市にも見られることであった。

1375年の秋、神聖ローマ帝国皇帝カール4世がリュー

右ページ：ドイツ語の交易書類に添えられたハンザ同盟を証明する「封蝋」。封蝋は、たいてい船や商業活動のデザインを彫った鋳型に蝋を流しこんで作成し、それぞれの都市が同盟に加盟していることを承認するものであった。

ウィリアム・L・アーバン

ベックを訪問した11日間は、住民の誇りで語り草となった。人々の記憶にあるどの神聖ローマ帝国の皇帝よりも、経験豊かで、権力と説得力をそなえたカールは、皇帝の威光をみせつけるかのように、城門を安全に通れるか市民たちが心配するほど大勢の随行団と皇后を率いて都入りした。カールが〔神聖ローマ帝国の正当性を示すための〕聖遺物を収集しているのを知っていた市議会側は、そのような要求を案じていたが、カールが必要としたのは「金」であった。そしてリューベックを褒め称えてハンザ同盟の盟主権を承認し、議員たちをおだてることにつとめた。一方、拠出金の話を聞かされた議員たちは、皇帝に甘いことばで返した。市庁舎は皇帝の宿舎に提供され、皇后が滞在する向かい側の建物と窓どうしで行ききできるよう屋根つきの橋を架けたりもした。皇帝が窓から出て皇后のいる建物の窓へ渡っていく頃合いを調べ、市民たちが見張っていたという逸話もある。ある晩などは、窓に鍵をかけられてカールが入れずにいると、見物人が集まる騒ぎになったので、皇后はやむなく窓を開けたという。カール4世は、来たときよりも金持ちになって帰ったが、期待したほどの金額を手にすることはできなかった。

何事も永遠にはつづかないものだが、ハンザ同盟も例外ではない。どの都市もそれぞれの領主の介入を防ぐことができず、1つの都市を失うと、残りの都市を守ることがより困難になった。ハンザ同盟都市は、勝手な船の出入を禁止したり、海軍をもつことはできたが、陸軍をもつことは許されていなかった。市場における競争者たちをつねに同盟のなかに封じこめておくことも、オランダやイングランドの大型船と張り合うこともできなくなり、同盟の致命的な弱点となった。宗教改革の努力はかえってひずみをもたらし、まもなく魚の需要も減少した。やがて多くの都市が三十年戦争〔1618～48年〕に巻きこまれ、財産を奪われた。ハンザ同盟としての正式な会合が開かれたのは1669年が最後であり、リューベック、ハンブルク、ブレーメンのみが19世紀まで自由同盟都市のきずなをかろうじて維持した。

リューベックについては、「ある一家の没落」という副題で19世紀の数十年間を描いたトーマス・マンの小説『ブッデンブローク家の人々』で知ることができる。しかし、かつてハンザ同盟都市の市民が成し遂げたこととその盟主であったこの都市の誇りは、今日でも失われていない。例えば、ルフトハンザという航空会社名は、ハンザ同盟にちなんでいる。また、リューベックの旧市街全体が世界遺産として旅行者の人気を集めている。

下：リューベックの昔の景観。船の乗組員たちは、港を守る大砲の要塞をみながら接近することになる。尖塔の教会群をはじめやや離れた高い場所には市庁舎と市場もみえる。

クラクフ

Kraków

北方ルネサンスの都市

アダム・ザモイスキ

> トルンが私に生を与え、クラクフは私を学問で磨いた
>
> （コペルニクス）

◆中世後期のヨーロッパにおいて、クラクフは、人口、面積ともに最大の王国の首都であった。北はバルト海、南は黒海、西はアドリア海まで、東はあと320km足らずでモスクワという、広大な領土を帝国支配したポーランド王朝の重要な拠点であった。このことは、クラクフの中央広場の面積にも表われており、ヨーロッパ最大の市場の近くには、12世紀のブルゴーニュ・ロマネスク様式の礼拝堂、14世紀のドイツのゴシック教会、最盛期のゴシック様式の混ざった市庁舎などがあり、イタリア諸都市の豪商の大邸宅を思わせるパラッツィ様式の家並みに取り囲まれていた。聖母マリア教会が中世の北ヨーロッパの芸術作品である一方、フランシスコ教会の祭壇にファイト・シュトースが彫った三連壁画（トリプティク）は、まちがいなくジョット〔イタリアの画家。1267？〜1337〕のフレスコ画の影響をうけている。市街の通りは、フランスやフランドル、ドイツ、イタリア、オスマン朝の身なりの人々で賑わい、ドイツ語、イタリア語、アルメニア語、イディッシュ語、ルテニア〔ウクライナ〕語、マジャール〔ハンガリー〕語といったさまざまな言語がとびかっていた。

クラクフの起源神話は、ヴィスワ川が流れるヴァヴェル丘陵の露出した岩やドラゴンの伝説と結びついており、恐ろしいドラゴンを退治した英雄は、話の内容によって勇敢なクラクス王子か知恵者の靴職人とされる。この丘陵地には10世紀の城やバシリカの跡が残っており、965年にはクラクフが交易の中心地として記録されている。1040年にクラクフはポーランド王国の名目上の首都となったが、その黄金時代はずっとあとのことで、1333年に戴冠し、「大王」の名で知られるカジミェシュ3世の治世によって、ポーランドにとってすべてがよい時期であった。気候が温暖で農産物の収穫が増えた。一方、ヨーロッパを襲った1348〜49年の黒死病は人口の半減した地域もあったほどの大惨事であったが、ポーランドはほとんど被害をうけずにすんだ。それどころか、疫病の元凶だとして魔女狩りの標的にされた大勢のユダヤ人が流入してきたことで、ポーランドに多大な利益がもたらされた。

カジミェシュ王は、好景気にいたるあらゆる条件を整え、法律を制定し、硬貨鋳造を増やし、都のインフラ整備をすすめた。また、たくさんの新しい建物や城壁に加え、1364年には大学を設立した。プラハのカレル大学の14年後に開校されたクラクフ大学〔後のヤギェウォ大学〕は、ヨーロッパ中部で2番目に古く、ドイツ国内の大学のうちでは最古の歴史をもつ。

カジミェシュ3世の王位は、ハンガリー国王である甥のアンジュー家のラヨシュが受け継ぎ、その後ラヨシュの末娘のヘドヴィグ（ヤドヴィガ）が継承した。彼女はリトアニア大公と結婚していたので、東方方面の広大な帯状の領地との関係も生まれ、ポーランドは大国へ変化していった。彼女の死後、夫の大公は、ポーランド王ヴワディスワフ2世として即位し、1410年にはグルンヴァルト（タンネンベルク）の戦いでドイツ騎士団をうち負かした。その5年後のカトリック全教会にとって重要なコンスタンツ公会議では、ヴワディスワフ2世の遣わしたポーランド使節団が大きな役割を演じた。ヴワディスワフ2世は、イングランドのヘンリー5世の信頼があつく、息子のカジミェシュ4世は、以前ヘンリーが父に贈ったガーター勲章を身につけて、オスマン帝国のスルタン、ムラード2世が遣わした大使たちを謁見した。世紀が移り、1548年に王

左：1587年頃にトビアス・スティーマーによって描かれたコペルニクスの木版画。コペルニクス（ミコワイ・コペルニク）は、ヴィスワ下流のハンザ同盟の一都市、トルンの出身で、1491年からクラクフ・ヤギェウォ大学で天文学と数学を研究した。ガリレオの先駆者であり、『天体の回転運動について』という著作で、地球が太陽の周囲をまわっていることを証明した。だが宗教裁判にかけられるのを恐れて、たんなる数学的な仮説として論じるにとどめた。

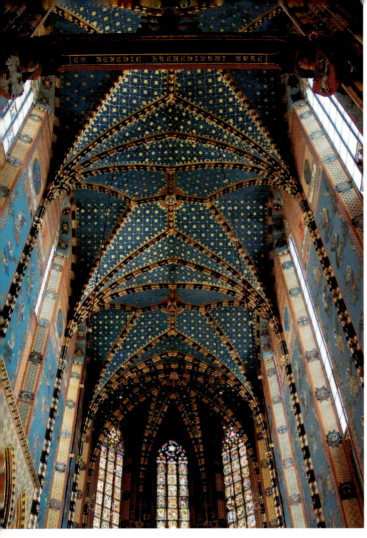

位を継承したジグムント・アウグストゥス2世（母（ジグムント1世の王妃）はミラノのスフォルツァ家出身で、フランスのフランソワ1世の一番上の従姉で、しかもカール5世とも近縁であった）は、ハプスブルク家の王女との結婚する前にイングランド王女メアリー・チューダーとの結婚も考えた。

1400年代半ばのクラクフは、文化のるつぼと化していた。住民数1万5000人に満たない当時のクラクフは、格別大きいとはいえないが活力にみちた都であった。つぎの100年で、知的分野、芸術文化、政治面の活動が爆発的に開花し、ヨーロッパの本流として地位を固めていった。クラクフから多数のポーランド人が他国へ留学に出かけた。1480年にソルボンヌの学長になったポーランド人学者もおり、1500年にはイタリア北東部のパドゥバ大学の全学生数の4分の1をポーランド人が占めていた。一方で、クラクフ大学はイングランドやスペインのような遠くの研究者たちを引き寄せた。イタリア、サンジミニャーノ出身の人文主義者フィリッポ・ボナコルシは、カリマチュスという別名でよく知られるが、1472年にポーランドで教師〔カジミェシュ4世の息子の家庭教師もつとめた〕の職に就き、優秀な郵便制度のおかげでロレンツォ・デ・メディチやピコ・デラ・ミランドラと定期的に文通をかわすことができるのを喜んだ。ポーランドでは、1473年に活版印刷が確立した。これはヴェネツィアに遅れること4年、ロンドンよりも3年早かったが、フィリッポは文通をつづけることに満足し、本の印刷や出版をあまり必要としなかったようである。1488年にはドイツの人文主義者コンラート・ケルティスも加わり、文学協会が設立された。当時としてはめずらしくこの協会には女性詩人のメンバーもいた。

ケルティスは、数学と天文学の評判をきいてクラクフ大学にやってきた。こうした分野が究極の知にいたるカギを握っていると信じた多くの人々を魅了したのである。かのファウスト博士もクラクフ大学で占星術や錬金術を研究した一人とされている。錬金術への関心はあまりなく、1491年に大学へ入ったトルン出身の若き学徒ミコワイ・コペルニクは、コペルニクスの名前で彼の天文学上の発見を公表した。

1494年に完成した中庭に囲まれた回廊式の大学校舎コ

上左：聖母マリア教会の内陣は、はじめはクラクフのドイツ人社会のものであった。1355～65年の間に設立され、1442年に装飾的なヴォールト（アーチ構造の天井）が築かれた。そして1889～91年に再建がおこなわれ、画家のヤン・マテイコのデザインで彩飾された。クラクフには悲しい伝説がある。タタール人の敵が侵攻してくるのを発見した物見の塔の番兵は、トランペットを吹きならして急を告げたが、敵の矢に射られて殺されてしまった。今でも、そのトランペットの旋律を奏でるときは毎回、射撃されたところで中断する。

左：聖母マリア教会の祭壇にかかげられたトリプティク（三連壁画）の一部。使徒たちに囲まれる聖母マリアを表現したファイト・シュトースによる深彫りの大作であり、1477～89年にさかのぼる。

レギウム・マイウスは、オックスフォードのカレッジの北ヨーロッパ版といえる。クラクフのいたるところにフランドルや北ドイツの影響がみられ、とくにゴシック様式のレンガ造りの教会や城壁や門の建築様式に顕著である。しかし、1400年代後半になると、南のハンガリーや全イタリア上部からの影響をうけるようになった。

ヤギェウォ朝のポーランド王国の領域は、ヴェネツィア共和国（p.130参照）と境を接しており、イタリアとポーランド間の交通がさかんであったのは驚くことではない。やがて、ルネサンスの新しい人文主義と美術がどっと押しよせてきた。王位継承者のジグムント王子は、1502年にイタリア旅行から戻ったとき、フィレンツェの建築家であるフランシスコ・フィオレンティーノを連れてきた。4年後、ジグムント1世として、ヴァヴェルの丘にゴシック様式の王城を再建するようにフィオレンティーノに要請した。この計画は、フィオレンティーノの死後、フィレンツェから呼びよせた建築家のバルトロメオ・ベレッチが引き継ぎ、1531年にはジグムント1世のための大聖堂が完成した〔ジグムント1世は1548年に逝去〕。この大聖堂は、アルプス以北のルネサンス建築の最初にして最高の作品といわれるようになった。二人のフィレンツェ人のあとには、トスカーナ出身の建築家たちもつづいたので、ルネサンス様式の建物が増加し、クラクフの景観はすっかり変容し、そうした邸宅は郊外にも点在した。

ヴァヴェルの丘は、いまやヨーロッパじゅうでもっとも輝き、豪華な陳列品や音楽に囲まれた宮廷文化で知られていた。しかもクラクフを中心に中部ヨーロッパできわめて重大な変化が生まれた。ポーランドの議会制度は15世紀後半に飛躍的な発達をとげ、1505年には「ニヒル・ノヴィ法」の制定により、二院制立法権をもつポーランド議会すなわち「セイム」に移行したのである。セイムは、ポーランドの政治中枢をなす貴族階層（シュラフタ）の代弁機関であった。このシュラフタに属する人たちは、個人の権利を保証されていたうえに、ムスリムやユダヤ人などの富裕市民層も含まれたので、ポーランドの宗教改革が他国のような流血事件にならなかったのは驚くにあたらない。クラクフは、宗教や政治の迫害からポーランドへ逃れてきたあらゆる国の人々を受け入れたことで自由な論争の中心地となり、ヨーロッパ全体に広まった宗教的、政治的な著作物のほとんどがクラクフの印刷所で出版された。

だがポーランドの議会（セイム）の発達は、ほかならぬクラクフの衰退の引き金になった。1569年以降議会はワルシャワで開催されるようになり、20年後には王宮も移転した。ただし、大聖堂などの建物や、大学、図書館、美術品などはそのままクラクフにとどまった。

上：ヤギェウォ大学のコレギウム・マイウス。1490年代のコロネード（柱廊）様式の中庭とつながった装飾的な古い建物が集積し、もっとも古い中枢部である。ポーランドの地の最初の大学は、ヨーロッパの学問の先駆的な存在となった。15世紀にすでに8000から1万人の学生を擁していた。数学や天文学の分野で世界最高の水準を確立し、今なお、ぜいたくな羽目板ばりの錬金術の実験室や、豪華な調度品をしつらえた16世紀の「アウラ」（大広間）が残っている。コレギウムの入口には「知は力よりもまさる（Plus ratio quam vis）」の銘が刻まれている。第二次世界大戦中、そのきわめて重要な蔵書の多くがナチスによって盗み出された。現在は、アメリカ大陸の存在を世界で初めて表示したとされる1510年製の「地球儀」などを所蔵した博物館が設けられている。

クラクフ 129

ヴェネツィア
Venice

地中海の女王

ジョン・ジュリアス・ノーウィッチ

◆15世紀初頭のヴェネツィアは、隆盛の絶頂期にあった。千年前のヴェネツィアは、異民族の侵略により、イタリア本土の大都市から避難してきた人々が住むようになった場所にすぎなかった。それが、いまや地中海の「女王」として、中東から極東地域まで商業植民地を広げた世界最大の交易国家であった。彼女の海軍や商業船団はすばらしく、造船工廠では1万5000人が働いており、十分装備した船をほんの短い日数で生産することができた。ヴェネツィアは急速に莫大な富を築いた。他のヨーロッパ諸国ではまだ封建体制が根づよく、貴族階級は自分の領地の所有権にもとづいた生活に甘んじて商人の身分を見下していた。一方ヴェネツィアは土地が不足し、他国と交易をおこなって利益を得ることが最高の天職とみなされた。つまり、「商人のプリンス」とは矛盾した言い方だが、当時の上流階層のヴェネツィア商人を的確に表わしていた。

ヴェネツィアがこれほど成功をおさめたのはどうしてなのか？　それには3つの大きな原因が考えられる。1番目は安全である。中世をつうじてイタリア本土はつねに戦場と化していた。西ローマ帝国の崩壊後、異民族の侵略がつづき、イタリア半島は将来の望みなく分割され、ローマ教皇庁、ビザンツ帝国、新興のシャルルマーニュの帝国とその継承王朝、さらにはミラノ、ヴェローナ、パドヴァといった北方の大都市や、北部のジェノヴァ、ピサそして南部のナポリ、アマルフィ、ガエタといった港湾都市共和国など、半島はどこもかしこも紛争が絶えない状況にあった。しかし、ヴェネツィアは争いに巻きこまれずにいた。地形上の特徴である3kmの浅瀬は、深い海以上に敵を寄せつけにくく、巨大な要塞の役目を果たした。ヴェネツィアは、隣接国の嫉妬や無法行為をうけることなく、イタリアに背を向け外国をみつめることができた。

2番目の要因は、ひじょうにすぐれた政治体制のおかげで国内が安定していたことである。ビザンツ帝国からの独立を宣言した727年以降、ヴェネツィアは共和国の道を選んだ。じつは北部イタリアの諸都市も共和政による統治をうたっていたが、何年も経つうちに、北部の都市はすべてそれぞれ指導的地位についた一族によって実質支配された。すなわちフィレンツェのメディチ家、ミラノのスフォルツァ家とヴィスコンティ家、マントヴァのゴンザーガ家、フェッラーラのエステ家などが代々「僭主」をつとめるようになったのである。ところがヴェネツィアは、そうした僭主政にたいする懸念を強く抱いていた。1298年の「マッジョール・コンシリオ」とよばれた共和国大議会は、これまでどおり「リブロドロ（黄金書）」にその系図が掲載された名門貴族だけで開かれたが、同時にこうした貴族の家系のみで大きな権力を行使してはならないという議決をおこない、ついにはその法制化にこぎつけ

> ここには、裏切りが入りこむ余地はない。…ここは、娼婦たちが残酷な目にあったり、女々しい男の傲慢なふるまいに支配されることのない自由の地である。
> 泥棒はいないし、暴力沙汰や殺人もみられない。
>
> （ピエトロ・アレティーノによるドージェのアンドレア・グリッティへの献詩、1530年）

下：ヴェネツィアは民主政体ではなかった。権力は有力な家柄に握られており、おそらく2000人をこえる名門子弟が「大議会」のメンバーを構成し、じっさいの日常の政治運営は、中央の椅子に座るドージェ（元首）を含む10人会にゆだねられた。1310年に設立されたこの制度は長年遵守され、大議会が、〔終身の任期をつとめる〕ドージェを新しく選出するさいには、6か月間さまざまな機関で審査がおこなわれた。

た。したがって、ドージェ（元首）の選出方法は滑稽なほど複雑化し、いったん元首に選ばれると亡くなるまでその地位を享受するが、実権はもつことができなかった。ドージェの権限は、たぶん現在のイギリスのエリザベス女王よりも小さかった。じっさいの行政の仕事は無名の役人にゆだねられ、大半の役人の任期は2、3か月と短かく、重要な政治判断は大議会の多数決でなされた。その結果、ヴェネツィアの政治史において偉人として称讃される名前はでてこない。しかし、1797年にナポレオンに打ち負かされるまでの約700年間、ヴェネツィア共和国政府は堅固さを保ったのである。

3番目のヴェネツィアの成功理由は、かなり性質が異なり、残念なことに、ヴェネツィアの名声が高まるといった種類ではない。それは第4回十字軍である。1201年にこの遠征を計画したインノケンティウス3世とフランス諸侯は、ヴェネツィアに十字軍艦隊のために人や物資の輸送を提供するよう求めた。ヴェネツィアは、ある金額で請け負うことに同意し、軍事的な加担も応じることにした。だが、敵の反撃に敗退した十字軍は、代償にキリスト教の都であるコンスタンティノポリスへ進撃し、1204年、略奪と大破壊におよんだ。東ローマ帝国のギリシャ人皇帝を追放したあと、フランク軍の暴漢の徒が貴重品を奪い去り、都はすっかり荒廃した。50年後、帰還したギリシャ人たちは、かつての首都がもぬけの殻になっているのを目にすることになる。

ビザンティウムは損失し、ヴェネツィアは獲得した。十字軍との契約によって、ヴェネツィアはコンスタンティノポリスとビザンツ帝国領土の8分の3に加えて、帝国領土を経由する自由な交易を手に入れた。そして、ライバル都市のジェノヴァとピサについては、その交易圏から厳しく除外した。ヴェネツィアは、コンスタンティノポリスの聖ソフィア大聖堂周辺の中心部を領有し、さらにはヴェネツ

上：ドイツの木版画による1486年のヴェネツィア。アドリア海よりもライン川のほうが利用されていたので、画家は、背後の海はあっさりと山並みを加えるだけにとどめたようである。しかし、前面中央のドージェの宮殿とその裏のサンマルコ聖堂は、高い鐘楼とともに細かくていねいに描かれている。波止場はさまざまな種類の船で賑わい、海がヴェネツィアの富の源泉であったことを偲ばせる。

ィアのラグーナ（環礁沖）から黒海までの航路をつなぐ寄港地を自由に出入りできるようになった。ギリシャ本土の西海岸、ペロポネソス半島、イオニア諸島、キクラデス島、トラキア（バルカン半島東部）の海岸、それに大クレタ島の入江にあるすべての港を支配したのである。以後、ドージェには、名目上「ローマ帝国の4分割ならびに8分割領土の大公」という立派な称号が与えられた。

14世紀のヴェネツィアは、前世紀よりもかなり困難な時期であった。哀れで未熟な騒動ではあったが、2つの革命未遂も起こった。長い歴史のなかで1度だけ、ドージェが王への謀反罪で死刑になった。14世紀後半は黒死病がぶり返し、容赦なく2、3年おきに襲ってくるので人口が激減した。最大の難事は、オスマン帝国がヨーロッパを侵略しつづけ、バルカン半島をまもなく占領しそうな勢いであった。にもかかわらず、ヴェネツィアの商業的成功は、西ヨーロッパ全体をも動かせる影響力と巨大な利益をもたらし、ヴェネツィアの交易上の名声と地位は、きわめて大きかった。

一方、莫大な収入の多くが、都そのものの発展にも費やされた。1400年当時の運河の数は現在よりも多く、しかも現代のゴンドラとそっくりの舟の運航で賑わった。当時300年の歴史を有するサンマルコ聖堂には、第4回十字軍の戦利品である4頭の馬の銅像が誇らしく並べられた。初期ロマネスク様式の鐘楼も立っていたが、ピアッツァ（サンマルコ広場）の残りの3面は、まだ今日みられるような

ジョン・ジュリアス・ノーウィッチ

上：「大運河」（カナル・グランデ）の入口の河岸には、ヴェネツィアの誇りと象徴であるドージェの宮殿が立っている。1348年に建設され、1577年の火災後一部再建された。厳格な左右対称形ではないファサード（正面）が、建物の陽光による効果や上品さを高めている。地上階は頑丈なアーケードで、2階は「ヴェネツィア・ゴシック」様式のロッジア（片側柱廊）が連なる。さらに上の高い階は、ピンクと白のコントラストが美しい外壁をなしており、その中央にドージェが姿を現わす装飾的なバルコニーが設置されている（1404年）。このあたり一帯は、周期的に「冬の氾濫」によって浸水被害にみまわれ、今日ヴェネツィアを深刻な存続の危機にさらしている。

右ページ、上：13世紀のパラッツォ・ダ・モスト（中央左）は、カナル・グランデ沿いの最古の邸宅の1つである。1432年にここで有名な探検家アルンソ・ダ・モストが誕生し、のちには神聖ローマ皇帝ヨーゼフ2世が、ヴェネツィア滞在中の宿としたことで知られる（1770年頃）。何世紀もの間、さまざまな改修をうけてきたが、近年、昔の姿に復元されている。

右ページ、下：サンマルコ聖堂のバシリカの西正面に、誇らしげに並ぶ4頭の馬のブロンズ像には、不思議な波乱にみちた歴史がある。第4回十字軍は恥ずべくも聖地から道を外れ、ヴェネツィア人たちは1204年にコンスタンティノポリスを攻略した。同行していたドージェ、エンリコ・ダンドロは、これらのブロンズ像がコンスタンティノポリスの競馬場（ヒッポドローム）に飾られているのをみつけて、ヴェネツィアへ戦利品として持ち帰った。この4頭の馬の像には、古代ギリシャやローマ時代の作品だとする議論もあり、もともと皇帝ネロが凱旋門の最上部に据えたものではないかという説もあるが、明らかではない。本物は聖堂の内部に保管されており、写真はレプリカである。

建造物はなかった。ドージェの宮殿の建設は最後の仕上げにかかっていた。ほかにも美しいゴシック様式の教会や宮殿が築かれた。ただし50年後には、ルネサンス時代の古典的建築がさかんになり、ゴシック様式は用いられなくなった。

　ヴェネツィアが将来も強い自信にみちていたのは、競争相手が総力をあげてもかなわないきわめて大きな長所に支えられていたからである。つまりヴェネツィアは、どこよりも堅固で侵入困難な都市であり、サンマルコ聖堂をはじめとする陸上の新しいイメージもさることながら、海に守られて巨万の富を築きあげた「海の都」で、1400年には3300艘の船と3万6000人の水夫をかかえていた。他のイタリアの都市で1000年間も難攻不落であったところは1つもない。またこれほど裕福になったところもない。ヴェネツィアは、東方世界の市場へほかの競争相手に先駆けて進出し、ヨーロッパ諸国が好むようになったさまざまなぜいたく品の輸出を増大させていった。当時の海洋貿易は、まさに「海の女王」たるヴェネツィアにゆだねるしかなく、ときおり競争相手が挑んでも長くつづかなかった。ヴェネツィアの信用はさらに高まり、困難な交渉もいとわない公正な取引の評判とともに、世界を半周するほどの交易網をつくりあげた。これには、タフで仕事熱心で、決断力があり、富にたいする根強い敬意と際限のない野望を失わないヴェネツァ商人の性格も大きくかかわっていた。

　ヴェネツィア市民が自分たちを優秀だと思っていたとしても何の不思議もない。もっとも、彼らの多くは政治の発信権がなく、本土の住民と比べて裕福であったかどうかわからない。それでもドージェをいだく共和政府の運営に満足していたことは確かであり、野心的で非道な僭主の横暴にさらされることはなかった。ヴェネツィア市民は、文明世界のなかでもっとも豊かで、安全で、整備され、この上なく美しい都市のなかで暮らすための代価を、すすんで支払っていたのである。

フィレンツェ
Florence

メディチ家の荘厳美

チャールズ・フィッツロイ

◆フィレンツェは歴史上ユニークな位置を占めている。世界の認識を変えたルネサンスの運動は、この小さなイタリアの都市国家ではじまった。トスカーナ中部のアルノ川沿いにあるフィレンツェは、中世に強国に発展し、古代ローマ時代の最初の定住地から領域を広げていった。12世紀に共同体が形成されると、主に金融と毛織物業によって富を築き、1300年にはヨーロッパの五大都市の1つであった。花の都フィレンツェにちなんだ「フローリン」は、ヨーロッパ全体の基準金貨に用いられた。

しかし、中世イタリアは教皇派のゲルフと皇帝派のギベリンの争いが長引く政治的混乱の時代であり、フィレンツェは教皇派の牙城であった。僭主や貴族の小派閥に支配されていた諸隣国とちがい、当時のフィレンツェは、中産階級が市民生活の中心的役割をになっており、もっとも重要なギルド（同業組合）を含み、発展するフィレンツェ共和国の政治にかかわっていた。すなわち、シニョリーアとよぶ政治体制のために2か月ごとに選挙がおこなわれ、大組合のギルドを代表する6名、中小組合のギルドを代表する2名、それにゴンファロニーレ〔「正義の旗手」とよばれる行政長官〕に選ばれた計9名が施政に従事した。

中世のフィレンツェは、文化の都としても傑出していた。13世紀と14世紀は、チマブーエやジョットのような優れた画家およびダンテ、ペトラルカ、ボッカッチオという中世イタリアに偉大な名を刻んだ文学者を生んだ。3人とも古典文明にひじょうに造詣が深かった。14世紀後半には、フィレンツェはすでに知と美の中心地であった。そこでは「人間はあらゆるものの尺度たりうる」とする人文主義の考え方に関心が集まった。人間の偉業が頂点にあったとされる古代ローマやギリシャの美術や文学および古代社会の研究に強く感化された人たちにとって、フィレンツェの都は古代ローマの継承者であり、自由の拠点であった。

1400年頃フィレンツェの政治力、経済力が成長するにつれ、新しい美術様式も発展していった。フィレンツェは1402年に強大なミラノ公国による侵略の脅威をきっぱりと阻止すると、その成功を祝ってのちに重要となる数々の美術作品の制作を依頼した。まず彫刻の分野では、古典の原型を模範とした自然主義の新しい様式が生み出された。15世紀の初期には、3人の天才的な人物がフィレンツェの美術を支配した。まず、建築家のブルネッレスキは、12

> フィレンツェは一体となって芸術と平和の喜びにうちこみ、あちこちの文人を引きよせ、書物を増やし、市街を美しく飾り、田園をみのり豊かにする努力をしている。
>
> （シピオ・アッミラト、1647年）

年間古代ローマの廃墟の研究にうちこんで遠近法原理を発見し、フィレンツェ大聖堂（ドゥオーモ）の大きなドームの建設に初めて古典建築様式を採用した。そして彫刻家のドナテッロと画家のマザッチョは、写実的な古典美術をじかに観察することよって、リアリズムや心理描写を取り入れた彫像や肖像画を創作した。こうした手法は、芸術だけでなく政治の分野にも広がった。フィレンツェのすぐれた歴史家で人文学者のコルッチオ・サルターティやレオナルド・ブルーニは、共和国の書記官として政治の立案にもかかわった。

1434年に国外追放からもどった敏腕商人のコジモ・デ・メディチは、都を実質的に支配し、1464年に死去するまでパトロン的な地位にあった。コジモは教皇庁の金融を担当する銀行家として、友人でもある教皇エウゲニウス4世に進言し、自分の故郷であるフィレンツェで1439年の公会議を開催し、教皇側とビザンツ皇帝ヨハネス・パレオロゴス側が一堂に会するように取りはからった。この公会議はギリシャ正教会とローマカトリック教会の統合に失敗したが、フィレンツェの人文主義者を刺激し、古典の写本類をせっせと収集、蓄積していたこともあり、古代ギリシャ文明の研究がさらにすすんだ。例えば、才能あふれた人文学者のレオン・バッティスタ・アルベルティの理論は、フィレンツェに、宗教的な題材を象徴的に描く中世の芸術観から科学的な写実主義にもとづく人間重視の姿勢への転換をうながした。

熟練した政治家かつ実業家のコジモ・デ・メディチは、鑑識眼にすぐれた美術愛好家でもあった。ブルネッレスキやドナテッロをはじめ、建築家のミケロッツォ、画家のフラ・アンジェリコ、フィリッポ・リッピ、パオロ・ウッチェッロなどは、全員コジモの庇護のもとで新しい古典様式の作品を生み出した。コジモ自身は謙虚な人物であったが、要塞化した外壁で囲まれ、中庭に陽光がさしこむ典型的なフィレンツェ様式の豪邸で生活した。メディチ家の本家が暮らす地上階は、金融業などの執務室や使用人部屋にも充てられた。主賓室や応接間のロビーは「ピアノ・ノビーレ」とよぶ2階に置かれ、どの壁面もフレスコ画やタペストリーで飾り、ガラスを嵌めこんだ窓が2、3か所に設置されたが、これも貴重な装飾品であった。上の階には、台所設備やメディチ家のあまり重要でない人たちの部屋が設けられていた。

上：ドメニコ・ディ・ミケリーノ作、フィレンツェのサンタ・マリーア・デル・フィオーレ大聖堂のこの絵画には、イタリアの全詩人のなかでもっとも著名であるダンテが、故郷のフィレンツェの街の外に立つ姿が描かれている。フィリッポ・ブルネッレスキが建設に携わった大聖堂のドーム（15世紀初め）やヴェッキオ宮殿（13世紀）の塔が市壁内の向こうに見える。ピンクの長衣と月桂樹の頭飾りを着けたダンテは、片手で傑作『神曲』の写本を開き、伸ばした手で、その三部作のテーマからとった地獄と煉獄の苦しみ（下方左）、そして光あふれる天国（上方）の絵図を指している。

右：ヴェッキオ宮殿には、コジモ・ディ・メディチ（1389～1464）を描いた16世紀のジョルジョ・ヴァザーリの作品がある。コジモが、金貨の入った袋を下げた姿で左側に立ち、当代随一の建築家であったフィリッポ・ブルネッレスキが示すサンロレンツォ教会の模型にたいして不満を表わしている。あまりにも豪壮な建物は、同輩の市民の嫉妬をあおることになるというのがその理由であった。憤怒にかられたブルネッレスキは、この模型を破壊したという。ヴァザーリは、この絵の背景にコジモの拒絶にもかかわらず、すでに教会の建設工事が進行しているさまを描いた。

フィレンツェ　135

上：1498年5月28日、フラ・ジロラモ・サヴォナローラは、過去4年間フィレンツェの実権を握った有力者であったが、2人の侍者とともにシニョーリア広場で火刑に処された。この作者不詳の絵画は、サヴォナローラたちドミニコ会修道士の3名が燃えさかる炎によって殺される場面のかたわらで、フィレンツェの人々の日常がつづくさまを表わしている。

フィレンツェがルネサンスの絶頂を迎えたのは、コジモの孫、ロレンツォ・デ・マニフィーコ（偉大なるロレンツォ）という計りしれない能力にめぐまれ多方面に活躍した人物が、慈善あふれる統治をおこなった時代である。ただし銀行家としてはあまり成功せず、1478年にはライバルのパッツィ家の陰謀によって、彼はかろうじて助かるが、弟のジュリアーノは暗殺される事件にみまわれた。にもかかわらず、ロレンツォは市民に人気の政治家であり、彼のもつ大きな魅力と才能は外交面でも発揮され、イタリア全土でフィレンツェの政治的立場を高め、批判には議論をかわして解決した。

詩にも長じていたロレンツォは、新プラトン主義の哲学者マルシリオ・フィチーノやピコデッラ・ミランドラの親友でもあり、彼らは古代ギリシャの哲学者プラトンの著作物に代表される古典世界とキリスト教世界の統合をめざした。ロレンツォがフィレンツェを実質支配していた時期は、視覚芸術〔絵画や彫刻〕が花開き、新プラトン主義の影響を受けたボッティチェッリとともに、ヴェロッキオ、レオナルド・ダ・ヴィンチ、それに若手のミケランジェロが、ヨーロッパじゅうの同時代人を驚かす作品を生み出した。

ロレンツォが死ぬと、フィレンツェの平和な黄金時代は突如終わりを告げ、その後40年間政治の激変に翻弄され

ることになった。1494年、メディチ家はフランスのイタリア侵入後、追放された。つぎの4年間、フィレンツェは、狂信的なドミニコ派の修道士、ジロラモ・サヴォナローラの神権政治に支配されたが、厳格な規律に疲れきったフィレンツェ市民は、シニョリーア広場で彼を公開火刑に処した。1498年から1512年まで、フィレンツェは再び共和国となったものの、現実にはイタリア侵攻中のフランスとスペインの二大勢力にふりまわされる無力な都市にすぎなかった。

1512年、ロレンツォの息子であるジュリアーノがローマ教皇レオ10世に就任すると、メディチ家はフィレンツェに帰還を果たしたが、長くは続かなかった。1527年にカール5世軍のドイツ傭兵たちによる「ローマ劫略」が勃発し、メディチ家勢力はフィレンツェから再追放されたのである。だが、1530年にまたもや復帰がかなったのは、凄惨をきわめたローマの包囲攻撃と略奪後のフィレンツェをめぐって、メディチ家出身の教皇クレメンス7世と神聖ローマ帝国皇帝カール5世の間で同盟が結ばれたことによる。皇帝から追放を解かれたメディチ・デ・アレッサンドロは、以後世襲制となるフィレンツェ公国を授けられたが、まもなく暗殺され、彼の従兄弟の巧妙で計算高いコジモが1532年にメディチ家当主を継承した。そして統治能力の高さを証明した彼は、1568年にトスカーナ大公コジモ1世の位階を授けられ、フィレンツェ公国はトスカーナ大公国へ変わった。16世紀のメディチ家は、依然イタリア中部で大きな勢力を保ち、3名の教皇と2名のフランス女王を輩出し、ヨーロッパにおける評判を固めた。

政情不安の一方で、芸術は栄えつづけた。16世紀の最初の10年間、レオナルド・ダ・ヴィンチ、ラファエッロ、ミケランジェロはそろってフィレンツェで仕事に励んでいた。ミケランジェロの英雄的でみごとな裸体のダヴィデ像は、1505年に市民の前に姿を現わし、たちまち都のシンボルとなった。ヴァザーリは、彼の著作『芸術家列伝』(1550年)のなかで、この3人は芸術の極意に達し、ついに古典時代を凌駕する傑作を生み出した、と述べている。彼らのあとには、ポントルモ、ブロンズィーノ、チェッリーニ、ジャンボローニャがつづき、いずれもフィレンツェで制作活動をおこない、「マニエリスム」で知られる後期ルネサンス様式の大家となった。

フィレンツェのすばらしさは視覚芸術にとどまらない。フランチェスコ・グイチャルディーニは『フィレンツェ史』を1530年に出版した。ニッコロ・マッキァヴェッリは『君主論』で、権力を狡猾に行使する政治を擁護し、後世に大きな影響を与えた。フィレンツェはすでに地図づくりの中心地としても有名で、クリストファー・コロンブスの発見した場所が「新大陸」であることを最初に理解した人物は、フィレンツェ人のアメリゴ・ベスプッチといわれ、自分の名前をとってアメリカと名づけたとされる。

ありがたいことに、メディチ家を継ぐ最後の直系子孫となったアンナ・マリアルイーズ大公妃の寛大な行為によって、メディチ家の膨大な収蔵品は、1743年に彼女が亡くなるとフィレンツェの都へ遺贈された。それらがすべて永久保管され、散逸をまぬがれたおかげで、とくに黄金期にあたる15世紀イタリア・ルネサンス(クワトロチェント)のすぐれた芸術作品は、フィレンツェを訪れるといつでも見ることができる。人文主義発祥のこの小さな都市国家が世界に与えた影響はきわめて大きい。後世のヨーロッパ文明は、「フィレンツェ・ルネサンス」、すなわち古代世界の熱心な研究にもとづき、人間を宇宙の中心に位置づけようとした「文芸復興」の計りしれない恩恵をうけている。

下:フィレンツェの現在。前方のヴェッキオ橋は、昔からアルノ川に架かるもっとも重要な橋であり、いまも橋の上に皮細工や宝石類を売る店が軒を連ねている。

ベニン
Benin

西アフリカの祖先の都

パトリック・ダーリング

◆ナイジェリア南部のベニンは、「愛の都」「憎しみの土地」「強力なオバの国」「大ベニン」などといわれてきた。ブロンズや象牙を細工した途方もない芸術品は、黒人アフリカ文明をまだ認めていなかった19世紀後半の西側世界を驚かせた。

> うまく説明できないがベニンには並はずれた魅力がある…そこへ行って何も感じることなく帰る人はいないだろう。
> （シリル・パンチ、1892年）

言語学者によれば、ベニンの祖先にあたるエド語を話す人々は、今から約8000年前に南の熱帯雨林地域へ移動してきた。そして約2000年前には、鉄の製錬技術や作物栽培のおかげで人口が増大した。作物を荒らす森のゾウの夜襲を防ぐために畑の周囲に深い溝を掘り、定住的な共同社会が発達した。それは地面を深く掘った防御壁（土塁）のはじまりとされ、のべ1万6000kmの長さにたっする。現在この「アースワーク」の跡は、時代とともに共同体が領域を拡大していったことを示す考古学的証拠になっている。その分布や年代を調べると、約1000年前に土地が不足して西へ移住し、13世紀には新しい土塁がベニン王国となる領域を取り囲んでいたことがわかっている。

移住者たちは、農村の文化的景観と結びついた古い信仰を一緒に持ちこんだ。例えば、新しい土地で家づくりや農作業、性行為をおこなう前に、守り神となる「永遠（イクヒンウィン）」の木を植えた。土塁の境界線は現実世界を霊界から分離し、女性だけが横断することができた。土着のカルト的儀式は、小さな首長制社会の英雄神「イヘン」を中心におこなわれていた。ベニンもこうした首長制社会の1つとして入植者たちのイヘン信仰を受け継ぎ、その普遍化に寄与した。ベニンの指導者はまた、いわゆる「陶片舗装」を施し、大地に捧げる生贄を収容する「イハ」とよぶ深い穴倉をそなえた神殿を中心に、固有の霊的な権力基盤を築いていった。ベニンの神殿、道、土塁などの陶片舗装は、最古の聖都イフェとのつながりを思わせる。13世紀後半のオバ王朝に取りこまれた国家創成神話も、もともとイフェでよく知られた物語であった。王（オバ）は、神聖な存在として畏敬され、王宮で蛇崇拝をはじめ権力の神秘性を強調するさまざまな宗教儀式をおこなった。最近、ベニンおよびウドのアースワークの遺跡を放射性炭素年代測定法で調べた結果、14世紀初期頃、この2つの王朝はライバル関係にあり、互いに勢力の強化を図っていたことがわかった。しかもこの時期は、13世紀から14世紀半ばに宗教上の中心地として栄え、ブロンズ製やテラコッタ製の写実的ですばらしい作品を創出したイフェの「古典期」時代でもあった。

15世紀半ば、ベニンを急襲し、市内を炎上させたエウアレは、土着のイヘン信仰のご神体を取り出し、土塁を深く築いてその9つの出入口の下にお守りを埋め、正式にオバに就任した。オバ・エウアレは、ベニンの都の行政機関にあたる「エグハエッポ・ノレ（七人の執行役員会）」や、王のための必需品を用意して王宮の儀式に随伴する役目をになう「イウェボ（王宮上級組織）」など、宮殿で王の補佐をする機関をいくつか設置して階層化をはかり、各州の首長たちの権限を減らしていった。また、軍事戦略にたけたエウアレは、軍隊を9つに分けて敵を包囲して打ち負かし、王国の勢力範囲を拡大していった。戦いで獲得した何千という奴隷は、各州の首長たちのもとで年貢のヤムイモやヤシ油の生産労働にあたらされた。こうした新しい帝国的統治体制はベニンを根本から刷新した。

16世紀のヨーロッパ人は、ベニンを自国の都市と同等に好意的にみていた。地面を深く掘り、高さが20mもある防御壁（土塁）を整備し、広大な領域を有していること、また広い道路を大勢の人が行きかい、市場が食物や生薬などの商品であふれていることに感嘆し、家の土壁はカタツムリで磨かれて赤い大理石のような光沢があると記している。木彫、染め、織り、土器づくり、鍛冶、真鍮鋳造、敷物づくりといった40の商業ギルドで賑わっていたという記述もある。さらに17世紀に都を訪れた人の観察記録には、「ここでは女性がすべての仕事をこなし、男性はあたりをぶらついてヤシ酒に酔い、タバコをふかしていた」とある。

オバの王宮は高さ6mの壁に囲まれ、都のほとんどを占めていた。中庭と貯蔵室の近くには、何百人という王の従者のための居住区画のほかに、女性たちが暮らす厳重に守られた区画があり、そこは輸入品のピンクがかった花崗岩を磨いた床が敷かれていた。そして高さ12mの小塔が並び立ち、ブロンズ製の大蛇の頭や、羽を広げたみごとなアイビス（長いくちばしの鳥）像をてっぺんに据えたりした。王宮の長い回廊は、過去の偉業や儀式のさまを彫ったみごとな銅板で飾った。

17世紀前半、オバ・エヘンブーダがカヌーの転覆で溺死すると、王位を継承した歴代のオバたちは「好戦王」であることをやめ、代わりに毎年200以上の国家儀礼を催した。霊的な交感をおこなったのち、広いアクパパヴァ通りに沿って死体をさらし、宮殿を取り巻くように頭蓋骨を並

パトリック・ダーリン

べる儀礼がおこなわれた。1897年には、イギリス軍の侵略を阻止するためにさらに多数の人身供儀をおこない、不当にもベニンは「血染めの都」とさげすまれた。

征服者たちは、先祖を祀った王宮内の祭壇をあばいた。鉄の振り鈴や古代の石斧に囲まれひときわ目をひいたブロンズ製の頭像は、歴代の王たちを表わしており、それぞれ儀礼用の赤珊瑚の首飾りや頭飾りをつけ、頭上には時代を超越した図柄を巧みに彫った巨大な象牙が供物として置かれていた。

西側世界の人々は、このすばらしい「芸術」を賛美するが、真の重要性を見落としている。ベニンこそは、神秘の宇宙にたいする古代信仰、つまり人間はみな不死を追い求めるという根源的な宗教観を完全に実践した最後のアフリカの偉大な王都であった。

上:ベニンの鋳造したブロンズ製の飾り板。宮殿の入口のデザインに、古代の大蛇信仰のなごりがみてとれる。王宮の発掘調査では、ブロンズ製の大蛇の頭も発見されている。兵士たちの装備は、16世紀に銃火器をもたらしたポルトガル人とのつながりを示している。

ベニン 139

トンブクトゥ
Timbuktu

砂のなかの都市

バーナビー・ロジャーソン

◆トンブクトゥは、サハラ砂漠の南端の都で、3分の1は歴史、3分の2は神話からなっている。ニジェール川の北にちょうど15km離れて位置し、周囲をサハラ砂漠がよこたわっている。最初にその名が広く知られたのは14世紀である。マリ（マンディンゴ）王国の支配者マンサ・ムーサはイスラーム教徒で、メッカ巡礼のさい、西アフリカの黄金を大量に持参した。そして、立ち寄る先々で自身の富貴さとけたはずれの気前の良さをみせつけたマンサ・ムーサ王の名は伝説になった。それ以後、旅行家、文学者、外交使節などが、「黄金の源」の都を求めて旅立ったが失敗をくりかえした。トンブクトゥの実体は、乾いた砂漠の嵐で崩れそうな泥レンガで築いたサヘル特有の商業の町にすぎず、サハラの広大な砂丘に黄金が隠された神秘の都といった表現はそぐわないものであった。

塩は北から、
南からは金がやってくる。
しかし、神のことばと知恵の宝は、
トンブクトゥからやってくる。

（サヘル地方の伝説）

中世のマグレブ地方出身の歴史家や旅行家たちや、タンジール生まれのイブン・バットゥータ、チュニス生まれのイブン・ハルドゥーン、そしてグラナダ生まれのレオ・アフリカヌス（ハッサン・アル゠ファシ）は、トンブクトゥを訪れたときの記録を残している。前者の2人は、モロッコのスルタンの特命としてトンブクトゥへ派遣された。レオ・アフリカヌスの著書によれば、「富める王は、多数の黄金の杯器や笏、約1300ポンド（約680kgの重さ）の金塊、3000人の騎兵を所有し、大勢の医者、裁判官、神官、学者たちを都に集めていた」という。

18世紀後半、フランスとイギリスは中央アフリカの地図製作を競っていた。この黄金郷を発見したいという願望もあり、両国がそれぞれ設立した協会が支援して探検隊を送りこんだ。マンゴ・パークは、ニジェール川の説明をイギリスへ持ちかえったが、トンブクトゥにはたどり着けなかった。最初にトンブクトゥを訪れたのは、（トリポリからサハラを縦断してきたスコットランド人の）ゴードン・レイン大佐であるが、1826年に城壁の外で殺害された。1年後、フランス人のルネ・カイエはセネガルからトンブクトゥまでの旅を成功させ、ヨーロッパ人として初めての見聞録とともに帰国した。だだし学問的には、ドイツ人の探検家ハインリヒ・バルトが1854年におこなった整然とした調査のほうがすぐれている。バルトは、トンブクトゥには異なる民族集団（ソンガイ、トアレグ、フラニ、マンディ）が存在することや、14世紀のジンガリベリ、1440年のシディ・ヤハヤ、15世紀のサンコーレ（ただし原型の建設時期はも

左：トンブクトゥの書庫の1つに保管されていた塩交易にかんする文書。タウデニ岩塩は、トンブクトゥの商人にとって重要な資金源であった。西サハラ奥地の水のない乾燥地帯の過酷な採掘場で、奴隷たちは岩塩を切り出す労働にかりだされた。その大量の塩塊は、ラクダの背に積まれてトンブクトゥまで運ばれたのち、南部の交易地に向けて大規模なキャラバンの旅に出た（ラクダは今でも使われている）。

右ページ：アル・ワンガリ書庫の蔵書類は、ムハンマド・バガーヨゴー・アルワンガリ（1594年死去）の収集品がもとになっている。おそらくマリとモーリタリアには400以上の門外不出の個人の書庫が存在し、いまもその一族が伝統的に所有している。本はアンダルシアや北アフリカの諸都市で購入されたものであり、トンブクトゥにあるいくつかのモスクで写本がつくられ、移動式のイスラーム教義の学び舎でも利用された。

中世の世界

上：右側にマンサ・ムーサが描かれたカタルーニャ語の地図。左側のヴェールを巻いたトアレグのラクダ騎乗者は、サハラ砂漠のテント設営地の王族をヨーロッパ人の見かたで描いた姿である。北アフリカのアトラス山脈の尾根が背骨のように地図の中程によこたわっている。

っと古い）という3つの歴史的なモスクとその設立年代や、16世紀にモロッコ人が築いたカスバ、すなわち都の要塞について考察した。バルトから1世代のちの1894年、フランスのジョフル将軍によってトンブクトゥは占領された。

フランス統治時代になって、この都では昔から教養ある住民たちが丹念に筆写し、編纂した膨大な書物を保管し、私蔵していたことが発見され、ついにトンブクトゥの本当の歴史と富裕ぶりが明らかになった。古文書には、トアレグ遊牧民が「ティム・ブクトゥ」すなわち「砂丘の井戸」の周辺にかまえていた昔の宿営地をもとに、11世紀にトンブクトゥの都を築いたことも記されていた。その世紀に、トンブクトゥは、北アフリカじゅうからイスラーム教徒の商人をひきつける交易の中心地に成長した。ニジェール川のすぐ北側でサハラの砂丘に位置していることは、重要な意味があった。トンブクトゥに着けばダル・イスラーム（イスラームの家）であると感じることができ、商い、結婚、礼拝にかんする正しい約束事や契約が、イスラーム法にのっとって遂行されていたからである。モスクの広場の日陰では、コーラン、ハディース、歴史、文法、注釈などの科目を学ぶ教育も施された。一方、トンブクトゥのさらに南には、はるかに規模の大きな商業都市や王国の首都が存在したが、そこは酒を飲み、黄金を身にまとった王の伝統的な慣習を守り、むろん生贄の儀式もおこなうなど、イスラームとは別世界であった。

トンブクトゥは、さまざまな民族がひしめく西アフリカの伝統的な地域から離れた場所にあったことが幸いし、イスラーム教徒の都市という強い意識のもとで発展した。トンブクトゥは、サハラ中部タウデニ地方の岩塩鉱床で奴隷によって切り出された岩塩の交易で利益を得る絶好の位置にあった。岩塩は、砂金や黒人奴隷、黒檀、象牙、ダチョウの羽と物々交換された。じっさいにどこで金が採掘されているのかトンブクトゥの商人でさえ知らなかったと思われるが、赤道直下の森林のなかのニジェール川とセネガル川の上流付近でざっと洗ってふるいにかけた未精錬の砂金を入手できた。

トンブクトゥは、1235年にはスンジャータ・ケイタが建国したマリ王国の勢力下にあった。あまりの富貴さで世の中を驚かせ、エジプトの金相場が下落したという「偉大な王」マンサ・ムーサは、スンジャータ王の孫にあたる。マンサ・ムーサは、旅の帰途で大勢の学者や建築家、文書

142　中世の世界

類を持ち帰り、王国を豊かにした。トンブクトゥのサンコーレ・モスクや近接のマドゥグ宮殿は、彼が命じたアンダルシア人の建築家で学者のアブ・イスハーク・アル＝サヒリによって1327年に築かれた。しかし、こうした富と学問の最盛期においても、トンブクトゥは大きさでいえば300を数えるサヘル地方の都市の1つにすぎず、たとえばワラタ、タディメッカ、カバラ、ディアも、王宮の人たちや巡回中のイスラーム学校が訪れる規模をそなえた都であった。14世紀の教師たちは、書物を全部入れた子羊の赤い皮袋をラクダに背負わせて移動する生活をおくっていた。教師や生徒も伝統的に、遊牧民の移動ルートの枠組みのなかで、定期的に移動しながら学習したのである。トンブクトゥも同様で、市場や年中行事のあるときは、2、3週間、天幕（テント）がキノコのようにどんどん設営され、にぎやかな都会に変貌するが、それが終わると居住地の半分は空っぽになってしまうのである。

15世紀、ソンガイ王国のスルタンで領土拡張の野心を抱くスーニ・アリは、ジハード（イスラームの聖戦）の名目でマリ王国を制圧し、1468年にはトンブクトゥも征服した。その100年後には、スルタンのアフマド・マンスールの命により南方へ派遣されたモロッコの軍隊が、ジュダー・パシャの指揮下でソンガイ軍を打ち負かし、トンブクトゥに本拠地を築いた。このモロッコの軍隊のルマ人が、18世紀になるまでこの地を統治した。その後、騎兵部隊をもとに権力を競いあったトアレグとフラニ出身のいずれかのスルタンに支配され、両者の反目はフランス人に征服されるまでつづいた。

ただしトンブクトゥのような都市はどこも、往時の商業の活力を失った。内陸のサハラ縦断の隊商ルートは、15世紀の海洋交易に取って代わられ、初期のポルトガル商人たちのあとは、まもなくフランス、ドイツ、イギリスの競争相手に奪われた。この400年間、トンブクトゥを存在たらしめてきたのは、砂金でも奴隷の仲介貿易でもなく、1000年の歴史にわたりイスラームの学問文化の都であった誇りと、何千巻という手書きの書物を大事に守り抜いてきたという事実である。ただし、タウデニ岩塩の交易は、近年までラクダのキャラバンによって受け継がれてきたが、2012年イスラーム過激派がトンブクトゥに陣取り、イスラーム宗教施設を損壊したために世界遺産の危機遺産リストに登録された。

下：トンブクトゥの旧地区とサンコーレ・モスクの光景。サハラ地方に特有のモスクの壁面は棒のような突起物が目をひく。ミナレット（イスラーム・モスクの尖塔）の土壁内に長い材木を水平に組みこむことで補強し、材木の先端は建物を長く維持管理するための足場に用いる。

次の見開き：トンブクトゥは、サハラを縦横に往来する隊商が生んだ都である。住民たちに農耕の関心はうすく、トアレグのような遊牧文化を基盤に形成された。

バーナビー・ロジャーソン

クスコ
Cuzco

インカ帝国の都

ブライアン・S・バウアー

◆インカは、新世界で発展した最大の帝国である。アンデス複合体の形成期の最後にペルー中南部の山中に出現し、西側のアンデス高地と海岸部に領域を拡げた。そして、現在のコロンビアからチリまで南アメリカ大陸での勢力範囲を伸ばした。ヨーロッパ人が1532年に接触するまで、インカの始祖から11代も王統のつづいた首都クスコを起点に、少なくても800万の人民を統治下におく大帝国であった。

クスコは、農耕に適した広い峡谷平野の北端に位置している。2つの小さな川の間で発達し、土手に石壁を築き、市中やかなり離れた郊外にも石を平らに敷きつめた水路をひいた。川には多数の橋が架けられ、毎年2つの川の合流点で供儀がおこなわれた。最盛期のクスコ市内には2万人以上が暮らし、谷間の向こうにもたくさんの大きな村に何千という人々が分散して住んでいた。クスコは、帝国を統治するインカ王の在所であるだけでなく、帝国の地理的、宗教的中心であった。

2つの小さな川が交わるクスコの核にあたるやや隆起した場所は、インカ帝国でもっとも有名な聖域コリカンチャがあり、スペイン人たちはテンプロ・デル・ソル（太陽の神殿）とよんだ。コリカンチャという名前は「黄金の囲い地」を

> クスコは、神々のふるさとであり、神々のすまう場所である。だから、湧き水にしろ道路や石壁にしろ、都のものはどれをとっても、神秘の謎を含まないものはない。
> （ファン・ポロ・デ・オンデガルド、1571年）

意味し、神殿の壁が金貼りであったことに由来する。みごとに切削加工した石のブロックを積みあげた神殿は、インカ帝国の重要な儀礼がクスコで催されるときの中心舞台であった。

コリカンチャは、じっさいは、さまざまな神体を祀る一連の神殿群といくつかの中庭をはじめ、祭儀に奉仕する神官たちの住まいや神具や捧げ物を収容する建物からなり、全体を巨大な外壁が囲んでいた。この荘厳な建築複合体は都市の中心を占め、かなり遠方からも見ることができた。黄金で覆われた神殿の壁面は、スペイン人のインカ帝国にかんする最初の報告書に記され、新世界には莫大な富があるというイメージに火をつけることになった。

インカ人にとって、コリカンチャはとてつもなく重要であった。彼らの帝国イメージは、地理的、政治的に大きく

下：ヨーロッパ人の侵入当時、インカ王朝は、最期が明らかな帝国の支配者フアナ・カパックからクスコの神話的な始祖であるマンコ・カパックまで11代という系譜をさかのぼる古い歴史を有していた。古代の遺物にインカ帝国の王たちの肖像は存在しないが、植民地時代のペルーでは、ここで示したような様式化した肖像画がたくさん製作された。

146　中世の世界

右：クスコの有名な「12角の石」。現在のクスコを訪れる旅行者は、インカ帝国時代の多数の石壁のこの上なく精巧な石積みの技術に驚嘆する。採石場から切り出したブロック状の石材を、ロープで縛ってクスコ市街の建築現場へ引きずりこみ、そこで仕上げ加工を施した。インカの建築技師の監督のもとで、国から徴集された平民たちがそのつらい労役をになった。

4つに分かれ、コリカンチャはその全体の中心であり、もっとも聖なる地点の指標であった。スペインがクスコを制圧したのち、この聖域はドミニコ修道会に奪われ、教会と僧院の建設がはじまった。そしてほぼ5世紀後の現在まで、ドミニコ派の教会として推移している。

クスコの中央広場もまた、儀礼の場としても重要であった。何千という人々が年に数回、荘厳な儀礼に参列し、祭祀をつとめるインカ王の姿をみるために集まった。さまざまな儀式のなかでも、太陽が赤道からもっとも離れる6月と12月の「太陽の儀礼」や、8月（植えつけ）と5月（収穫）の「トウモロコシの儀礼」は大々的なものであった。こうした大々的な儀式では、クスコで君臨していた昔のインカ王たちのミイラをそれぞれの宮殿から運び出し、歴代順に並べてあたかも生者のように扱かった。

中央広場のまわりは、こうした歴代の王の宮殿も含め、壁で囲った重要な建造物が多数設けられ、さまざまな神を祀る聖所や、王の所有物を貯蔵する家屋など、多岐にわたる施設や設備がそろっていた。そのなかには、「アルカワシ」すなわち「選ばれし（女性の）家」もあり、帝国にたいするさまざまな奉仕を一生運命づけられた女性が多数収容されていた。

クスコとその周辺には、精霊の宿るささやかな聖地もたくさんあった。まさに都全体が聖なる場所とみなされており、旅人は、途中の山道でクスコが視界に入りだすと祈祷や供儀をおこなった。都の周辺には300～400か所の祠堂（ワカ）があり、その多くがクスコのコリカンチャから車輪の幅（スポーク）のように放射状に広がる42本の道に配置されていた。このワカの複合体は、「クスコのセケ・システム」として近年の研究課題になっている。

クスコの峡谷平野のなかだが、都の郊外にあるサクサイワマンの巨大構造物は、きわめて重要なインカ遺跡として知られ、急斜面の丘の上からは、クスコの都を見下ろす素晴らしい眺めが得られる。

発掘や地上で収集された陶片から、ここにプレ・インカ時代にさかのぼる建築複合体が存在し、しかもインカ帝国の支配下（約1400～1532年）で大幅に拡張されつづけたことがわかっている。何千という労働者が何十年もかけて築いた石壁は、今では新世界でもっとも注目される考古遺跡の1つになっている。四角体にいろいろな角度をつけて加工した石どうしを組んだ石垣がえんえんと築かれており、産業革命以前に石をこれほど正確に削り、嵌めこむと

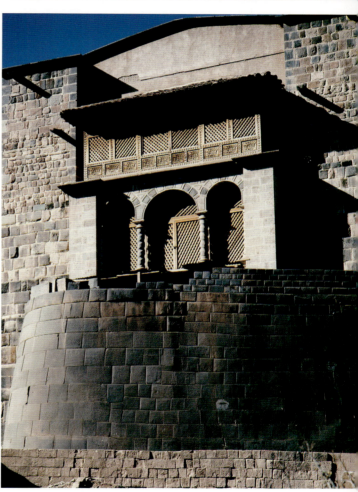

上：クスコのドミニコ教会は、精巧さで有名なコリカンチャの「インカ壁」の上に築かれた。スペイン人の教会の多くと同様に、この教会も1650年と1950年の大地震でかなり損害をこうむった。しかし、クスコ市街のインカ壁は、激しい天災にたいしほぼ無傷のまま残っている。

クスコ　147

ブライアン・S・バウアー

いう精功な技術は、どこの文化にもみいだせない。サクサイワマンは、クスコよりも高地に位置し、しかも大規模な石垣がつづいているので、都を守る要塞であったと考えたくなる。しかし、スペイン人がごく早い時期にクスコを描いた書物には、サクサイワマンにも太陽神殿があり、数多くの貯蔵用の施設が立っていたという記述があり、さらなる調査が必要とされる。

　最盛期のクスコの都は、幅の狭い道でおおまかな碁盤目状にしきった広い街区で成り立っていた。それぞれの街区の外壁は、きわめて精巧に加工された石を嵌めこんだ堅牢なつくりで、4～5mの高さのものもあった。わずかに残ったこの外壁は今も目にすることができる。かつてはこうした街区内に何百という小さな家があり、その多くが石造りであった。

　スペイン軍の征服後、こうした小さな建物はほぼすべて破壊され、街区はスペイン人の間で分割されてしまい、ヨーロッパ人にとって都合のいい都市改造がおこなわれた。1650年の巨大地震ののち、クスコ市街の大半が再建されたが、インカ帝国の数多くの重要な建造物や広場の真上にスペイン風の建築物が設けられた。とはいえ、市内にインカ帝国本来の建築はかなり残存しており、1983年ユネスコの世界文化遺産に登録された。今日では、年間百万人以上の観光客がクスコを訪れて古代の遺跡のみごとさに感嘆している。

右：サクサイワマンのみごとな遺跡は、クスコ市のすぐ外側の高い丘の上に位置する。インカ帝国の時代には、巨大な建築複合体があったが、クスコを征服したのち、スペイン人たちはこの場所をクスコの街を再建するための石材の供給源にした。現在は、大きすぎて運び出せなかった石だけが残っている。

148　中世の世界

テノチティトラン
Tenochtitlan

アステカの湖上都市

スーザン・トビィ・エヴァンス

◆きらめく青い湖のなかの島に築かれ、翡翠色のヤナギの風景に包まれたアステカの首都テノチティトランは、スペインのコンキスタドールたちの故郷の埃っぽい町とは正反対の緑あふれる天国であった。むろん、この湖を完全に埋め立てて建設された現代のメガロポリス、メキシコシティ（p.192参照）ともまったく異なっていた。テノチティトランは、アメリカ両大陸のなかで当時最大の都市であり、10万人以上の住民が、約13km²の本島と湖周辺の地域に暮らしていた。ディーアスは、スペイン軍の兵士の一人として隊長のエルナン・コルテスとともにはじめて都へ入り、記録を残した。その2年後の1521年、テノチティトランは3か月間の包囲攻撃で滅亡し、コルテスは、主君のスペイン王へ、この都の莫大な財宝をそのまま届けることができないことをひじょうに残念がった。

テノチティトランの美しさは、アステカ帝国の財力で手に入れたものであり、アステカ支配の領土は太平洋側から大西洋側まで及び、少なくても500万人の領民から膨大な税や貢物を徴収していた。この富国体制の維持、拡大には、軍人や政府の役人、祭祀に携わる神官などを必要とした。彼らの大半が宮殿や保税倉庫、宗教上の建物で働いていた。都のど真ん中は、そのそびえ立つ威容から現在テンプロ・マヨール（大神殿）とよばれる祭祀施設群の管轄区域であった。テノチティトランと対岸の陸地を結ぶために湖上に

我々はひじょうにたくさんの町村が湖の真ん中に建設されているのを見た…そして…堤道がメキシコ（テノチティトラン）へ通じているのを知った。驚きのあまり、我々は、まるでアマディースの騎士伝説の魔法の世界そのものだと言いあった…巨大な塔が…水面からそびえ立ち、どの建物も石で造られていた。我々の仲間には、自分たちはひょっとして夢をみているのではないかと尋ねる兵士もいた。

（ベルナール・ディーアス・デル・カスティーリョ、1560年代）

築かれた「堤道」は、主要な方角のどこからでもこの区域へ通じる幅の広い道路へ成長した。テンプロ・マヨールは、天界と下界の多層構造からなり、地平面と垂直軸との交差する宇宙の中心（アクシス・ムンディ）とみなされていた。

テンプロ・マヨール区域の周囲は、都のさまざまな重要な建造物が占めていた。南の大広場（現在ソカロの名で知られる）は、その東側にあるモテクソマ2世（一般にはモンテスマで知られる）の巨大な宮殿のよこにあり、一般の人々の一種の控えの間のような役目を果たした。皇帝にかしずく600人の廷臣たちは、宮殿の中庭で毎日噂話や宮廷の娯楽に興じ、気前よくふるまわれる宮廷料理を楽しんだ。ソカロの向こうには、貴族の子息たちの学校と、帝国の政庁があった。コルテスと彼の部下たちは、テンプロ・マヨール区域の真西の旧王宮に滞在し、何か月もモテクソマ2世や貴族たちの接待をうけて過ごした。そして1520年、このスペインの外国使節団は、ついに暴力の牙をむくことになる。

旧王宮のさらに西には、貢納品であふれた貯蔵施設があり、帝国じゅうから収集した動物のために、それぞれの自然の生息環境に合わせて設計した公園のような施設もあった。テンプロ・マヨールのすぐ東にも一種の動物園があり、猛獣たちが飼育されていた。

テノチティトランは、富裕で権力のあるアステカ人や同盟国の要人をはじめ、都で初めて外交使節団として滞在した外国人などにとって、きわめて威厳にみちた格調高い都であった。ディーアスは、「こうしたテノチティトランの建造物群は湖上にあり、堤道を渡っていくことができ」、貯蔵用の建物は「マントや布織物…黄金や羽根飾りの工芸品であふれていた」と記している。そうした物品の多くは、貢物やぜいたく品として輸入された製品だが、都市全体もそうした高級品を生産する重要な中心地であった。テノチティトランの良質の織物は、宮殿や邸宅で貴族の女性や侍

左：この頭飾りは、おそらくモテクソマ皇帝自身のものとされ、熱帯産の珍しいケツァル鳥の羽が惜しみなく用いられている。かろやかに揺れうごく羽や、キラキラ輝く黄金といったアステカのきわめて貴重な品々は、生命力を具現していたと思われる。

スーザン・トビィ・エヴァンス

下：アステカ帝国についてヨーロッパで1524年に出版されたもっとも古い絵地図。小島の都市であり、湖岸とむすぶ「堤防道（せきどう）」や、湖水をきれいに保つために不快物を分離する枝編み細工の堰（右下方）が築かれていたことがはっきり分かる。この地図は、右が北を示し、島の真ん中は、テンプロ・マヨール（大神殿）の広大な祭礼空間が占めている。

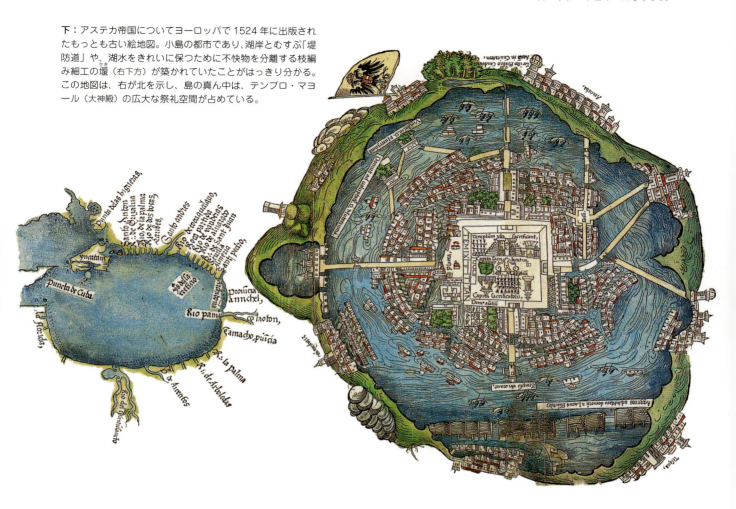

女たちが製作した。たくさんの女性を妻にできるのは富裕層にかぎられており、そのことが、女性たちの織るマントなどの交換財を媒介に、さらなる富の蓄財を許したのである。宝石や羽根飾りなども身分のある専門職人が屋敷内で制作していた。

本島北側の小さな島には、テノチティトランのアステカ人の近縁グループによって建設されたトラテロルコの都があったが、結局、アステカ「連邦」王国の首都テノチティトランに吸収された。遠距離交易によりあまりにも裕福になっていたトラテロルコの獲得は、アステカ皇帝の念願であった。トラテロルコの商業ギルドは、親族関係にある平民の家柄で構成され、商業と外交機能の両方を担い、ときには交易の場であっても軍事攻撃にエスカレートする「先兵隊の商人」であった。トラテロルコは、以前の非連邦地域でアステカ人勢力を築き、テノチティトランのアステカ皇帝に侵略されたことに、さらに敵愾心をつのらせたと思われる。トラテロルコの商人はめったに自分たちの裕福さを人前にみせず、保管所に使った広い家も簡素な外観にし、富裕ぶりを嫉まれないように用心した。テノチティトランに吸収された後も、トラテロルコの商人たちは財産や活動を維持し、必要に応じて彼らのリーダーたちの新旧交代もおこなった。

じつは「テノチティトラン」という名称は、現在のメキシコ国旗の図柄でもある「岩から生えたサボテンのてっぺんに蛇をくわえた鷲（わし）が止まっている神話的なモチーフ」を意味する。かつてテノチティトランのアステカ人は、沼沢湖の島でこれとそっくりのシーンを発見し、ついに「約束の地」に到着したことを知ったことになっている。ただし歴史的にみると、アステカ人がやってきたとき本土はすでに他のグループに占領されていた。そしてこの地を牛耳っていた勢力者たちは、好戦的なアステカ人の怒りと不満をしずめ、すさまじい活力を自分たちの傭兵として利用する、という2つのねらいから、湖上の定住を許可したと考えられる。テノチティトランの創設は1325年とされるが、最初に築いたのは、彼らの守護神ウィツィロポチトリを包んだ聖体を保護する藁ぶき小屋と土囊で固めた基台であったと思われる。6回の再建を経て、196年後には、テンプロ・マヨール（大神殿）がスペイン人たちを驚かせることにな

テノチティトラン　151

った。現在、その遺跡は、広大な敷地をもつ考古学上の最重要物である。

テンプロ・マヨールはくりかえし再建され、災害に襲われた都の再生の歴史を教えている。洪水は都を数回破壊した。1449年の洪水は、湖から都を守るために14.5kmの堤防の建設を促した。1450年代につづいた飢饉では、テノチティトランの統治者はやむなく穀物倉庫を無料で開放したが、あとで住民たちはその代償を公共事業の労働使役により支払った。このとき、とくに現在テンプロ・マヨールの第4期と名づけられた部分の建設および王宮の拡張工事がおこなわれた。宮殿は1475年に地震が原因で再び建て直された。1487年にはテンプロ・マヨールは5回目の再建がおこなわれたが、これは、古代メキシコでそれまで催された最大規模の祭礼のためであり、この儀式では、〔いわゆる「花の戦争」で獲得した〕何万人という戦争捕虜を用意し、その多くが神殿の高い祭壇で生贄にされた。さらに都市の美化計画の行事もおこなわれた。

テノチティトランは、1499年の洪水でもかなりの被害をこうむったが、このときの再建により、のちにスペイン人を眩惑させる都市が生み出され、モテクソマ2世の王宮の建物もこのときに築かれた。ただし、現在の国立メキシコ宮殿の下に埋もれているので、考古学的な調査は当分おこなわれそうにない。この時期に、すぐそばの島々には皇帝を愉しませる庭園が開発された。1524年に、コルテスの手紙の一文をそえて出版された地図には、「モテクソマの快楽の家」と名づけた都の南西の小島の庭園が図示されている。こうした整った環境のなかで、美と豪華さがいっそう引き立ち、例えば宮廷の夜会では、かがり火が湖面にゆらめく光をなげかけ、笑いさざめき、歌に興じている人々の間に、やさしい風がチュベローズ〔月下香、リュウゼツラン科〕の芳香と、木の燃える煙やタバコの匂いをはこんだ。

スペイン人一行は、1519年から20年まで何か月もアステカ人たちと宮廷での生活を楽しんだ。この間、かれらがこの地を獲得するという欲望をつのらせていたことは、メキシコ征服後、アステカ王の財宝をまっさきに要求したことでも明らかである。もっと大きく言えば、テノチティトランがそれほどみごとな都であったということが、コルテスがそこを新スペイン（p.192参照）の首都とした本当の理由であった。もっとも洪水は大問題だし、きれいな飲料水は水路橋によって本土から運ばなければならなかった。しかし、テノチティトランは防衛力があり、湖上の都にはりめぐらされた運河システムによって、水上搬送が容易であった。排出物は都周辺の湿地に運び、実りの多い農地に利用された（「浮島の菜園」と誤解された）。じつは利用可能な土地に限界があることが、島の共同体を都市化に導き、さらに洗練された文化を生み出す力になったのである。テノチティトランは、周辺社会に比べて人口密度が高く、建物も密集した状態を維持し、熟達した職人や専門家は、商人

や官吏などと同じように重要な役割をになった。アステカ人が創生してから今日にいたるまで、この都市のユニークさは、野望を達成した人たちが居を構え、世界の都市の住民としての役割をたのしんできたことにある。

上：モテクソマの宮殿を描いたこの絵は、王が最上段に座し、下段の部屋で王の顧問官たちが協議している。建物正面では、男性2人と女性2人が座ってさかんに話しあっている（しゃべり声のマークに注目）。彼らは訴訟事件の当事者たちである。

左ページ：重なり合った階段の遺跡は、第2期の再建がはじまった14世紀後半に我々をいざなってくれる。この南東方向の眺めは、大神殿が、拡張をつづけた植民都市、メキシコシティのまさに心臓部に埋もれていることを物語っている。

近代初期の世界

◆前章の「中世の世界」と本章との分かれ目は、はっきりしている。15世紀の終わりにヨーロッパ人によって南北アメリカ大陸と喜望峰ルートのインド航路がほぼ同時に発見されて以来、世界の政治史、経済史に劇的変化が生じた。この「近代初期」に都市の勢力図は大きな変化がもたらされ、例えば新大陸発見の鍵となった都市、リスボン（Lisbon）の重要性は著しく増した。一方で、地中海地域は国際航路としての地位の大半を失なって下り坂をたどり、再び上昇するのは、400年後にスエズ運河が開通してからである。

アメリカ大陸とアフリカ南端の喜望峰の2大発見をなしえたのは、航海術と造船技術が中世の最後にめざましい進歩をとげていたからであった。その後何世紀も技術革新がつづいた。西暦1500年の航海はまだ勇敢な人たちだけのもので、航海士の腕にかかっていた。しかし1800年には大勢の人たちが自信をもって航海し、世界地図の空白は年々埋められていった。世界はもはや神秘ではなく、エル・ドラドとかプレスタ・ジョンといった夢の国の伝説を信じる人もなくなった。当時、地上に存在する大都市はすべて知られていた。

ところで、本章「近代初期の世界」で扱う都市はどこになるだろうか。まず「帝国」の首都をあげてみる。中世のヨーロッパ人に知られていたのは、西の神聖ローマ帝国と東のビザンツ帝国の2つのみであった。神聖ローマ帝国は、はじめにフランク王国（シャルルマーニュ〔カール大帝のこと〕を祖とする）、そしてドイツ（東フランク）王国を経て、いまやオーストリアのハプスブルク家に実権を握られていた。ウイーン（Vienna）はまさしくその首都であるが、16世紀後半にルドルフ2世（錬金術師王）により一時プラハ（Prague）に遷都した。ビザンツ帝国は、1453年にトルコ系のオスマン帝国軍に征服され、その旧都コンスタンティノポリスは、イスタンブール（Istanbul）へ改称した。この都市はアレクサンドロス大王の創設以来、世界で唯一1600年間近く同じ場所に首都としてありつづけた。

近世初期に生まれた3番目の帝国はロシアである。その後1703年に、ピョートル大帝はサンクトペテルブルク（St Petersburg）に新都を建設し、モスクワからの遷都を果たした。一方、より東方の世界では、4つの地域で帝都が隆盛をきわめた。すなわちサファヴィー朝ペルシャの首都イスファハン（Isfahan）、インドのムガール帝国の首都アグラ（Agra）、中国の明王朝の北京（Beijing）、そして日本の京都（Kyoto）である。京都は、8世紀末から天皇の在所でありつづけ、17世紀にとくに素晴らしい芸術文化を開花させ

た。西方のメキシコシティ（Mexico City）の形成は遅れた。メキシコは17世紀と18世紀、依然としてスペインの植民地で、かつてのアステカ帝国の都テノチティトラン周囲の大きな湖をすっかり埋め立ててしまい、その上にメキシコの名を冠した首都を建設した。メキシコシティは、その規模や壮麗さにおいて旧世界の首都にひけを取らない新スペイン帝国の都になった。

つぎに、ヨーロッパに再び目を向け、驚くべき輝きを放ったルネサンス期のローマ（Rome）を取りあげる。シニカルで野心的なローマ教皇たちは、カトリック信者を戸惑わせるような見本を示しつづけた。ヨーロッパ北部にもスポットライトを当てる。まず、17世紀のオランダは、首都アムステルダム（Amsterdam）で芸術と商業の生来の才能を大きく開花させた。それから、ストックホルム（Stockholm）とコペンハーゲン（Copenhagen）についても取りあげる。最後になったが、イギリス諸島にもライトを当てた。本章が初登場となる17世紀のロンドン（London）は、疫病の流行や大火事にみまわれながら、シェイクスピアをはじめサミュエル・ピープス、クリストファー・レンなどが活躍した。18世紀のエディンバラ（Edinburgh）は、アダム・スミス、デイヴィッド・ヒューム、ロバートおよびジョン・アダム、ロバート・バーンズといった名高い思想家たちを輩出し、「スコットランド啓蒙」とよばれる突出した文化現象を生みだした。その影響をうけた建築家たちは、エディンバラ近郊のニュータウンの建設計画を新古典主義の優雅さで表現した。アイルランドの首都ダブリン（Dublin）は、政治面での重要性はともかく、当時、文化面、文芸面でめざましい個性を発現させた。EU体制下の最近の繁栄はずっとあとのことである。

右ページ：ピーテル・デ・ホーホが描いた『中庭の音楽会』（1677年）の一部。アムステルダムのおそらくカイゼルグラハト付近の運河沿いのエレガントな館に日光があたっているのを、対岸の出入口のアーチから楽師が眺めている。

ジョン・ジュリアス・ノーウィッチ

リスボン
Lisbon

大航海時代の都

マリアン・ニューイット

◆リスボンは、テージョ川の北側の丘に古代ローマ人が建設し、大西洋沿岸に面したヨーロッパ最大の天然の良港を見おろすことができる。約500年間、ムーア人が支配するイスラーム教徒の都であったが、大勢のキリスト教徒（モサラベ）やユダヤ教徒が共生していた。1147年にはイギリスの十字軍に占領され、その後ポルトガル王国の首都になった。14世紀には商業の重要な中心地として、ヴェネツィアやジェノヴァの商人たちは北ヨーロッパとの交易に利用していた。

1384年、わずか2年で都の周囲に77の塔と34の門を備えた新しい城壁（セルカ・フェルナンディーナ）を完成させたリスボンの中小貴族と民衆は、ポルトガルの宗主国であったカスティーリャ王国の悪政にたいして武力蜂起した。この革命にはギルド（商業組合）のブルジョワジーが重要な役割を演じ、アヴィス騎士団長ドン・ジョアンがポルトガル王に選出され、アヴィス王朝ジョアン1世として即位した。翌年、リスボンは反撃にでたカスティーリャ軍の包囲戦に耐えぬき、それ以降ポルトガル王国の成功と拡大の中心都市となった。ジョアン1世は、ロッシオ広場に要塞化した宮殿を建設し、部下の総司令官ヌン・アルバレス・ペレイラは堂々としたゴシック様式のカルモ修道院を設立した。さらにリスボン市内には、国立文書館（トレ・ド・トンボ）や高等裁判所（デセンバルゴ・ド・パソ）、1460年からはギニア商務院（のちにインド商務院が加わる）など、ポルトガルの海外領土拡大を管轄する役所が建設された。都は造船業や銃の鋳造業で繁栄し、15世紀の冒険の旅の大半はリスボン港から出航した。

リスボンには、熟達した手工職人や商人、金融業者、医師、学者など、さまざまな分野でポルトガル王国を支えるムーア人やユダヤ人たちの大きな共同体と、彼らのモスク（イスラーム寺院）やシナゴーグ（ユダヤ教会堂）があった。1391年にカスティーリャで生じた襲撃事件によって大勢のユダヤ人難民が避難してきたリスボンのユダヤ人社会は、ポルトガル王たちに従来どおり保護され、王国の発展に寄与した。1495年、カスティーリャ王室と結婚したマヌエル1世は、カスティーリャ王国の意をくんでユダヤ人排斥に転じたが、リスボンの多くのユダヤ人は、キリスト教に改宗すれば国外退去を免除され、「新キリスト教徒」として、以後20年間は迫害をうけることなくポルトガルに残留することが許された。しかし、1506年には、以前

> 私が怖れるのは、シナモンの匂いにつられて出て行ったまま帰らない男たちのせいで、リスボンの地が人口減少に陥ってしまうことである。
>
> （サ・デ・ミランダ、1533年頃）

にまして大きくなったユダヤ人勢力に反感を抱くリスボン民衆による1週間の暴動で、多数のユダヤ人が虐殺された。マヌエル1世は、この事件をリスボン当局の責任として非難し、これまで優遇してきたリスボンの自治権を大幅に縮減して、ポルトガルの中央集権化をすすめた。

1497年、ヴァスコ・ダ・ガマはリスボンを出航し、インドへの冒険の旅に向かった。1505年には、リスボンはすでにヴェネツィアに取って代わり、東洋の香料貿易を中継する最大のヨーロッパ市場であった。リスボン随一の歴史家ダミアン・デ・ゴイスは、かつて最高の海洋都市であったヴェネツィアの名声にちなみ、リスボンとセビーリャを「海の女王」と形容した。マヌエル1世は、フランス王フランソワ1世から「青物商の王」と軽蔑されたが、自国の首都リスボンを美しい街にするために莫大な費用を投じ、1500年から1505年にかけて、新しく壮麗な王宮がテージョ川畔に建設された。ゴイスは著書のなかで、ほかに7つの記念碑的な建物をあげ、リスボンはヨーロッパ屈指のすばらしい都市であると記した。7つとは、ミセリコルディア（慈善施設）、病院、外国使節団のための迎賓館、公共の穀物倉庫、税関所、インド商務院、兵器庫の建物で、兵器庫には、ポルトガル帝国が保有する200隻の船に積むために用意された4万着分の甲冑や大砲類が貯蔵されていたという。王がインドから運んだゾウとともに行列をなして都大路をすすみ、サイとゾウが戦う公開試合に出向いたこともあった。その後サイはローマ教皇に献上されたという。

テージョ川の8km下流のベレンでは、あらたに広大なジェロニモス修道院の建築複合体と、大西洋に面した河口を守る要塞の建設もはじまった。これらは、後期ゴシック・マヌエル様式のめずらしい建造物で、ポルトガルに特有のものであった。今やリスボンは地図製作の中心地に成長し、アフリカや東洋の知識はここを経由してヨーロッパの知的本流に入った。エラスムスとも親交のあったゴイスをはじめ、ギル・ヴィンセント、サ・デ・ミランダ、ガルシア・デ・レゼンデ、ベルナルディム・リベイロが宮廷に集まり、文芸や文化活動に精力をそそぎ、ヨーロッパでもっとも輝かしいルネサンス宮廷を展開した。ところが1536年、ジョアン3世は異端審問所を設立し、リスボンは、西アフリカ、ブラジル、大西洋諸島にたいしても厳しく取り締まるようになった。都ではたびたび異端者を糾弾、拷問にかけ

る裁判が開かれ、王宮の外の大広場で火あぶりなどの公開処刑がおこなわれた。厳しい思想統制がつづいたことにより、1550年にはポルトガルが人文主義の中心であった時代は失われた。

　奴隷貿易によってリスボンへ連行された大勢のアフリカ人は、洗礼を施され、それぞれの主人のもとで街頭売りの雑用や売春の卑しい仕事をあてがわれた。16世紀半ばには奴隷たちがリスボンの人口の1割を占めた。リスボンに居留する外国の商人、とりわけイタリア人の同業者たちは、貨物用の武装商船で東洋へ出発し、香料、絹、綿、漆器、陶器を買い付けて積荷を載せて戻った。

　リスボンは、行政や宗教の重要な都であった（17世紀前半は、3500人もの聖職者がおり、造船所で働く人員よりも多かった）が、とりわけすぐれていたのは港であった。1578年、ドン・セバスティアン王は、リスボン港で800隻の船から

上：ひじょうにエレガントで堅固なベレンの塔は、1514年〜1519年にフランシスコとディオゴ・デ・アルーダ兄弟の設計によるマヌエル様式で有名なポルトガルの後期ゴシック建築である。リスボン港を守る要塞として、また都への儀式用の出入口に用いられた。

なる大艦隊を編成してモロッコへ出兵し、アルカセルキビルの戦いで殺された。高齢のエンリケ枢機卿が王位を継承したが、子もなく1580年1月に死去すると、スペイン王フェリペ2世は、ポルトガルを同君連合国とすることを宣言した。それを支援するアルバ公率いる軍隊とサンタクルス公の艦隊がリスボンに侵攻すると、ポルトガル王を僭称していたドン・アントニーオの軍勢は、リスボンの都を出たアルカントラの地で離散した。ポルトガルに入城したフェリペは、1583年まで王宮内で過ごし、リスボンを自分の広大な帝国の首都にする明確な意図があったが、何千人という市民が犠牲になった16世紀末の2度の疫病の大流

マリアン・ニューイット

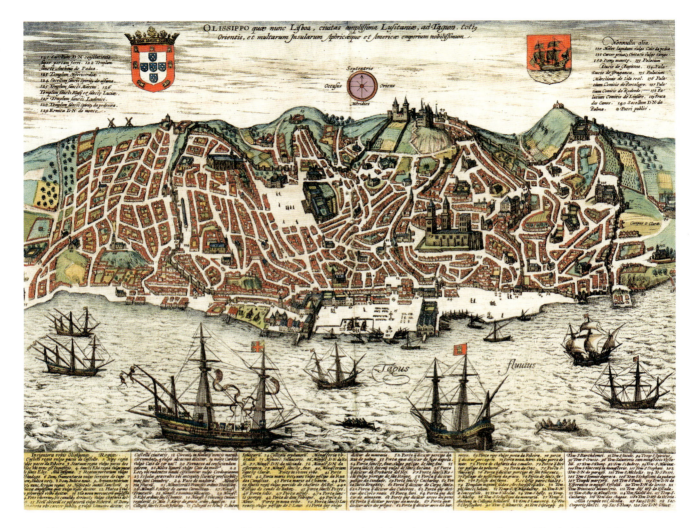

上：有名なブラウンとホーヘンブルクの『世界都市帳』に収録された16世紀のリスボンの景観図。城壁が明瞭に示され、西側の市街地は壁をこえて拡張し、テージョ川河口の湾は船で賑わっている。ヴァスコ・ダ・ガマをはじめ16世紀の探検家たちの旅の多くが、そしてフェリペ率いるスペインの無敵艦隊が、このリスボンから出発した。

行で中止した。フェリペがリスボンを最重要視したのは、大西洋を海軍力で制覇する野望のためであり、1588年5月、リスボン港に150隻の無敵艦隊が集結し、メディナ・シドニア侯指揮下でイギリス攻略をめざして出航した。しかし、「アルマダ海戦」で敗れ、翌年にはフランシス・ドレイク率いるイギリス艦隊がリスボン港を襲撃した。ただし、ドレイクはテージョ川を艦船で進む危険を冒すことができず、ジョン・ノリスが率いた上陸兵もリスボン郊外を焼き払ったものの、都の固い守備を破ることはできなかった。この遠征におけるイギリスの損失は、前年のアルマダ沖におけるスペイン無敵艦隊の損失に匹敵する。

リスボンは、フェリペ王の君主政治の第2の都におさまり、ここを拠点に海軍力を再起し、かつ東洋へ商船を派遣する航海権を維持しつづけた。しばしば疫病が襲ったにもかかわらず、都市人口は、1521年の6万5000が、17世紀初期には16万5000に増加した。リスボンが富裕で重要な都市であったことは、フェリペの在位中に建設された数々の教会にもうかがえる。アルファマ北側の丘の上のサオ・ヴィンセント・フォラ教会およびバイロアルトのイエズス会派のサオ・ロケ教会は、リスボンへもたらされた後期マニエリスム様式の建築である。港に通じる道は、フォート・ブギオ要塞を建設してさらに守りが強化され、海側からの攻撃は実質不可能になった。1640年、リスボンはスペインとの同君連合を解消し、ポルトガル王国の首都に返り咲いた。

17世紀の間に新キリスト教徒の商人の大半が家族とともに国外へ去ってしまうと、リスボンはヨーロッパの東洋貿易をアムステルダムやロンドンに奪われてしまった。

ローマ
Rome

およびルネサンス期のローマ教皇庁

チャールズ・フィッツロイ

神は我々に教皇庁を与え給うた。
その任を楽しもうではないか。
（レオ10世がローマ教皇に選出されたときのことば、
1513年）

◆ ローマ帝国が5世紀に崩壊した後も、ローマの重要性はずっと教皇庁の権力に守られていた。ただし14世紀の約70年間、教皇たちはアヴィニョンの捕囚によりローマを離れ、教皇庁の実務も移したため、その後もいわゆる「教会大分裂（シスマ）」の時期がつづいた（1378〜1417年）。ローマの地は、過去の栄光もうすれ、有力貴族であるオルシーニ家とコロンナ家同士の権力争いで荒廃していたが、シスマの解消後教皇マルティヌス5世コロンナが1420年に帰還してようやく、ローマはその暗黒の歴史の一幕から脱しはじめた。

15世紀に、ローマの運命はゆっくり回復していった。マルティヌス5世のあと教皇の座に就いたエウゲニウス4世および人文主義者のニコラウス5世は、ローマの教会をいくつも再建し、ローマの泉や水道橋の修復や道路にあふれたゴミの山を一掃する努力をした。不潔で朽ちかけた中世の都市は、ルネサンス宮殿のたちならぶ美しい都へ変貌していった。同じ頃教皇側は、ローマを誰もが認めるカトリックの宗教の中心に位置づけ、教皇庁の分裂によって生じたダメージを回復しようとこころみた。人文主義者で古代遺物の歴史学者でもあったピウス2世もそうした教皇の一人で、1453年以降コンスタンティノポリスを支配していたオスマン帝国にたいし十字軍の派遣を提唱したが、彼の死で実現にいたらなかった。

こうした教皇たちにとって、個人的な資質はどうあれ、教会がその指導的立場を取り戻すことは容易ではなかった。ローマ教皇領の統治はイタリアの世俗的な政治にひっぱられ、堕落しきっているようにみえた。世襲制の王国と異なり、教皇は高齢で選出される場合が多く、死んで権力基盤が失われるまえに自分の親族や追随者のために報いておく必要があった。結果的に、聖職売買（聖職者や教会の官職を現金で買収したり、信者に免罪符を販売すること）や縁故主義が横行した。ルネサンス期の教皇たちの多くが非嫡出子をもうけ、彼らを身びいきすることもあった。スペインのボルジア出身のアレクサンデル6世（1492〜1503）は、職務にすぐれた能力を示しながら不道徳で好色家であり、息子

のチェザーレは、同母弟や義理のきょうだいの殺害を命じたとされるなど、人々のひんしゅくを買った。アレクサンデル6世の娘のルクレツィアも、愛人たちを何人も毒殺したという信憑性に欠けるうわさがつきまとった。

個人的なモラルの問題はともかく、教皇たちは、芸術に理解ある支援者であることを証明し、ローマをヨーロッパの大都市の1つに変身させた。教皇は主にバチカン宮殿に居住した。シクストゥス4世は、1470年代後半にバチカン図書館を設立し、ペルジーノ、ボッティチェッリ、ギルランダイオなど一流のトスカーナの芸術家に、新築したシスティーナ礼拝堂の装飾画を委任した。20年後、ピントゥリッキオは、アレクサンデル6世が建てたアパートメント形式の部屋がつらなる宮殿の「ボルジアの間」を、魅力的なフレスコ画で飾った。ローマの街に、有力貴族や高位聖職者たちによる豪華なルネサンス様式の宮殿がつぎつぎに築かれた。例えば、パラッツォ・デラ・カンチェッレリアの建設は1486年にはじまり、シクストゥス4世のお気に入りの甥の枢機卿が賭けに勝った資金が投じられたという。アレクサンデル6世の次々代にあたる教皇ユリウス2世は、ルネサンス芸術の歴史で最大の支援者であることを証明した。1506年、ユリウスは驚くばかりの大胆さをもって、建築家かつ画家のブラマンテを採用し、コンスタンティヌス大帝が聖ペテロの墓の上に建てたバシリカを撤去し、あらたに巨大なサンピエトロ大聖堂を設計、建設するよう命じた。ルネサンス期のどの建物よりも壮大な計画であり、皇帝自身の廟は、ユリウス2世のためにミケランジェロが設計し、広大なドームの下の中央に設けることになった。1508年、若いラファエッロは、バチカン宮殿内のユリウス2世の居室の「スタンツェ（つづきの間）」を飾る一連のすばらしいフレスコ画を描き、一方、近

左：クリストフォロ・カラドッソ作、サンピエトロ大聖堂の起工記念メダル。1506年のこのメダルから、新しい建造物の壮大さと、ユリウス2世と設計家のブラマンテの熱意が伝わってくる。完成まで100年以上かかった。

ローマ　**159**

チャールズ・フィッツロイ

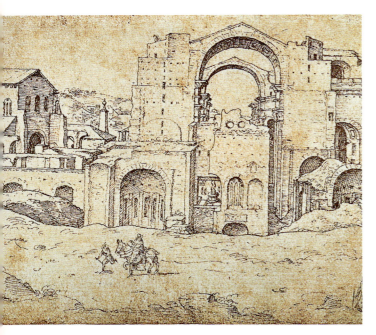

最上：マーティン・ファン・ヘームスケルクが描いた、新築中のサンピエトロ大聖堂。ルネサンス最大の聖堂の建設作業はひじょうに遅れた。この絵は、ミケランジェロが建築設計を引き継いだころの光景で、彼は、1564年に死ぬまで完成に向けて奮闘しつづけた。

上：1477年頃、シクストゥス4世がバルトロメオ・プラティーナをバチカン図書館の館長に任命するシーン。メロッツア・ダ・フォルリ作。卓越した人文主義者プラティーナは、聖座にすわる教皇とその4人の甥たちのいる前で膝をついている。赤い長衣で間に立っているのは、のちに教皇ユリウス2世となるジュリアーノ・デッラ・ラヴェーレ枢機卿である。

くのシスティーナ礼拝堂では、ミケランジェロが旧約聖書のさまざまな場面を配置したおびただしい数の英雄詩的な人物の荘重な天井画に取りかかっていた。こうした作品は、ヨーロッパのみならず世界じゅうの後世の芸術家たちに感銘を与えることになる。

　しかしながら、政治面のローマは、芸術分野の最高位にまったくそぐわないものであった。イタリアは経済的に豊かな大小の共和国からなり、政治的には不統一の混乱した状況にあった。フランスとスペインはそこにつけこみ、1490年代にイタリア半島へ侵略した。教皇庁は、自暴自棄に陥りながらも、独立を維持しようと必死であった。チェーザレ・ボルジアはイタリア統一の野望のもとに奮戦し、ユリウス2世は外国の軍隊をイタリアから追い出すために、快活で不屈の精神によって決然と立ち向かった。

　しかし、ユリウス2世のあとに教皇位に就いたのは、メディチ家出身で快楽好きのレオ10世で、彼は戦争よりも外交を優占した。レオ10世の在位期間中（1513～21）、彼の好んだ芸術家のラファエッロは、弟子たちとともにさまざまな制作活動をつづけることができた。しかし、教皇の無節制な浪費のために聖職売買（免罪符など）の相場が高騰したうえ、サンピエトロ大聖堂の新しい建設事業に膨大な金額を投じたことにより、教皇にたいする反感が広がった。こうしたローマカトリック教会のありかたは、ドイツのマルティン・ルターの宗教改革運動をうながす原因になった。レオ10世のいとこで2代あとの教皇に就いたクレメンス7世は、プロテスタントのめざましい勢力拡大に、教皇庁が滅びるのではないかとおびえた。1527年、ローマそのものが、神聖ローマ帝国皇帝のカール5世（スペイン王カルロス1世）の軍隊によって無残にも略奪され、クレメンス7世は命からがら逃げのびた。多くの才能ある芸術家たちもローマから退去したために、ハイルネサンス（盛期ルネサンス）とよばれる栄光に包まれた時代は終わりを告げた。

　まもなく平和はもどったが、カール5世の「ローマ劫略（ごうりゃく）」によって危険にさらされた人々の恐怖心が消え去るには長い年月を要した。教皇庁がスペイン王の軍事力に挑むのは不可能であったし、その威光はすっかり失せてしまった。しかし、ローマの歴史でよくみられたように、こうした暗黒時代にあっても、永遠の都ローマはまたも驚くべき

右ページ：「世界の先端」都市、ローマを、バチカン図書館のために描いたイグナティオ・ダンティのフレスコ画。左下方に未完成のサンピエトロ大聖堂、右中央には、コロッセオに似たサンタンジェロ城がみえる。紀元270年にアウレリウス帝の建造した古代ローマの城壁に囲まれて、ルネサンス時代のローマが寄りそっている。サンピエトロ大聖堂はべつだが、コロッセオ、パンテオン神殿、サンタンジェロ城、さまざまな列柱やオベリスクなど、記念碑的大建造物はすべて古代にさかのぼる。また城壁内の面積の半分以上を緑豊かな畑や庭園が占めている。

左：1508〜12年にミケランジェロは、システィーナ礼拝堂の天井を、ボッティチェッリやペルジーノ、ギルランダイオの描いた同礼拝堂のフレスコ画の傑作も含め、以前のどの作品も及ばない迫力と複雑な人物描写からなる記念碑的な一連の壁画で埋めつくした。20数年後、高齢のミケランジェロは、同礼拝堂の祭壇の壁に彼の心を映す荘厳な『最後の審判』を描いた。

下左：サンピエトロ大聖堂内のジャコモ・デッラ・ポルタによって完成したミケランジェロのドームの眺め。ドームの下には、1633年にベルニーニが製作したブロンズ製の豪華な大天蓋「バルダッキーノ」が加わり、聖ペテロが眠っているとされる祭壇上に設けた大麦糖のねじり菓子のような4本の柱で支えている。

再生力を示した。芸術面ではとくに、晩年の30年間をローマに定住したミケランジェロの貢献はめざましかった。そればかりか、ローマ教皇庁がみずから、「反宗教改革」を積極的に推し進めたことが大きな力となった。

　パウルス3世ファルネーゼ（在位1534〜49）の功績は、ローマにこの新機軸をうちだしたことにある。若いときの彼は、非嫡子の子どもたちを設け、自分の美しい妹ジュリアがアレクサンデル6世の愛人として得た大金をもとにパレッツォ・ファルネーゼを建てたりした。しかし、ローマ教皇として、1545年にはトレント宗教会議（1563年まで継続された）を招集し、プロテスタント主義に反撃する急先鋒となるイエズス会を承認した。この教団はジェス教会を活動の本拠地とした。ジャコモ・バロッツィ・ダ・ヴィニョーラが設計したこの教会は、説教壇とおびただしい装飾が特徴の建築様式で、以後、カトリック世界の教会に模倣された。

　パウルス3世が称賛しつづけたミケランジェロは、高齢になってもサンピエトロ大聖堂の建築に携わり、カピトリヌスの丘を新たに設計するなど精力的な芸術活動をおこなった。システィーナ礼拝堂の祭壇の壁に、『最後の審判』の力作を描いたが、それは、「ローマ劫略」後の暗く沈んだ都の状況を映しだした作品で、地上での善悪のおこないによって天国か地獄に送られる人間の姿と、裁定者であるキリストの肖像が描かれている。パウルス4世カラファ（在位1555〜59）は極端な異端主義者であり、ユダヤ人社会を強制居住区（ゲットー）に押しこめた。

　対抗宗教改革運動は、ルネサンス期の精神を完全に破壊したわけではない。ユリウス3世のために建てたヴィラ・ジュリアをはじめ、美しい庭園に囲まれたヴィラ・メディティ、ティヴォリのヴィラ・デステといった有力な枢機卿たちの別荘は、すべて16世紀半ば以降の設計で、古典的な精神にあふれたデザインであった。聖フィリッポ・ネリが設立したオラトリオ会は教会での礼拝作法などに、視覚的、音楽的（オラトリオ（祈祷曲）の由来となった）美しさ

チャールズ・フィッツロイ

を重んじ、ローマの芸術の新生に強い影響を与えた。
　16世紀後半でもっとも重要な教皇、シクストゥス5世は、1585年から1590年という短い在位期間にローマを変身させた。都市計画の天才であったシクストゥスは、就任後ただちにローマ市内の水の安定供給のために水道橋を修理し、長い直線道路をつぎつぎに敷設し、市街地の中心に噴水やオベリスクのある星形の広場を配置した。さらに教皇庁の宮殿を増築し、最晩年までミケランジェロが設計造営に取り組んだサンピエトロ大聖堂の巨大なドームを、ついに完成させた。じつにミケランジェロの死から20年が経過していた。シクストゥス自身が死んだとき、ローマはキリスト教世界でもっとも斬新で美しい都市に成長していた。
　ローマの芸術的な優位は、17世紀に入ってもつづいた。その頃、画家のカラヴァッジョやアンニバレ・カラッチと彫刻家のベルニーニが新しい感覚で作品を生んだ初期バロック様式が、ヨーロッパじゅうに広まったのである。18世紀の半ばに、またもローマは新古典主義の新潮流を生みだした。裕福な貴族の子弟たちは、学業終了を期にヨーロッパの主要都市を遍歴する「グランドツアー」の旅先にたいていイタリアを選んだ。古代ローマやハイルネサンスのすばらしい歴史遺産を学び、芸術作品を収集するなど、当時のローマは、ヨーロッパ芸術の頂点に立っていた。

上：ミケランジェロの大ドームとサンピエトロ広場の眺め。古代エジプトのオベリスクを中央に配したピアッツァ（広場）（1656〜67年）は、ベルニーニの建築学上の偉業である。彼は、広場の2つの半円形のコロネード（列柱）を聖堂の正面で向かいあわせ、大きな両腕が信者たちを包みこむように設計した。

ローマ　163

イスタンブール
Istanbul

スルタンたちの都

ジェイソン・グッドウィン

◆ 1453年5月29日火曜日、オスマン帝国スルタンのメフメト2世は、イスラーム制覇のターゲットを意味する「赤いリンゴ」のシンボル、コンスタンティノポリスに入城した。そして彼はまず、ハギア・ソフィア大聖堂、すなわちもとはギリシャ語で「聖なる叡智」を意味するキリスト教会に出向き、馬から降りると頭上の埃を片手でふり払い、教会をモスクに転換する命令を下した。伝統的に勝利軍は抵抗した都市を陥落させてから3日間略奪行為を許されるが、征服王メフメト2世は、初日のみで略奪や破壊の禁止を命じたとされる。その晩、弱冠21歳の皇帝は王宮を歩きながら、ペルシャの詩節を口ずさんだという。「1羽のフクロウがアフラシャブの塔の中でホーホーと鳴き／クモの巣がローマの帝王たちの宮殿にはびこっている」。

オスマン帝国の征服は、イスタンブールに再興期をもたらした(イスタンブールと改称されたが、1932年まで本国や海外ではコンスタンティノポリスの旧称が一般化していた)。再び活気のある広大な帝国の首都となり、人口は上昇した。メフメト2世は、都から逃げ出していたギリシャ人の帰還をうながし、戦争に加わりヨーロッパで捕虜になっていた人々を金角湾(ゴールデンホーン)付近に入植させた。また1492年にスペインから国外退去させられた何千人ものユダヤ人が避難先としてイスタンブールに移住し、グラナダのアラブ人もそれにつづいた。征服王に従った人々は土地を与えられ、モスクの建設がいくつもすすめられた。しかも周辺に隠れキリスト教会も建設され、ムスリム・コンスタンティノポリスが共生していた。いわゆるミッレト(非イスラーム宗教自治体)制が全住民に適用された。すなわち、どの信仰集団も事実上、各宗教的権威のもとで自治管理され、帝国の法廷で裁判を受けるのは重大な犯罪事件に限られた。

東方正教会の修道士ゲオルギオス・スコラリオスは、西方のキリスト教会と敵対し、1454年1月1日、ゲンナディオス2世としてコンスタンティノポリス総主教に着座した。メフメト2世は「西方教会は彼を苦しめ、妨害してはならない」と勅令を出し、国内のギリシャ人(正教徒)たちを保護、懐柔した。ハギア・ソフィア大聖堂はモスクとして接収されたが、十二使徒教会を与えられ、のちに総主教庁座はフェナリ地区に現在もある聖ゲオルギオス大聖堂に落ち着いた。アルメニア総主教の司教ホヴァキムや、ユ

> 私はここよりも幸福な国を知らない。神が与えしありあらゆるものでみたされている。平和と戦争を完全に統御し、黄金も人々も船もひじょうに豊かで国是に従順である。世に比類なき国がここにある。
> (ヴェネツィア国の大使の報告、1523年)

ダヤ教のチーフラビであるモシェ・カプサリとも同様の合意がなされた。半ば独立していたジェノヴァ人のガラタ地区は、征服後2日目にスルタンに明け渡され、その防御壁の大半は消え去り、有名な見張り塔まで数ヤード残して削りとられた。しかしジェノヴァ人は、交易や旅行の権利と財産権を含め、自治権を多少残したままガラタに居住しつづけた。オスマン帝国の非イスラーム教徒住民にたいする寛容な政策は、その後の世紀も大して変わらなかった。

1463年、十二使徒教会を取り壊した跡にメフメト2世自身のモスクであるファーティフ・ジャーミーが建設された。最初の大モスクとして、ドームとミナレット(尖塔)が都の空に記憶に残るスカイラインを描いた。モスクとその付属の建物群は、単なる礼拝所ではなく、都のイスラーム社会の核をなす存在となった。ファーティフ・ジャーミーには、8棟のイスラーム神学校(マドラサ)、ホスピス、病院、公設の調理場、隊商宿(キャラバンサライ)、小学校、図書館、浴場(ハマーム)、市場(バザール)、そして墓地が設けられた。注目に値するのは市場で、ボスポラス海峡を往来する交易の最新の動向を知ることができた。市場には280店舗と、32の作業所、および4つの貯蔵施設があり、市場の収益は、ほかの施設を維持するためにも費やされた。やや規模は小さいが、富裕層の男性や女性の寄付によって同様の施設が都のあちこちに設立され、それぞれの地区を特徴づけていた。

メフメト2世は、第3の丘(イスタンブールは、ローマのように7つの丘に築かれた)に屋根付きの市場を設置した。この巨大な商業中心地は、旧ビザンツ帝国の市場のあった場所に造営された。さらに、金角湾の奥まったところにあるエユップに、モスク複合体を創設した。エユップは、かつて預言者ムハンマドに同行して旗頭をつとめたアブ・アユーブが674〜78年のコンスタンティノポリス攻撃で戦死し、埋められた遺骸が奇跡的に発見された地で、エユップ・スルタン・モスクは、トルコ人にとってメッカとエルサレムにつぐイスラームの聖地とみなされた。歴代のスルタンは新しく即位するたびに、オスマン帝国ゆかりの刀剣を授かる戴冠儀礼をこのモスクの霊廟のそばでおこなった。

都の後背地は再統合され、黒海と地中海の間をはじめオスマン帝国領のアジアとヨーロッパをつなぐ出入口も再建

ジェイソン・グッドウィン

上：イスタンブールへ乗りこんだ「征服王」メフメト2世の一行のようすを16世紀に描いたドイツの写本。聖ソフィア教会はモスクに変更され、イスラーム化の始まりを画した。にもかかわらず、オスマン帝国の民族、宗教の多様性を反映し、コスモポリタンな世界都市の雰囲気をとどめている。

され、帝国支配による平和（パックス・オスマン）に守られたイスタンブールは急速に活気づき、発展した。ペルシャやシリア方面から毎月のように2000頭ものミュール（ラバ）やラクダからなる隊商が到着した。ヨーロッパの商人はイスタンブール市内で商取引に励み、東洋の絹や香料、北国の毛皮や琥珀といったよく知られた世界じゅうのぜいたく品が、とくに宮殿内に流入した。

　大きなモスクや宮殿、バザールなどが居並ぶなか、細く曲がりくねった道に木造の家が密集する市街地は、大火事にみまわれることが多く、たいていかまどの火の不始末が原因であった。もっとも家の建て方は無造作であったが、料理の鍋の中身はいつもみたされており、イスタンブールは、食糧と水の供給にたいして驚くほど配備がゆきとどいていた。市場の価格は、あらゆる交易や製造業を統括する監察官やどこにでも姿をみせる同業組合の人たちによって、厳格にコントロールされていた。ドナウ川からナイル川まで、クリミア半島からハンガリー平野まで範囲を拡げた帝国全体に、調達命令、年貢払い、先払い取引などを

組み合わせた制度をしいて、イスタンブールには豊富で安価な食糧がつねに確保されていた。例えば、1577年にはバルカン地方の食用羊は、一頭残らず徴用されてイスタンブールへ運ばれた。17世紀半ばのイスタンブールにおける食物の消費量は、年間700万頭の羊と毎月1800頭の牛、毎日250トンのパンにのぼり、しかもその1割はすべて宮殿用であったと推定される。毎年、穀物などの食糧を積んだ2000隻の船が入港し、金角湾ぞいの貯蔵施設に荷をおろしていた。

　都は裕福かつ豪華であった。アーセナル（兵器庫）があり、軍艦は黒海と地中海東部を支配していた。ヨーロッパで唯一の常備軍をもち、勇猛さで知られる軍隊の兵舎もあった。メフメト2世の在位が終わる1481年には、「トプカ

イスタンブール　165

ピ宮殿」がほぼ完成していた。眼下にボスポラス海峡を見渡せる四阿、中庭、並木のつづく庭園をそなえたトプカピ宮殿は、まるで石造の野営地のように内部に大勢の料理人、庭師、近衛兵、高官をかかえていた。同時に宮殿付属の学校もそなえ、オスマン帝国を統治するエリートたちを鍛え、向上させる教育がおこなわれた。当代最高の帝国を達成したスルタンをとりまく豪華な儀式は、厳粛で威圧的な静けさを保つことが大事であり、スルタンの付き人は手話を使った。王の高官による帝国の仕事にかんする毎日の会議（ディヴァン）には、スルタンは参加するというより、つい立て越しに、彼らの論議に耳を傾けることが多かったと思われる。外国の大使たちは、付き人2人に両ひじを押さえられてスルタンに謁見することが許された。

百年の間に、イスタンブールは人口50万の巨大都市になった。イスラーム教徒は過半数に満たなかったが、さらにイスラーム色の強い都に変貌したのは、スレイマン大帝壮麗王（在位1521～66）が自分の都の改造に着手したからである。その後、代々のスルタンたちも、豊かな財力で資金提供や施し物をする気前のよさを競い合った。泉、橋、モスク、学校などが「ワクフ」とよばれる寄付金で建設された。

スレイマン大帝は、オスマン帝国史上最高の建築家ミマール・シナンにイスタンブールの改造計画を要請した。彼はアナトリアのクリスチャンの家に生まれ、すでにオスマン軍の建築技術者として業績があった。1538年に帝都の改造計画のチーフとして最初に建設を命じられたのは、スルタンが自分の后ロクセラーナの誕生日のサプライズに贈った「キュッリエ」とよばれるモスクの複合施設である。シナンは帝国じゅうにおびただしい数の建造物を設計した。イスタンブールには、現在もシナンの建築作品が85か所ほど残っており、そのうちモスクの建物は、1557年に完成した第3の丘のスレイマニエ・モスクをふくめ、22を数える。スルタンのモスクの建設が進むなか、シナンは、ロクセラーナの要請に応じてすばらしい公共浴場を建てた。さらにイスタンブールの水の供給システムの改善もおこなった。

スレイマンの在位中に帝国は絶頂期にたっした。1610年、アフメト3世によって建設され、内装に美しい青色のタイル装飾を施したブルー・モスクをもって壮大なスケールの築造は終わり、19世紀までずっと、後継のスルタンはボスポラス海峡ぞいにヨーロッパ様式の宮殿を建てるようになった。

イスタンブールは、今なお都の優雅さを十分とどめている。そして、バルカン半島から中東地域のいたるところにも、防壁に囲まれたオスマン帝国時代のモスクやイスラーム様式の大邸宅の名残りがみられる。ゴンドラに似た「カイーク」とよぶオスマンの細長い平底船で水上を進むと、丘陵の街や四阿、スギ並木、ミナレット、緑陰をなすプラタナスの木々などの気品あふれる景色が現われ、まるで地上の楽園をかいまみた気分になる。

最上：ブルー・モスクの内壁に施されたイズニックタイルの一部。この製法は16世紀に成し遂げられたが、しだいに失われた。

上：グランドバザール（大市場）の現在。最盛期は、ぜいたく品や日常の必需品を生産する巨大な手工場地域でもあった。

左ページ：トプカピ宮殿の建物と庭園の眺め（1584年）。ここはスルタンと彼の拡大した「一族」が居住する場所であり、無秩序に領土の拡張をつづける行政の中心地でもあった。台所だけでも約1000人の調理人が働いていたという。

イスタンブール　167

アグラ
Agra

タージマハルの都

エバ・コッホ

◆宮廷史家アブダル=ハミード・ラハウリが著した、ムガール帝国第5代皇帝シャー・ジャハン（在位1628〜58）の正史には、イスラーム暦1052年にあたる1643年2月6日に白亜のタージマハルが完成したことが記されている。この帝国隋一の壮麗なマウソレウム（墓廟）建築は、皇帝の愛妃ムムターズ・マハルの廟として造営され、場所的にやや離れてはいるが、ムガール帝国の首都アグラの風景のなかに融けこんでいる。

アグラが築かれたのは相当古いとされるが、1505年になってロディー朝のスルタンが政権の中枢地にすえた。その20年後の1526年、インド北部のヒンドゥースタンでムガール朝が樹立されると、アグラは最初の首都となり、川に面した庭園の都、というきわだった特徴をそなえていった。中央アジアからカブールを経由してアグラに定住したムガール人の支配者階級は、もともと庭園形式の邸宅に住む習慣があったので、初代皇帝のバーブルと彼に従った人々は、アグラの水源でもある大河、ヤムナー川（ムガール帝国時代にはヤウンとよばれた）の両岸に沿って、つぎつぎに庭園を造っていった。ティムール朝の様式をふまえた庭園の概念を、ヤムナー川周辺へ創造的に採り入れたのである。この計画のもとに、主要な建造物はすべて陸側に広がる庭園とともに、ヤムナー川を見おろす段丘に設けられた。建物の両側には塔が配置され、船の上や対岸からは、四阿（あずまや）、塔、樹木や花々の帯がつづく大パノラマを眺めることができた。

なんたる都だ！　香りに包まれた庭園があらたに開花した。その建物は、糸杉のようにすっくと伸びている。
（アブ・タリブ・カリーム、アグラの賛歌より、1630年代）

王侯貴族たちの館で構成された庭園の概念は、ムガール朝の基本的な居住形態としてアグラの都全体に影響をおよぼした。もっと観念的にいえば、庭園の概念は、シャー・ジャハン帝の統治下で繁栄するヒンドゥースタン（北インド）を象徴するものであった。シャー・ジャハン帝は、祖父であるアクバル大帝に敬意を表して、アグラを「アクバラバード」、すなわち「アクバルの都」と改名したが、この新名称はまもなく使われなくなった。シャー・ジャハンの治世期に、ムガール帝国の首都アグラは、アジアで有数の大都市に発展した。水上交易と陸上交易の両方の幹線が集結し、かつ聖者、賢人、学者たちの出会う教養と文化の中心をなしていた。ドイツ人旅行家マンデルズロは1638年の著書のなかで、アグラについて「少なくてもイスファハンの2倍の規模がある」と記している。多くの旅行家が、アグラを世界有数の都市であると評した。アグラが当時の人々に与えた印象は、シャー・ジャハン帝に仕えた歴史家、ムハンマド・サリー・カンボの華やかな詩句にもちりばめられている。

下：両脇にミナレットを配したタージマハル廟に向かう庭園の中央付近からの眺め。左右の木立の向こうには、それぞれタージマハル廟の創設当時に建てられたモスクとミーマンカーナ（迎賓館）のドーム上方がみえる。

たっぷりと水をたたえた湖のような心地よいヤムナー川の両側の空間には、絶好の間隔で建物と庭園が並んでいる…庭園どうしは連続してみえる…いつか天国の楽園を散歩したいと願った私の思いは果たされ、頭の中からすっかり消えた…とくに、高貴な生まれの王子や名高いアミール（太守）の広々とした邸宅やすばらしい四阿は…天国の楽園さながらの豪華さ…を発揮している。

庭園都市アグラの特色は、フランス人のフランソワ・ベルニエにも感銘を与えた。1659年に都に滞在した彼は、ムガール帝国の宮廷についてひじょうに鋭い観察をおこなっており、シャー・ジャハンが新たに造営したシャージャハナーバード（1648年に完成したデリーをさす）のような整然とした広い道路はないが、アグラはその足りない分を補っていると記した。「ゆたかな緑の葉群が繁る景観は、暑く乾燥した地方ではとくに爽快で、草木の緑をみつめていると清新で安らいだ気分がもたらされる」

アグラのほか、2つのムスリムの大帝国の首都も、同じく水ぎわに設置されて発達をとげた。オスマン帝国のイスタンブール（p.164参照）では、ボスポラス海峡の岸沿いに皇族や富裕階層の庭園付きの別荘が築かれ、17世紀のサファヴィー朝のイスファハン（p.172参照）には、ザヤンダ川畔に庭園付きの邸宅が建設された。しかし、きちんとまとまって計画的な庭園邸宅を建設したムガール朝の都市アグラの論理はより明確で、配置や形式にあまりこだわらないよその都市とは異なっている。

しかも、ヤムナー川畔に造営された皇族や貴族の庭園邸宅が都の核をなし、大多数の住民はもっと西の家の建てこんだ地域で暮らしていたことも、異なっていた。ただし、シャー・ジャハン帝はアグラ全体の発展にもかなり尽力した。例えば1637年に八角形のバザール（現在は失われている）の建設を命じ、宮城つまりアグラ城塞と西側のジャーミー・マスジットとの間につながりが生まれた。ジャーミー・マスジットは集団礼拝用のモスクとして、シャー・ジャハン帝の愛娘のジャハーナーラーの寄進によってアグラ住民のために建設された。ただし、こうした建設プロジェクトの完了後も、依然としてアグラの特色をきわだたせていたのは川辺の庭園邸宅群であり、ムガール人作家やヨーロッパ人の観察記で触れていないものはない。

インドの聖なる大河の1つであるヤムナー川は、庭園都市の動脈をなしていた。川幅の広い水路に船を浮かべ、庭園の邸宅や墓廟から別の目的地へ移動することもできた。シャー・ジャハン帝は、タージマハル廟をはじめ、皇帝の家族や貴族の暮らす庭園邸宅を訪れるとき、アグラ城塞内の宮殿からよく船に乗ってでかけた。アグラでもっとも有名な庭園は、愛娘ジャハーナーラーのもので、邸宅とともに亡き母親のムムターズ・マハルから受け継いだ。宮廷詩人がみな称賛し、外国の賓客はそこへ招待されるのがつねであった。1638年5月、シャー・ジャハン帝はイラン人

上：17世紀後半のムガール絵画もしくはデカン絵画の抜粋。アグラのヤムナー河畔の風通しのよい観覧台で貴族が楽師たちの演奏に興じている。船が浮かぶ川の向こうは岸辺の庭園が連なっている。

の大使ヤドガー・ベグを招き、ジャハーナーラーの庭園のイルミネーションと花火でもてなした。川岸の庭園に居住したのは王族や高位の人たちに限られていた。王子や皇帝の愛妾やムガール人貴族が自分の庭園邸宅を所有できるのは、彼らの生存中に限られており、死ぬとその権利はいったん皇帝に復帰した。皇帝はその財産を自分で保持してもよいし、ほかの誰かに譲渡してもかまわない。ムガール帝国に統合された各地方のラージプート（王侯）は、ムガー

ル人貴族よりもよい立場にあり、所有する土地を代々相続することが許されていた。シャー・ジャハン帝でさえも、タージマハルを建てる土地を、ジャイプル地方のアンベールを治めるラジャ・ジャイ・シンから手に入れるために、帝所有の4か所の建物と交換した。

もっともムガール人貴族は、庭園邸宅のそばに一族の墓廟を築いておけば、そこに自分たちの財産を保管しておくことができた。それゆえ、財産をすべて皇帝に没収されることを避けるために、貴族たちは墓廟建設にますますはげみ、川沿いに死者の鎮魂の景色が入りこむことになった。現在もこうした墓廟は、両岸の主要な遺跡をなしている。なかでも傑出しているのは、イティマード・ウッダウラの墓廟（1628年完成）である。これは、第4代ムガール皇帝ジャハンギールに代わって政治力をふるったペルシャ人皇妃、ヌール・ジャハン（シャー・ジャハン帝の継母にあたる）が両親のために建設した。白い大理石の象嵌細工がみごとな様式は、タージマハル廟の先がけとされる。また、シャー・ジャハン帝の兄にあたるスルタン・パルウィッツの墓廟や、イラン出身の貴族であったアフザール・カーン・シラーズが生前統治していたラホールの様式による墓廟は、タイルのモザイク文様で建物の表面が覆われている。さらにムムターズ・マハルの義理の弟にあたるジャハル・カーンの墓廟もある。

そうした墓廟のなかでもっとも有名かつ壮麗な建造物は、いうまでもなくタージマハルである。タージマハルは、ムガール朝の墓廟建築の絶頂期を代表する庭園と、さまざまな用途をもつ多数の建物からなる壮大なマウソレウム（廟）複合体をなしていた。イスラームの概念でこれと似ているのは、オスマン帝国の壮大なモスク複合体の「キュッリエ」で創設者ゆかりの墓廟もみられる。しかし、キュッリエの墓廟はタージマハルに比べて小さく、配置も非形式的であった。

南北に長いタージマハル建築複合体は、2つのゾーンすなわち死者を弔うゾーンと「現世」へ移行するゾーンからなり、ディン・ワ・ドゥンヤ（イスラームの理念）が反映されている。死者を弔うゾーンには、ムムターズ・マハルのマウソレウム（白亜のタージマハル廟）とその両側に配置されたシンメトリックな外見のモスクと集会場、そして庭園と記念碑的な大楼門からなっている。その後、付随する2つの建築複合体が加わり、まず、大楼門の南側の前庭の移行ゾーンに、タージマハル墓廟を訪問する人々のための車寄せなどのスペースと、ムムターズ・マハルに仕えた女性たちの小さな墓廟やバザールの複合体が建設された。そして川を越えた北側には、バザールや隊商宿といったまったく世俗的なゾーンが設けられた。こうした施設は機能面でも形の上でもマウソレウム建築複合体を補佐し、墓廟ユ

下：ヤムナー川左岸に広がる建物群を、南西方向から斜めにみたところ。川にもっとも近い土手に、クワージャ・ムハンマド・ザカルヤか、ワジル・カーンの庭園の2つの楼台が並び、その中間に朽ちた観覧台がみえる。その後ろには誰のものか不詳の黒ずんだ墓廟があり、さらにその後ろに、チニ・カ・ラウザか、アフザル・カーン・シラージの大きな墓廟がみえる。

ニットの見取り図にサービスエリアが加わった。このマウソレウム建築複合体に、外国からの旅行客や商人が利用する高級な宿泊施設もあったのは明白で、例えば、フランスの宝石商で旅行家のジャン・バプティスト・タヴェルニエは、「世界中の人々がそのすばらしさをみれば称賛するだろう」と述べている。

1648年にシャー・ジャハン帝が、シャージャハナバード（デリー）に王宮を新たに建設し、宮廷政治の中心を移すと、アグラは衰退しはじめた。ヤムナー川に面した庭園邸宅は、新都に移った政府の高官や貴族に放棄され、地元住民に奪い取られた。川の両岸は庶民の生活の場となり、どんな人生を送ってきた人も、どんな宗教を信じる人も、貧しい人も富める人も、老いも若きも混ざり合い、川で泳ぎを楽しむ文化も出現した。

1803年に宗主国となったイギリスに接収されて以降も、川岸の庭園群は衰退しつづけた。20世紀と21世紀には、ムガール朝の旧都アグラの姿はほとんど忘れ去られ、拡大する都市化の波に吸収されてしまった。現在ヤムナー川の水位は、上流で灌漑用に建設されたダムによって低下し、汚染がひどく、かつてもっとも高級な区域であった川べりは、生ゴミや不法投棄物のたまり場になっているところもある。それでも、アグラを訪れて川を客船でめぐり、昔のままのタージマハル廟を眺め、ムガール王朝の庭園都市に思いをはせる人々は絶えない。

下：ヤムナー川側から見たタージマハル建築複合体。ミーマンカーナ（迎賓館）（左）、タージマハル廟とモスク（右、ここではみえない）は、胸壁で枠づけた河畔の台地に築かれた。

イスファハン
Isfahan

シャー・アッバースとサファヴィー帝国

スティーブン・P・ブレイク

◆イランのサファヴィー帝国の新都に魅せられたのは、ペルシャの詩人たちだけではない。ジャン・チャーディンのようなヨーロッパ人旅行家にとって、「イスファハンは世界有数の大都市」であり、匹敵するのはパリとロンドンぐらいであった。シャー・アッバース1世（在位1587～1629）が1590年に創った都は急速に拡大し、壮麗な建造物がつぎつぎに生まれた。

サファヴィー帝国（1501～1722年）は、近代初期に中近東と南アジアに君臨した3大国の1つであった。のこりの2つは、インドを領有したムガール帝国と、アナトリア、バルカン、レバント諸地域および北アフリカを領有したオスマン帝国である。サファヴィー朝の創始者であるシャー・イスマーイール（在位1501～24）は、神託をうけて、主にチュルク系遊牧民からなるサファヴィー神秘主義教団の教主もつとめた。イスマーイールは、自分こそは神に選ばれし者で、預言者ムハンマドの義理の弟アリーの生まれ変わりであり、神の顕示そのものであると主張した。彼の神性を信じて従う人々は、チュルク系のアク・クユンル〔白羊朝〕軍をタブリーズで打ち負かし、まもなくイラン平原の支配を獲得した。

イスマーイールはカリスマ的な創始者であったが、成熟した国家の制度的な基礎固めをしたのは、彼の孫のシャー・アッバース1世である。チュルク系部族連合の軍事的攻勢に反撃するために、アッバースは、自軍の補強として機動性にすぐれた騎馬部隊の数を増やした。召使いや奴隷出身でも優秀ならば抜擢したので、彼らは個人的にアッバースにたいする忠誠心を強く抱いた。膨れ上がった臣民を養うために、アッバース帝は一連の経済改革をおこなった。部族集団の首長が領有していた農地を皇帝領とし、再分配した。アルメニア商人の仲介グループを雇って領内で産出される絹を外国市場に売りこみ、オランダおよびイギリスの東インド会社と有利な貿易協定を結ぶことに成功した。また祖父のイスマーイー

「イスファハンは世界の半分である」という有名なことばがある。しかし、私に言わせれば、それはイスファハンの半分について述べたにすぎない。

（イスカンダル・ムンシー、1615年頃）

ルほどのカリスマ性はないものの、アッバースはイマーミ・シーア派を推進し、モスクや大学を創立してシーア派の聖職者をその重要な位置につけるなど、シーア派イスラーム教の儀礼や習慣を一括して受け入れた。

アッバース帝は、制度改革が進行するなかでイスファハンに新しい都を設置することを決めた。かつてイスマーイール帝はタブリーズを統治の拠点とし、息子のターマスプ帝はカズヴィンに本拠地を構えた。アッバース帝が選んだイスファハンは、イラン高原の中央部に近く、アケメネス朝ペルシャ帝国（紀元前559～紀元前330年）の古都ペルセポリスのそばに位置する。1590年、イスファハン旧市街のハールーネ・ヴェラーヤト広場周辺に拠点をおいたアッバース帝は、最初は旧都の再建計画に取り組んだ。しかし、1602年にウズベク軍を打ち負かしてヘラートを奪還すると、オアシス地域の南西端にあたる旧イスファハンの庭園を開発し、新たに首都の拠点となる広大な長方形の広場を建設した。「世界の縮図の広場（メイダーネ・ナクシェ・ジャハーン）」とよばれたこの大広場の最大の特色は、その4辺に4つの堂々とした門がそびえ立ち、そこから4つの壮麗な建造物群へと通じる新しい都市空間を構築したことである。ナクシェ・ジャハーン（大広場）の西側にそびえるアリカプ（至高の門）は高層の館をなし、それ自体いくつかの機能をになっていた。王宮領域へ通じる入口であるだけでなく、使節団や役人が王に謁見する広間や、大広場をみわたせる高いバルコニーをそなえていた。王宮そのものは、アリカプ門の背後の広大

左：ムガール派の絵師ビシュン・ダスによるアッバース1世の肖像画（抜粋）。シャー・アッバースはサファヴィー朝の偉大な支配者で、経済改革をおこない、領土の拡大と安全をはかり、商業を再生し、また、シーア派を推進することによって自身の権力を強めていった。しかも、イスファハンに新都を築いた。

172　近代初期の世界

上:シャー・アッバースは、帝国にふさわしい首都イスファハンの創生に着手した。彼の新都構想の中核は、「世界の縮図の広場」(メイダーネ・ナクシェ・ジャハーン)とよぶ壮大な広場を築き、市場をはじめ、娯楽やスポーツ、巡礼者の列で賑わう舞台として役立てることであった。大広場に面した4つの堂々たる門は、それぞれ壮麗な建造物に通じており、写真右の皇帝のモスクはその1つである。広場の壁全体が色タイルで被われ、総数にして47万5000枚という。

右:「世界の縮図の広場」の大広場の西に面したアリカプ門。この向こうに広大な王宮がある。また、アリカプ門の6層からなる建物は行政の中核をなし、王が接見する場でもあった。広くて高いバルコニーは、方形の大広場のさまざまな催しを見おろす観覧台として利用された。広場には、シャー・アッバースが建てたとされるポロ競技用のゴールの石柱が今もみられる。

イスファハン 173

上：アリカプ門の真向いに立つシャイフ・ルトゥフアッラーのモスク。シャーの私的な礼拝堂であった。シャー・アッバースの重要な改革は、シーア派を正式の宗教として推進し、積極的にシャイフ・ルトゥフアッラーなどのシーア派のイスラーム学者たちをイランに招いた。

な敷地に設けられ、多数の館や、宮殿広間、庭園、厩舎、住宅区画などからなる広壮な建築複合体をなしていた。なかでも、チェヘル・ソトゥーン（40本の柱）とよばれた宮殿広間とハシュト・ベヘシュト（8つの楽園）とよばれた建造物は、とりわけ壮麗であった。アッバース帝は、この防御壁で囲まれた「宮城」の敷地内に、いくつも立派な館や住宅区画を設け、大勢の従者や近衛軍を住まわせた。それは王の家父長的権力の強化をもたらし、族長に率いられた他のチュルク系部族の軍勢を打ち負かす力となった。

広場の北側にそびえるのは、カイサリーイェ（王の）門であり、王のバザール（市場）に通じている。旧市街のバザールと長いアーケードでつながるこの新しいバザールは1660年代に最終的な形が完成し、都の流通経済の大動脈となった。至高を意味するアリカプ門と同様、カイサリーイェ門も名前にまけない重要性をもつ。入口の床面を5面の側壁で半円形に囲んだ2階建て構造で、泉のある中庭が設けられた。壁面の下半分は彩釉タイルで覆い、上半分は色彩豊かな絵画で装飾され、アッバース帝が狩りから戻るシーンやウズベク軍を打ち負かすシーン、宴会に興じるヨーロッパ人たち、いて座のような文様、占星術にしたがって都を選ぶようすなどが描かれた。1階のひさしを張りだしたバザールの棚には、宝石商、金細工職人、布織物商の品物が並び、2階のバルコニーでは、王室の楽師たちが、夕暮れどきと真夜中に大きな音で勇ましい曲を演奏した。カイサリーイェ門は、イスファハンの新しい首都の商業にたいし、王室が不可欠な役割を担っていることを如実に示していた。経済の立て直しによって蓄積された富をもとに、アッバース帝は本格的な支援にのりだし、道路、店、隊商宿の建設や都の商人との交渉、職人や芸術家のすぐれた工芸品や美術品の輸出にも積極的に介入した。

アッバース大王の広場のあと2つの門は、モスクに通じ

ており、東側の門は、シャイフ・ルトゥフアッラーの名を冠したモスクの入口である。「王の広場」の敷地の造成後まもなく建設がはじまり、4つの門のなかで最初に完成した。レバノン出身でアラビア語を話すルトゥフアッラーは、このモスクの最高位の聖職者として礼拝およびイスラーム教義の師をつとめた。王にひじょうに気に入られ、王家の特別な待遇をうけてイマーム・シーア派の拡大に貢献した。

南側の壮麗な門は、アッバース帝が新都に造営したもっとも重要なマスジディ・シャー（王のモスク）に通じている。左右に2つの尖塔をそなえたこの門は、向かいのカイサリーイェ門とよくマッチし、エントランスの中央には小さな泉水が設けられている。また馬などの家畜が立ち入らないように入口の敷居には鎖が張られていた。マスジディ・シャーは、礼拝集会用のモスクとして新都のために設立され、王宮につぐ2番目に大きな建築複合体をなした。モスクには、1800万個のレンガと47万5000枚の彩釉タイルが使用されたといわれる。また、2つの学寮、4つの尖塔も設置され、地下には真夏の暑さを避ける部屋があった。「王のモスク」は、数々の軍事遠征を果たしたアッバース帝の偉大さを民衆に伝えるとともに、マフディーを奉じ、アリーを初代とする十二イマーム・シーア派イスラームの教化の象徴であった。礼拝の方角を示す壁のくぼみ（ミフラーブ）の向こう側には、アリー・レザー（8代目イマーム）が持っていたコーランの書と、殉教したホサイン（3代目イマーム）の血に塗られた衣装の2つの聖遺物を納めた戸棚があった。中央の聖域を覆うドームはタイルで埋め尽くされ、その大きな丸屋根は何マイルも離れたところからもみえた。

アッバース帝は、この四方に巨大な建造物を配した「世界の縮図の広場」を整備すると、その西側に南北に走るチャハルバーグ大通りを建設した。ザーランデルード川の水利システムを生かした広大きわまる大庭園都市構想のもと、イスファハンは、王の広場を拠点に急速にその領域を拡げ、1670年頃の人口はほぼ50万にたっした。アッバース大帝が立てなおしたサファヴィー朝国家の首都イスファハンの壮麗さは、詩人の誇張した表現に負けないものであった。しかし、その約50年後には終わりがくる。17世紀後半、外国への絹の輸出が落ちこむ一方、インドからの輸入品の価格や国の維持費用が上昇しつづけて財政難がひどくなっていた。サファヴィー朝最後の王、シャー・スルタン・フサイン（在位1694〜1722）は、問題に立ち向かう熱意も能力もなく、ギルザイ・アフガン軍が1722年に首都を包囲したとき、サファヴィー軍は抗戦の準備をまったく怠っていた。6か月間の包囲攻撃にさらされ、住民の死傷者はすさまじい数にのぼった。侵略者たちは都に入城すると皇帝の首をはね、略奪と破壊によって荒廃したサファヴィー朝は滅亡した。

下：シャー・アッバースの帝国の経済的な成功の大半は、交易によるものである。ヨーロッパ、ロシア、インドを含む世界じゅうの商人が、イスファハンへやってきた。この17世紀の銅版画には、大広場にテントがならび、仲買人たちで賑わう市場が描かれている。

北京(ペキン)
Beijing

および紫禁城

フランシス・ウッド

◆16世紀と17世紀に北京の都へ向かった旅行者のなかで、華北平原に高くそびえる巨大な灰色の城壁に驚かなかった人はいないはずである。16世紀中頃、北京に2か月間滞在したポルトガルの旅行家で探検家のフェルナン・メンデス・ピントは、「都の周囲を二重にはりめぐらした要塞は、加工した石で築かれ…中国人の説明によると、この長大な城壁のなかに3800の高楼や寺院が存在している」と記した。1420年、皇宮の建立式典に参列するためにティムール朝の使節団に同行して北京を訪れたペルシャ人の歴史家ハーフィズ＝イ＝アルブは、建築中の城壁を目撃している。

それはひじょうに壮麗な都であった…都じゅうを囲む壁はまだ建設中であり、長さが50腕尺〔1腕尺は約0.52m〕もある竹材を10万本も組んだ足場が設置されて

> この北京の都は、あまりにも桁はずれで、何もかも注目に値する…どこから書いたらよいのかわからないほどだ。
> （フェルナン・メンデス・ピント、1614年）

いた。夜が明けたばかりだったので門はまだ開かれておらず、我々使節団は完成間近の高楼のなかを通り抜けることを許された。

この場所には2000年の間、群雄諸国や異民族によって都城が築かれてきたが、1409年に、明の第3代皇帝で在位中（1403～24）は永楽帝とよばれた太宗(たいそう)が、北京という正式名称のもとに、首都をそれまでの南京のさらに北へ移した。当時の名残りは今もみることができる。

明の太祖、洪武帝(こうぶてい)（在位1368～98）は、彼自身の権力基盤であった南京に新首都を建設し、自分の息子たちを遠い地方の領主に分封して中国全土の集権化をはかった。永楽帝は、彼の4番目の息子であり、かつてモンゴル人の征服した元王朝の壮大な首都、「大都(だいと)」の地（洪武年間から縮小されて北平(ペーピン)とよばれていた）の封主として、確固たる地盤

下：天壇(てんだん)は1420年に創立されたが、落雷による焼失後の1751年と1899年に改築された。白い3段の大理石の基壇に設けられた3層建築の丸屋根の内部は、計28本の赤や金で彩色された太い柱で支えられている。屋根の天井の梁は、それぞれ皇帝と妃を象徴する龍や鳳凰の彩色画で飾られている。ここで毎年帝は先祖の碑を拝し、過ぎし1年の出来事を天に報告して五穀豊穣を祈念する。

フランシス・ウッド

を築いた。その後、反乱軍を率いた彼は、1403年の南京炎上と第2代皇帝（彼の甥にあたる）の死をもって、王位を奪うことに成功し、南京の地から自軍の拠点を北京（以前の北平にあたる）へ移した。好戦的なモンゴル系民族が依然として北側の境界にひかえる明にとって、南京の地はかなり離れていた。明は築都以前から、脆弱な北平の城壁の強化をはじめていた。元が築いた大都の古い城壁の上にレンガを敷き詰めて補強し、北側の境界を守る城壁は、かなり南へ移動させた。南側の城壁の一部は、1553年になるまで築かれなかった。人口が増加し、寺院、飲食店、娯楽場などがつぎつぎに建設され、北京の都は膨らみつづけた。全体を取り囲む都城が完成した明朝の北京の規模は、62km² 以上の面積を有していたとされる。

　元朝の滅亡とともに「この地の命運は尽きた」という占いの判定や反対意見を退け、永楽帝はかつての繁栄ぶりをしのぐ帝都北京の建設を遂行した。1406年から王宮の建設のために必要な資材を集めることを命じた。大運河を改良し、南から北上して北京へ建築材料ばかりでなく米を運びやすくした。1404年には山西地方の約1万戸の世帯を東へ強制移動させて北京の人口を増やし、東南アジアで捕虜にした7000人の職人も含め、大量の労働力を集結させた。じっさいの建設作業は、1416年になってようやくはじまった。その間建設に必要なカタルパ、エルム、オーク、カンファー、*Phoebe nanmu*（クスノキ科）などの木材を中国全土から集め、さらに山東や蘇州の遠隔地から、床に敷く石材とともに、赤粘土、黄粘土、金箔が確保された。

　「紫禁城」すなわち王宮を中心とした宮殿複合体は、明朝北京の主軸上の中央を占め、南北の幅はほぼ1000mに及ぶ大規模なものであった。主軸である大通りは、南は「天壇」すなわち祭祀をつかさどる建築複合体に通じ、北は国境の城壁にいたる。天壇の建築複合体はいくつもの祭祀用建物からなり、のべ9000の「部屋」があった。「天壇」そのものは濃赤色に塗った外壁と、彫刻をめぐらした白い大理石の欄干台をそなえ、屋根は当時黄色い瓦でふかれていた。西洋人のなかでもっとも早い時期に北京を見たイエズス会士のニコラ・トリガーは、17世紀初期、「王のシンボルカラーは黄色とされ、ほかの人民には禁じられており、皇帝の服はさまざまな龍のデザインの刺繍が施されている…宮殿の屋根は黄色い瓦ぶきで、床や壁に貼られたタイルの表面にはさまざまな龍が描かれている」と記録を残した。皇帝は、天安門のなかの3つの主殿（三大殿）で政務を指揮し、一方、奥のプライベートな建物群には何百人という宮廷女性が暮らし、宦官が仕えていた。

　都の南端に位置する天壇は、1420年に最初に建立され、帝国の祭礼にかんするきわめて重要な建物群である。農事、太陽、月、大地を祀る祭壇（16世紀初めに建立された）もあり、皇帝たちが毎年そこで供儀をおこなった。皇帝は「天子」とみなされ、「天壇」は最重要の祭壇を意味し、皇帝は毎年、冬至の晩と、陰暦の正月に天壇を訪れて祭礼をつかさどっ

上：永楽帝は15世紀初めに北京へ遷都した。紫禁城を中心とする都市計画は、彼の在位中に整備がはじまり、多数の大きな寺社が建造された。この肖像画の帝は、広い袖と低い襟のゆったりとした明の長衣をまとい、貴人のものである黒いベルベットの帽子をかぶり、ふんだんに彫刻が施された幅の広い王座にすわっている。

た。そのさい皇帝は、ゾウに曳かせた車に座り、紫禁城から行列をなして都大路を南下した。

　永楽帝の新首都の成長ぶりは、1401年には北部に40か所あったと考えられる寺社の数が、1550年にはほぼ250か所に増えていることからもわかる。これらの大半は仏教や道教で、なかには民間信仰や関帝廟を崇拝する集団のために建立されたものもあった。寺社は、たんなる礼拝の場ではなく、地元の神の生誕日などには、芸人が曲芸やナイフ投げを見せたり、手品師がネズミやサルをつかって芸を見せたり、旅まわりの商人の露店やさまざまな催しで賑わう場でもあった。しかも、寺社の広い境内は定期市のために開放されていた。メンデス・ピントの記録によると、「北

北京　177

　京には月行事が催される公共広場が120か所あり、吉日には同じ日に4か所で催される計算になるという。…市街地の通りは業種別に専門店が並び、シルクやブロケード織り、金紗や麻、木綿の布製品、黒テンやイタチの毛皮、ジャコウジカ、アロエ、磁器、金、銀、パール、金粉、金塊…サンゴ、カーネリアン、水晶…ショウガ、タマリンド、シナモン、胡椒、カルダモン、ホウ砂、インディゴ、蜂蜜、ロウなどの商品であふれていた」。明帝国の絹製品は蘇州、磁器は景徳鎮、紙は西山というように中国各地の特産物の大半も、一般に大運河を伝って船で北京に運びこまれた。

　1550年頃の北京の人口は100万を超えていたとされ、富裕層は、北部にある湖の近くに堅固な邸宅を建てて暮らし、華北平原の北西部周辺の西山のなかに別荘を所有する人も多かった。一方、貧民層は、大通りのはざまに縦横にはりめぐらされたせまくて陰気な小さな路地裏に密集して、当時の表現でいえば、「まるで牛毛のように」暮らしていた。毎年、都は明の役人になるための科挙試験を受けにくる人々であふれ、中国じゅうの商人が往来し、同郷人組合の宿泊所などに滞在した。

　明朝中国が世界に勢力を伸ばしたことは、宦官で海軍大将の鄭和が、東南アジアやアフリカまで航海を果たして持ち帰った異国の品々をみても明らかである。4度の遠征をおこなった鄭和は、1419年には皇帝の動物園のために、ライオン、ヒョウ、ダチョウ、シマウマ、サイ、アンテロープ、キリンを連れて帰還し、とくにキリンは永楽帝を喜ばせた。外国人使節団もひっきりなしに北京にやってきた。ハーフィズによると、1420年、日本人、カルムイク人（モンゴル系）、チベット人の使節団がそろって紫禁城の創立式典に参列したという。しかし、何か月もたたない1421年5月、紫禁城の中心である奉天殿をふくむ3つの大殿は、

落雷で焼失してしまった。滞在中のハーフィズは、「ラピスラズリ（瑠璃）…の柱で支えられた」豪壮な建物が、「まるで何百何千というたいまつの火で照らしたように」燃えさかるようすを目撃した。それらはまもなく再建され、たとえば奉天殿を皇極殿とするなど占いにしたがって改称された。

　明の隆盛期には、朝貢に訪れる外国使節団の紫禁城へ向かう列が絶えることがなかった。そのなかには1520年のポルトガルの初の使節団もあり、1601年にはイエズス会の宣教師、マテオ・リッチも入城している。紫禁城は、1912年に清王朝が終焉するまで皇宮でありつづけた。

上：城壁の楼門の内側で、骨とう品や扇子、硯、書籍などを売る露店市が開かれている。奥の方には、青い木綿地の表紙の本が白い布の上に陳列されているそばで、あぐらを組んで読書をしている客がいる。彼の右の行商人は赤い袋とデンデン太鼓を手にしている。黒い垂れ飾りのついた帽子の官吏たちは市場を巡回している。

京 都
Kyoto

ここちよい庭園と朱塗りの宮殿

レズリー・ダウナー

◆現在京都として有名なこの都市は、当時すでに千年近くの歴史をかさね、「みやこ」とよばれていた。政権の中枢は別の場所に移っていたにもかかわらず、皇統をつぐ天皇の御座所である京都は、唯一「みやこ」の聖性と尊厳を集めていた。

都の建設は、桓武天皇が風水占いにかなう遷都をおこなった794年にはじまる。三方を山で囲まれた広い盆地に、東と西に水量豊かな川が流れ、桓武天皇はこの地を「平安京」と名づけた。歌人は「山紫水明」の都と称えた。中国の唐王朝の伝説的な都、長安城 (p.90 参照) を模範として、朱雀大路を中心に碁盤目状に分かれた都市の北部に、大内裏 (政庁) と内裏 (天皇の住まい) からなる皇城を設置し、南の境界には洛外からの侵入を防ぐ羅城門が築かれた。

平安京の貴族や皇子たちは朱塗りの宮殿で暮らし、豪華に飾りたてた牛車に乗って都大路を往来し、和歌を詠み、香合わせを楽しみ、宮廷の細やかなしきたりに浸る毎日を送った。こうした文化は、珠玉の文学に凝集されており、なかでも『源氏物語』は、11世紀の宮廷女官であった紫式部が平安朝の宮廷人の甘美な生活を描いた世界初の小説である。

1194年〔諸説あり〕、武家政権の時代がはじまった。15世紀半ばの応仁の乱で、「みやこ」は戦火にまみれ、天皇の権威はさらに弱まった。400年以上の激しい戦乱の時代を経て、天下統一を果たしたのは豊臣秀吉だが、彼の死 (1598年) をさかいに、反旗をひるがえした徳川家康の軍勢は、1600年豊臣側を関ヶ原の戦いで打ち負かした。天皇は、完全に覇権を握った家康を征夷大将軍職に任じた。

世の中が平和になり、繁栄期が訪れた。家康は、東国の小さな漁村であった江戸に幕府を移し、徳川家の世襲によって江戸は大都市へ急成長した。のちの東京 (p.281 参照) である。しかし、江戸時代になっても、天皇の御座所の京都は別格であり、「みやこ」で暮らす皇族や貴族たちのみならず、商人や芸能人も加わって、平安王朝の熟爛期にはみられなかった多種多様な芸術文化が開花した。1691年に来日し、出島のオランダ商館付のドイツ人医師であったエンゲルベルト・ケンペルは、京都の人口が約30万であったとみなし、「みやこは職人によるすばらしい細工物や商品の宝庫である」と記している。

権力を固めるために、家康は壮大な建造物の建設事業に

…今の都を清水の西門より詠め廻せば、立ちつづきたる軒端の内蔵の気色、朝日にうつりて、夏ながら、雪の曙かと思われ、豊かなる御代の例、松に音なく、千年鳥は、雲に遊びし。かぎりもなく打開き、…今は土手の竹藪も、洛中になりぬ、それぞれの家職して、朝夕の煙立てける。

(井原西鶴『本朝二十不孝』より。1686年)

着手し、豊臣側の敗軍の将でいまや臣下となった西国諸大名に労役や費用負担を課した。将軍が上洛のさいに滞在するための御殿 (二条城) を京都に築いた。すばらしい庭園とともに格天井、欄間彫刻、金箔の壁など豪華絢爛たる装飾が施された二条城は、徳川の威光を示すものであった。成り上がりの将軍が富裕さをみせつける一方、京都の貴族たちはべつの様式を発展させていった。茶の湯は、「茶道」の作法が確立した。清楚で簡潔な美意識から生まれた茶の湯だが、皮肉なことに、大名や豪商はしばしば莫大な費用を投じて贅を尽くした。茶の湯のたしなみは、玉砂利の道を踏みしめて小さく簡素な茶室まですすみ、小さな戸口をくぐるところからはじまる。サクラの枝を細工した茶杓から茶椀まで、ありとあらゆる道具が芸術品であった。

17世紀初期に智仁親王が別荘として建てた桂離宮は、茶の湯の精神を具現した簡素な屋敷や四阿とみごとな庭園からなっている。大きな池を周遊できる小道にみちびかれ、茶室にいたる苔むした石橋をわたり、木々の植えこみや石灯籠の庭をながめる。そこは、山や丘や海からなる世界全体の縮図であり、視界に見え隠れする景色がもっとも引き立つように、どの木もどの石も絶妙に配置されている。ここで、智仁は数寄屋造りの月見台に座り、苦い緑茶をすすったのである。

一方、平和な時代に町民たちもまた新しい文化の隆盛をたのしんでいた。洗練さに欠け、威勢がよく、やや下品で、荒けずりではあったが、そこから恒久的に愛されることになる日本の芸能文化が生みだされた。商人の身分は、金で手を汚しているという理由で低くみられた反面、莫大な富を築いて尊敬をあつめる豪商も増えた。町民の生活が豊かになり、家の普請のみごとさや派手な服装を競いあうことにたいし、幕府はたびたび奢侈禁止令を出して戒めた。華美な服装が禁止されると、町人たちの関心は「浮世」のつかの間の愉しみに向かい、歌舞伎小屋などのほか「悪しきところ」に通うことが流行した。そこには町民を魅了した文化が凝縮されており、島原では、遊女の気をひくために全財産を使いはたし破産した商人もめずらしくなかった。

鴨川の河原は、不法に占拠した見世物小屋が並び、お祭り騒ぎでつねに賑わった。茶屋の娘は、客のふところ具合で歌や踊りやそれ以上のサービスを提供した。当時の風俗

上：京都南西部の桂離宮の庭園は、1620年頃、後陽成天皇の弟にあたる智仁親王によって創設された。回廊式の庭園を巡り歩きながら、訪れた人が小宇宙を感じるように設計されている。さまざまな趣向をこらした茶室があり、建築様式にも変化をもたせている。石橋は、平安時代からその美しさを歌に詠んだ宮津の「天橋立」を連想させ、橋の向こう側は松琴亭の茶庵に面している。松琴とは、松の葉が微風に揺らぐさまを琴の奏でる音色にみたてた表現である。

右：家康の絶大な権力を象徴する二条城を普請したのは、敗軍の将であった全国の外様大名たちである。膨大な建築費の負担と大勢の建設労働者の派遣を命じられた彼らは、再度戦う兵力を蓄える時間も財力も失った。二条城の最初の建設は1603〜11年におこなわれ、現在の豪華な御殿は、家康の孫の家光によって1626年に完成した。金箔を惜しみなく用いた御殿の大広間とならんで有名な「うぐいす張りの廊下」は、歩くたびにキュッキュッと音が鳴り、不審者の忍び足にも感応する仕掛けが床板に施されている。どの広間もそれぞれ異なる画家の描いた格調の高い障壁画（襖絵）で飾られており、広大な庭園は、造園の名匠小堀遠州の設計である。

京都 181

レズリー・ダウナー

上：戸外で芸者が盆の上で抹茶をたてている。まず絹の赤い袱紗で茶器をふき清める。それらは古い価値のある美術品かもしれない。茶碗を温めたあと、漆塗りの容器（なつめ）の蓋をとり、小さな木匙（茶杓）で鮮やかな緑色の茶葉の粉末をすくって山盛り3杯半茶碗に入れる。やかんのお湯を注ぎ、茶筅で泡立つまでかき混ぜる。客は、差しだされた抹茶を3回半にわけて飲む（最後はすする）。日本人の日常の暮らしには禅の影響がみられ、茶道の作法はすべて入念に決められた形式にのっとっている。

右ページ：作者不詳の「遊郭図」（ボストンのファインアート美術館に収蔵されているデンモン・ワルド・ロスのコレクションより）。寛永年間（1644～44年）の後半の「浮世」の文化が描かれている。

画には、祭りの衣装を着て都大路で踊る人々や、文楽、相撲、曲芸、刀を呑む特技などを見物している群衆の様子が描かれている。

　歌舞伎が発達したのは京都である。最初は芸妓たちが演じ、客を引きよせるために踊りや軽い寸劇を披露した。しかし、あまりの無節操さに幕府は女性が歌舞伎小屋で演じることを禁じたので、男性役者だけの歌舞伎が生みだされた。身分は商人よりやや低かったにもかかわらず、人気役者は名士のようにもてはやされた。このはつらつとした元禄期の町民文化は、浮世絵や西鶴や其磧の浮世草子などの不朽の作品にみることができる。

　18世紀初めには、江戸は世界で人口がもっとも多い都市になった。にもかかわらず、京都は依然としてあらゆる文化、生活、精神面で別格の存在であった。江戸の富裕な人々は、京都へ物見遊山にやってきて、新設された祇園の花街で魅力的な芸妓のもてなしを愉しんだりした。なによりも京都は、由緒ある神社や寺が集まる聖地でもあった。

　19世紀半ばに江戸幕府が諸外国に開国をせまられたとき、京都は勤王攘夷の中心舞台となった。数年におよぶ内乱を経て徳川幕府は終焉し、1868年に明治維新がはじまった。王政復古により天皇が統治者として入城した江戸は、東京と改称され日本の首都に制定された。

　日本文化の中核をなしてきた京都にたいし、第二次世界大戦中、アメリカ軍は空からの爆弾投下を避けた。現代の京都は、古都の街並みが壊されコンクリートの建物が増えるという新たな戦いに直面している。近年、京都駅も広大な複合ビルに改築された。しかし、高い壁の背後には、御所や、寺や神社、庭園などがそのまま残っている。古都はいまも山紫水明のなかにたたずみ、木造の黒塀の列が影をつくる小路で、ぽっくりの音をならして歩く舞妓たちに出会うこともある。

プラハ
Prague

ルドルフ2世の魔法の都

コリン・アメリー

◆ プラハは、つねにヨーロッパ政治の岐路に立たされた都市として、複雑な歴史を重ねてきたが、最近ようやく変化が訪れた。最悪だった時代は過ぎ、市民たちはゆるぎない未来をかちとったことを静かに受けとめている。ゴシックやバロック様式の建築作品の宝庫であるプラハは、最近になって共感をもって見直され、長年無視されてきた状態を抜け出した。ヴルタヴァ川〔ドイツではモルダウ〕の流れにそって展開するプラハ市街の建築群の大パノラマは、ヨーロッパでもっとも美しい光景の1つだが、そのみごとさを称賛するだけでなくこの都市の歩んだ歴史を思い起こすことも重要である。1989年11月のビロード革命を目撃した人たちは、住民の4分の3にあたる75万人が、ヴァーツラフ広場や周辺の街路を埋めつくし、「ハヴェルを城へ！」とシュプレヒコールをあげながら、大波のうねりとなってカレル橋を渡っていった民衆の力をけっして忘れることはない。要求の実現まであきらめることなく、自由主義者であり啓蒙的な劇作家であったヴァーツラフ・ハヴェルは大統領就任の宣誓を果たし、民衆は自由を勝ちとった。

「黄金のプラハ」の名で知られるごとく、街じゅうの漆喰壁が太陽の光を浴びて金色に輝き、川から立ちのぼる朝もやに「百の尖塔」が浮かぶ眺めは、ヨーロッパ屈指の美しさである。ゴシック様式の中世から、バロック様式が席巻した反宗教改革期まで、まるで百科事典のように建築の変遷の歴史が目の前に展開している。カール4世（在位1346〜78）〔チェコ（ボヘミア）王としてはカレル1世〕の統治下で、プラハは神聖ローマ帝国の首都として栄光の時代を迎え、有名なカレル橋、堅固で威厳のあるプラハ城、ゴシック様式の尖塔などが建設された。

ティーン聖母教会の2つの鋭い尖塔は、聖ニコラス教会のなだらかなドーム状の屋根とコントラストをなし、それらの建築様式の違いには、プラハを形成してきた歴史上、宗教上の抗争が内包されている。ヨーロッパの中心で生じたキリスト教の長年にわたる宗派間の紛争は、プラハではカトリック教徒にたいするプロテスタントたちの反乱となって現われた。そのカトリックの殉死者たちのことを刻んだ慰霊碑には、火器を用いずに高い建物の窓から外へ放り投げて反対派を粛清するというチェコ特有の奇妙な殺し方が何度も出てくる。例えば1421年、プロテスタントの宗教改革者であったヤン・フスを信奉する急進派は、反対派

プラハは我々を去らせてくれない。ひとりも。
この老練な女には爪がある。
人は順応するほかない、さもなくば。
（フランツ・カフカよりオスカー・ポラックへ
1902年1月12日の手紙）

のカトリック勢力数名をプラハの市庁舎の窓から放り投げた。また1618年、プロテスタントであるボヘミア貴族たちは、ハプスブルク家出身で強硬なカトリック擁護派の王によって自分たちの権利を厳しく制限されたことに憤慨し、保守派の王直属の役人をプラハ城の窓から投げ捨てた。1948年には、第二次世界大戦後に新政府の外務大臣をつとめたヤン・マサリクが、社会主義に政権を奪われた直後、プラハ城そばの外務省のあるツェルニン城の窓から「転落」死をとげた。しかも、上述のプラハの3つの窓外投擲事件は、いずれも中央ヨーロッパを戦争と激動の時代に陥らせる契機となった。

プラハの中心部は、4つの歴史地区にきれいに分かれる。そのうち2つの地区は、ヴルタヴァ川の西岸にあたる左側の地域にある。9世紀にさかのぼるフラッチャニ地区（プラハ城を中心とした建築群）はより高い土地を占め、その岩がちの高所から都市全体を見おろせる。城から川の方向へゆるやかに下る斜面の土地は、現在マラーストラナ（小さな場所）とよばれる地区である。驚くことに、そこは都心でありながら今もなお段々畑の菜園や果樹園がみられる。湾曲したヴルタヴァ川の東岸にはもともと2つの古い町があったが、現在はより大きいプラハ市に組みこまれている。この2つの旧市街のうち、川に一番近いスタレ・メスト（旧町）地区の歴史は古く、11世紀までさかのぼる。また、スタレ・メスト地区を三日月状に取り巻いたノヴェ・メスト（新町）地区は、14世紀にはすでに住民が暮らしていた。不運や貧困のせいで放置されてきたために、旧市街

右ページ、上：ドーム、クーポラ（屋根や塔の上の小型のドーム）、スパイア（尖塔）など、中世からバロックまでの様式に、アール・ヌーヴォーやアール・デコの斬新な様式まで加わった建築史の旅ができる眺め。プラハはいつどこにでも教会があり、いまも空にみごとなシルエットを描いている。前面にあるのは、バロック様式を取り入れた十字騎士修道会の教会のドーム。

右ページ、下左：1357年に建設がはじまり、1402年に完成したカレル橋は、19世紀までヴルタヴァ川に架かる唯一の橋であった。

右ページ、下右：「黄金の小路」。ルドルフ2世は、錬金術師や金細工職人を住まわせるためにプラハ城の壁づたいに、おとぎ話のように小さな家屋が並ぶ一画を設けた。ここで不老不死の薬を発明する実験もおこなわれた。

コリン・アメリー

上：ジュゼッペ・アルチンボルド作のルドルフ2世の肖像画。1562年から87年まで宮廷画家をつとめた彼は、ルドルフ2世を古代ローマの四季の神「ヴェルトゥムヌス」にみたて、果物、野菜、草花で構図をまとめた。この似顔絵は、異常な宮廷生活を送り、科学、学問、芸術に魅せられたルドルフ王をうまく伝えている。

地には、プラハのより古い部分が驚くほどよい状態で残っている。19世紀はとるに足らない建物がかなり増えたが、なかにはアール・ヌーヴォー様式の建造物や分離派の芸術家たちの実験建築のように例外的にすばらしいものもある。共産主義は、プラハの中心から外れたこの下町で、「統制された楽園」の夢を築いた。

20世紀後半、「プラハの春」とよばれる政治変革期を迎え「知のルネサンス」が開花した。16世紀にさかのぼれば、プラハはルドルフ2世の在位中にもルネサンスの最盛期を迎えている。1575年、ボヘミア地方の諸侯は、若いルドルフ大公がボヘミア王に就くことを承認するのとひきかえに、神聖ローマ皇帝マクシミリアン2世にたいし、息子で後継者のルドルフをプラハに留め、チェコ語を学ばせて欲しいと要請した。1583年、ルドルフ2世（在位1576～1612）は、神聖ローマ皇帝兼ボヘミア王として、ウィーンからプラハへ王宮を移す決断をし、長年オスマン朝の脅威にさらされた首都ウィーンを離れた。プラハ城を格別気に入ったというわけではないが、ルドルフ2世はめったに外出せず、王宮にひきこもった。ただし、この変り者の皇帝の宮廷は、ヨーロッパじゅうの芸術家や知識人を引き寄せる場所であった。ルドルフ2世は、プラハを政治と文化の中心地へ高めたが、彼の宮廷に出入りした支配階層の多くはひどく当惑した。1606年ウィーン大公は不安を述べている。

　皇帝閣下は、魔術師、錬金術師、占星術師、神秘主義者といった人物のみに興味を抱き、ありとあらゆる宝をさがしもとめ、魔法の習得や、敵対する者を辱める拷問道具の製作に多大な浪費をつづけた。…皇帝はまた、あらゆる魔術の本を所蔵している。神をまったく無視したような態度をよくみせるし、いつか異なる主に仕えるつもりかもしれない

事実、ルドルフはプラハを魔術的世界でみたした。彼は熱烈なコレクターであり、イタリアの大型絵画はアルプスを越えて運ぶように命じた。また「オートマタ（機械仕掛けのからくり玩具）」に魅了され、特別あつらえの地図や天空儀を製作させた。ルドルフ2世の最高の宝物といえるのは、王がパトロンとして世話した人物であった。天文学者のヨハネス・ケプラーやティコ・ブラーエ、魔術師に近いジョン・ディー、哲学者のジョルダーノ・ブルーノといった逸材が、プラハへ手厚く迎えられた。長年、宮廷画家をつとめたジュゼッペ・アルチンボルドは、皇帝の超現実的な趣向にこたえて、顔と上半身を果物、花、野菜で合成した奇怪きわまる肖像画を描いた。こうした絵画類には、クンストカマー（美術収集品）へのルドルフの貪欲な性向が表われている。珍奇で貴重な収集品は、生きた珍鳥ドードーから、ユニコーンの角、ノアの方舟に使われたとされる釘まであった。ルドルフ2世は、きわめて偏屈でわがままな性格であったとされる。しかし同時に、彼こそは、プラハにルネサンス思想の最前線をもたらし、中世の時代から近世に抜ける道をひらいた功績者であった。

ルドルフ2世の残したものは、現在もプラハにかなり存在しており、ふり払うことのできない秘儀性とオカルト的な雰囲気を醸している。プラハ市街の「黄金の小路」すなわち、白い塔付近のプラハ城壁にそって小さな建物の並ぶ通りを訪れると、かつて皇帝に雇われた錬金術師や金細工師たちが、彼のコレクションを豊かにするために働き、不老長寿の霊薬づくりに奮闘していたようすが伝わってくる。「魔法」がキーワードであった当時の区画や建物がそのまま残り、「知」の苦闘を感じとれるプラハのような都は、現在のヨーロッパではきわめて少ない。ここはまた、中世のプラハ城をはじめ、バロック様式の宮殿群、モーツァルトがドン・ジョバンニを初演した劇場など、どこでも歩いていける距離にある。最近のチェコ共和国は、ヨーロッパの都市の「原形」を探索できるプラハの蘇生に積極的に取り組む一方、近代以降の暗い時代の記憶は薄れつつある。

アムステルダム
Amsterdam
およびオランダ共和国

サイモン・シャーマ

◆アムステルダムは奇跡である。2つの世紀にまたがり、正確には1640年から100年間の「時間の網」のなかで、ぴんぴん跳ねるタラの豊漁のように繁栄しつづけた。アドリア海のラグーナ（潟）に築かれた運河の帝都ヴェネツィアを別にすれば、世界で優雅と評される感覚を人々の記憶にとどめる都は、アムステルダムをおいてない。しかも海と歴史は、ヴェネツィアよりもアムステルダムにたいして寛大であった（あるいは、アムステルダムは政治的に賢明であった）。ゾイデル海の築堤と干拓事業のおかげで、東フレーヴォラントに耕作可能で人が住める土地が増え、街に海水があふれたり、地盤が沈下する問題はなくなった（ただし、新たな社会・環境問題も生じ、ゆたかな海洋生物の生態系のバランスは大きく崩れてしまった）。アムステルダムの運河沿いの小道が、今なお人を惹きつけてやまないのは、ここが世界のあらゆる都市のなかできわめて短期間に急成長をとげ、最盛期においても倹約を心がけ、蓄財にはげんだ都だからである。1600年頃のアムステ

ゆえに、アムステルダムとは、トルコ人－キリスト教徒－パガン－ユダヤ教徒の街である／宗派（セクト）一体となった商業中心地（ステープル）であり、分離派（シズム）の貨幣鋳造所が栄えている／アムステルダムの信用できる銀行は、おかしな評判はひとつもなく／貸付や両替の便宜をはかる。
（アンドリュー・マーヴェル、1653年）

ルダムの住民は3万、その100年後は20万に増えた。ちなみに1900年頃も同じく20万人弱であったとみられる。

じつはアムステルダムは、控えめという評判とは相いれない面をもっている。ラスベガスのように運、不運があることなど信じていないかのように、可能なときはつねに自分の判断を押しとおす。この都市の莫大な富、名声、自由を、手ばなしで最初に称賛したのは、ヨハネス・ポンタヌスである。もっとも1614年に著書『実録、アムステルダム市の歴史』が出版された当時、アムステルダムはまだ繁栄途上であった。しかし24年後の1638年には、フランスの皇太后マリー・ド・メディチの滞在を正式に受け入れるほど大きくなっていた。息子のルイ13世と宰相のリシュリュー枢機卿に疎んじられた彼女は、国

下：17世紀のアムステルダムは、主要産物のみならず世界各地のぜいたく品が売買される「大商業中心地」であった。この船着き場の魚市場の賑わいを描いた銅版画は、1663年のオルフェルト・ダッペル著『アムステルダム市の歴史について』の挿画の一枚である。

サイモン・シャーマ

上：1572年に出版されたブラウンとホーヘンブルクの『世界都市帳』のなかのアムステルダムの概要図。小規模な都市が水路に囲まれているが、主要な運河（グラハト）が同心半円状に取り巻く合理的な構造はまだ築かれていない。

外に追放中の身の上であった。フランドルのカトリック教徒の家に生まれ、オランダの画家として有名なペーテル・パウロ・ルーベンスは、かつて皇太后が王妃であったころ、彼女の人生を華麗に描いた20枚以上の連作絵画を制作した。凱旋門や花火大会、空中を舞台にした宮廷仮面劇、行列、祝宴などの寓話的なシーンで、絶大な力と知性をもつ慈悲ぶかい女神の姿に描かれている。

　黄金の17世紀にアムステルダムにやってきた多くの人と同じく、皇太后はたちまち買い物に夢中になり、商人との交渉にも老練であった。ここは、まさに大商業中心地（エンポリアム・ムンディ）に成長し、女王の誇りにかなった品物を手に入れることができた。例えば、東洋の香辛料や陶磁器、アメリカ産の香りのよいタバコ、イベリア半島産の鉄鋼石や皮革までそろっていた（オランダとスペインは戦争中であったが両国間の交易に支障はなかった）。また、トルコの敷物、ペルシャの絹製品、ロシアのクロテンの毛皮、あるいはレンブラントのスケッチ画にもみられるライオンやゾウといった王侯貴族が農場で飼っていた珍獣まで、アムステルダムに集まった。

　しかし、アムステルダムのめざましい繁栄の基盤は、ぜいたく品ばかりでなく、17世紀ヨーロッパのごく一般の人々の生活必需品を大量に供給していたことにある。アム

ステルダムに行けば、マラッカのクローブ（香料）やブラジルのエメラルド石だけでなく、あちこちに設けられた市場で、小麦、ライ麦、鉄、燻製や塩漬けの魚、亜麻布、麻、塩、タール塗料、木材などが入手できた。ノーウィッチやアウグスブルクの商人が、産地でみずから仕入れた物資を直接輸送せず、アムステルダムに買い付けに出向いたのは、その方が商品を調達しやすく、安くついたからである。アムステルダムの商人は、交易市場を支配する鍵が、海運業つまり船による輸送ビジネスにあることを知っていた。首都に蓄積された富（アムステルダム為替銀行は、スペインと12年間の休戦協定を結んだ初年目の1609年に設立された）によって、オランダは造船と大量輸送の2分野を連携させた独創的な事業システムを金融面で支えた。ノルウェーの森の木はすべて前もって買いとり、ポーランドのライ麦も収穫前に買い付けて、困窮した土地所有者がすぐに金を受け取れるようにした。近郊の北部地域には、船の建造に必要な木材や麻布の調達を支援した。船づくりの各工程はそれぞれ専門化し、ザーン地方には船大工の作業場もあれば、

錨の鋳造所やカンバス地を縫い合わせる帆布職人の作業場がいくつもあった。また、少ない乗組員で操行でき、荷物がたくさん積めるように船体を改良した輸送船がつくられた。それぞれの作業所で仕上げた部品は、はしけでアイ湾やアムステル河口の造船所まで運び、そこで組み立てた。新しい輸送船は、遠くバルト海、白海、または地中海まで航行可能で、大型商船では比較にならないほど少ない費用ですんだ。アムステルダムには、世界じゅうから買い物にやってきた人がみな、欲しいものを満たすことができる商品が山積みされていた。

上：1639年アムステルダムの評議会は、ダム広場の中世の旧庁舎を、この都市の地位と力にみあったシンボルとなり、かつみごとな美観をそなえた新しい市庁舎に建て替える決定をした。建築設計を選任されたヤコブ・ファン・カンペンは、1648年に古典様式の堂々たる建造物を築きはじめた。有名な芸術家たちが建物の内外を、アムステルダムの繁栄と善政を想起させる絵画や彫刻で飾った。ヤコブ・ファンデル・ウルフトが描いたこの絵は、まるで市庁舎が広場で人々の暮らしを監督しているかのようであり、建物の全容は、完成してまもなく「世界の八番目の不思議」と称えられ、有名になった。

アムステルダム 189

しかも、アムステルダムは自由を求めてやってくる外国人のための場所でもあり、アムステルダムに住むオランダ人は、世界都市の何たるかを理解していた。ユダヤ教徒、メノー派プロテスタント、イスラーム教徒たちの生活空間を提供した。ただし、市内のはずれに設けたゲットーのなかに居住区域は制限されていたが、一般市民に紛れて暮らす医師や商業にすぐれたユダヤ人も少なくなかった。とくにセファルディとよばれたスペイン系ユダヤ人は、オランダにくる前はマラーノ〔「新キリスト教徒」に転向したユダヤ人〕商人としてスペイン人社会で成功していたので、大西洋の砂糖やタバコ栽培の植民地をはじめ、マグレブ地方の大バザールとの商取引や広い人脈をアムステルダムへ持ちこんだ。ヴェネツィアではありえないことだが、アムステルダムで成功したユダヤ人は、「商人のプリンス」と称賛され、キリスト教徒の都会の中心部に壮麗なシナゴーグ（ユダヤ教の礼拝堂）や美しい邸宅を建てることさえ許された。アムステルダムは、ほかの面でも自由の拠点であり、言論、印刷の自由や、国際間の書籍の出版、販売が認められた中核地であった。

　1660年代に、ヤコブ・ファン・カンペンの設計した壮大な市庁舎が、ダム広場に面してオリーブの枝をかざす「平和の乙女」像とともに完成し、内部の円形大広間（ロトゥンダ）は当時の最高水準に仕上げられた。アムステルダムの最上層の階級を占めるハイデコペル家、デ・グラーフ家、ベッカー家、コルヴェル家といった名門の出で、かつ市の「摂政」をつとめる参事たちは、この繁栄が永遠につづくと信じていた。カルタゴやチュロス、最近ではつねにヴェネツィアと見比べてきた彼らは、弱者を見下して傲慢になるのが世のならいと知りつつ、偉大な商業国なら免れることができると思っていた。

　「比類なき世界都市」にふりかかる試練がたんに商取引の問題なら、繁栄はつづくと信じてもよかったかもしれない。しかし、そうではなかった。膨大な富は、近隣都市の嫉妬や嫌悪をまねき、連合州やオランダ国内でさえ、あれこれ口を挟みたがるアムステルダムのやり方にうんざりしている勢力は多く、共和国全体を地上軍で強化すべきだと考え、海上制覇を主張するアムステルダムが中核をなす勢力と対立し、大都市のプラグマティズムは、安定した国家の建設にとって足かせでしかないと断じたものまであった。じっさい1650年には、オランダ総督かつオラニエ公のウィレム2世は、自らの思いをとげるべくアムステルダムへ進軍した。しかし、神の摂理は一時的にアムステルダムに味方した。オラニエ派の軍隊は、アムステルダムの包囲に成功する直前に、総督の急死〔天然痘〕によって霧散した。その後、反オラニエ派が大挽回してオランダ総督はしばらく置かれず、首都を中心に地方分権・自治に根ざした「オランダの自由」の共和国体制になった。

　アムステルダムが、カルタゴのようにいきなり壊滅することはなかった（ルイ14世の軍隊が1672年にオランダ共和国へ侵攻し、イギリス海軍の攻撃と提携してその勢力を封じこめようとしたが失敗に終わった）。しかし、18世紀半ばのアムステルダムの通りには乞食や売春婦が増えた。矯正院は収容者であふれ、貧しい人々はいっそう貧しく、富める人々は国家間の商取引による蓄財にうつつをぬかした。富裕層は運河沿いに、側面と切妻型の上部（ペディメント）を石造りの壁で覆い、フランス風の二重の入口が張り出した高層の館を建てて住んだ。彼らはかつらを着ける習慣を守り、大富豪ともなればイタリアの有名歌手を饗宴に招いたりした。しかし本質的に、家族を養い、楽しく賑やかに過ごす住民の生き方は以前とあまり変わっていなかった。ヴォルテールは、オランダのことを「運河、ならず者たち、アヒルの群れ」とよび、彼の本を出版してくれたところにたいし、ぶしつけともいえる文章を残している。しかし、アムステルダムの真の偉大さ、果敢さは、表現の自由をかかげた印刷業界においてまだ健在で、出版物の商取引もさかんであった。

　フランス革命、軍とその後のナポレオン軍による侵略こそが、長く、陰惨な戦いの時代のはじまりで、アムステルダムは煙で前が見えず、どん底に落とされた。かつて「黄金の時代」を制したイメージは完全に失われ、食糧難や物乞いに苦しむ赤貧の街に変わってしまった。バタヴィア共和国が1795年から1808年まで統治した期間のうちしばらくは、市民の力でその支配から脱しようと考える愛国心の高まりがみられた。しかし、フランス軍の要求に服従をしいられる残酷な現実が明らかになると楽観主義は消え、生き残るために懸命にならざるをえなかった。1815年にオランダ連合王国が成立した後もアムステルダムは邁進しつづけ、東インドの植民地からの砂糖貿易などで再び巨大な富を蓄積した。1870年以降、北海とアムステルダムを結ぶ大運河や鉄道の建設など、大量動員を必要とする「富国強兵」の時代を迎えると、国にたいする金融支援をつづけた。19世紀は、オランダが他国に併合された状況にはじまり、アムステルダムは苛酷な運命に翻弄された。チューリップ、木靴、スキー板、だるまストーブ、パンケーキ、ストリートオルガンなど、甘く優しい、古風な小都市として知られたのもこの時代である。

　その甘い香りの都が、再び世界に躍り出たのは第二次世界大戦後であり、突然であった。技術革命により、アムステルダムは眠りからさめ、またたく間に急激な近代化をとげた。古いものは消え、精鋭な空気がみなぎった。突如、デザイン、建築、絵画、文学の最先端に立ったのである。その複雑に入りくんだ国内の特色を失うことなく、再び国際主義を標榜しつつ世界を見つめている。

右ページ：アムステルダムの中心街には超高層ビルがなく、伝統と現代が幸福に共存している。この都市は、つねに自由と忍耐の拠点でありつづけ、17世紀以来のアムステルダムの中心地で、ゆったりとした異種混交がみられる。

メキシコシティ
Mexico City
新世界のユートピア

フェリペ・フェルナンデス・アルメスト

◆ 1695 年、南北アメリカ随一の流行画家であったクリストバル・デ・ヴィラルパンドの「メキシコシティの中央広場」の背景には、不気味な光を放つポカタペティル火山が描かれている。それは、この壮麗な都の存続は神の慈悲にゆだねられている、という警告にもうけとれる。ただし、その他の部分は、西半球でもっとも偉大な都をほめたたえた絵画である。市場の店やアーケードが並ぶ碁盤目状の街路に、不揃いな人々の列や姿がはめこまれている。広場の輪郭をなす大きな建造物は、荘厳さを重んじる文化や高貴さといった当時の観念を具現化している。前面には、優雅な馬車や派手な服装をしたエリートたちが描かれ、富と地位とヨーロッパ風の趣味を誇示している。噴水のまわりには、水を運ぶ人々が集まり、現地民の草ぶきの商店がきちんと並び、女性たちは、多くがヨーロッパ風の服を着て、流行の傘の陰に座っている。

　新スペイン（ヌエバ・エスパーニョ）の植民地時代をつうじて、メキシコシティの芸術家や作家はそろって、都会的で卓越したイメージを外の世界に与えようと考えた。ヴィラルパンドが絵を描いた時代において、年代記編者のアグスティン・デ・ヴェタンクルは、メキシコシティの教会をローマ、修道院をリスボンのものと似ていると評した。彼にとって、メキシコシティとは、「新世界の首都」にふさわしく、面積が広く空いた土地がたくさんあり、人の集まる場所で、人口も多い堂々とした都市であった。「さらに言えば、メキシコは、'新エルサレム王国' であり、キリスト教国のもっとも敬虔で慈悲ぶかい都」と述べ、ヨーロッパの都市と同じ美意識をもつだけでなく、道徳的にまさっているとみなした。

　一方、ヴィラルパンドの絵は、急成長にともなう社会問題についてより率直で、新体制に同化されないアメリカ先住民の現地民、乞食、ライ患者たちの貧しい暮らしがカンバスにたくさん描かれている。──メキシコシティの難民は 10 万人にたっした。1521 年にアステカ帝国を滅亡させたスペイン軍は、アステカ王が支配していたテノチティトランの地で統治をはじめた。──海抜 2285 mの山にはさまれた盆地の真ん中にあり、海から遠く離れた場所である（p.150 参照）。ここが海洋帝国スペインの首都とは驚くべき選択であり、本国から 2 か月以上の航海を要した。

　スペイン人は、かつてアステカ皇帝たちが築いた構造物の大半を破壊し、アステカの文明との断絶を強調するよう

この都市は不活性にみえるが、火山でできている。
（ホセ・エミリオ・パチェーコ、1976 年）

に、崩れた石壁や柱を使って、現地民のみたことのない堂々たる建造物を築いた。激しい地震に定期的に襲われる環境にもかかわらず、脆弱な造りのアーチをふんだんに取り入れた無謀な代物であった。植民地政府の傲慢な野望が達成できたのは、3 つの状況があったからで、まず、神の御心によって征服をなしとげたスペイン人は圧倒的な優位にたった。つぎに、新しい出発を印象づけた目新しい環境。また、人口密度の高い地域で現地労働者を確保できたことである。ただしそれはほんの初期の話であり、ヨーロッパ人が持ちこんだ未知の病気が原因で、現地民たちは壊滅的な人口減少に陥ることになる。

　征服からほぼ一世代が経過した 1554 年、メキシコシティに新設された大学へ赴任した教授の一人が、当時の新スペイン王国の成果を紹介する本を著した。それは、教授に周辺を案内してもらった来訪者が感想を述べるという筋立てで、「この都へやってきて、かくも意義ぶかく、嬉しい気分になるとは」と、来訪者はつぶやき、「家（館）はどれもすばらしく、ひじょうに富裕で高貴な人々しか住めないような立派な仕上げが施されている」と感嘆の声をあげた。人々のざわめきや馬車で賑わう通りはまるで市場のようであり、新スペイン副王国領の総督と廷臣たちの豪華な邸館のバルコニーから見わたすことができた。来訪者が「世界のどこにも並ぶものはない」と評した中央広場は、文中で「フォルム（古代ローマの公共広場に由来する語）」とよび、来訪者の予想外の驚きを誇張して描いている。とくに来訪者が目を疑ったのは、大聖堂に教会の聖歌隊とオリジナル楽曲が完璧にそろっていたことである（たしかに、そこは聖なる場所であり、ヨーロッパで流行の多韻律の技巧をうまく生かした現地語による神聖な曲が演奏されていた）。メキシコ天然痘の病院や「ミネルヴァ、アポロ、ミューズの住まうところ（ダーメサイル）」と称した副王庁の壮大な建物、男女別にスペイン人と先住民系の子どもが一緒に学ぶ学校のそばを通りすぎて、唖然とする来訪者を想像してもらうのが作者のねらいであった。そして、奇妙で異国的な要素もあきらかにする。昔から現地民の生活や、市場で見かけた彼らの食物のことを取りあげ、来訪者は、「聞いたことのない名前ばかりだ！」「それに一度も見たことのない果物が並んでいる！」と興奮してつぶやくのである。

　作者はさらに、まだ完成していない建物にも言及し、最後の仕上げにかかっていた聖アウグスティヌス教会を「世

フェリペ・フェルナンデス・アルメスト

界で8番目の不思議にあげられてもおかしくない」と主張した。たしかに、1560年代から大がかりな建設工事によってメキシコシティの外貌はいちじるしく向上した。16世紀末には道路が石畳で舗装され、大聖堂は1620年代に現在の形に再建を果たした。

この都市の賛辞者は、あまりにも強く主張しているので、真意を疑いたくなるほどである。しかし、新世界が新たな出発のチャンスをくれる、という考えは人々を大いに鼓舞した。教会の聖職者たちは、十二使徒の時代の清廉さにたちかえることを夢みた。市民は、古代の道徳的美点を取り戻すべきだと思った。市民と聖職者のこうした感情が、ルネサンス時代に理想とされながら、ヨーロッパでは実現できなかった古典様式や概念にもとづく都市計画を実行にいたらせたのである。南北アメリカの理想主義者は、〔古代ローマの建築家〕ウィトルウィウス風の建築を適用し、広くてまっすぐな道路を直角に交差させ、ゆったりした広場、階層別にきちんと仕切られた居住空間、完ぺきな幾何学的配置の都市を建設した。トマス・モアが、新世界の架空の場所にユートピアの設計図を描いてみせたのは、メキシコがスペインに征服される直前のことであった。メキシコシティは、まさしく当時もっとも完全に近く、万人が美しいと感じた都市であった。

その後のメキシコシティの発展は、最初の都市計画にそって、初期植民地のエリートの賢明な継承者たちにゆだねられた。建築家は、耐震性を考えた建物に詳しくなったが、もう1つの大きな問題が未解決のままであった。巨大な湖に囲まれたかつてのテノチティトランの都に位置しているために、たびたび洪水の被害にみまわれ、徐々に進む地盤沈下に悩まされていた。湖の水を排出し埋め立てる困難な作業は、失敗をくりかえした。1789年、技術者たちは「とうとう、これまでの膨大きわまる水利事業を成し遂げた」と歓呼したが、埋め立てはまだ十分といえなかった。

下：1695年にクリストバル・デ・ヴィラルパンドが描いたメキシコシティの中央広場。新世界は、ヨーロッパ基準の新しい都をつくる絶好の場所を提供した。合理的な都市計画はルネサンスの思想、文化にもとづいて設計されたと思われる。この絵は、最前面のヨーロッパ人たちの豪華な馬車やぜいたくな衣装の列が目をひくが、一方で、現地民の商人が露店で座りこんで取引をしている姿もみえる。

 それでも、植民地時代をつうじて、メキシコシティが芸術・科学を重んじ、豊かさと活気にあふれた都であったということは、つぎの3つからも明らかである。まず、副王の宮廷による政治、そして芸術の保護に熱心な多数の修道会、および競争心の強い貴族社会という状況のなかで、征服者とかつてのアステカ帝国の子孫たちは、首都でスペイン人の慣習にしたがって都市生活を送った。19世紀初めにメキシコシティを訪れた近代地理学の祖にして探検家のアレクサンダー・フォン・フンボルトは、「かつてヨーロッパ人がもう一方の半球上に築いた都市のなかで、もっともすばらしい」と称賛した。しかしそれからまもなく、こうした状況は、反体制派によって崩壊し、メキシコの独立(1821年)をもって終結し、その後長い沈滞の時代に入った。

上:メトロポリタン大聖堂の「王の祭壇」とよばれる金色に輝く祭壇は、絵画や彫像、眩いばかりの金箔で覆った精巧な彫刻で飾られている。スペイン人のジェロニモ・デ・バルバスが「チュリゲレスク」とよばれる豪華絢爛なバロック様式で製作に携わり、1737年に完成した。

左:メキシコシティのソカロ地区のメトロポリタン大聖堂は、ラテンアメリカで最大かつ最古のカトリックの総本山であり、かつてアステカ帝国の神殿があった場所に立っている。ルネサンス、バロック、新古典主義などいくつかの建築様式を取りこみつつ、200年以上の長期にわたって建立された。メキシコシティの他の地区と同様に、かつては湖底であったという地質が原因で、大聖堂の建物はゆっくり地盤沈下が生じていたが、現在は収まっている。

ロンドン
London

ルネサンスから王政復古へ

A・N・ウィルソン

◆ 17世紀はロンドンの歴史の転換点とよくいわれる。大火の惨禍（1666年）を契機に、歴史的な局面で驚くべき再建能力を示し、中世の都市から近世の都市になった。ロンドンに生じたのは、建築上の変化ばかりでない。ロンドンそのものを形成することになる資本主義と科学重視という2つの力が世界を揺るがす中心となったのである。

1608年生まれのジョン・ミルトンや、シェイクスピアが晩年にみたロンドンは、中世の小都の御しやすい大きさを超えて、人口が増えつづけていた（1500年のロンドンの人口は約7万5000であったが、1600年には22万にたっており、1650年には45万に増えていた）。それは、例えば、中世のブリュージュやソールズベリーに、現代のブリュッセルやバーミンガムの人口に相当する人々が宿泊するようなものである。しかも、現在のように衛生的な宿泊設備があるわけではない。1599年に落成したシェイクスピアのグローブ座は、3000人より少ない収容数とはいえ当時の大劇場であったが、トイレ設備はなかった。ロンドン大火以前のサミュエル・ピープスは、1660年10月の日記にこう書いている。「自宅の地下貯蔵室に降りていったところ…大きな人糞のかたまりを踏んづけてしまった。それでターナー氏の館のトイレが満室で、誰かが私の地下室に侵入したのだと知った」。最近、ある経済史学者は、17世紀のロンドン住民が不潔なことに無頓着であったことも、イギリスの著しい経済的成功の理由にあげている。つまり、ロンドンの人々は、商取引や事業活動のさいに悪臭を放置したまま、過密人口の利得を追い求めたというのである。ロンドンと比べ、同時代の日本や中国には汚物回収のすぐれたシステムがあり、人糞だけでなく尿も肥料にするために郊外の田畑に運び去っていた。しかも東洋では、庶民にとって稼いだ金を洗濯や入浴のために使うのは有

大聖堂の外観はどこも文句のつけようがない。完べきなドームとその周囲の柱の列、回廊と丸みの部分、てっぺんに置かれた十字架…

そこで、はからずも誇らしい気持が胸にこみあげてきたら、それは当時のレン〔クリストファー・レン〕の心である。

（H・H・ミルマン、1868年）

益とされ、時間も多く費やした。1710年のイングランドはそれとまったく対照的で、石鹸の売れゆきから計算すると、1日あたりの住民人口の使用量がわずか0.2オンス（数グラム）になると指摘している〔石鹸販売は前年の「アン法」によって限られた店に独占権が与えられていた〕。

ロンドンは17世紀の最初の60年間、いっそう不潔で過密な都市になった。ジョン・ストウは、16世紀後半の彼の著書『ロンドンの調査』で、セントキャサリン教会の管区について、「小さな借家や家屋に囲まれ、密集した地域に大勢の人々が暮らし、イギリス人と異邦人からなるこの管区の住民数は、イギリスのいくつかの都市の人口よりも多い」と書いている。

これが、17世紀はじめから厳格なプロテスタント色がしだいに広がり、繁栄する都市「シティ・オブ・ロンドン」の姿になった。清教徒たちは、シティの金融制度を掌握した。というのは、プロテスタンティズムと金儲けは、歴史的にもしばしば同一歩調をとるからである。しかも、プロテスタントの教会の牧師なり伝道師の多くがカルヴァン派の「教師」として、予定説にもとづく聖書の解釈を論したので、教区民たちは日曜日だけでなく平日も説教を聞きに集まった。

一方、1620年代から1640年代すぎまで、チャールズ1世と王室営繕局長官で建築家のイニゴ・ジョーンズは、ウェストミンスター地区に建築のルネサンスをもたらした。例えば、リンカーンズ・インやクイーンズストリート、ロングエーカーの周辺にパラディオ様式の法曹院や王立裁判所をはじめ数々の館（ハウス）を建設し、ホワイトホールには華麗なバン

左：フランソワ・マゾによるオリヴァー・クロムウェルの銅版画の切り抜き。クロムウェルが完全に統治した10年間は、娯楽を禁じ、劇場は封鎖され、清教徒の厳格なモラルが課せられ、さまざまな点でロンドンらしくない時期であった。

ケティングハウスを加えた。イタリアの広場に似せたコヴェントガーデンもこの時期である。1649年1月、チャールズ1世は、オリヴァー・クロムウェルと彼を支持する議会派の決定によって、ホワイトホール宮殿内のバンケティングハウスの階段をのぼり、2階の窓から外の処刑台におり立った。

クロムウェルの清教徒革命の影響は、1660年の王政復古で逆行することはなかった。王は亡命先から戻ってきたものの、英国では寡頭議会制が確実に定着しており、フランス方式の絶対王政ではなく、特定の貴族や商人富裕層の派閥（王党派）に支えられた存在であった。クロムウェル護国卿〔1658年に死去〕は、さまざまな「寛容法」を制定したが、もっとも影響を与えたのは、ユダヤ人排斥をつづけた365年間のイギリスの歴史を終焉させたことである（クロムウェルは厳格なイメージがあるが、ローマカトリック教会が関係することをのぞいては寛容な独裁者であった）。1655年、ユダヤ人たちはイギリスに入国して生活し、仕事をもち、宗教崇拝をすることを許され、1657年には、クレーチャーチレーンにロンドンの最初のシナゴーグ〔ユダヤ教徒の礼拝所〕を建設した（当時ミルトンはすでに盲目であったが、みごとなヘブライ語で礼拝集会に参加した）。さ

上：コヴェントガーデンは、チャールズ1世の宮廷建築家であったイニゴ・ジョーンズが設計した。その後、ヨーロッパ本土の公共広場はここを模倣して造営するようになった。サットン・ニコルスの1728年頃の作品。

左ページ：ジャン・ヴィッシャー作の1616年のテームズ川の風景の一部。北側に旧セントポール大聖堂、南側にグローブ座が描かれている。

らに、ビーヴィスマークスにはスペインやポルトガル系ユダヤ教徒（セファルディ）の礼拝場が設けられ、現在も同じ場所に立っている。

アムステルダム（p.187参照）から移住したユダヤ人は、シナゴーグを持ちこんだだけではない。当地で発明された信用資本の概念をイギリスへもたらした。この概念こそが、英国の富と勢力の目をみはる拡大の基盤をつくったのである。英蘭戦争の膨大な費用をまかなうために国が借金状態になると、ロンドンの商人は資金を提供して勢力を強めた。17世紀のはじめは、金融業の役目は質屋や公証人（ジョン・ミルトンの父親の職業であった）、金細工商人になっていた。裕福な人々は大きな危険を冒して、自分の家屋敷に金銀財産を袋に詰めて保有していた。サミュエル・ピープスは、1667年にオランダと戦争がはじまると、郊外へ妻や

ロンドン 197

左：ロンドンの街通りでは、いろいろな品物を担いでゆっくり歩く物売りたちを多くみかけた。彼らは独特の「売り声」をはりあげて、客の関心を引きつけた。こうした物売りの男女をテーマにした風俗画集も多く、左の絵図は、暦の本売り、ナイフやハサミや角製のインク入れを売る男、箒売り、台所の小間物売りとその口上を示している。

下：ロンドン大火の半世紀後、クリストファー・レン卿の行政局は、新しい大聖堂と何十もの教区の教会建設に従事した。それまでの教会の大半が、背が高く尖塔をそなえた建物に生まれ変わり、ロンドンの空は、世界に比類のない建築群のスペクタクルを呈した。しかし、ヴィクトリア時代以降の再開発、第二次世界大戦中の空爆、さらには最近の高層ビルの進出によって、今では空の眺めはすっかり変わってしまった。

右ページ：「ザ・モニュメント」とよばれる奇抜な形の記念塔。クリストファー・レンとロバート・フックが、ロンドン大火の犠牲者を追悼するために設計し、ローマのドーリア様式の巨大な柱のてっぺんに球体と金色の炎のオブジェを設置した。

使用人を避難させ、自分の財産を運べるだけ運ばせた。しかし17世紀の終わりには、ユダヤ人がオランダからもたらしたもう1つの革新、すなわち銀行の制度が根づき、個人資産家は自分の屋敷で全財産を管理する必要がなくなった。1690年代に銀行を創設した一人であるフランシス・チャイルド卿は、金融業のオーナーかつロンドン市長をつとめた。だが、ミルトンの少年時代の中世ロンドンが、近世以降の我々のなじみの都市へ大変身するきっかけとなったのは、1666年のロンドンの大火災事件であった。大火によって、中世の古びたセントポール大聖堂をはじめ、ストウが描きだした粗末な借家の密集地も全焼し、教会の多くが火事の犠牲になった。87の教会、44のリヴァリーホール〔ロンドン公認の同業組合のホール〕、ロンドン市庁舎も焼失した。

ロンドン市長は、専門委員会をつくって毎週会合をひらき、建築家のクリストファー・レンを中心に再建計画を策定した。幅のせまい道路は拡張することに決め、建築基準を設けた。18世紀のロンドンが、世界に例のないみごとな都市に変貌したのは、史上最高といえる賢者集団によって入念に計画されたことによる。

クリストファー・レンはもちろんだが、友人で大学の同窓の天文学者、科学機器の発明家、理論物理学者のロバート・フックも、ロンドン再建に重要な人物であった。17世紀のロンドン大火からの再起を象徴する巨大なモニュメントは2人の共同設計で、高い塔の先端に金色に輝く炎の模型が取り付けられ、フックの観測所と実験室を備えていた。フックとレンは、数学と物理学の先駆者ロバート・ボイルやアイザック・ニュートンとともに、重力やバネの弾性、空気の圧縮率などの研究に励んだ仲間であり、全員が1660年の王立協会の創立メンバーであった。彼らの功績によって近代科学の基礎がひらかれたといえる。また、やはり同窓のジョン・ロックは、エクセターハウス〔ホイッグ党の領主であったシャフツベリ伯のロンドンの館。ロックはここに寄寓していた〕に集まる友人たちと論じあうなかで、自身の社会契約説にかんする思索をふかめ、ヨーロッパとアメリカの近代民主主義を形づくる経験主義的哲学と政治理念にたどりついた。

1688年の名誉革命で、カトリックを擁護し議会を無視して絶対王政に執着したジェームズ2世を追放し、オランダから新国王と新女王を迎えた翌年に権利の章典が受諾され、イギリスの立憲君主制が成立した。かくして17世紀後半のロンドンは、交易も人口も著しく拡大した。チャールズ1世の死以来驚くほど短期間のうちに英国は大きく変化したのである。偉大なクリストファー・レン卿がロンドンに残した多数の建造物は、すべてが自然科学、商業、政治科学における感嘆すべきルネサンス時代のシンボルであった。レンが死んで、再建なったセントポール大聖堂内の墓碑に刻む銘文を依頼された彼の息子は、「記念碑を欲するなら、汝の周りをみよ」というラテン語の不朽の詩を捧

げた。このことばは、完成したばかりの巨大なドームの大聖堂だけでなく、再建計画によって大火から不死鳥のように立ち直ったロンドン全体へ向けられている。レンが建てた教会は52もあり、驚くべきことにそれぞれ異なるデザインと美しさをそなえていた。またレンは、退役軍人や傷痍兵のためのチェルシー王立病院、そして退役した海員や海難事故で障害を負った水夫のためのグリニッジ王立病院を建設した。さらに、テームズ河畔に36ものリヴァリーハウスの再建や支援をおこなった。今日、旅行客がウェストミンスター方面からロンドンのシティへ通りぬける地点には、レンが、シティのストランド街の行きどまりに境界を示す門として建てた「テンプルバー」がある。ロンドンがレン、フック、友人たちによって再建された17世紀後半の時期と同じくして、大英帝国は偉大な時代を迎えた。ロンドンの偉大さは、政界に革命をもたらした活力、経済史上類のない商業の躍進、すぐれた科学的発見、音楽や文学の傑作が集中したことにある。しかし、ヴィクトリア朝時代の再開発、第二次世界大戦中のドイツ軍の爆撃、さらには戦後の新しい都市開発構想により、当時の建造物の多くが破壊された。例外はともかく古い建物の大半が取り壊されたころ、英国そのものの偉大さが低下していったのもおそらく偶然ではない。

ストックホルム
Stockholm

およびスウェーデンのバルト帝国

チャールズ・フィッツロイ

◆ストックホルムという都市は、バルト海の西側でメーラレン湖と接するすばらしい場所にあり、14の小島にわたって分布している。1252年にスウェーデンを統治したビルイェル・ヤールによって創立された。ストックホルムは、ドイツが優勢なハンザ同盟（p.124参照）の諸都市の1つであったが、交易拠点としての重要性はあまり大きくなかった。デンマークとのブルンケベルグの戦いで、スウェーデンが1471年、摂政ステン・ストゥーレによって勝利したとき、ストックホルムは大きな役割を演じた。しかし、1520年11月、デンマーク王クリスチャン2世は、80名のスウェーデンの貴族たちを1か所に閉じこめて斬首するという「ストックホルムの血浴」事件を起こした。かろうじて難を逃れたグスタフ・エリクソン・ヴァーサは、3年後ストックホルムに帰還を果たし、1523年の夏至の日〔聖ヨハネ祭の日〕にスウェーデン王に即位した。長い在位期間（1523〜60）で

> ビルイェル・ヤール、その賢き人が
> 広い心と豊かな思考で、ストックホルムの都を築いてくれた。
> 正統な王家、そして美しい都。
> （エリックの年代記、14世紀初め）

グスタフはルターの宗教改革を導入し、ストックホルムは交易の中心地に成長した。王国は世襲制となり、ガムラスタン（旧市街）のトレクロノール（三冠城）に権力を集めて、国家の恒久的な土台を築いた。ストックホルムは、グスタフ・ヴァーサを継承した3人の息子が王位にあった時代に行政の中枢としてますます発展し、1500年から1600年の間に人口は3倍に膨らんだ。

スウェーデンの黄金期は、1611年にグスタフ2世アドルフ王が即位してはじまった。王はバルト海における優位を確実にし、ストックホルムの居城で国家財政や教育などに必要な改革をすすめた。1630年には三十年戦争に介入

下：ストックホルムでもっとも美しい宮殿といわれる「貴族館」を描いた1723年の銅版画。議会や行政運営に用いられた。大広間の壁面は、2000以上の貴族の紋章で埋めつくされている。

右：知性と教養にあふれるクリスティーナ女王が、フランスの偉大な哲学者ルネ・デカルトとともにテーブルを囲んでいる。ピエール＝ルイス・デュメニル（子）の作品（ベルサイユ美術館所蔵）。手前の床には天球儀が置かれ、デカルトが大きな図を指さしながら説明している。彼は、女王の招きでスウェーデン宮廷にやってきてまもなく風邪に罹り、死去した。

し、ドイツ（神聖ローマ帝国）へ侵攻した。アドルフ王は、「北方の獅子」の勇名とともにプロテスタント諸公の覇者として喝采をあび、軍事的に勝利を重ねた。1632年リューツェンの戦闘で王が不慮の戦死をとげた後も、軍隊はドイツの領内で勢力を維持し、1645年にはプラハを占領した。そして1648年にはウェストファリアとオスナブリュックの条約を交わしてかなり広い領土を獲得し、バルト海沿岸を支配する大国となった。

スウェーデンの対外政策は、2つの優先事項によって動いた。すなわち敵に国を包囲されないようにすること、そしてバルト海交易の権益を広げることであった。商業では、今やハンザ同盟に代わってオランダがスウェーデンのもっとも重要な相手国であった。スウェーデンの主要輸出品は銅や鉄鋼製品で、ストックホルム港から出荷された。拡充化をはかるスウェーデン海軍は、スケップスホルメン島を基地とし、ストックホルムの天然のすばらしい港の利点を活用した。現在、ストックホルムの博物館に保管されているヴァーサ朝時代の大型の軍艦をみると、スウェーデンの海軍力と覇権の野望がいかに大きかったか伝わってくる。

グスタフ2世アドルフの継承者は、6歳の王女クリスティーナであった。彼女は教養にとみ、天賦の才にめぐまれた女性に成長し、当代一流の科学者や哲学者と文通するなど、知的な交流を好んだ。1650年にクリスティーナ女王の宮廷に招かれ、ストックホルムへやってきたルネ・デカルトもその一人である。

女王の文化的なものへの憧れや向上心は、アクセル・オクセンシェルナ宰相の帝王教育が育んだといえる。グスタフ2世の片腕として仕えた彼は、8歳で即位させたクリスティーナの摂政をつとめ、1634年には伸展する帝国の統治組織を改編し、首都ストックホルムを中心とする行政・司法の集権化をめざした。戦争で裕福になった貴族たちは壮麗な館の建設に励み、例えば1641〜47年にオランダのバロック様式を取り入れたリッダルフセット（「貴族館」）を築いた。さらに1660年、建築家のニコデムス・テッシンは、ストックホルムの都市づくりを任せられ、市街地のすぐ外に美しいドロットニングホルム王宮も含め、みごとな館をつづけて建設した。都のじっさいの住民数は1600年の1万人未満から、1670年代には5万人に膨れあがり、石畳の街路と中世の狭い路地がめぐるガムラスタン市街のかなり外側へ領域を拡張した。あるイギリス大使は、ストックホルムの印象を「街全体が気品あってこのうえなく美しい」と述べている。

こうした変化にもかかわらず、クリスティーナはスウェーデンをひじょうに窮屈なところだと感じ、ローマカトリック教徒に改宗したのち、1654年には退位してしまった。王位を継承したいとこのカール10世は、おじのグスタフ2世アドルフの好戦的な性格を受け継いでおり、コペンハーゲンを攻撃するためにみずから軍隊を率いて凍結していたバルト海を渡り、デンマークとの戦いに勝利した。1658年のロスキレ条約によって、バルト海は結果的に大国スウェーデンの内海と化した。しかし、カール10世はそのわずか2年後に死去した。

カール11世は、1660年に4歳という幼さで王位を継ぎ、成長すると父親似の有能な軍人王になった。1676年にはルンドの戦いでデンマーク軍に勝利し、南部の豊かなスコーネ地方のスウェーデン領有を固めた。王は、大胆な政治改革と陸海軍の兵力増強をおこない、スウェーデンを絶対君主制へ移行させた。しかし、このいわゆる「バルト帝国」の維持に躍起になるあまり、国の財政は逼迫した。1697年カール11世が突然亡くなり、しかも火事でトレクロノール城が全焼したことは、その後のスウェーデンにふりかかる不幸の前兆といえた。

15歳で即位したカール12世は、スウェーデンの帝国支配を妬むデンマーク、ロシア、ポーランド、ザクセン諸国が同盟を組んだことで、かつてない軍事的脅威に直面し

た。1700年には敵軍が攻撃してきた。若い王は、圧倒的に優位な相手と戦って、驚くべき勝利をあげつづけた。しかし、はるかに兵力でまさるロシアは何度も軍勢を立て直し、1709年、ピョートル大帝は「ポルタヴァの戦い」でスウェーデン軍を徹底的に打ち負かした。あいつぐ戦いでスウェーデンの財政は底をつき、ストックホルムは孤立をしいられ、疫病や農作物の不作にもみまわれて人口は3分の1まで減少した。つねに前線にたって軍を率いてきたカール12世は1718年に戦死し、その後の和睦交渉で、スウェーデンは、フィンランドとスコーネ地方のみを残してバルト帝国時代の領有権を失った。

かくしてスウェーデンの最盛期は終わった。しかし広大な領土は消えてしまったものの、スウェーデンの文化、とくに科学と産業は18世紀に花開いた。カール・フォン・リンネは、植物学、博物学において「分類学の父」とうたわれる卓越した学問体系をうちたてた。ストックホルムは、小テッシンによって再建された古代ローマ様式のトレクロノール城を中心に、ゆたかな文化が息づき、18世紀中旬には、道に街路灯や交通規則を設けるなど、早くから近代化がなされた。1771年から1791年まで在位したグスタフ3世は、絵画や音楽をひじょうに愛好し、ルイ16世時代のフランスの新古典主義（広義）文化の強い影響をうけた「グスタヴィアン・スタイル」とよばれる表現形式を生んだ。とくに木工家具は、装飾過剰でなく、かつ優雅で安定感がある独特のグスタヴィアン・スタイルとして、世界じゅうで親しまれている。

上：ガムラスタンの眺め。ストックホルム発祥の地で、絵のような古都の風景をもっともよく残している。スウェーデンの勇猛な王たちの眠るリッダルホルム教会の後ろに鋼鉄製の尖塔がそびえている。

202　近代初期の世界

ダブリン
Dublin
およびジョージア期のエレガンス

トマス・パケナム

◆ 1662年7月27日、新総督のオーモンド公爵は、最近王政復古をなしたチャールズ2世のもとでアイルランドを統治するために、英国本土からダブリン港へ船で渡ってきた。総督が上陸すると、カトリック教徒の農民はいっせいに「夏といっしょにやってきた…」とアイルランド歌謡をうたって歓迎した。ダブリンは、バイキングの辺境の基地として発祥し、その後初期キリスト教の中心地となり、1172年にイングランドの最初の植民地州の首府となって以来何世紀も絶えず内乱にみまわれてきた。オーモンドは着任してまもなく、ダブリンの街や17の塔と門楼に囲まれ2つの礼拝堂をもつ中世の城が崩壊寸前であることを知った。住民は約9000人に減少し、今にも倒れそうな昔ながらの家で暮らしていた。

チャールズ2世同様パリで長い亡命生活を経験したオーモンド総督は、ダブリンの再建計画に大陸仕込みの考えをふんだんに取り入れた。ルネサンスの諸都市の基本をふまえた壮麗な建築物にかかる膨大な出費を惜しまず、誰もなしえなかった英断を下していった。3つの大々的な変革を施し、格式を重んじた首府として機能させるための土台を築いた。まず西のリフィー川の北側に、1500エーカー（約6km²）の高台の土地を買い上げ、フェニックス・パークという一般住民のための王立公園を設けた。その広さは、ロンドン住民に開放されているどの王立公園にもまさっていた。そして川の南側にパリの「アンヴァリッド」病院を手本に、傷病兵や退役兵のための王立病院を建設した。1684年に完成したこの大病院は、今なおアイルランドでひときわ壮麗な記念碑的建造物である。さらに都の東西方向の川沿いに一連のフランス様式の波止場を築いた。

総督に感化されたダブリンの長老たちは、先祖から受け継いできたステファンズグリーンの共有地の囲い込みをすすめ、ロンドンにはない広大な区画を造営した。川の北側には、総督の名にちなむ広いオーモンド市場、ブルーコート学校、リフィー川に架かる4つのエレガントな新しい橋などを建設した。

オーモンド総督は、ダブリンの都そのものに自信を与えるきっかけをつくった。そして次世紀にはプロテスタントたちの黄金時代が訪れた。多数派のカトリック教徒を見下し、当時のプロテスタントが独善的なやり方でむごい刑罰法を強要したことに弁解の余地はない。だが、プロテスタントは自らの生き方と誇りを強く意識し、ロンドンから命

> ダブリンは、アイルランドの美であり顔であり…この王国のどの市や町よりも優れている。（リチャード・スタニハースト、1577年）

じられた英国のたんなる駐屯地という立場とは別に、一種のコロニアル・ナショナリズムを根づかせていった。ダブリンを形づくった人たちは、ロンドンの模倣に終始したわけではない。それどころか、道路幅をもっと広くし、大規模な広場や記念碑的建造物でロンドンを凌駕したいと願った。そして100年足らずで、ダブリンはみごとな都市になった。

土地所有権を保障されたプロテスタントの大地主たちは、金儲けのためにジョージア朝のレンガと石造りの館（ハウス）をつぎつぎに建設した。ダブリンの館の外装が、驚くほど簡素なこともその表われである。中心街に完成したテラスやスクエアの高層の館を借りる権利を購入できたのはほんの少数で、居住者の大半が議会を牛耳る貴族や上級のジェントリ層であった。法律家、医者、事業家、聖職者といった階層は、自分の懐具合をみながら地味な灰色のレンガの外壁と出入口の枠に見栄えのする切り石をあしらっただけの、新古典様式の控えめな住宅を新築した。ただし、室内の応接間と階段をロココ調の洒落たものにする費用は準備した（さらに数百ポンドのゆとりがあれば内装に漆喰仕上げを施した）。

大地主一族のガーディナー家とフィッツウィリアム家は、ダブリンでもっとも経営利益をあげたライバル同士であった。ルーク・ガーディナーはにわか成金の銀行家で、1714年以来、リフィー川北部の建築用地の買い占めをはじめた。最初の大事業は、ヘンリエッタ・ストリートに高層の館が連なる「テラス」とよぶ高級住宅街を建設したことである。現在、テラスはダブリンの商業地の近くで古色蒼然としたスラムと化している。しかし外観はともかく、かつて貴族や上級ジェントリが住み、内装にたっぷりと化粧漆喰や鏡板仕上げを施したこれほど豪華な館は、ダブリンのどの通りにもみられない。ルーク・ガーディナーは、2つの広いスクエア（現在のパーネル・スクエアとマウントジョイ・スクエア）と大型の商店街（オコンネル・ストリート）を建設した。ヨーロッパで最初の産院である有名な「ロトゥンダ病院」など、数は少ないが公共の建物も含まれる。

一方、リフィー川の南岸地域は、ガーディナー家の優位にフィッツウィリアム卿が挑み、ガーディナーと同じように地味で落ち着いたスクエアとテラスの建設を精力的にすすめた。こうして、プロテスタントの大地主たちが、高級住宅街をなすスクエアやテラスをつぎつぎに建設して一族

の財産を増やしたのと並行して、ダブリン議会の黒幕や賄賂好きの役人たちは、アイルランドの納税者の金で公共施設の建設をすすめ、ダブリンを豊かにした。大物の黒幕で国税庁長官をつとめたジョン・ベレスフォードは、歴代の総督を補佐した。英国のためにアイルランド自治議会と組んで統治する任務を負っていた総督は、若手のイギリス人建築家のジェイムス・ガンドン（1743〜1823）をダブリンに招へいし、泥地を埋め立てたリフィー川のすぐ北側に新しい税関所の設計と建設を依頼した。ガンドンは、新古典主義を少し変えた様式を得意とし、ダブリンでもっとも大きな3つの公共建造物を手がけた。すなわち東の税関（カスタムハウス）、西の最高裁判所（フォーコーツ）、そしてカレッジグリーンのアイルランド議会議事堂（パーラメント）（18世紀初期に築かれた議事堂を増改築した）である。議事堂の向かい側のエレガントなトリニティ・カレッジの建物は、ガンドンの師であるウィリアム・チェンバース卿が一部設計した。

1800年にはダブリンの輪郭は整い、さらに新しい市街区が2か所加わる予定であった。しかし大異変がおこった。1798年、アイルランド民族統一をめざして一斉蜂起するはずの「ユナイティッド・アイリッシュ」の反乱は失敗に終わった。このときダブリンは参加せず、ほとんど無傷のままであった。ところが1800年英国政府は反乱軍の残党を全員処分し、くすぶっていた煙を消し去ると、ダブリンにその代償をもとめた。グレートブリテン・アイルランド連合法を強要し、アイルランド人の黒幕や役人を買収してダブリン議会を廃止に追い込んだ（1801年成立）。議事堂の建物はアイルランド銀行本店になった。

上：ジェームズ・マルテンが1800年に描いた、リフィー川のエセックス橋を南へ渡ってコークヒルの旧王立取引所（現在のシティホール）のドームにいたるチャペル通りの風景。

右ページ：新古典主義のトリニティ・カレッジの「劇場」（シアター）は、建築家のクリストファー・マイヤーズの設計で1777年から86年に建設され、大学構内のパーラメント・スクエアの片側を陣どった。98年にはその片側に、息子のグレアム・マイヤーズが劇場と対をなす外見がそっくりの礼拝堂（チャペル）を建設した。

その後200年間、ダブリンは混迷しつづけ、1916年の反乱、1919〜21年の独立戦争、1922年の市民戦争を引き起こした。ガンドンの建築作品のうち税関と最高裁判所も損壊した。しかし、1922年に成立したアイルランド自由国（自治領）政府は、建物をはじめ市街地の再建と受けた傷の回復に尽力した。

現在ダブリンは、「ケルトの虎」の勇名を馳せた経済バブルの20年間が過ぎ、自ら招いた苦しみから抜け出せないでいる。目新しいオフィスビルの建設を競いあった市街区にはずさんな商業開発の爪痕が残された。しかし、ジョージア朝時代のスクエアやテラスの古い街並みは、あまり損なわれていない。メリオン・スクエアの南側に立つと、マウント・ストリート橋近くの聖ステファン教会まで、旧市街のレンガ造り、石造り、鉄細工の美しい建物が目に入り、ローワー・フィッツウィリアム・ストリートからはダブリン山地の青い稜線がみえる。また、カレッジグリーン界隈の賑わいから一転して静かなトリニティ・カレッジ構内では、都心に奇跡的に残された18世紀の石畳の広場の水と緑のオアシスや、石灰石のペディメント〔建物の入口上部の三角形の浮彫り〕に出会える。

コペンハーゲン
Copenhagen
およびノルディックの新古典主義

コリン・アメリー

◆「サムシング　ワンダブル…」のうたい文句のとおり、コペンハーゲンは、デンマークの模範的な首都としてすばらしいものをそなえている。人口規模、海に面していること、北欧の陽光、あちこちに信号機をそなえた洗練された道路など、あらゆることがらが、コペンハーゲンを快適で楽しい都にしているのである。しかも、世界でもっとも古い歴史をもつ王国の存在によって、安定感もそなわっている。現在の女王と一族の家系は、大昔のヴァイキングにさかのぼり、18世紀にフレデリク5世が都の真ん中に設けた皇室区域であるフレデリクシュタットで暮らしている。フレデリク5世が建てたアマリエンボーの名で知られる4つの宮殿は、今も整然とそびえ、宮殿広場の周辺はおもちゃの兵隊のような制服を着こんだ王宮衛兵に守られている。衛兵の行進は、アンデルセンの童話の世界を思い出させる。デンマークのもっとも有名な作家とされるハンス・クリスチャン・アンデルセン（1805〜75）は、ずっとコペンハーゲンに住み、この都からさまざまなインスピレーションを受けていた。

　クリスチャン4世（在位1588〜1648）の60年間の治世期に、コペンハーゲンは最初の変貌をとげた。高い塔や豪華な建物が増え、デンマーク最古の証券取引所、ローゼンボー宮殿、および国際感覚あふれる場所となったラウンドタワー（円塔）などが建設された。商業は、バルト海のニシン交易をはじめ、西インド諸島やインドなど遠方の植民地貿易によって繁栄をきわめ、デンマーク勢力の拡大をめざしたクリスチャン4世の願いどおりの都となった。

　当時の裕福な商業都市のたたずまいは、現在のコペンハーゲンに残っており、その多くが17、18世紀に建設されたひじょうに美しい区画にある。1794年、1795年、1807年に大火に見舞われ、とくに最後の火災は、イギリス海軍がコペンハーゲンと

私は大都市のどこにも知った人がいなかった。衣類の小さな包みを抱えて、ウェストゲートじゅうを歩いた。数名の旅人が「ガーデルガーデン」という宿屋に入っていった——私もそこに行って、小さな部屋を手に入れた…そして——私はそのとき思った——めざしていたゴールについに着いたぞ。
（ハンス・クリスチャン・アンデルセン、1855年）

の戦いで浴びせた激しい砲火によって引きおこされた。その後に建築ブームが生まれ、コペンハーゲンはかつてない大都市になった。美術史的にみれば、この再建の時代は、ヨーロッパにおける新古典様式の絵画や建築の黄金期と重なっている。新古典様式はさまざまな国に広まったが、北欧諸国の簡素な美意識と適合し、とくにコペンハーゲンの建築にとってひじょうにふさわしい様式といえた。考古学研究や古代ギリシャに影響された単純で均整のとれた美しさを特徴とし、C・F・ハースドルフと彼の熟達した弟子のC・F・ハンセンが、コペンハーゲンの壮大な新古典様式の建物の設計に腕をふるった。ハンセンのきわだった才能は、クリスチャンボー宮殿の再建においても発揮されたが、現在残っているのは宮殿のなかの教会だけである。彼はまた、戦火で廃墟と化した中世のカテドラルにたいして、コペンハーゲン大聖堂〔聖母教会〕の再建も手がけ、1784年から1844年までコペンハーゲンならではの趣きのある建築にかんする最高権威として活躍した。同時代の偉大な彫刻家、ベルテル・トルヴァルセンも傑作を生みだした。現在コペンハーゲンの彼の美術館（彼の亡き骸が葬られている）は、南のローマの気候のなかで長年過ごして研鑽をつんだこのスカンディナヴィアの天才の作品を収めた聖地となっている。

　コペンハーゲンは1890年代にも建築ブームがおこり、当時、デンマークの建築家の多くはパリの影響をうけた。マーブル教会〔フレデリク教会の一般名称、大理石が使われている〕、コペンハーゲン国立美術館、王立劇場といった記念碑的な壮大な建造物が

左：デンマークの新古典派の偉大な彫刻家ベルテル・トルヴァルセンによる像「天国で再び結ばれるクピドとプシュケ」（1802年）。トルヴァルセンはローマ滞在中に強い影響をうけた。

右ページ：コペンハーゲンは海のおかげで発達し、今日も都心の生活に絵のように美しい運河がよりそっている。運河に面して列をなす多数の高層館の建築時期は18世紀にさかのぼり、北国の弱い光のなかで明るく映える色に塗られている。

つぎつぎに築かれた。これらはみな、スカンディナヴィアの歴史主義を表現すると同時に、ゴシック、古典主義、ルネサンス、バロックといった様式をバランスよく折衷したユニークな建物であった。とくに市庁舎（タウンホール）とその広場は、歴史主義が色濃く示された例であり、デンマーク人建築家、マーティン・ニューロプの設計した建物には、シエナ（イタリア中部の城塞都市）の中世後期の市庁舎の影響がみられる。

1890年代に、都を囲む城壁の境界をはるかにこえて拡大していたコペンハーゲンは、大都市にふさわしい洗練したやり方で、昔の城壁や要塞をすべて取り壊し、オステッド公園、カステレット、オスターアンラーク植物園といった公共の施設に置きかえた。

1920年代と30年代に入った機能主義は、ラジオハウス（国営放送局）、中央警察庁、および独創的なデザインのグルンドヴィークス教会など、すばらしい建築をもたらした。最近のめざましい技術革新によって、コペンハーゲンとスウェーデンのマルメを結ぶオーレスン・リンク〔2000年に完成した海底トンネルと海上の橋を走る鉄道併用道路〕の建設にも成功した。コペンハーゲンはバルト海全域で先端をいく都市の中心的存在となっている。

上：版画のクリスチャンボー宮殿は、C・F・ハンセンが設計した1884年に焼失する以前の「城」を描いている。現在の城は、1920年代に新バロック様式で同じ場所に建てた3代目にあたり、国会議事堂や最高裁判所が置かれている。美しい礼拝堂のみがハンセンの建築として残っている。

208　近代初期の世界

サンクトペテルブルク
St Petersburg

ロシアの西側の窓

コリン・アメリー

◆今から 300 年以上も前の 1703 年 5月、ツァーリ（ロシアの専制君主）のピョートル大帝は、自分が若い兵士だった頃からのハルバート（鉾槍）を手に取り、ネヴァ川の北岸の不毛の地に投げて命中させると、「余はここに都を築かん」と宣言した。百年後、ツアーリを継承したニコライ 1 世〔在位 1825〜55〕は、この都に滞在していた批評家で記録者のフランス人キュスティーヌ侯爵にたいして「サンクトペテルブルクはロシア人の都である。だが、サンクトペテルブルクはロシアではない」と告げた。たしかにこの驚くべき都のきわだっているのは、たった一人の専制君主が創造したという点であり、モスクワ、キエフ、ノヴゴロドといったロシアの諸都市とはまったく異なっていた。

ピョートル大帝は、ロシア北部の沼地だらけの凍てついた荒野を開拓し、自分の新しい都をエレガントなヨーロッパの楽園にする計画をたてた。それは、新しいアムステルダム、新しいヴェネツィアをつくりだし、ロシアのために西側に窓を開けることであった。今日では、共産主義の衰退とソビエト連邦の崩壊のあと、その窓はより広く開放されている。サンクトペテルブルクは、英雄の都として描かれてきたが、その創設には、信じられないような物語も伝わっている。名称は、伝道をつうじて普遍教会の土台をつくったキリストの十二使徒の一人、聖ペテロにちなんでいる。それはとてつもない大事業であり、啓蒙専制君主が住まう都をつくりだすため、人民は膨大な税と労働力などを課せられ、ロシア全土が変化を強いられた。

誇大妄想的なこの都市の建設計画は、現世の人間の生活にまったくといってよいほど無頓着であった。今日でも、大通りや建物の古典的なパターンの反復がつづくスケールの大きな眺めには威圧される。のちに世界で初めて社会主義が政権を握ったのはこの都である。1917 年のロシア革命によって、専制政治時代の支配層や貴族、軍人たちが捕えられ、流刑や追放にあい、粛清がつづき、ロマノフ朝は終焉した。

思い上ったあの隣国への面当てにここにこそわれわれは都市を築こう。
我々がヨーロッパへの窓をあけ海辺にしっかと足をふまえて立つのはここだと自然がきめてくれているのだ。（木村彰一訳）
（アレクサンドル・プーシキン、1833 年）

18 世紀の専制君主はヨーロッパの啓蒙の風をすすんで取り入れ、サンクトペテルブルクの設計は、他国で経験を積んだ熟達した建築家や芸術家たちによっておこなわれた。ピョートル大帝はヨーロッパ各国を旅行し、とくに運河を中心に築かれたアムステルダムの安定した繁栄ぶりを評価した。彼はイタリアに似せた教会を欲した。ローマやパリでは建築技法を学んだ。ロシアにおける超正統派的な世界の暗い影を追放し、人々の陰鬱な心の隅を明るい光で照らそうとした。

しかし、厳しい気候と、新しい都への強制的な移設はあまりにも問題が多く、サンクトペテルブルクの完成は奇跡に等しかった。建設作業は残忍といえるほど過酷なもので、ロシアに農奴制がなければまったく不可能であった。運河は手で掘り、材料は凍土を歩いて運ばねばならず、作業中に無数の人命が奪われたのは疑いようもない。サンクトペテルブルクには、都市を創造し、逆境に打ち勝とうとする精神がつねに内在し、厳しい気候がこの都市の住民をきわめて頑強にしてきた。第二次世界大戦では 900 日間もつづいたナチス・ドイツ軍の包囲戦を耐え抜いた。完全に封鎖され、外部からの燃料や食料などの輸送手段をすべて遮断されたため、全住民人口の 3 分の 1 にあたる 100 万の市民と 50 万の兵士が飢えと寒さで死んだにもかかわらず、けっして屈しなかったのである。

ロマノフ朝が押しだした 3 つの価値基準——専制君主制、ロシア正教の信奉、国家主義——は、自由な感覚や表現の自由を与えなかった。じっさいの都の配置は、ネフスキー・プロスペクトなどの大通りはすべて、金色の尖塔がそびえる海軍本部で終結し、市民がゆっくりと往来するためではなく、おそらく大軍団が隊列行進できるように計画された。「マル

左：ピョートル大帝。1682 年からロシアの皇帝（ツアーリ）として支配した彼は、背が高く、毅然とし、しばしば暴力的な専制君主であった。ヨーロッパに接近しやすいバルト海を武力で制圧し、ロシアへ啓蒙主義を取りこむため、1703 年には首都をモスクワからみずから建都したサンクトペテルブルクへ移した。

サンクトペテルブルク　209

左:「マルスの野」はもともと、1721年にスウェーデンとの北方戦争に勝利したことを記念し、閲兵場として建設された。1917年のロシア革命後、赤軍派は犠牲者の追悼式典をおこなった。仮設のアーチに、労働者を解放するために亡くなった革命兵士に捧げることばが刻まれている。

下:「ネフスキー・プロスペクト」は、アレクサンドル・ネフスキーの修道院と墓所から、旧海軍省の光輝く尖頂の建物にいたる幹線道路である。現在この大通り沿いには流行の店が立ち並び、人や車で混雑している。かつての壮麗さはかなり失ったものの、今も都市周辺の修復された宮殿へ通じる主要ルートである。

スの野」とよばれる大広場も、軍隊の閲兵式や教練の舞台に用いられ、民衆が皇帝の支配下に置かれていることを示す明確な意図があった。ヒョードル・ドストエフスキーの小説や、アレクサンドル・プーシキンやアンナ・アフマートヴァの詩を読んでサンクトペテルブルクを訪れると、この都の物語にとって重要なのは、文化的、政治的な変革の流れであることを思わずにいられない。

ネフスキー・プロスペクトの大通り沿いには、里程標と腕木通信塔が一定間隔に設置され、都の中心部と周囲の宮殿とをつないでいた。ロマノフ王朝の支配者たちはサンクトペテルブルクの生活を楽しんだが、おそらく郊外のピーターホフとパブロフスクに建てた宮殿や、都から26km南にある「ツァールスコエ・セロー」とよんだ離宮で過ごし

上:「冬の宮殿」は、1762年に建築家のフランコ・バルトロメオ・ラストレッリによって完成した。ペテルブルク市内でもっとも重要な王宮で、今はエルミタージュ美術館になっている。その豪華な建物には、1917年の革命時、外に集結したロシア民衆の暴力と不満の記憶がしみついている。

た方が、より安全で開放的な気分になれた。18世紀後半にツァーリのエカチェリーナ女王は、ツァールスコエの地を気に入り、ほとんどが皇族の邸宅からなる壮麗な宮殿群の開発をすすめた。彼女自身が選んだスコットランド人の建築家チャールズ・キャメロンやイギリス人の造園家たちは、壮大でしかも形式ばらないアルカディア様式の楽園を造営した。ニコライ2世と皇后アレクサンドラは、ツァールスコエのアレクサンドラ宮殿で暮らした。しかし邸宅内で逮捕され1917年まで幽閉されたのち、子どもたちも全員鉄道で移送されてエカリテンブルクで処刑されることになる。

今日、こうした宮殿は驚くほど完ぺきに再建され、人々に感銘を与えている。第二次世界大戦中の恐ろしい包囲戦に勝利した後、スターリンは、国の誇りにかけて遺産の修復事業にたいする政府決定をおこなった。学芸員たちは、ナチスの戦火で破壊された宮殿の内部を救出し、高い技量を発揮して学術的に正確な修復を施した。

サンクトペテルブルクがすばらしいのは、戦争、包囲、

上:「ツァールスコエ・セロー」すなわちツァーの村は、サンクトペテルブルク郊外にあり、王室の一族が安全に過ごせる離宮とされていた。写真は、1790年代にツァールスコエ公園にジャコモ・クアレンギが設計したアレクサンドル宮殿の眺め。

コリン・アメリー

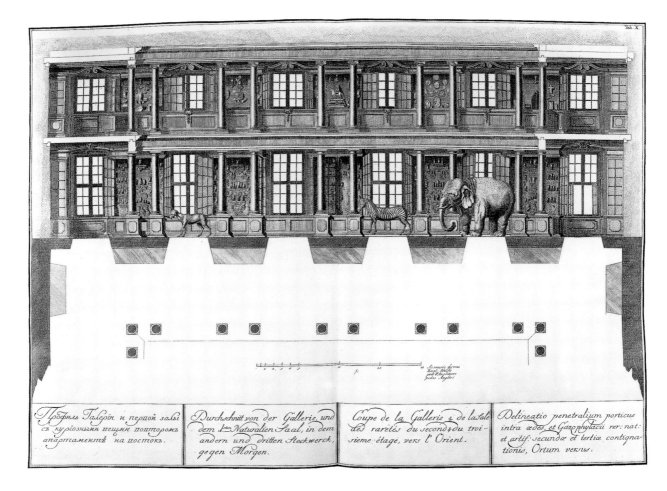

上：ピョートル大帝が集めた「クンストカメラ」、すなわち珍獣の標本や稀覯品のコレクションは、科学アカデミーの図書とともに、1727年に完成したワシリエフスキー島の先端にあるこの建物に集積された。一連の人類学的・民族学的コレクションを収蔵したロシアにおける最初の公立博物館であった。

共産主義を経験しながら、奇跡的に生き残ったことである。エルミタージュは、世界で最大規模の博物館である。そのコレクションはあまりに膨大で、6棟の宮殿を使ってもほんの一部しか展示できないし、全体の割合でいえば収蔵施設の方が多い。サンクトペテルブルク市内には、ヴォルテールの書斎が残っており、ピョートル大帝の収集した標本類を陳列した人類学・民族学博物館や、すぐれた建築物の完成当時の立体模型を多数展示した芸術アカデミー内の博物館もある。旧教会の建物は、スイミングプールや体育館へ改築された。カザン聖堂の場合は、無神論博物館として保存され、現在ではロシア正教の首座教会として祈祷歌を斉唱する男声が高らかにひびいている。

ペレストロイカやグラスノスチ政策によって、1991年、革命の英雄にちなんだレニングラードという名称は、創立以来のサンクトペテルブルクへ戻された。しだいに景気は回復しつつあるが、外見とはうらはらにいまだに貧困状態にある。2003年のサンクトペテルブルク300周年記念祭には、色の塗りかえや金装飾を施して街の外観を刷新し、ウラジーミル・プーチン大統領は迎賓館などに使用するために、バルト海沿岸のストレルナにあるコンスタンティヌス宮殿の再建にも取りかかった。しかし、共産主義時代の傷を癒し、資本主義の厳しい世界にとけこむにはまだ課題が山積みである。サンクトペテルブルクは、訪れる人々をつねに魅了してきた。長く暗い冬と近年の受難をこうむってきた都市は、短い夏の白夜祭（ホワイトナイツ）を待ち、救われてきた。このフェスティバルでは、闇は払いのけられ、美しく楽観的な気分に包まれる。サンクトペテルブルクは、哲学者、作家、詩人が、ナチスによる900日間の包囲中もエルミタージュの地下室で毎週会合をもち、価値ある文化遺産をいかに保存すべきか、議論を重ねた都である。彼らの多くは非業の死をとげたが、その情熱は、現在再活性化にわくサンクトペテルブルク住民の心にも受け継がれている。

ウィーン
Vienna

およびハプスブルク帝国

ミーシャ・グレニー

◆ 18世紀に入るとオスマン帝国はヨーロッパから大々的に撤退しはじめ、約200年後（1923年）には崩壊にいたる。チュルク系の隊商ルートもハンガリーの中心部の南側に移り去り、ウィーンの地は大きな安堵感に包まれた。それまでのウィーンは、ハプスブルク家の領土の東端にあたり、ヨーロッパのキリスト教世界にとって遠く離れた要塞の町にすぎなかった。

つまり、そこは、19世紀後半から20世紀上旬の黄金期を連想させる、華やかで魅力にあふれた都ウィーン、あるいは芸術や学問の都ウィーンといった一般的なイメージとは無縁の場所であり、生活は厳しかった。現在のウィーンの有名な通りの名前に「壕」を意味するアムグラーベンとかモートといった語がよくみられるのは、その名残りである。また、都心を囲んでいる「リンク」とよぶ環状道路が、かつてウィーンの中核部を囲んでいた防御壁の位置とほぼ一致しているのは、19世紀後半に無用になった壁を撤去して建設されたからである。しかし、1529年と1683年のオスマン軍の大包囲攻撃のさいには、こうした壁のおかげで瀬戸ぎわで侵入を阻むことができた。

オスマン帝国の脅威が過ぎ去った18世紀、ウィーンは、ハプスブルク家の支配するオーストリア公王国の首都として発達した。中世の要塞の城からはじまるホーフブルク宮殿は、何世紀もかけて都の中心にもう1つの都があるかのような豪壮な建築複合体に拡張された。マリア・テレジア皇后と息子のヨーゼフ2世の統治下で、ウィーンは発展しつづけた。「城の劇場」すなわちホーフブルク劇場は、1741年に宮殿入口のミカエル広場に設立され、ヨーゼフ2世は、最初の「国立劇場」としてドイツ語による上演を民間に許可した。100年以上たった1888年には、ウィーン市庁舎の向かいのカール・ルエーガー・リンクに移築され、「ブルク劇場」とよばれるようになった。ブルク劇場は、今なおドイツ語圏で最大規模の観客席を誇り、すぐれた演劇の殿堂でありつづけている。

リンクとその外側の地域との間には、バロック様式の快適な公園もそなえた広大な緑地帯が設けられ、帝国の中枢部への軍事的侵入を防ぐと同時

要するに、ウィーンは、建築、法律、規制、長い伝統といった堅固な材料を一緒くたに煮込んだ鍋の中で沸きたつ泡のようであった。
（ロベルト・ムジール、1930年）

に、庶民（ホイ・ポロイ）の居住空間を隔てていた。18世紀にはこの緑地帯の周囲に「リニエンウォール（リニエの壁）」とよばれる防御壁が築かれ、ウィーンは二重の壁に守られた都市になった。今日の「ギュルテル」とよばれる外周道路にほぼ該当するリニエンウォールの壁は、市中に出入りする商品をチェックする税関の役目をになった。しかし、ウィーンの一般庶民や商人にとってわずらわしく、強い嫌悪感を与えた。

このリニエンウォールから5km離れた郊外に、ハプスブルク家はベルサイユ宮殿に似せた豪壮な夏の離宮シェーンブルンを建設した。この宮殿は華麗な皇帝一族を象徴し、王室の神性化を強めたが、大半の人々はひどい圧政に苦しんだ。19世紀末にウィーンの特派員であった『タイムズ』のヘンリー・ウィッカム・スティードは、「ウィーンの社会構造の軸は、皇帝、ハプスブルク一族、その廷臣たちで成り立っており、庶民の暮らしとあまりにもかけ離れ、旧スペイン宮廷の慣習にしがみつき、皇帝はなかば神のようにふるまっている」状況を観察し、オーストリア帝国の体制に懐疑的な報告をおこなった。

ウィーンの容姿が大きく変化したのが18世紀なら、19世紀のウィーンは、「幻想の帝国」が生んだスペクタクル劇の舞台であった。この世紀は、ナポレオン軍によって2回も占領される悲惨な状況ではじまる。1809年にはウィーンの北東15kmのドイチェワルグラムで、ナポレオン軍に2回目の敗北を喫した。ハプスブルク家は広大な領地を失い、巨額の賠償金の支払いを負わされる打撃をこうむった。しかも、シェーンブルン宮殿をナポレオンが自分の仮邸宅としたことは、ハプスブルク家にとって最大の屈辱であった。

6年後、オーストリア帝国は復帰した。政治と外交手腕に長けた宰相メッテルニヒは、今日の首相官邸にあたるバルハウス広場の宮殿で、ナポレオン失脚後のヨーロッパの秩序回復をめざす「ウィーン会議」の進行役をつとめ

左：ウィーン郊外のシェーンブルン宮殿の中央部分。オスマン軍を撃退した後の1696年に建設がはじまった。設計したのはフィッシャー・フォン・エルラッハ。全体が完成したのは、彼の死後26年目の1749年であった。

た。当時ヨーロッパ音楽の中心は、モーツァルトやハイドンの活躍によってすでにザクセンからオーストリアへ移っていた。ウィーン会議は、ヨーロッパ全体の政治の転換点となった以上に、各国の政治家、外交官たちの社交の場であった。会議がつづいたほぼ1年間で、ウィーンは、各国から政府、軍部、行政の各首脳が押し寄せるヨーロッパ隋一の都へ変身をとげた。

メッテルニヒは、ウィーン会議の結果、オーストリア帝国の大国としての地位を守り、同時にヨーロッパの保守主義の勝利を確実にしたと信じていた。しかし、帝国の現状に不満をもつ民衆の前に長くつづくことはなかった。チェコ人、ウクライナ人、マジャール人、ルテニア人、ユダヤ人、ドイツ人、セルビア人、イタリア人、クロアチア人など、さまざまな言語を話す複合国家の民衆の多くは、オーストリアの現実が「民族の牢獄」にほかならないことに怒りと嫌悪感をつのらせていた。そして1848年、民族自決主義の高まりは、ウィーンの宮廷政治の専断的な体制に決定的な打撃を与えた。

今、ホーフブルクの大きな門からヘレンガッセまで、エレガントな宮殿や官庁の館が立ち並ぶ通りの落ち着いたたたずまいから、当時の混乱を想像することはできない。伝説的な「カフェ・ツェントラル」を含め、現在のウィーンのコーヒーハウスは読書室のように静かなところが多い。しかし、1848年の2月と3月のウィーンでは、どのコーヒーハウスもパリで生じた二月革命の最新ニュースとうわさが充満し、長く低迷している経済不況に苦しむ中産層や熟練工たちの興奮で沸きかえっていた。

3月13日には、熱烈な学生の大集団がベッカーシュトラーセにある旧ウィーン大学を出発し、シュテファン広場の大聖堂を過ぎてヘレンガッセに入り、メッテルニヒ宰相の「低地オーストリア」(ニーダーエストライヒ)政府の建物を襲った。時間がたつと、兵士は市内の狭い通りまで埋め尽くした群衆に向かって発砲しはじめた。やや離れた都の外縁部では、鉄道や工場の労働者が蜂起し、リニエンウォールに設けられた憎むべき税関所を破壊した。ショッテントールの鍵のかかった堅固な門を突破した労働者は、学生、熟練工そして中産層の反体制派を援護するために市内へなだれ込み、政府軍との戦闘を2日間くりかえした。

反体制派の怒りを一身に集めていたメッテルニヒ宰相は、この「ウィーン蜂起」によって失脚した。一方、皇帝と廷臣はインスブルックの爽快なアルプス地方に一時的に王宮を移した。ウィーン市街のいたるところに自由主義の革命精神を象徴する巨大な粗製バリケードが築かれ、バロック様式の建物の正面はその大きな影に覆われた。反対制派の占拠する異例の状況は6か月間つづいたが、冷酷さで

上：ウィーンのカフェ。ラインホルト・フォルケル作『カフェ・グリーンシュタイドル』より。強力なオーストリア・ハンガリー帝国の首都として、豊かで文化的な「くつろいだ社会生活」が営まれていた。

左ページ：1890年頃、市庁舎の高い塔から撮影したブルク劇場と市内の光景。市庁舎は、リンクシュトラーセ(環状道路)沿いにそびえる大型の公共建築であり、1874～88年に建設された。

ウィーン 215

上：グスタフ・クリムト作『ベートーヴェン・フリーズ』より。クリムトは、セセッション（分離派）の先導的な画家であり、この長大作は1902年のベートーヴェンを讃える展覧会に出品された。「敵の恐ろしい力」を、ギリシャ神話の巨大な怪物テュポエウスで表現している。

悪名高い軍司令官ヴィンディッシュ・グレーツ伯が鎮圧にのりだし、おびただしい数の死傷者を出していきなり終焉した。革命家たちもヴィンディッシュも、市街地の建造物に戦闘の被害が及ばないよう留意したが、ウィーン郊外のリニエンウォールは重要な個所がかなり破壊された。

この動乱をのりこえたオーストリア帝国の保守派は、自由主義の勢力が完全に失墜したと信じた。しかし、わずか12年後には、クリミア戦争でオスマン軍側に加担してロシアとの関係を悪化させ、1859年にはイタリアのサルディーニャ王国との戦いに負けて領土を奪われるなど、国内外で帝国の威信は低下し、財政状態はさらに悪化した。ついに1861年、フランツ・ヨーゼフ１世は、国内の自由主義派の穏健な改革案に同意した。しかし、1866年にはプロイセン王国との戦いに敗北し、ウィーンはハプスブルク家の帝都であるにもかかわらず、ドイツ自由主義派によって40年近く政治を牛耳られることになった。彼らは、1852年にフランツ・ヨーゼフ皇帝の勅令ではじまったリンクシュトラーセの拡張計画も含め、すべての国内政治を主導した。皇帝は在位したまま、行政や建設事業にかんする最高権力を失った身分に甘んじた。

工業化による新興のブルジョワ層は、ウィーンの古い防御壁を除去するとともに、近代化（高い公衆衛生基準、水路整備、街路灯や洪水対策などを含む）を推し進めた。議事堂、精神病院、大学、ブルク劇場、大規模な美術館や博物館など（官庁やアパート式住宅も含め）、自由主義の国家にふさわしいさまざまな様式の建造物が、「リンク（環状道路）」にそって出現し、古い帝都のバロック建築の外観とのコントラストをきわだたせた。リンクがホーフブルクの地位を奪っていった。

1890年代には、才能ゆたかな建築家のオットー・ワーグナーが、「リンクシュトラーセ様式」とよばれる都市改造計画によって根本的な転換をもたらした。工業の発達はウィーンの古い都市構造を圧迫し、都市面積の拡張と人口増加にみあうインフラ整備が急務であった。ワーグナーの改造計画は、リンクから分岐した半円形の道路を放射状に伸長し、都心部へ向かう主要道路や鉄道の駅（進歩的な地下鉄駅の入口になっていた）との接続を容易にした。分離派の影響も受けたワーグナーは、ウィーン派アール・ヌーヴォーの都会的な建造物をつぎつぎに建設した。芸術的な実験といえる斬新な建造物は、ハプスブルク帝国の都に不思議なほど調和した。話はそれるが、ウィーン出身のグスタフ・クリムトは、分離派の代表的な絵画作品によって世界的に有名である。だが、ウィーン市街では、ワーグナーの機能美あふれるモダニズムの建築作品がいたるところでみられる。皮肉なことに、当時の支援者や保守派の多くは、ウィーンに出現したこうした芸術的な偉業をよく理解できず、軽蔑やあからさまな嫌悪を示した。しかし、理解のほどはどうあれ、最期の衝動に突き動かされて1900年のウィーンのようにみごとな都市をつくった帝国はほとんど存在しない。

エディンバラ
Edinburgh

および「スコットランド啓蒙」の時代

マグナス・リンクレイター

◆スティーヴンソンが1878年に描いたエディンバラは、大通りや立派な広場、新古典主義の広大な館が並ぶみごとな都である。だが、それとまったく異なり、前世紀の中頃までエディンバラ市街は狭苦しく不衛生で、灰色にくすんでいた。1707年、連合法（グレートブリテン王国）が制定されて以降、ロンドンが王国議会の場となり、スコットランドは独立国家としての地位を失ってしまった。そうした政治状況と同様、生活環境もまさに荒廃しつつあった。片側を悪臭を放つ沼地に閉ざされ、片側を迷路のような危険そうな裏町や狭い通りにはさまれて、エディンバラを訪れた人々は、不潔きわまりない都会にショックをうけた。1720年代にエディンバラで一夜を過ごしたイギリス人の監督官エドワード・バートは、悪臭について真っ先に取り上げ、「裏に住む近所の人たちの不快な臭いが部屋のなかに入ってくるので、しかたなくシーツで顔を覆って寝た」と述べている。古い町の狭い通りでは、廃棄物は無蓋の水路へ流し、豚などの家畜が鼻をならして食べ

王国の首都にとって、これ以上、地の利にめぐまれた場所はおそらくどこにもない。堂々たる眺めに、これ以上、みごとな選択肢はありえない。
（ロバート・ルイス・スティーヴンソン、1878年）

物をあさり、長屋の窓から汚水をあたりかまわず投棄していた。その光景は、要するに中世の町そのものであった。

しかし、その後50年間で、エディンバラはめざましい変化をとげ、のちに「スコットランド啓蒙」とよばれる知識人たちの活動拠点になった。この運動はひじょうに大きな影響力をもち、さまざまな分野で多角的かつ広範囲に及んだために、世界じゅうに驚きをもって迎えられ、エディンバラを「新しい啓蒙主義の主都」と評する人もいた。デイヴィッド・ヒューム、アダム・ファガーソン、アダム・スミス、ケイムズ卿、ウィリアム・ロバートソンといった哲学者、歴史学者、経済学者たちをはじめ、ロバート・アダムなどの建築家、な

下：1738年にジェームズ・クレイグが描いたエディンバラ新都市計画案。クレイグの天才的な設計図は、きわめて単純かつ洗練されていた。長方形の直線で構成され、3本の幹線道路が両端の広場まで平行に走り、旧都の乱雑な街並みとは対照的に新古典様式でデザインされている。

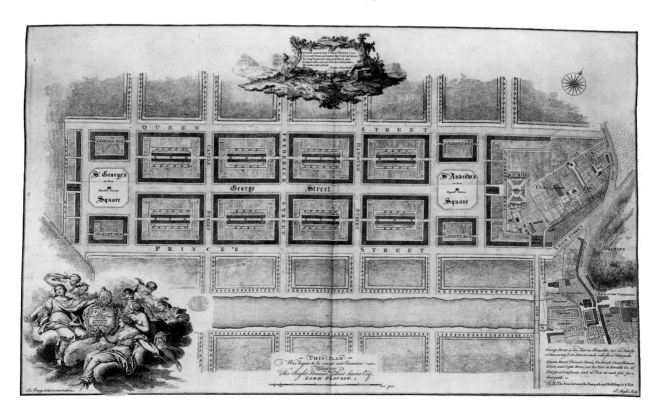

らびに地理学者のジェイムズ・ハットン、詩人のロバート・ファーガッソンやロバート・バーンズといった知識人が集まり、開放的、多文化主義的で、なによりも知的かつ楽しい雰囲気のなかで活動し、近代の市民社会の都市とはいかにあるべきか、古いエディンバラをやり玉にあげて闊達に論じあった。法律家や商人をはじめ聖職者や銀行家にいたるまで、エディンバラ市民もまた、都じゅうに広まったクラブやさまざまな社交場でなされる討論に夢中であり、ますます繁栄するリース港から運ばれるクラレット（ボルドー産の赤ワイン）で、何度も喉をうるおしながら議論した。

こうして培われた自信は、すべてにおいてみごとな都市再生の原動力となった。生涯で7度エディンバラ市長の職をつとめたジョージ・ドラモンドは、1745年のボニー・プリンス・チャーリーとジャコバイト軍〔スチュワート朝の復権をめざす支持者たちからなる〕の反乱にたいし、エディンバラ城で抗戦して勝利にみちびいた人物でもある。1763年4度目の市長に就いたドラモンドは、湖沼の埋め立てによる都の拡張計画をすすめた。エディンバラの救いがたい障害であった悪臭ただようノース・ロッホ（北湖）が見える窓に立ち、若い友人へふり向くとこう言った。「サマヴィルさん。たぶん僕は無理だけど、あなたは元気でいるだろうから、いつかあの辺もすべて家々で覆われ、壮大で立派になった都を目にすることができますよ」。（ノース・ロッホは20年を要してすっかり干拓された。）そして、1766年におこなわれた都市拡張計画のコンペティションで、21歳の無名の建築家ジェームズ・クレイグが最優秀賞に選ばれると、彼の設計図にある東西に走る3本の主要道路とその両端に設けた2つの大広場を基本に、大規模かつシンプルな格子構造のニュータウン建設がはじまった。

エディンバラが発展するにつれて、新たに市が委託したクレセント（三日月形）やサーカス（円形）の市街区が建設された。ロバート・アダムの設計による荘厳な新古典様式の建造物が並び、とくにシャーロッテ・スクエアは、おそらくヨーロッパじゅうでもっとも美しい一角となった。歴史家、経済史学者のクリストファー・スマウトは、ニュータウンは「18世紀の中産階級の理性に裏づけられた、冷たく澄んだ美しい表現体」であると記した。現在でも、エディンバラを訪れる多くの人たちが、新古典派のエレガ

218 近代初期の世界

　ントな建造物と、がっしりと堅固な城や旧市街の背景との
みごとな調和に、この都市のユニークさを感じている。
　いかにして、短期間でこうした都市となりえたのか？
その答えは１つではない。エディンバラのルネサンスは、
イングランドとの連合によってもたらされた驚異的な経済
発展を背景に起こった。スコットランド人は天賦の商才を
発揮し、空前のスケールで富を築いた。しかも、連合以前
からエディンバラは市庁舎、裁判所、教会といった政治、
法律、宗教関連の施設をすでにそなえ、ヨーロッパでもっ
ともリベラルな教育制度が整っていた。当時厳しい中傷に
さらされた長老派教会でさえ、「理性の時代」におこなわ
れた大議論を拒むのではなく、むしろすすんで討論会に加
わろうとした。こうした豊かで寛容な空気に包まれた「短
くも、うきうきした期間」に、ヨーロッパじゅうを興奮さ
せたスコットランド啓蒙の逸材を何人も輩出したのであ
る。「まるで魔法にかかったようだ」と述べた人がいるよ
うに、その合理的な説明はないのかもしれない。

上：1792年にロバート・バーカーが描いたカールトンヒルからのエディンバラのパノラマ画。バーカーはアイルランドの肖像画家であったが、1787年にパノラマを思いつき、その発明の特許権を得た。カールトンの丘を歩き、360度の眺望に感激した彼は、「ロトゥンダ」（円形の広間）を造り、内部の湾曲した壁面全体にエディンバラ市街を描いたパノラマ画を並べた。らせん階段を上ってその大画面の展示の中央に立つと、まるで本物の風景を見物している気分が味わえた。このアイデアは大成功し、バーカーはロンドンに常設のパノラマ館を建てるなど、パノラマは、19世紀には観客の目を楽しませるものとして人気を博した。映画（シネマ）の先触れであったといわれる。

近代都市の時代

◘ 19世紀の初め、産業革命がかなりすすみ、世界は変化し、なおも加速度的な発達をつづけていた。たえず進展する状況のために、当然ながら最終章は以前のどの章よりも扱う範囲が広くなった。今日、我々を取り巻いている世界についていえば、おそらく10年で100年に相当する以上の激しい変化をみせている。「古代の世界」の章は、3000年という長い期間を扱ったが、この「近代都市の時代」の章では、たった200年間を把握することが容易でない。

18世紀と19世紀で、イギリスとフランスの首都はとりわけ大きく変化した。チャールズ・ディケンズの描いたロンドン（London）は、サミュエル・ジョンソンのロンドンとひじょうに異なる場所であり、ナポレオン3世とオスマン男爵が大改造したパリ（Paris）を、ヴォルテールは知る由もなかった。ヨーロッパのいたるところ、例えば、ベルリン（Berlin）は、啓蒙専制君主フリードリヒ大王が登場するまでドイツ諸王国の1首都にすぎなかったが、さらにビスマルクのおかげで統一ドイツ帝国の首都へ変貌をとげた（もっとも、ビスマルクが、クリストファー・イシャーウッドの不滅の作品に描かれた1920年代のベルリンをみたら戦慄したであろう）。同時期〔1867年〕にオーストリア・ハンガリー帝国の連合軸が形成され、ブダペスト（Budapest）はウィーンとならぶ大都市をなした。モスクワ（Moscow）は、ナポレオンの遠征軍に破壊された後、ヨーロッパの影響をかなりうけつつロシア民族特有の新たなアイデンティティを創出した。バルセロナ（Barcelona）も、カタルーニャとスペイン双方の特徴をともに維持している。

アメリカ合衆国も、1800年に独立から四半世紀たった記念すべき年を迎えた。19世紀はほぼ毎年のようにヨーロッパからの大量の移民が増加しつづけ、劇的な変化が生じた。本章で論じる5つの北アメリカの都市のうち、1800年以前にヨーロッパでもよく知られていたのは、ワシントン（Washington）、ニューヨーク（New York）、モントリオール（Montreal）である。シカゴ（Chicago）は、北米大陸の主要な鉄道の分岐・集中点となり、さらに五大湖の船積み港として海運業が発達したおかげで、またたくまに繁栄を手にした。ロサンゼルス（Los Angeles）は、1781年にスペイン人により設立され、さまざまな変遷をへて、ハリウッドが脚光をあびるなど夢の都に変貌した。

ラテンアメリカは、やや異なる状況をたどった。コロンブス以前の旧文明は完全に消滅したが、幸いなことにかつ

ての栄華を示す建造物などの遺跡は今なお多数存在している。本章で扱う南アメリカの2つの都市は、アルゼンチンの首都ブエノスアイレス（Buenos Aires）と、南米隋一のブラジルの巨大都市サンパウロ（São Paulo）であるが、両者の性質はひじょうに異なっている。

ここ20年間のアジア、とくにインドと中国は、経済力を強め、驚異的な勢いで繁栄をつづけている。インドにかんして本章で選択したのは、ニューデリー（New Delhi）である。1911年に宗主国の権威発揚のために築かれた計画都市であるが、エドウィン・ラッチェンス卿の設計したみごとな石造りのモニュメント（インド門）は、イギリス統治時代の終わりにはインド独立のシンボルになり、ニューデリーは、インド政府の所在地として現在にいたるまで首都の座を保っている。

中国にかんしては、上海（Shanghai）ではなく、首都である北京を再び取りあげることも考えられた。しかし、最近上海を訪れた人なら、わずか25年前には想像もしなかったエネルギーとパワーで躍進する奇跡の都市を取りあげたことに、賛成するであろう。上海とかなり似た部分もあるが、シンガポール（Singapore）は、自己完結した国家として繁栄しており、今日の世界では稀有な都市である。島全体に活気がみなぎり、訪れるたびに新しい超高層ビルが増えている。日本においては、超経済大国の時代は過ぎ去った。しかし東京（Tokyo）にいると、その存在が世界の大都市のなかでもとびぬけていることがわかる。

さて、ここでの最後を締めくくるシドニー（Sydney）は、近年の成長めざましく、大きな注目をあびているが、その繁栄ぶりは上海に到底及ばない。ただし、上海では都市環境の急激な変化に対応できず、生活不安に苦しむ住民も少なくない。もし、私がロンドンに居つづけることを禁じられ、オーストラリアがヨーロッパからこれほど遠くないとしたら、シドニーに住んでみたいと思うだろう。

右ページ：上海のプードン（浦東）地区のオリエンタルパールタワー（上海タワー）の超モダンな建築は、急成長をとげる中国の新風景である。これは我々の未来の都市像なのであろうか。

ジョン・ジュリアス・ノーウィッチ

モスクワ
Moscow

王宮のない首都

オーランドー・ファイジズ

◆サンクトペテルブルク（p.209 参照）の建設とともに、モスクワの運命は急転し、帝国の首都から地方の州都にすぎなくなった。プーシキンは、モスクワを、紫色の喪服を着て新王の前にひざまずく衰えた皇太后の姿にたとえた。以来、19 世紀半ばまで、モスクワは一地方都市として、小さな木造の家々と狭く曲がりくねった道、そして馬小屋や高い壁に囲まれた中庭付きの地主の館が並び、田舎特有ののどかな雰囲気に包まれていた。当時のモスクワにつけられた「大きな村」というあだ名は、現在でもたまに耳にする。エカチェリーナ女帝（2 世）は、ピョートル大帝以上にモスクワを蔑視し、1770 年代に黒死病の蔓延で数千戸の家屋が焼却されると、それを機に何もかも一掃すべきだと考えた。彼女にとって当時のモスクワは、「怠惰がはびこる」広大な土地で貴族たちが「無為とぜいたく」な生活に浸っている「中世のロシア」そのものであった。モスクワの徹底的な改造をもくろんだ女帝は、サンクトペテルブルクのヨーロッパ的なイメージにならった再建計画を立ちあげた。そして建築家のバジェノフとカザコフは、18 世紀ヨーロッパの古典様式で、まず中世のクレムリン宮殿の大半を建て替える案を女王に提言した。しかし宮殿の一部を取り壊したものの、資金不足によってこのプロジェクトは頓挫した。

1812 年が過ぎてようやく、モスクワの中心部は再建をはじめた。ナポレオンの侵攻による大火が広大な空き地を生み、ヨーロッパの古典主義的な壮大な新しい都市づくりを可能にしたのである。クレムリン宮殿の赤い広場は開放され、一般住民にとって敷居の高かった従来の交易所は撤去され、誰もが利用しやすい公共の市場になった。赤い広場から扇状に伸びる 3 つの大通りも新設された。曲がりくねった小道は、周囲の地面をならして幅の広いまっすぐな道に作りかえた。1824 年には、ボリショイ劇場を中心にマールイ劇場など同類の施設をそろえた「劇場広場」が完成した。これはいくつかのモスクワ整備計画の最初に実施され、その後、クレムリン宮殿を囲んでいた土塁の跡にブールヴァード（並木大通り）やガーデンリング（首都モスクワの主要環状道路）を同心円状に建設し、クレムリンの北壁にはアレキサンダー公園が設置された。国民全体にモスクワの復興意識が広まり、私財を建築事業に投じる人が増えた。まもなく、優雅な館やパラディオ様式の宮殿が中心

> モスクワは、未開で放縦な地かもしれないが、それを変えようとするのを避けるところがある。というのは、我々全員の心にモスクワの一部が存在し、ロシア人がそれを消し去ることはできないからだ。
>
> （F・F・ヴィゲル、1864 年）

部の大通りに立ち並ぶようになった。

ただし、人々のこうした建設熱がめざしたのは、一方的なヨーロッパの模倣ではなく、つねにスラヴ特有の様式との混合であった。ヨーロッパの古典主義による荘重な建物の外見を、暖色系のパステルカラーでやわらげ、独特の形状のドームやロシア正教の十字架で装飾した。その結果、冷たく厳粛で壮麗な王宮を中心とするサンクトペテルブルクとまったく別ののびやかな魅力がモスクワに生じた。サンクトペテルブルクの建造物は、ヨーロッパの流行を取り入れたが、モスクワのそれは地方の伝統に根ざしていた。しかもモスクワの街通りには、東洋の習慣、色彩、モチーフの影響がいたるところにみられた。1830 年代のモスクワを旅した外交官マルキ・ド・キュスティーヌは、「大小のクーポラ（丸屋根）は、インドのデリーを彷彿させる。一方、高い天守閣や小塔は、十字軍時代のヨーロッパへ逆戻りさせる」と書いている。

モスクワの東洋的な特徴は、とくに 1830 年代と 40 年代の新ビザンティン様式の建造物によく表われている。この時代は、ニコライ 1 世と彼を支える思想家たちによって、西洋から離れて統一ロシアをめざす気概が培われた。ツァーリ（ロシア皇帝）は、ビザンティンの東方文化の伝統とつながる新スラヴ主義の世界観に共鳴した。1812 年のナポレオン軍にたいする防衛戦の勝利を記念して、クレムリンの近くに 30 年代に完成した救世主キリスト大聖堂は、玉ねぎ形のドームや鐘楼、テント形の屋根とココシュニック（ロシアの帽子）形のペディメント（出入口や窓の破風）のように、ギリシャ・ビザンティン文化と中世ロシアの要素が結びついている。こうした建築が増えるにつれて、モスクワの再生そのものが「ロシア国の復活」といった神話的な性質をおびはじめ、かつてのモスクワの伝統回帰を肯定し、ペテルブルクのヨーロッパ文化を意識的に拒むようになった。

モスクワは気の休まる場所であった。ペテルブルクの興隆とともに、貴族の安楽な生活の中心になった。プーシキンに言わせると、モスクワは「ならず者や変り種」を引き寄せる場所であった。つまり宮廷と離れたところで、生活の心配のない地主貴族たちは「罪のないスキャンダルやうわさ話に花を咲かせ、客を歓待することに夢中」であった。モスクワは王宮のない首都であり、快楽主義がはびこって

222　近代都市の時代

上：ナポレオンが1812年にモスクワに侵攻したさい、ロシア側は都に火を放ち、ほぼすべてを焼き尽くした。のちに19世紀フランスのロマン派の画家は、悲劇の大火の光景を見つめるナポレオンを描いた。

いた。レストラン、クラブ、華麗な舞踏会、演芸などの娯楽施設の多さは有名で、ペテルブルク市民は、モスクワを罪ぶかい怠惰の地として蔑んだ。デカブリストで詩人のニコライ・ツルゲーネフ〔小説家のツルゲーネフの兄〕は、「モスクワは快楽に溺れる人たちの奈落である」と書き、「食べ、飲み、眠り、パーティに出かけ、カード遊びにふける生活は、すべてが農奴の苦しみの代償なのである」と嘆いた。このロシアの特徴はまぎれもない事実であった。

19世紀をつうじてモスクワは大きな商業中心地に成長した。ナポレオンが目にした貴族たちの平和な巣窟は、その後の60年間で商店街や事務所、劇場やミュージアムなどの活気に満ちた都会に変貌し、工業化で拡張しつづける近郊地区には毎年大量の移民が押しよせた。1900年頃のモスクワは、ニューヨークと並んで世界でもっとも急成長をとげた都市といえる。当時の推定人口100万のうち4分の3は、モスクワ以外の地方出身者であった。

モスクワの成長の鍵は、鉄道であった。ロシアの主要幹線はすべて、地理的にロシアの東と西の中間にあたるモスクワが岐点となり、南の農業地域や北の工業地域の新しい路線が敷設された。各方面と鉄道で結ばれると、新たな商業市場が開拓され、地方のゆたかな労働資源と原材料の流入によって、モスクワの産業は発展した。毎日何千人もの乗降客が汽車を利用した。モスクワ周辺の9つの大きな停車駅の近くには、賄いつきの安宿がならび、地方からきた臨時雇いの労働者で毎日にぎわった。モスクワは、「資産家」の大都市にのし上がり、その立場は今日でも引き継がれている。一方、トヴェリ、カルーガ、リャザンといった地方都市の機能は衰えた。モスクワの工場製品は、鉄道貨物で地方の都市へ直接輸送されるようになった。また、地方都市の商店主がみずから汽車でモスクワへ出向き、地元の仲買人の言い値より安く商品を仕入れるようになった。モス

モスクワ 223

最上：救世主ハリストス大聖堂は、18世紀半ばに創立されたが、スターリンによってソビエト宮殿の建築用地として、爆破された（建設工事はまったくおこなわれなかった——写真は1905年に撮影されたかつての大聖堂）。現在、ペレストロイカ以降の宗教復興の一環として、最近になって昔のままの姿に再建築された。

上：1857年のモスクワの出版物に取りあげられたロシア鉄道の開通式のよう。ペテルブルクではじまった鉄道路線が、1851年にモスクワにやってくると、経済構造の変化とともに、急成長をとげた。

クワの繁栄と拡大にともない周辺の農村は消滅し、大農園主のジェントリ層は、チェーホフの『桜の園』の女主人ラエフスカヤのように没落していった。

モスクワでは、中産階級（ブルジョワジー）が成長し、富裕な商家の名門が生まれた。その多くは地主階級よりもはるかに裕福で、もとの家業から分かれたいくつもの事業を手がけた。例えばリャブシンスキー家は、家業の織物工場に加えてガラス製造と製紙業を経営し、さらに出版業と銀行業、のちに自動車産業にまで進出した。マモントフ家は、鉄道と製鉄業の巨大王国を築き、芸術関係に出資した（一族のサーヴァ・マモントフは、私設歌劇場を1885年に設立し、ロシアバレエ団（バレ・リュス）の有名ダンサーを育てた）。そして、紡績工場の経営で大富豪となったモロゾフ家は、演出家で有名なスタニスラフスキーの一族とともに、莫大な資産を投じてモスクワ芸術座を創設した（ここでチェーホフの演劇の大半は初舞台をふんだ）。さらにトレチャコフ家は、織物業にはじまる大実業家で、美術に造詣の深い篤志家でもあった。とくにパーヴェル・トレチャコフは、ロシア人の芸術作品を買い集め、そのすべてをモスクワのトレチャコフ美術館におさめた。この美術館は1892年に大規模な収集活動をおこない、画架に立てて描いた絵画作品だけで1276点に上った。

1900年代にモスクワを訪れたバレ・リュス団の創立者セルゲイ・ディアギレフは、劇場の舞台美術や役者の衣装にいたるまで視覚芸術の大刷新を提言した。モスクワはロシアに初めて出現したアヴァンギャルド（前衛芸術）の中心になった。一方、ペテルブルクは、あいかわらずゴシップめいた芸術談義、大学で教鞭をとる教授、金曜水彩画教室の中心であった。ペテルブルクが、ピョートル大帝という文化に精通した革命的愛国者の都市であったことを考えると、じつに意外な状況といえる。パリ、ベルリン、ミラノとならんで芸術の世界の中心地となったのは、モスクワであった。しかも膨大なコレクションをなす前衛芸術家たちの作品は、ヨーロッパの流行と同時に、モスクワの伝統文化を受け継ぐものであった。当時のモスクワは、発展する政治、昔ながらのゆったりした雰囲気、ざわざわした近代の動き、そして新しい技法に囲まれて、実験的な作品を制作する芸術家をおおいに鼓舞したのである。ペテルブルクの愛国詩人ミハイル・クズミン（1872〜1936）は、当時のモスクワを旅してつぎのように記した。

　モスクワなまりの大きな声、独特のことばづかい、かかとの音を立てて歩く習慣、タタール人のようなほお骨と眼、上向きにカールさせたあごひげ、野暮ったいネクタイや派手な色のベストとジャケット、それに、みえっぱりで自分たちの考えや判断にこだわる一途な性格——これらはすべて、「新しき人々」がついに進み出たことを感じさせる。

224　近代都市の時代

オーランドー・ファイジズ

左：玉ねぎ形のドームの眺めは、1812年の大火を耐えぬき、中世のモスクワの心髄を伝えている。写真は、アサンプション大聖堂（左）、イワン大帝の鐘楼（中央）、グラヴィータヤ宮殿（右）の眺め。

下：イリヤー・エフィーモヴィチ・レーピン作「画廊におけるパーヴェル・トレチャコフの肖像」（1901）。トレチャコフは、19世紀ロシア美術の先駆的な収集家であり、1892年にモスクワ市当局に自分の膨大なコレクションを寄贈した。それらはビザンティンと中世の時代へさかのぼるイコン画を含む作品のみならず、13世紀のモスクワ学派や、18世紀と19世紀の古典派とロマン派の絵画など多岐にわたるが、1980年まで「ソビエト芸術の作品群」として合併された。

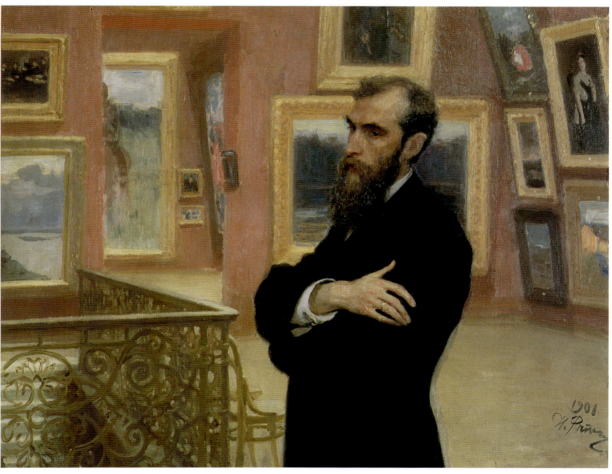

モスクワ 225

パリ
Paris

ナポレオン3世とオスマン男爵

フィリップ・マンセル

◆ルイ14世のヴェルサイユのように、ナポレオン3世治世下のパリは、「軍隊」と「芸術」の両方でヨーロッパを席巻した。叔父のナポレオン1世の過去の名声に助けられ、1848年に第2共和政の大統領に選出されると、1851年12月2日には軍部のクーデターに乗じて絶対的な権力を掌握し、1年後にフランス皇帝に就位した。そしてまもなく、ナポレオン3世みずからフランス軍を率いて、クリミア戦争でロシアに、1859年のイタリアにおける戦いでオーストリアに勝利した。フランスは世界の強国となり、ヨーロッパに新しい領土を獲得した（ニースとサボイを併合）。さらにアフリカやアジアに植民地を得て、メキシコや中国へも軍隊を送った。スエズ運河の開通を果たし、財政利益を生んだ。パリはナポレオン3世の軍事基盤をなし、兵士たちが楽隊の演奏に合わせて行進し、戦争に出立していく街であった。

しかし戦勝以上に、文化的な領域でパリはあらゆる注目を浴びていた。高級カフェ、劇場、そしてルーヴルという世界最高の美術館もある。ロンドン、ウィーン、ローマは、パリにかなわなかった。今は忘れられたことだが、「フランス語」のおかげで同盟諸国の指導的地位を確立した。リスボンからサンクトペテルブルクまで、フランス語はヨーロッパの教養のあるエリートたちの第2あるいは第1言語であり、1850年頃にはラテンアメリカやレバント地域もフランス語圏に組みこまれた。ブラジル、エジプト、ロシアから訪れた、すでにフランス語を話せる人々は、どの都市よりパリ滞在を楽しんだ。

パリはまた、科学、医学、文学の都でもあった。トルコの若者は、「パリに行かなければ世界を見たことにはならない」と教えられた。人々はパリを模倣し、すすんで受け入れ、フランス語で交流した。ハインリッヒ・ハイネ、イワン・ツルゲーネフ、アレッサンドロ・マンゾーニといった外国の作家たちは、パリで暮らすことを選んだ。

ナポレオン3世は、パリの軍事的、文

見るものすべてが、じつに壮麗で、大きく、堂々としており、よくまとまっている。余が嫉妬をおぼえるのは、我々の偉大な国、とくに我々の偉大な都に同じようなものがみられないことだ。

（ヴィクトリア女王、1855年、8月22日）

化的優位をさらに高めようと、王宮と市街地の大改造計画に情熱をそそぎ、パリは沸きかえった。自身の支配体制を強め、外国の賓客やパリの有力な業界人を豪華に接待できる王宮を必要とした。彼の妻で、スペイン生まれの皇后ウージェニーは、どの国の王や女王よりも客のもてなしが上手で、政治の話に口をはさみ、アントワネット風の衣装を着るのを好んだ。カーニバルの季節に催される国の公式行事である冬の舞踏会に加えて、彼女の主催する「皇后の月曜日」とよばれた春の舞踏会には200～300名が招待され、そのつど淑女たちは新しいドレスを着用しなければならなかった。皇后の服飾デザイナーのチャールズ・ワース（シャルル・ウォルト）は、当時のファッション界を支配し、ドゥラペ通りに面した彼の豪奢な店の構えは、まるで大使館の建物のようであった。

大臣たちも賓客の接待役をつとめた。政敵ですら、帝政期の華やかで楽しい宮廷行事に魅了された。ただし、宮廷は「お針子の娘〔浮かれた女性〕の逢いびきの場」で、パリは「外国人の売春宿」になったと皮肉り、非難する人もいた。ナポレオン3世時代のパリは、各国の君主や王族がひんぱんに訪れたので、作家でウージェニー皇后の友人プロスペル・メリメ（皇后の幼少時代の邸宅に何週間も滞在したこともある）は、チュイルリー宮殿に客がひんぱんに出入りするさまを、まるで鉄道の駅のようだと書いた。

パリで生まれた皇帝は、その後きわめて複雑な道を歩んだ。1815年にナポレオン・ボナパルトが失脚して以来、幼い彼はフランスを脱出し、亡命先のヨーロッパで教育を受けて育った。そのため彼の話すフランス語はスイスなまりが抜けなかったといわれるが、祖国愛にあふれた国家主義者に育った。早

左：フランツ・クサーヴァー・ヴィンターハルターは、ナポレオン3世の妻ウージェニー皇后の肖像画を数枚描いた。彼女はファッション界の先端をいく女性であるとともに、露仏戦争のときは自分で大臣を選び、「摂政」として行動した。

上：パリの空中写真。ジョルジュ・オスマン男爵によって、エトワール広場の中心の凱旋門から放物線状に建設されたブールヴァール（並木大通り）がはっきり分かる。

右：1859年、ナポレオン3世は周辺地域をパリ市へ編入することを認める勅令状をオスマン男爵へ手渡した（アドルフ・イヴォン画）。大臣たちを介さずに、皇帝が直接オスマン男爵とともに、最新のアイディアを取り入れて、パリを近代都市へ改造する計画にとりかかった。

くから自分がフランスにとって「運命の人」になることを確信し、パリの地図を塗りかえる決意をした。そして、1848年9月、イギリスから帰国したさいには、首都パリの外観、衛生面、利便性を改革すべく、新設する通りを色分けして描いた都市計画図を携えていた。（第2共和政の大統領に選出されたのち、皇帝に就位した翌年の）1853年に、部下の新しい市長オスマン男爵に図の写しを渡し、好景気もあって、二人は財政の束縛をほとんど受けることなく、オスマンが「帝都ローマの再現」とうたったパリの改造事業を推進した。

パリ市街は、軍の兵士のみならず、古い建物を取り壊す労働者、石工、大工職人たちであふれた。1852年から69年の間に、2万戸（歴史のある宿屋や教会も含む）が壊され、4万3000戸が新しく建った。約70の学校、15の教会とシナゴーグ、9つの兵舎も建設された。アール（旧市場）や

シテ島付近の不潔な路地は、まっすぐで新しい並木通りに置き換えられ（セバストポル、サンジェルマン、レンヌ通り、オペラ座大通など、さまざまな街並みが生まれた）、工事の進行ぶりは精確かつ敏速な砲弾にたとえられた。大通りの建設計画は、政治ならびに軍事的な意図もあり、街灯や中心街の交通機関の整備のみならず、騒乱時に軍隊が集結しやすいようになっていた。

ナポレオン3世はまた、ルーヴル宮殿と自分の主要な住居であるチュイルリー宮殿をつなぐ翼棟をリヴォリ通り沿いに建設した。今もルーヴル美術館の入口上部には、芸術の庇護者であったナポレオン3世の騎馬像が置かれている。パリは近代都市の模範となった。ブエノスアイレスやブカレストといった新しい都市にたいして、「ラテンアメリカのパリ」や「バルカンのパリ」と称賛する表現は、この時代にはじまった。

しかし、皇帝の外交政策は、都市計画ほどには成功しなかった。1867年の万国博覧会におけるパリの雄姿は、世界都市としての絶頂であった。オスマン帝国のスルタンは王子たちをともなって見物に訪れ、ロシアやオーストリアの皇帝もやってきた。プロイセン王は、ベルリンの都市改造に役立てたいと述べてパリの地図を所望した。だが、称賛の声は6月19日をさかいに失速する。その日、メキシコ皇帝のマクシミリアン1世〔オーストリア皇帝フランツ・ヨーゼフ1世の弟〕処刑の知らせが届いたからである。ナポレオン3世は、かつてマクシミリアン1世の即位を強引に果たしておきながら、すでにメキシコ情勢を不利とみてフランス軍を撤退させていた。ヨーロッパの諸国は、孤立無援で殺されたマクシミリアンを深く悼み、怒りの矛先をナポレオン3世に向けた。

1870年7月、時期尚早のまま、ナポレオン3世は、プロイセン王国をはじめドイツ諸王国との戦争に突入した。そのきっかけはささいなことであり、プロイセンの王子がスペイン王位継承に立候補するという宣言（じっさいは辞退していた）をめぐり、故意に両国民の感情を逆なでする文言が広まったためである。フランスの世論と、ナポレオン3世のフランス優位にこだわる願望によって、開戦は不可避となった。パリの大通りは「ライン川へ、ベルリンをめざせ！」と叫ぶ大勢の民衆で埋まった。メリメは「この戦争は皇帝のこれまでの戦いで、もっともポピュリズムに迎合したものであった。戦争を回避し平和を訴える人はみな、その場で殺されかねない空気がおおっていた」と書いている。

第2帝政は、剣で栄え、剣で滅びることになった。フランスの主力軍はまもなく大敗し、9月2日にナポレオン3世は敵地で捕虜となった。晴れあがった秋の9月4日、パリは王宮から共和政権の首都へまたも体制を転換した。「帝国よさらば！　共和国万歳！」と叫ぶ群衆が立法議会になだれこみ、チュイルリー宮殿にも迫った。市庁舎では臨時国防政府の宣言がおこなわれた。皇后はチュイルリーから

下：1869年にアドルフ・メンツェルが描いた絵のように、パリの人々は、自分たちの周りで街の風景が建て替えられていくのに夢中なって毎日暮らしていた。この絵の左側の建物は破壊されているが、中央には、より精巧な石造りの外壁をそなえた新しい建物がならんでいる。

逃げだしてルーヴルまで回廊を下り、タクシーを呼びとめ、アメリカ人の歯科医師エバンズの助けを借りて2、3日後には英国に到着した。

　戦争はついにパリの包囲攻撃におよび、チュイルリー宮殿やパリ市庁舎を燃焼したあと、ヴェルサイユ宮殿の「鏡の間」でプロイセンはドイツ帝国の建国宣言をおこなった。同時にパリは降伏し、フランス優位の時代は終焉した。ヨーロッパはその後、まったく異質の支配にふりまわされ、その惨事から立ち直るのに100年を要した。しかし、第2帝政時代の魔法の威力はあまりにも大きく、パリを訪れる人たちを長い間魅了しつづけている。チュイルリー宮殿はなく、王宮を守る近衛兵もいないが、パリこそは不世出の首都だと感じさせる。

上：エドゥアール・マネがこの絵を描いた1867年のパリの万国博覧会は、ナポレオン3世にとって、自分の帝国の叡智を世界じゅうに知らしめたいという野望の象徴であった。

右：1871年の初め、普仏戦争の敗北とドイツ軍によるパリの包囲攻撃をうけて、パルチザン（一般市民からなる非正規兵）たちは、ドイツと妥協をはかる臨時の挙国一致政府に反対し、パリコミューンを宣言した。しかし5月には、パリの街は激しい戦闘と破壊とともにヴェルサイユ政府軍に奪回され、この自治政府は72日間で崩壊した。

ロンドン
London
ヴィクトリア女王から「ビッグバン」へ

A・N・ウィルソン

◆ヴィクトリア朝の人々は過去を疎んじ、とりわけ17世紀後半から18世紀のそれほど遠くない過去にたいして強い嫌悪感を抱いていた。これは誇張ではない。彼らは、ジョージア朝のロンドンや、クリストファー・レンのロンドンが、自分たちの大切な遺産の一部なのだという思いがまったく欠けていた。もっとも、現在のロンドンもナチス・ドイツ空軍（ルフトヴァッヘ）の爆撃を受けたうえ、詩人のジョン・ベッチェマンが皮肉たっぷりに「プランスター」とよんだ新たな土地整備事業の大義名分によって破壊をこうむった。

クリストファー・レンが、1666年のロンドン大火後に建てた教会は全部で50以上もあったとされる。しかし、ヴィクトリア時代になると、その多くが投機的な建設事業によって破壊された。20世紀のナチス・ドイツの空爆よりも大規模であった。1881年、建設局は、「教会は、既得の狭い通りの所有権を売りわたし、道幅を拡張し新しい街並みをつくる当局の計画に応じなければならない」と通達した。

たとえば、聖ディオニス・バックチャーチ教会、聖ベネット・グレイスチャーチ教会、王立証券取引所近くの聖バーソロミュー教会（これは中世の教会であり、レンの作品ではない）、ボトルフレーンの聖ジョージ教会などは、道幅を広げるためにすべて取り壊し、盛り土が施された。1867年に聖ベネット・グレイスチャーチの建物が取り壊されたとき、『イラストレイテッド・ロンドン・ニュース』は、この教会の「醜悪な尖塔」が消失したことを歓迎する記事まで載せている。同様に当時の人々は、オールドジュリー（旧ユダヤ地区）の聖オラベ教会、ウッドストリートの聖ミカエル教会、バッショーの聖ミカエル教会、フライデイストリートの聖マタイ教会、聖マーチンのアウトスウィッチ教会などをリストにあげて継続的に破壊した。ヴィクトリア朝のロンドン周辺を歩いたら、靴は泥だらけになったであろう。急増する住民に家を提供し、繁栄にみあった都市にする改造計画のために、ロンドンのあちこちが土木工事中であった。

ヴィクトリア朝の初期と中期に破壊作業が集中した最大の理由は、鉄道事業の発展のためである。線路や駅の用地を確保するため、1859年から67年までに、約3万7000人がロンドンの中心地からの立ち退きを強いられた。ミッドランド鉄道の開設には、セントパンクラス駅を造営し、

大きな地震による最初の衝撃は、まさに中心に向かって当時の近隣地区全体をずたずたに引き裂いた。そのすさまじい痕跡は、いたるところにみられた。家々はなぎ倒され、あらゆる通りは寸断され、止まった…どこへ行こうにも、どの橋も渡ることができないし、道という道がすべて通行不能であった。

（チャールズ・ディケンズ、1848年〔長編小説『ドンビー父子』より〕）

スラム街のエイガータウンをまるごと取り壊す必要があった。今日この駅は、ヨーロッパとつなぐ鉄道網の玄関口として生まれ変わり、ヴィクトリア期の建築技術と新ゴシック様式の美しさを伝える記念碑的な外観を保っている。もっとも現代建築の感覚からすると、「目に不快な」おどろおどろしい建物といえるかもしれない。

ロンドンのパディントン、ヴィクトリア、チャリングクロス、キャノンストリート、ラドゲイトヒルなどの鉄道駅は、ヴィクトリア期の偉大な成果である。鉄道の敷設にともなってホテル建設の旋風が巻きおこった。ジェントリ層の地方の名士がことあるごとに上京し、市内に邸宅を借り、部下をロンドンに常駐させた。社会の流動がはげしいヴィクトリア時代の人々にとって、ロンドンを訪れる目的はさまざまだが、何よりもまず商取引のためであった。ピカデリーサーカス付近に新しい劇場がつぎつぎに完成し、そこでの観劇を楽しみに上京する人も多かった。自己修養のために、サウスケンジントンのアルバートポリスに開設された美術館や博物館を見学する人もいた。この地区には、1851年に開催されたロンドン万国博覧会の大成功による莫大な収益をもとに、ヴィクトリア＆アルバート博物館、科学博物館、自然史博物館などが建設された。ヴィクトリア女王の夫で、ロンドン万博の立役者でもあった学識ゆたかなアルバート公の構想をもとに、早逝した彼を追悼して竣工された。

人々が上京する理由が商取引であれ、自己修養のためであれ、または密会のためであれ、ロンドンには客を受け入れる宿泊施設がととのっていた。1888年には、チャールズ・エア・パスコーが、「ロンドンは無目的でやってきた怠け者でも楽しく過ごせる場になり、アメリカ、フランス、ドイツ、インド、植民地など世界じゅうから、そして暇と金をもてあます人々が集まった」と書くほどであった。

ロンドンの貧富の差は、他のどの都市よりも激しさを増し、美しく植樹された広い公園、新開店のデパート、ウエストエンド界隈の劇場やホテルなどを目当てにロンドンを訪れる人たちは、そのあまりの格差に当惑した。『パンチ』誌の創刊メンバーのヘンリー・メイヒューは、ヴィクトリア朝前期の生活苦にあえぐ人々について、「ロンドンの労働とロンドンの貧民」という記事を連載した。「労働者家

庭のクリスマスの日」を書いたジャーナリストで流行劇作家のジョージ・R・シムズは、メイヒューと同じようにディケンズ風に、ヴィクトリア朝後期の貧しい人々のために論じた。彼は風刺的なモノローグだけでなく、『サンデイ・ディスパッチ』などの新聞に「人生劇場」、「貧民の生活」、「恐ろしいロンドン」といった論考を掲載し、自分の意見を明確にしている。

ロンドンはじつに不快で悪臭がただよい、不衛生そのものであった。ヴィクトリア女王が戴冠した1852年頃のテームズ川は覆いのない下水溝と同じであり、194万5000人（1841年の市勢調査時の人口）の糞尿が川へ流されていた。（首相、保守党首をつとめた）ディズレーリは、テームズ川を「口にするのもはばかられる、身の毛がよだつ地獄の淵」と評した。水が感染源の病気が流行し、コレラで死亡したロンドン住民の死者は、1849年には1万8000人、1865年には2万人、1866年には6000人であった。こうした惨状の終結にめざした初期は、逆にテームズ川の汚染を悪化させてしまったこともある。たとえば公衆衛生と貧民救済の改革で知られるエドウィン・チャドウィックでさえ、道路を洗い清めてその廃水をいっせいに川へ垂れ流す愚挙をおかした。

上：1864年のブラックフライアーズの鉄道橋の建設風景。左側に木造の仮設橋がテームズ川に架かり、右側で本物の鉄道橋が建設中である。背景にセントポール大聖堂がみえる。

ジョン・スノウ医師がコレラは水の汚染が原因だと指摘するまで、チャドウィックは疫学的な知識が欠けていたのである。

ヴィクトリア朝の人々は、総力でこの問題の解決にあたった。メトロポリタン下水道委員会は、チャドウィックの勇退後優秀な技術者も加わり、とくにジョセフ・バザルゲットは、大がかりなレンガ造りのトンネルの排水路網を築き、効果的なポンプ装置を建設した。これらはその後2度の戦争にも生き残った。しかし、貧困層のきわめて悲惨な状況は第二次世界大戦後もつづいた。ブリッツ（ドイツ軍の空爆）後に再建されたロンドンは、ヴィクトリア朝のロンドンと本質的に変わらなかった。

しかし20世紀後半期に、2つの大きな変化がおこった。まず、猛々しい現代建築がオフィス街や住宅地に導入された。ロンドンの空のシルエットは崩れてしまい、かつてひときわ高く、母に抱かれたような安らぎを与えてくれたセントポール大聖堂は、現在では得体のしれない新築ビルの

ロンドン　231

下：地下の下水道の発達は、メイヒューが1864年に掲載した「ロンドンの労働とロンドンの貧民」という記事の挿絵のように、動力機械が使えない作業を請け負う新しい職種が生まれた。

最下：クロスネス・ビームエンジン・ハウスの「八角形の間」。この蒸気機関の揚水所は、バザルゲットが開発したロンドンの下水設備システムの1つで、1862年に稼働を開始した。最近ヴィクトリア時代のすばらしい工学技術の例として、みごとに装飾された作業室がていねいに修復された。

右ページ：現代のロンドンは、過去の建造物にたいして無慈悲である。セントポール大聖堂は、現代建築群にすっかり取り囲まれてしまった。しかし16km離れたリッチモンド・パークから眺めると、驚いたことに大聖堂の姿がはっきりみえる。

せいで小さくみえる。そしてもう1つの変化は、さまざまな民族出自の住民が増えたことである。古代ローマ皇帝クラディウスが紀元43年にテームズ河畔に陣地を設けて以来、ロンドンは移住民がまっさきに入港する場所であった。ただし、ユグノー（フランスの新教徒）やユダヤ教徒の移民はきわめて少なかった。ところが1981年には、アフリカ系カリブやアジア出身のロンドン住民が84万5000人にたっし、市内人口の20％を占めている。ロンドンに移民が多いことは、英国の工業都市のなかできわだった違いである。

2000年以上の歴史において大きな変化をみせたロンドンは、さらに大転換を果たした。ロンドンの「シティ」あるいは「スクエアマイル」は、それまでずっと英国の金融・財政の拠点であった。しかし、マンチェスター、バーミンガム、グラスゴーといった大都市で金融バブルが生じたために、マーガレット・サッチャーは通貨管理改革（インフレ抑制政策）をおこない、地方の製造業を衰退させる一方、ロンドンの景気回復をはかった。さらに、1986年10月27日、ロンドン株式市場は規制を緩和して自由化に踏みきった。この「ビッグバン」により、ロンドン株式市場は国際的な証券取引の場に変貌し、その後20年で、ロンドンはもはや排他的な英国の首都ではなく、世界における金融市場の重要な位置を占めることになった。

英国の他の都市は、傷つきながらたどたどしく歩んだ。壊滅的な不況に陥った地域が多いなか、生気を取り戻したロンドンは、まるで都市国家的な立場で「英国」の各都市へ金融支援をおこなった。

21世紀のロンドンも、ヴィクトリア時代と同様、古い建造物を取り壊している。商業的には成功し、大通りは大勢の人で賑わっている。ただし、貧しい人は悲惨な生活のままであり、とくに東部のタワーハムレッツは、英国じゅうでもっとも貧しい地区とされる。ダゲナムやトゥーティング地区では、薬物中毒の若者が冷たい出入口で横になって夜を明かし、アジア系山地民族の移民が尿のしみ込んだコンクリートの壁のそばで陰鬱そうにうなだれている。だからといって、ロンドンの活力が衰えることはない。17世紀の疫病、1666年のロンドン大火災、ヴィクトリア時代の鉄道敷設にともなう古い街並みの破壊、ナチス・ドイツ軍の空爆など、ロンドンを激震が襲うたびに、つねに限りない再生力と新たな創造力をみせてきた。ビッグバンや大量移民の時代にも、この能力は維持されている。

ロンドン大火後に建立された記念碑には、まったくのねつ造だが、大火事が発生したのはローマ・カトリック教会の信者のせいだと告発する詩句が刻まれた。21世紀には、ロンドン在住のイスラーム教徒が、同様の誹謗中傷にさらされている。社会的不安をあおり、1678年のカトリック陰謀事件の過ちを思いおこさせる状況もみられる。だが、現代のロンドンのなかに、市民の叡智を集めて成功したすばらしい事例の1つも見ようとしないのは、よほどの悲観論者であろう。

ブダペスト
Budapest

ドナウ川の架け橋

ミーシャ・グレニー

◆ブダペストという都市の真髄はまさしく 19 世紀にある。というのは 1873 年までこの名称は存在しなかったからである。ドナウ川の西側のブダとオーブダが、対岸のペストの町と最終的に合併したのは、険しい道のりを努力して歩んだ結果であった。しかし、ドナウ川に初めて橋を架けるのに成功したスコットランド人技師の力がなければ、合併はもっと難しかったであろう。そのセーチェーニ鎖橋は、19 世紀のハンガリー人の民族主義と、オーストリア・ハンガリー二重帝国体制において自治権を主張した国のシンボルとして、いまも同じ場所に架かっている。

16 世紀の初期から、ブダとペストは、オスマン帝国の支配下でみじめな状況がつづいた。両方の町はオスマン帝国が外地から送りこんだトルコ人が住みつき、イスラーム文化が移植され、ハンガリー語を話す人の数は縮少した。ハプスブルク家がオスマン帝国を 1686 年に追放したとはいえ、その過程でブダとペストは事実上壊滅した。

ハプスブルク家は、オーストリア君主領ハンガリーの首都を、馬で何時間もかかるプレスブルク（現在のスロヴァキア共和国の首都ブラティスラヴァ）に設けた。19 世紀の前半期におきたハンガリー人のナショナリズムの運動には、2 つの有力な武器があった。1 番目は言語で、ハンガリー語は大陸で数少ない非インド・ヨーロッパ系の言語に属し、周囲のスラヴ語やロマンス語、ゲルマン（チュートン）語の話者には理解できないことばであり、このことが独自の民族意識を強く抱かせた。2 番目は、中世のハンガリー王国の君主たちが即位し、多くのハンガリー人の居住地であったブダに首都を再建する夢である。ブダの町は、丘陵地帯に広がり、ドナウ川を見下ろす城郭がそびえていた。しかし、ハンガリー人と同様に、ブダ城も波乱にとんだ歴史を経験してきた。オスマン帝国軍が敗退した 1686 年の包囲戦のときに破壊され、その後はハプスブルクの支配下におかれた。1848 年のハンガリー革命では、ハンガリーのリベラル派と貴族たちが、若きフランツ・ヨーゼフ 1 世にハンガリー王国の主権の譲渡をせまったが、1 年後に失敗におわり、ブダはそのさいも戦闘の被害をこうむった。

ドナウ川の対岸のペスト市街は、ブダと補完的な関係にあり、小さな街通りと市場のにぎわいによって住民は活気にみちた社会生活をおくっていた。ペストはこの地域の商業のかなめであり、ブダと双方でハンガリーの経済と政治

もしあなたがパリからブダペストへ来たなら、モスクワにいるような気がするだろう。しかし、モスクワからブダペストへ来たなら、パリにいるような気がするだろう。
（ジョルジ・リゲティ〔ハンガリーの作曲家 1923 ～ 2006〕、1987 年）

の実体をになっていた。民族運動がめざしたことは簡潔明瞭であった。なんとか 2 つの町を合併し、帝都ウイーンにたいしハンガリー固有の大都市をつくることだった。

ドナウ川を渡ってブダからペストへ行くのは、危険をともなった。冬季の川はしばしば凍結し、そのときは氷上をたやすく横断できる。夏季は浮橋を仮設したが、この方法は欠点が多かった。浮橋が河川交通の邪魔になりやすく、四六時中、撤去と再設置をくりかえさねばならなかった。川の水が凍りはじめたり、または溶けだす季節は、流氷で小さな船がよく事故にあった。

ハンガリー人貴族のイストヴァン・セーチェーニは、自由主義者であり、さまざまなアイディアで国家の発展に長年寄与し、1830 年代には、2 つの町をつなぐ橋の建設許可をハプスブルク家から得ることに成功した。この事業の資金調達には幾多の困難がつきまとったが、それとは別に、セーチェーニはある深刻な問題に直面した。当時ハンガリー人の技術者がいなかったのである。

そこで、2 人のクラーク氏の物語になる。ウィリアム・ティアニー・クラークは、ロンドンのテームズ川に初めて架かったハマースミス橋の建設責任者という経歴をもち、吊り構造の鎖橋の設計をおこなった。そして、実質的に橋の建設に携わった技術者のアダム・クラークは、ブダペストの広場にその名を顕彰されることになる唯一のスコットランド人であった。彼は自国の建設職人を伴ってハンガリーへやってきた。職人たちは市内の大きなユダヤ人社会に気に入られ、教会と女学校の建築にもあたった。これは、共産主義者たちによって閉ざされる前の輝かしい歴史の楽しいひとこまといえる。

橋の建設は困難をきわめ、ほぼ完成に近づいた 1848 年にはハンガリー革命が勃発した。コッシュート・ラヨショ率いる急進的なリベラル派は、ハプスブルク朝の君主によるハンガリー王国の体制を廃棄しようとした。ウィーンは、翌 1849 年にその報復に動き、オーストリア君主領ハンガリーの完全な支配権を再主張し、その後、オーストリアの総司令官、フォン・ハイナウが主導した弾圧は苛酷さをきわめた。しかし、橋は爆撃されるところで、幸いにもそのまま残った。

かくして、ハンガリー人の民族運動はすっかりなりをひそめたが、2 つの町は橋の完成でついに物理的につながっ

ミーシャ・グレニー

た。だがじつは、ハプスブルク家にとって1849年の勝利は、敗北の種を含んでいた。1867年のオーストリア・ハンガリー帝国の成立にあたり、フランツ・ヨーゼフ1世〔ハンガリー王としてはフェレンツ・ヨージェフ〕は、ハンガリー政府の自治権を認め、対等の地位を与えることに同意せざるを得なかった。6年後、ブダ、オーブダ、ペストは合併し、ペスト‒ブダとなり、のちに前後を入れ替えてブダペストと命名された。そしてさらに6年後、ハンガリー国民議会は、ドナウ川を挟んで城を凝視できる位置に、壮大なオルサーグハース〔国の家という意味〕、すなわち国会議事堂(ロンドンのウェストミンスター宮殿の議事堂を部分的にモデルにした)の建設を決議した。以後、新生ブダペストにおける建設熱は止むことがなかった〔国会議事堂の威容が完成したのは1902年である〕。

ブダペストは、ペストの周辺と対岸のブダに大きな通りが建設され、鉄道は壮麗な東駅まで伸びた。ハプスブルク帝国が崩壊した第一次世界大戦の終わりには、すでにヨーロッパ屈指のエレガントで魅力的な都市になっていた。

上:1840年代の鎖橋付近での国土防衛軍のパレード。ペストの町からブダの丘の宮殿の方向をみた光景。ドナウ川に架かっている鎖橋は、1839〜1849年に、イギリス人のウィリアム・ティアニー・クラークと、スコットランド人のアダム・クラークによって建設された。全長380mで、橋の両端には、それぞれ一対のライオン像とともに吊り橋構造の太い鎖を固定した凱旋門が設けられた。1849年の戦いで、ハンガリーが1度はオーストリアと対等の地位を獲得したとき、オーストリアの将軍は、完成まじかの橋に火薬をしかけて爆破しようとした。しかし、アダム・クラークの気転で、鎖の元締め庫(チェーンロッカー)を水浸しにしたため、失敗に終わった。1945年にはドイツ軍によって橋の中央区間が破壊されたが、1949年にできるかぎり昔の姿に復元して再建され、今にいたっている。

ブダペスト **235**

モントリオール
Montreal

カナダをつくった反骨精神

ローリー・マクリーン

◆カナダは、古くは魚と毛皮の隠れた宝庫であった。タラの大群は、イギリス、フランス、スペインの漁船団を、ニューファンドランド島のグランドバンクスにおびきよせた。その後ヨーロッパにおける広縁の毛皮のフェルト帽の流行によって、大陸内部に入りこみ、モントリオールは1世紀以上荒稼ぎができるビーバーの毛皮取引の中心地になった。こうした天然資源にかられ、北アメリカ地域のほぼ全域が探検された。

1534年、ブルトン（ブルターニュ）人の遠洋航海者で探検家のジャック・カルティエは、セントローレンス湾に到達し、フランス国王フランソア1世に「ヌーヴェルフランス」の占有権を獲得した。つづいてサミュエル・ド・シャンプランは、ビーバーの毛皮交易の独占をはかり、セントローレンス川を1000kmも遡上し、ケベックとラ・プラースロワイヤルを植民地とした。後者は、セントローレンス川とオタワ川が合流する半月形の中州の未開地にすぎなかったが、1642年には宣教師が「野蛮人をキリスト教に改宗させるため」に住みつき、「モントリオール」という名前が一般化した。

1650年のモントリオールの初期の住民はわずか196名の勇敢なフランス移民であり、驚くべき活力と信念をもって厳寒の僻地で生き残り、ヌーヴェルフランスの新天地に「野性の愛情」を注いだ。冒険心にとみ、ミシシッピ川をカヌーで下ってウィニペグ湖へ到達したのは、イギリスのヴァージニア植民者がアレゲーニー山地（アパラチア山脈の一部）を越えてたどり着く前のことである。英仏は、毛皮交易でとくに激しく競り合い、のちには戦争をひきおこした。

モントリオールは、1701年に長年戦闘の絶えなかった先住民のイロコイ連合と中立協定を結び、フランス系住民会社および西方会社の拠点として平和裡に繁栄をつづけた。しかし、「七年戦争（1756〜63年）」でイギリス軍に大敗した結果、北アメリカのフランス領（ヌーヴェルフランス）の勢力は衰えた。イギリス商人が新たにモントリオールに設立したノースウエスト会社は、かつてのヌーヴェルフランスのペイダンオー（上側の地方）に割りこみ、アッパーカナダを英国領とした。毎年春に氷が解けだすと、カバの樹皮で造った大型の「主力のカヌー（カヌー・デ・メートル）」がモントリオールからスペリオル湖の西端まで競って向かい、そこで奥地からビーバーを満載した「北のカヌー（カヌー・ドゥ・ノール）」と合流し、主力のカヌーに積み荷を移し替えるとモントリオールへ戻り、天然の良港に集まった膨大

「自由ケベック万歳！」
（シャルル・ド・ゴール、1967年、モントリオール万国博覧会での演説）

な量のビーバーの原皮をヨーロッパへ輸送したのである。ノースウエスト会社は、同じイギリス系のライバルのハドソン湾会社と最終的に合併し、モントリオール付近のラシーンを拠点に、東のラブラドル半島から極北のヌートカ湾までの広大な領域を包含する強大な毛皮帝国を築いた。

ケベック州のフランス系移民は、遅れてきたイギリス移民とは距離を分ち、1775年、英国の植民地支配から独立をめざす革命派（大陸軍）がモントリオールを短期間占領したさいは革命派に同調するつもりであった。翌年にはベンジャミン・フランクリン本人がモントリオールを訪れて大陸軍への参加を呼びかけた（しかし、彼は説得に失敗し、英国軍の反撃の報を受けると真っ先に立ち去った）。革命派の誤りは、ケベック州のフランス系住民の思惑や現状を考慮しなかったことである。そして、長年イギリス系移民との差異に耐えてきたモントリオールを、扇動やあからさまな暴力が横行する場に変えてしまい、「2つの孤立」した国民の運命を決定づけた。

ヨーロッパでフェルト帽の流行が減退すると、英国の主にスコットランド出身の事業家たちは、ほかの天然資源の探索にのりだした。蒸気船の登場でモントリオールはケベックシティより優位にたち、五大湖と大西洋を結ぶラシーン運河が開通するとさらに勢いを増した。好景気の1890年代には、国民の富の半分以上が、100名たらずのイギリス系のモントリオール住民で占められた。彼らは、銀行、大学、病院、礼拝所などをあまりにも多く建設したので、マーク・トウェインは、少年が石を投げれば教会の窓がかならず割れるほどだ、と書いた。モントリオールは、英領北アメリカにおける最大の都市となり、まさにカナダの経済と文化の中心であった。ただし、この間ずっとフランス系住民は、会議室やエリートたちの集まるクラブから締め出されていた。

この憤懣は、20世紀に持ちこされた。フランス語を話すケベック州住民の多くが自分たちの文化や言語が失われることを怖れた。その関心は社会的、政治的変化につながり、2つの勢力は拮抗するようになった。モントリオール市長ジャン・ドラポーの長い任期中に、特権のシンボルであった古いイギリス館は取り壊された。1970年のケベック解放戦線による要人誘拐事件を発端とする「十月危機」や、分離主義のケベック政党の選挙は言語的な分裂を深めた。政情不安を避けモントリオールを脱出した人々の刺激をうけて、ほんの2、3年でトロントがカナダで最大の都市になった。

236　近代都市の時代

　モントリオールは、いまも英語とフランス語が共存する唯一の都市であり、2つの文化がぶつかるたびに互いの独立精神が顔をだす。逆説的だが、この公然たる反抗意識がカナダ固有のアイデンティティを支えている。厳しく、孤立した毛皮取引の歴史の時代に比べたらのその対立は深刻ではない。しかし、当時のヨーロッパの奇抜なファッションと、そのための毛皮をカヌーで運ぼうとする勇気と冒険心がなかったなら、カナダの国土は、まちがいなくアメリカ合衆国に組みこまれていたであろう。

上：モントリオール港、セントローレンス川およびラシーン運河の入口。1825年に開通した運河は、ラシーンラピッドの荒瀬を迂回して築かれた。ラシーンとは昔のヨーロッパ人探検家たちについた名前で、フランス語で中国をさす la Chine に由来している。彼らは大陸を越えて東洋に行く伝説の北西航路の発見を夢みていた。

右：オールドポートからの眺め。モントリオールは北アメリカの水系の枢軸点に位置し、それによって3世紀以上にわたり、カナダの重要な交易の集積地であった。

ワシントン DC
Washington DC

イデオロギーの可視化

サイモン・シャーマ

◆ワシントン DC のアヴェニューほど、人間味に欠けた幅の広い大通りはどこにもない。ただの並木街路（ブールヴァード）などではなく、規格化された都市の真ん中にあるとてつもなく広々とした分離帯（ナショナル・モール）が設けられた。最初にこの都市を創案した建築技師、ピエール・シャルル・ランファンがアヴェニューの幅を 160 フィート〔48.8 m〕以上とした。フランスの古典主義を採用し、もっと道幅の狭い木陰の多い通りを細かくめぐらした方がより親切で過ごしやすいのに、夏はここが灼熱の地になることまで気に留めなかった。

ワシントンには、ミツバチの巣のようににぎやかな近隣地区もある。例えば、アダムスモーガンやデューク・エリントン劇場のそばの U ストリート界隈には、多数のアフリカ系アメリカ人が暮らしており、エチオピアやブラジルの料理をたのしむ店やジャズ喫茶がある。年じゅう新鮮な果物や野菜の並ぶ市場もある。国の中枢機関が置かれた広大なサバンナは、20 世紀初めにマクミラン計画によってモールを中心にこんもり緑陰の茂る公園や庭園が整備された。ここに若い人たちがよく訪れるのは、ロマンスを語らうためではなく、建築学的に示された「1 つの理念」すなわち、民主主義国家という理念のなかに浸りたいからである。ここにいると生きた政治の鼓動が伝わってくる。だがその眺めは同時に、「ワシントン」が、アメリカ人が生活する現実の都市というよりむしろ、官僚主義のよそよそしく尊大なイメージを抱かせる理由でもある。

ワシントンのこの問題と輝かしい威容は、もともとアメリカの共和政体が二人の個性によって生み出されたことによる。トマス・ジェファソンにとって、真のアメリカとは、膨大な農地を国土に擁し、ヨーマン層の市民がこれまでにない新しい社会と政治を築いていくことであった。ジョージ・ワシントンはさらに野心的であった。彼は誇大妄想を嫌ったが、1 つの思いに強くとらわれており、慢心しきったヨーロッパ諸王国の西側世界で、新しい国のアメリカこそが主導的地位につくべきだと考えていた。また、その

ときにそれは、壮大な広がりをもった都市だといわれる。しかし、もっと適切な表現をするなら、壮大な意図のもとにつくられた都市、とよぶべきである。

（チャールズ・ディケンズ、1842 年）

首都は民主憲法のすばらしさがひと目でわかる場所でなければならない。そしてワシントンという計画都市は、ほぼワシントンという人物の描いた未来像であった。

ワシントン DC に多くの人が抱く不満は、生活維持の商業経済にかかわるすべてが都市の中心地域と切り離された人工都市であることに起因しているが、それこそジョージ・ワシントンの望んだことであった。彼とジェファソンは、ロンドンやパリのように人口が膨れあがった古い商業都市は、怠惰のはびこる場所を増やし、悪や腐敗の温床になりやすいとみなしていた。しかも、国民主権にもとづく新しい国家には、民主制度の所在地として、特別にデザインされた新しい首都が必要であった。たとえば、独立した立法府と行政府の関係がはっきりわかるように、双方の建物をペンシルヴァニア・アヴェニューの東西の両端 1 マイル（1.4km）離して設置し、しかもつねに互いの視界にあるように工夫した。

ワシントン DC の建設構想は、もともとイデオロギーと同じく必要性から生まれた。なぜなら連邦議会は、独立戦争中は危険をさけて移動劇場さながら 8 回以上も場所を変えて開催されてきた。1783 年に戦争が終結するや、正当とみなす 1 か所に開催場所を定め、恒久的な議事堂を新設することが、連邦政府の全一性と効率性に不可欠なのは明らかであった。しかし、その動議が可決されたのちも立地場所をめぐる論議でいたずらに年月が流れ、最終的にポトマック河畔を最良の地と考えていたジョージ・ワシントン自身が決断を下した。

1790 年、ワシントン大統領は、詳細な都市のデザインをフランス軍属の技師ランファンに担当させた。ランファンは、当然フランス古典主義の特徴をふまえ、中央の大広場から幅広い通りを放射状に伸ばし、その大通りに沿って国の施設を配置する青写真

左：1796 年にギルバート・スチュワートが描いたジョージ・ワシントンの「ランズダウン」の肖像画から切りぬいたもの。ワシントン大統領の 2 期目の最後の年にあたり、64 歳の彼は、マウントバーノンの邸宅で余生を送ることを楽しみにしていた〔1799 年死去〕。

238　近代都市の時代

を描いた。さらに、ポトマック川と郊外のグレートフォールズから水を供給する運河を開き、ワシントンを古典主義のパリだけでなく、ヴェネツィアやローマとも似た都市にしたいと考えた。その後、ランファンは議会と揉めて降板し、大げさを好まないアンドリュー・エリコットが修正を加えたが、ランファンの目ざした重要な部分は残された。すなわち、行政府と立法府をシンボリックに分離し、かつ互いに関連づけることであり、後者は威厳と高さを、前者は品格をそなえた建造物を、かの広大なアヴェニューに設置することであった。この計画は、もう一人の偉大な啓蒙主義者ジェファソンの思いであり、彼は、ストラスブルクからアムステルダムにいたるヨーロッパの大都市の見取り図を入手してランファンやエリコットに渡し、通りの交差点をアルファベットと番号で表示することまで提案した。

ジェファソン（任期1801〜09）が大統領官邸（「ハウス」。1811年からはホワイトハウスと呼ぶようになった）に移った1800年頃のワシントンには、ちょうど3000人が住んでおり、そのうち3分の1は奴隷と自由黒人が占めていた。ハウスの正面には小さなコロネード（列柱）やささやかな庭園が設けられ、未完成だが、来賓との接見や晩さん会などに使用する「イーストルーム」の計画も進行中であった。

上：C・R・パーソンズが描き、1892年頃にクーリエ＆アイヴズ社が出版したポトマック川から北を眺めたワシントンの鳥瞰図。画面の右に国の立法府の中枢として、連邦議会議事堂（キャピトル）が放射状の大通りが集まる中心に鎮座し、左にホワイトハウスがある。川に面した広場には、ワシントン記念塔がそびえ、連邦議会の権限によって、現在もワシントンDCではこれより高い建造物はみられない。

1793年にワシントンが礎石を置いた連邦議会議事堂は、ボストンの建築家チャールズ・ブルフィンチの設計による中央のドームと左右の翼棟を組み合わせた建物で、完成した当時の基準では称賛に値した。しかし、国の発展につれ、威厳や格式に欠けると批判され、とくにドームは「2つの茶箱の真ん中にさかさまにひっくり返した砂糖壺」のようだと揶揄された。

1814年夏、ワシントンは英国との戦争で焼き打ちにあい、その再建に時間を要したが、何事にも熱心で科学主義の精神をもつジョン・クインシー・アダムスは、復興と発展に尽力した。だが、港湾貿易でにぎわう近隣都市のジョージタウンが、「建物ばかりで道路がない」といわれる一方、主要施設をほぼ焼失したワシントンは、何十年も「道路ばかりで建物がない」と、世間の嘲笑をあびつづけた。ワシントンの気候は、初代大統領が想像した以上に苛酷で、悪臭

ワシントンDC　239

上:ウィリアム・ラッセル・バーチの描いたキャピトルの北翼部の風景。このなかに上院議会場があったが、のちに英国軍の焼き打ちにあって破壊された。この最初の建物を設計したのはウィリアム・ソーントンで、1793年にワシントン自身が礎石を置いた。1814年、英国軍はホワイトハウスなど他の公共の建物とともに、つぎつぎに火を放った。しかし突然激しい雨が降り、キャピトルは完全な消失を免れた。

上:古代ギリシャの神殿のような記念館のなかで、椅子に腰かけているエイブラハム・リンカーン。ダニエル・チェスター・フレンチによる高さ5.8mの大理石像は、永遠に生きている。

のただよう夏には蚊の猛威に悩まされた。しかもランファンがポトマック川の優美な流れや澄んだ滝壺の水から思い描いたことと異なり、ワシントン市街に供給される水は汚く、コレラが伝染することもあった。豚がモールをうろつき、中心部から少し離れた地域はガタついた居酒屋や家屋が無秩序に並んでいた。こうした状況は、荘厳さとみすぼらしさ、自由をうたう紋章と奴隷制をかかえる現実、といった矛盾が混在するこの都市の特殊性をきわだたせていた。

それから1850年代初期のワシントンへ、感嘆すべきアメリカの英雄モンゴメリー・メグズがやってきた。彼は、リンカーンをはじめ総司令官のグラント将軍やシャーマ将軍ほど有名ではないが、南北戦争における北部諸州の陸軍主計総監として北軍に完全勝利をもたらした人物であり、かつ第一級の有能な建設技師であった。モールにメグズが

240 近代都市の時代

サイモン・シャーマ

築いた目をうばう赤いレンガ造りのロマネスク寺院風のペンション・ビルディング（恩給ビル。現国立建造物博物館）は、アメリカの建築史上もっともすぐれた作品の1つに数えられている。また、ポトマック上流のグレートフォールから、新鮮な水を供給できる水道（火災を消し止めるのに不可欠な設備でもあった）を整備したのも彼の功績である。連邦議会議事堂再建の統括者となったメグズは、ブルフィンチのかの「砂糖壺」を廃して、ルネサンス期のブルネッレスキとミケランジェロや、17世紀ロンドンのクリストファー・レンの傑作をモデルにしたドームに建て替え、英国軍が再び襲うような事態にそなえて燃えにくい鉄骨構造にした。

現代のワシントンDCは、19世紀から20世紀の転換期に開花した。連邦政府の古い施設は取り壊され、外壁を石レンガで固めた財務省や国務省の新しい庁舎が建設された（この財務省の建物は、築年数が最長の庁舎として今も健在である）。モールの一角にはゴシック様式のスミソニアン「城」の一風変わった壮麗な建物も築かれ、イギリス人科学者ジェームズ・スミソニアンの遺産（1846年に連邦議会に寄贈された）をもとに設立された「人類の知識の向上をめざす研究機関」の拠点となった。建築界の鬼才ジェームズ・レンウィックの設計によるコルコラン美術館も設立された（のちに拡張されて別の建物に移ったが、オリジナルの建物は、レンウィック・ギャラリーとしてスミソニアン協会本部に残っている）。さらに、フリーア美術館も設立された。コルコランと同じく、大実業家が私財を費やして収集した超大作の絵画や美術工芸品を展示する施設を、母国のために寄贈したのである（のちに国立の壮大な美術館ナショナル・ギャラリーが、財務省長官のアンドリュー・メロンの行政手腕とワイドナー財閥の支援で設立されたのは、じつに1930年代になってからである）。モールのたて軸方向に揃えられたワシントン、リンカーン、ジェファソンを記念する建造物は、計画から完成までに長い年月を要した。ひときわ高くそびえるワシントン記念塔のオベリスクと、ダニエル・チェスター・フレンチが彫ったリンカーンの坐像を置いた記念館が落成したのは、19世紀後半である。そして、20世紀にモール内に建立されたマヤ・リン設計によるヴェトナム戦争戦没者慰霊碑は、ワシントンDCを訪れる人たちに深い感銘を与えている。玄武岩の黒い壁面には死者の名前にこめられた世紀の悲しみがえんえんと刻まれており、そこは具象を超越した、まさに永遠の魂の通いあう場である。

ワシントンDCが、アメリカ合衆国の「操縦室」といわれるゆえんは、連邦議会議事堂とホワイトハウスがともに存在していることにある。しかし、ワシントンDCで暮らす一般住民にとっては、毎年桜が咲くとハメをはずして大いに楽しむところであり、アダムスモーガン界隈の住民は、元気に遊びまわる街角の子供たちを温かく見守っている。こうした光景がつづくかぎり、ここは、国家のイデオロギーを具現した特別区域であるばかりでなく、アメリカの一自治体としてもけっこう素敵な都市といえそうである。

下：2009年1月20日、アメリカ合衆国第44代大統領、バラク・オバマの就任式当日のナショナルモールを含むワシントンの広いアヴェニューの光景。宣誓に立ち会うために集まった大群衆を収容できる十分な広さがある。

バルセロナ
Barcelona

カタルーニャの不死鳥

フェリペ・フェルナンデス・アルメスト

バルセロナは世界じゅうのどの都市よりも、体制打破のための戦いを多く経験してきた。
（カール・マルクス＆フリードリッヒ・エンゲルス、1864年）

◆道順を尋ねた通りすがりのドライバーに、イギリス人の農夫がぶっきらぼうに言った。「わしなら、ここからは行かないね」。陸のむこうを山脈が縁どり、片方を遠浅の海岸に阻まれたバルセロナは、偉大な都市の起点となるには適さない場所に思える。しかしこの都は、厳しい地理条件をものともしなかった。中世には天然の良港がないにもかかわらず、海洋王国の中心地に成長した。大型船は停泊中に浅瀬に乗り上げてしまうので、小さなボートで港との間を往復したのである。バルセロナは天然資源に恵まれず、大きな市場と直結しているわけでもなかったが、近代には、産業革命により、裕福な都市に成長した。

バルセロナはまた、さまざまな政治的困難や惨事の歴史を乗りこえてきた。19世紀の工業化の開始期には、市民の間で暴動が生じても、よその都市ではなしえない産業投資をおこないつづけた。この将来の繁栄につながる工場生産の基盤が敷かれた当時、スペイン王国では1820年代から絶対王政派と立憲君主派の内紛が生じ、植民地のあいつぐ独立で、アメリカの市場を失い、経済は疲弊していた。さらに1834年、ヨーロッパでくりかえし流行したコレラの1回目が襲い、大勢の犠牲者がでた。1842～43年、エスパルテーロ将軍はスペイン軍を率いて、バルセロナの共和派を従属させるために砲撃を加えた。

にもかかわらず、バルセロナでは「レナシェンサ」、すなわちカタルーニャのルネサンスが花開いた。工業製品が増産される時代に興隆したレナシェンサを、詩人のゾリラは「まるで火山の噴煙のようだ」と評した。1850年代にはアシャンプラ地区の建設工事がはじまった。これは、古い城塞を撤去し、規格化された碁盤目の区画を設けるという徹底した都市拡張計画であった。1854年には工場の機械化に反対するラッダイト運動に共鳴した労働者と、急進派ブルジョワジーとの間で流血の戦いが生じた。19世紀後半には、工場労働者と資本家の亀裂が広がり、扇動的なアナーキストたちが群がる「爆弾をかかえる都」といわれたが、一方で、成金的な新興ブルジョワ層が増大した。ナルシス・オレールの小説（『黄金熱』1890年）には、大資本をかかえる財閥、実業家、少数の居丈高な投資家の、バブル期の壊れやすい世界が描かれている。1898～1902年の米国との戦争（米西戦争）や、長年にわたるモロッコとの戦いで国内が疲弊するなか、ガウディやプッチ・イ・カダ

ファルクのような偉大な建築家は、「独創的でおどろおどろしい」カタルーニャのアール・ヌーボー（モデルニスモ）の傑作をつぎつぎに生みだし、街を飾った。ラモン・カサスやサンティアゴ・ルシーニョは、ブルジョア階級に依頼された肖像画や風景画のほか、市街でおきた残酷な暴力シーンを何枚も描いて後世に残した。1909年、スペイン政府がモロッコ鎮圧のため、バルセロナに徴兵を強制したことへの反発とブルジョアジーにたいする鬱積した憤りが「悲劇の一週間」を引きおこした。はじめは工場労働者のストライキであったが、アナーキストの集団が神学校や修道院、教会などの宗教施設を中心に80か所も焼き打ちする大事件に発展し、出動したスペイン軍に平定され、無残な粛清を受けるはめになった。この悲劇に、カタルーニャ語を用いる詩人の第一人者ジョアン・マラガイは、「バルセロナに寄せる新しき頌歌」のなかで、「味方も嫌な相手もひっくるめた全員」がまだ燻ぶっている街を歩きまわり、地面を踏み固めている「カタルーニャの精神」を讃えた。ガウディのサグラダ・ファミリアの尖塔は、空の高みへ挑みはじめた。1924年からは、スペイン国王が容認したプリモ・デ・リベーラ総督の独裁政権下で、カタルーニャ語の公的使用や慣習も禁止されたが、レナシェンサは衰えず、1929年に万国博覧会を開催したバルセロナの人口は100万を超え、「カタルーニャの不死鳥」の活力がみなぎっていた。

不死鳥の羽はユニークであった。工場を建てるときにも教会、城、画家のアトリエ風の外観を茶目っ気たっぷりに取りこんだ。そのきわめつけは宮殿風で、1855年の新聞は、「ここにはファラオもバッカス祭も存在しないが、何百という家族の生活がかかっている。浪費が習いの『宮殿』の歴史において、はじめて『ものを生産する』宮殿である」と評した。「カタルーニャ様式」を模索する建築家たちは、ムーア風の幻想的な装飾形式や角張ったゴシック風の建物を街のあちこちに出現させた。昔バルセロナの名門の王子たちが地中海西部やギリシャ方面の飛び地を支配した中世の伝説さながらに、ロジェント、ドメネク、プッチ・イ・カダファルクといった建築家たちは、おとぎ話にあるような塔や、低い凹凸の胸壁をそなえた屋根のシルエットを空に刻んだ。そして20世紀初期に「モデルニスモ」の全盛期を迎えた。ガウディは直線を嫌って奔放なデザインに徹し、バトリョ邸の天井の内装にホイップクリームを絞りだ

242　近代都市の時代

したような渦巻きを施した。また、ミラ邸の「未完成」にみえる曲線だらけの外観は、かの海に「沈められた聖堂」のごとく、フジツボなどの有機物が増殖している幻想を抱かせた。しかし1929年をさかいに、装飾過多のカタルーニャ・モデルニスモは、一般でいう現代的、進歩的な表現形式ではなくなる。その年のバルセロナ万国博覧会で、ミース・ファン・デル・ローエのドイツ館の軽快で合理的な建築が注目を集め、市民の間で前世代のモデルニスモ建築の取り壊しを主張する声すらあがったのである。新世代の建築家は、当代随一の前衛建築家ル・コルビュジュが唱える都市構想に影響され、機能的なガラス張りの建物が整然と並ぶ理想郷をめざした。しかし、バルセロナの街を刷新しようとした彼らのプロジェクトはわずかしか遂行されず、低所得者用の集合住宅と結核療養所、そしてグランビア大通りに建つ1軒の宝石店ぐらいしか残っていない。富裕層にとってもユートピアの敷居は高すぎた。

経済、人口、文化、政治のあらゆる面で圧倒的にまさるバルセロナが、カタルーニャ人のアイデンティティとなるのはごく自然なことであった。カスティーリャ人のスペイ

上：ラモン・カサス作『夕べの舞踏会』（1896年）。カサスはバルセロナの社交生活や富裕市民の肖像画を描いて成功したカタルーニャ・モデルニスモの画家だが、同時に、彼が生きた時代の暗澹とする出来事の側にたった描画をたくさん記録に残した。雑誌を発行し、バルセロナの中心近くのバー「アルス・クアトラ・ガッツ」（4匹の猫）の開店資金をだした。パブロ・ピカソの絵の展覧会も、そこで催された。

ンともちつもたれつの関係にあった中世のバルセロナは、スペイン王国の一都市国家ないしコミューン（自治都市）に位置づけられ、16世紀には、スペイン王宮へバルセロナの大使が参内していたが、1640年にカスティーリャ人による支配を拒んだカタルーニャ人が反乱をおこして以降、スペイン政府にとって、「バルセロナ問題」は目の上のこぶとなり、優秀な政治家も「100年に1、2回は、カスティーリャの軍隊を送りこむべきだ」と陰で本音をもらした。19世紀、バルセロナの富と洗練された文化は、由緒ある「もうひとつの都」として世界に知られた。マドリッドがスペイン王国の首都として中央集権を具現する一方、バルセロナはカタルーニャ人の熱情をかきたてる炉床であった。バルセロナは過去数百年に4度も旧議事堂のバ

バルセロナ　243

ルコニーで一方的に自主独立を宣言し、1978年の憲法でカタルーニャ州の自治権がようやく確定された。リーガ・エスパニョーラに属するプロサッカー・チームであるF・C・バルセロナは、1899年創設以来「ポリティカル・フットボール」という斬新な概念をかかげている。2006年の欧州チャンピオンリーグで優勝したさい、オランダ人監督のフランク・ライカルトは、「カタルーニャよ永遠なれ！」と叫んだ。

バルセロナが最後に「征服」されたのは1939年であり、「スペイン内戦」の結果である。スペインの第2共和政府が、右派勢力のフランコ将軍らの軍事クーデターによって崩壊し、バルセロナは、カタルーニャの自治権移譲派と分離独立派の対立を越えて、市民全体が反ファシズムでまとまったために激しい爆撃にさらされ、「スペイン至れり！」と触れ回りながら市内を行進するフランコ軍に制圧された。もっともその後40年間のフランコ独裁体制でスペイン全土は大きく変容し、困窮した地方から数十万人がバルセロナへ移り住んだ。バルセロナの人口は、1981年には175万に増大し、近郊の都市圏内に300万以上を擁している。1975年独裁者の死去にともない、カタルーニャ亡命政府の「プレジデント」がバルセロナへ帰還を果たすと、生粋のカタルーニャ人ばかりでなく移住民も歓喜して迎えた。

それ以後、バルセロナの労働者階級はつねにカタルーニャ自治政権を支持し、カタルーニャ主義を推進する文化政策に賛同してきた。カスティーリャ出身でもカタルーニャ語を母語とするブルジョアジーの感性をもつ住民の中産層が拡大すると、バルセロナのカタルーニャ化はさらに進む。EU（欧州連合）において、バルセロナは地中海西部の巨大都市として、いつかスペインという国の枠をこえる可能性すら秘めている。500年前にカスティーリャ人の一人の旅行者が見抜いたバルセロナの本質は、今日でもそのまま当てはまる。「ああ、神の恩寵ならん。私はいま、囲壁に守られた都をみてきた…この都は天然資源に恵まれないにもかかわらず、人々は意気さかんで、自分たちの努力のみで世間が願うあらゆる繁栄を手にしているのだ」。

左ページ、上：1909年7月25日〜8月2日の「悲劇の一週間」で、アナーキストと労働者連合は、ゼネストからはじまって反植民地、反聖職権を掲げる暴動にエスカレートし、多数の修道院や教会を焼き払った。そこでスペイン政府は軍隊を送って反乱を鎮圧し、首謀者たちを死刑や終身刑に処すなど、みせしめ的な厳しい弾圧をおこなった。

左ページ、下：バルセロナは1939年1月、フランコ将軍のナショナリスト軍に陥落し、すぐあとの3月にはスペイン内戦は終焉したが、空爆や党派間の戦いの苦痛を経験した。写真は、ヤグエとアセンシオの両将軍が、軍隊を率いてバルセロナ市内に入ってきたときのもの。

右：悲劇の1週間に教会が焼き打ちにあったのと同時期、バルセロナの同義語の1つにもなる新しい教会の建設がはじまっていた。アントニ・ガウディは1883年にサグラダ・ファミリアの建築に着手し、1926年に死ぬまで自宅と現場のスタジオでこの仕事にかかりきりになった。サグラダ・ファミリア教会は、衝撃的な個性と、象徴性、芸術的な創造性がちりばめられているが、本質的にはゴシック建築である。

ニューデリー
New Delhi

石の象徴

ジェーン・リドレイ

◆インドの首都ニューデリーは、ワシントンDC（p.238参照）やキャンベラと同じく計画的な行政都市である。イギリスの植民地時代の総督府として、大英帝国の威光を伝えるべく、ムガール帝国の滅びた跡に建設された。世界でもっとも古い地区の1つとされる現在のオールドデリーに近く、ガンジス平原を流れるヤムナー川の両岸に位置する。北西インドの交易ルートの最終地点で、北部からの侵入者を阻みやすい立地条件をそなえていたために、これまで7つの都がこの周辺で興亡し、ニューデリーは8番目に生まれた。

1640年にムガール帝国の皇帝シャー・ジャハンは、アグラ（p.168参照）からデリーへ遷都し、シャージャハナバードの都を創設した（一般にオールドデリーとして知られる）。シャー・ジャハンのレッドフォート（赤い城塞）とよばれる王宮は、ムガール朝の宮殿のなかで最大かつ豪壮な建造物であった。オールドデリーの要人たちは、市街地の広壮なハヴェリ、すなわち中庭を囲んだ館（私邸）で暮らした。18世紀にムガール帝国の力は弱まり、オールドデリーは衰退の一途をたどった。1739年に都は包囲され、レッドフォートから「孔雀の玉座」を強奪したペルシャのナジール・シャーによって15万人が虐殺された。18世紀末にデリーは廃墟と化し、貧困化がすすんだ。1857年には、イギリスの東インド会社支配にたいするインド人反乱軍の熾烈な戦いの場となり、敗北したデリーはイギリス軍に占領された。このときの残虐さは今も語り継がれている。

ニューデリーは、大英帝国が権力と名声を誇った最盛期に創立された人工的な都市である。1911年、インドを訪問した英国王ジョージ5世は、デリーで公式謁見をおこなった。カルカッタにあった英領インドの首都移転を宣言し、新都建設のための礎石をおいた。新都は、壮麗さとイギリスのインド統治（ラージ）の力を示すねらいがあった。それは、英国政府に挑戦しようと影響力を高めていたインドの民族主義への対応策でもあった。

カルカッタからデリーへの首都移転の決断は、ベンガルの政治問題がきっかけであった。インド総督カーゾン卿が1905年にベンガルを分割したことを、東ベンガルにイスラーム教徒の優勢な州を作りだし、ヒンドゥー・ベンガルの権力基盤を崩すのが本当の狙いだとみたヒンドゥー教徒は、撤回の嘆願運動を激化させた。テロ行為も頻発する

「ヒンドゥスターンのローマ」は、灼熱の、吹きさらしの平原に横たわる。ムハンメッドを信じる征服者たちの朽ちかけた記憶を歴史に刻む平原の向こうには、いまやイギリスが8番目の統治者となった都、デリーが輝いている。赤みがかった色とクリーム色のドーム屋根や塔が、早朝の青い空にそびえ、下方には新緑の木々が茂っている。

（ロバート・バイロン、1931年）

ようになったカルカッタは、もはや首都として安全な場所ではなくなった。1911年、イギリスは分割令を廃棄し、ヒンドゥー教徒の要求に応じた。一方で、ムガール帝国ゆかりの歴史的な地であるデリーへの遷都を決め、イスラーム教徒をよろこばせた。

新都の建設には、建築家エドウィン・ラッチェンスが大きく貢献した。共同設計者で彼のよきライバルでもあったハーバート・ベーカーの名は、建築家チームのほかのメンバー同様、今ではほとんど忘れられている。ラッチェンスは、総督府をはじめ首都の基盤となる建設用地の選定をおこない、1913年にニューデリー建設計画の委任状を受諾したのち、約20年を費やして完成させた。

その都市設計のみごとさが今も感銘を与える新都の中心は、ライシナーヒルとして知られる丘陵部であり、ここにイギリスの威信をかけたインド総督府、ラシュトラパティ・バワン（現在の大統領官邸）とセクレタリアート（行政官庁）が設置された。そこへのアプローチには、式典の行進にも使うラージパトゥ（王の道）という東西にまっすぐ伸びた大通りが造成され、オスマン男爵のパリ（p.226参照）のブールヴァールを彷彿させた。この幅の広いラージパトゥを、凱旋門にあたるインド門から西に向うと、ラシュトラパティ・バワンで最高潮に達する。ただし、ニューデリーの古典的な凱旋門様式のデザインは、暑苦しい気候に配慮して広い空間や日陰をずっと多く取りいれたものとなった。大通りは石造建築がぎっしり並ぶのではなく、樹木や芝生や運河に縁どられた。

ニューデリーは、古典的な長方形の碁盤目に加えて、2つの6角形を幾何学的に組み合わせた道路網が整備された。葉の茂る日陰の多い通りはベランダ付きの平屋住宅で埋められ、芝生や樹木を植えた涼やかでゆったりとしたオアシス・ゾーンとなった。エドワード朝の英国の庭園都市のインド版であった。

全インド記念アーチ（インド門）からは、パレードも催されるラージパティ通りの始点にあたるラシュトラパティ・バワンの光り輝くドームと建物がよく見える。しかし、大通りをまっすぐ歩き、途中の急勾配を上るところでドームの姿は視界からしばらく消えてしまう。この視覚トリックはラッチェンスの意図したものではなく、彼の同僚ハーバート・ベーカーが自分の設計した行政官庁をライシナーヒルの斜

ジェーン・リドレイ

上：ラージパトゥ（大通り）からのラシュトラパティ・バワン（以前の総督府）の眺め。ドームは見えるがその下の大部分は、急な上り坂のせいで隠れてしまっている。ラッチェンスは、同僚のハーバート・ベーカーが強引に坂道の勾配をかさ上げし、眺望を遮ったことに失望し、絶交状態になった。

右：1911年ロンドンでイギリス国王を戴冠したジョージ5世は、同年秋にインドを訪問した。レッドフォートでおこなわれた「デリー戴冠式」では、城の周囲は大群衆で埋まった。ジョージ5世は日記に、この式典を「余が見たもっとも美しくすばらしい光景であった」と書いている。

面に築く目的で、左右対称の壮大な建造物の真ん中をつらぬく大通りの勾配を高くしたことによる。工事が始まってから、総督府のドームが隠れるほどの急勾配であることに気付いたラッチェンスは激怒し、以後、喧嘩別れになったベーカーとロンドンの地下鉄路線のベーカールーをひっかけ、この事件を「私のベーカルー」と呼んで皮肉った。

新都の計画の最初期、とくに総督府の建築様式について熱心な議論がかわされた。インド総督のハーディング卿は、西洋のゴシック建築とインドのモスクの尖塔アーチを折衷した「インド・サラセン様式」を推奨した。しかし、ラッチェンスは断固反対した。何よりも先が長くとがった塔を嫌っていた彼の下絵は、古代ローマの宮殿を参考にし

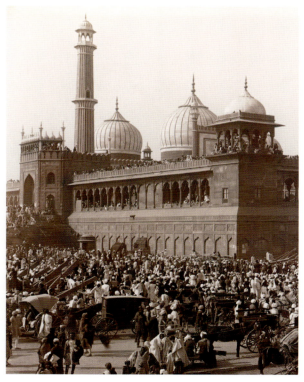

ニューデリー 247

ジェーン・リドレイ

たものであった。そして、西洋の技法と幾何学的デザインに、東洋のインド的な要素を組みこんだ建築様式を生みだした。例えば、仏教寺院のドーム状のストゥーパ（仏塔）、横に長い建物の構造、屋根の庇が張り出したチュッジャー（コーニス）、そして単調な屋上にいくつか設置した天蓋付きのチャットリ（小さなパビリオン）など、インド建築を反映させた。ルバーブ・レッド（ダイオウ赤）とクリーム色の砂岩壁は、ムガール王朝の昔から何世紀にもわたって供給された石と同じく、ドールプールの石切り場から運ばれた。

総督府の建築は、世界の建築史上の傑作として批評家たちに称賛された。信じられないほど優雅で、ヴェルサイユ宮殿よりも広いこの建物は、イギリスの帝国主義者たちがインド統治の最後に委託して築いたものであり、すばらしい功績といえる。その多くがラッチェンスに帰せられるのは、建築費用を削減しようとする行政機関に屈せず、強い決意で臨んだからである。彼には、ニューデリーがインドにとって永久的な遺産となることがわかっていた。

古代ペルシャの予言では、デリーに新都を築いた王国は、いかなる場合もそれを失う運命にあるという。ラッチェンスは、総督府の建設にさいし、この予言が当たらないよう王朝の終わりを告げる弔鐘が二度と鳴ることのない石づくりの小鐘楼をデザインし、太い円柱の列で装飾性を高めるなど、自ら「デリー・オーダー」と名づけた様式を生みだした。

1931年、総督府が正式に開所された2日後、インド国民会議派の指導者マハトマ・ガンディーが、そこに在任中のイギリス総督アーウィン卿と会談するために訪れた。総督府の石段を上がるガンディーにイギリス人は憤慨したが、将来の重要人物をないがしろにできなかった。最後の総督をつとめたマウントバッテン卿は、1947年、権力の移譲およびインドとパキスタンの分離を承認した。新都の完成から数えると16年でイギリス領インド帝国の支配は終わったのである。

デリーは歴史的に何度も破壊されてきたが、かならず再生を果たしている。近代史家のウィリアム・ダリンプルは、イスラームの精霊（ジン）がこの都をひじょうに愛しているので、朽ち果てる前に魔法で甦らせる物語を引用し、デリーを「ジンの都」と呼んだ。暴力と破壊のサイクルが一巡し、新しい世の中が現われるたびに次世代の人々が「ゼリー寄せのように集まって都を支えている」と記した。

パキスタンとインドの分離は、再び暴動をまねいた。ほとんどのイスラーム教徒はデリーを離れ、西パンジャブとシンディ地方から、ヒンドゥーとシーク教徒が大量移入してきたことにより、住民の人口や構成が大きく変わった。ただし、ニューデリーは破壊をうけず、廃墟にもならずに残された。そして新しいインド共和国の首都となり、ラシュトラパティ・バワンは、イギリス総督府からインド大統領官邸へ変更された。国の権力機関は、ライシナーヒル下方の、ベーカーが設計した国会議事堂周辺に移った。ラッチェンスが設計した大通り沿いの緑のあふれる住宅群は、イギリス人の帰国と入れ替わりに独立したインドの政府高

下：ラシュトラパティ・バワンの前。ダイオウ赤の砂岩壁の帯が、屋根から張り出したチュッジャー（コーニス）の落とす濃い影と並行し、横に長い建造物をきわだたせている。建物の通風をよくし、涼しくするために列柱は開廊（ロッジア）に設置されている。屋根のシルエットに加えた丸屋根の小型のチャットリは、インド建築から取りいれた。中央のドームは、サンチー地方のストゥーパ（仏塔）の影響をうけた。

上：ハーバート・ベーカーの設計した「セクレタリアート」は、ラシュトラパティ・バワンへつづく道の両側に誇らしげに立っている。赤い砂岩の断崖のような外壁の上のこの建造物は、現在ニューデリーの行政庁舎である。

官たちの住まいとなった。

　イギリス統治が残したものに社会主義共和体制を移植した独立後の数年間は、デリーの黄金期であった。水は清潔で電気がいきわたり、蚊のいない通りに毎日散水して埃を洗い流していた。ニューデリーは、オールドデリー地区と合併してデリー統一を果たし、新生のインド人エリート層には「地上の楽園」のようであった。しかし、まもなく人口の過密化が最大の課題になった。デリーはインド北部からの移民が多く、1946年以来、人口は400万未満から1200万にまで膨れ上がった。そのため深刻な環境劣化と社会的軋轢を引きおこしている。

上：ニューデリーのベランダ付きの平屋住宅の大半は、インド政府の主任建築家であったW・H・ニコルスと彼の後継者の設計だが、ラッチェンスの古典様式を改作したデザインが多い。

ニューデリー　249

ベルリン
Berlin

噴火口のへりで踊った時代

ローリー・マクリーン

◆「黄金の20年代」のベルリンは、世界でもっとも刺激的な都市であった。ヨーロッパじゅうの才能あふれる芸術家やきらびやかな舞台の演出家、退廃的な快楽主義者が集まり、さまざまなできごとが融合し、奇妙な活気にみちた首都の魅力を放っていた。ヴァルター・グロピウスはバウハウスを創立し、クルト・ヴァイルは『三文オペラ（マック・ザ・ナイフのバラード）』の音楽劇を手がけ、クリストファー・イシャーウッドは『サリー・ボウルズ』を送りだした。ジョージ・グロスはドイツ社会の病弊を風刺画で表現し、オットー・ディクスはグロテスクな人物画を描いた。バベルスベルク映画スタジオでは、フリッツ・ラング監督がSF映画の大作『メトロポリス』を完成させた。フォン・スタンバーグ監督はディートリッヒと『嘆きの天使』を世に送りだした。10年間息もつかずにベルリンの知識人やエリートたちは、噴火口のへりで踊ったのである。彼らのめざした新世界の夢は、1933年にヒトラーが首相の座に就いたころにはドイツの一般国民に拒絶され、ベルリンから亡命した多くの才能が現代的なものを海外に運んだ。

ワルシャワまで長くつづく湿地帯をかかえた中世のベルリンは、未開の地で、キリスト教は12世紀になってようやく根づいた。前哨地の移民は悪徳領主や疫病の流行に苦しみながら、15世紀の後半まで重労働と決断力で湿原を開拓した。そこに首都を設けたホーエンツォレルン侯一族は、プロシャの強じんな軍隊のための土台を築き、「国軍」によってヨーロッパを支配するという大志に執念を燃やした。1871年、ベルリンはドイツ帝国すなわち「ライヒ」の首都となり、大通りを軍隊が行進し、巨大で醜悪な建造物が威圧した。

第一次世界大戦の勃発は、当初ベルリン市民を歓喜させた。一般群衆や兵士が大通りにくりだし、都に花吹雪が舞い、誰もが幸せな表情をうかべていた。1914年、女優のティラ・ドゥリューも「いざ戦わん！」と歓呼した。しかし、1年もたたないうちに幻滅がはじまり、1918年までに約35万人ものベルリンの若者が戦死した。ウィルヘルム2世は退位し、敗戦の屈辱と多大な賠償金を課した懲罰的なヴェルサイユ条約をつきつけられた。帰還した兵士は憤慨し、ヴァイマル共和政下で、左派、右派双方の過激勢

ベルリンは世界のバビロンへ変質した。バー、遊園地、キャバレー（ホンキートンク）などの遊興施設が、まるでキノコが生えるようにどんどん出現した…古代ローマのスエトニウスでも、ベルリンの舞踏会のようなドンチャン騒ぎを見聞きしたことはなかったであろう。そこでは何百人もの男性が女装し、女性が男装してダンスに興じ、警察は見て見ぬふりをしていた。あらゆる価値が崩れ、狂気のたぐいが支配していた。

（シュテファン・ツヴァイク、1930年）

力の誘いにすすんで志願した。つづく数年は革命、暴動、政治家の暗殺などが頻発し、敗戦国特有の絶望の淵にあった。しかも1922～23年のはげしい物価暴騰と経済破綻をともない、かつての帝国の体制は完全に崩壊した。しかし、1924年にアメリカ誘導のドーズ案によってドイツマルクが安定すると、ドイツの景気は急上昇し、文化の隆盛を迎えた。ベルリンは東西文化のかけ橋として、モダニズムの国際的な中心地へと変貌したのである。人々は好景気に浮かれ、連日連夜街にくりだした。工業生産高は戦前の水準をこえ、ドイツは輸出量において、アメリカをのぞけばどの国にもひけをとらなかった。ベルリンの都は活気にみち、好景気にわいた。

新しい実験に飢えた芸術家が、英国、フランス、アメリカそしてロシアからベルリンへ引きよせられた。創造の自由と同性愛の自由が魅力であったのと、ヨーロッパのなかで検閲制度による弾圧がもっとも少なかったせいである。絵画スタジオやナイトクラブで、あるいは製図用の机や映画の撮影現場を囲んで、前衛芸術家（アヴァンギャルド）たちは「ノイエ・ザッハリヒカイト（新即物主義）」に夢中であった。この芸術運動は、感情的、主観的な表現主義に対し、冷静かつ客観的な合理性と機能性を追求した。べ

右ページ、上：ジョセフ・フォン・スタンバーグ監督の『嘆きの天使』で、薄情な歌姫ローラ・ローラを演じるマレーネ・ディートリッヒ。ドイツのトーキー映画創生期の作品（1929年）。この映画のヒットでディートリッヒは渡米し、ハリウッドで活躍するが、ベルリン市民は、彼女が第二次世界大戦中に敵国のアメリカを支援したことをけっして許さなかった。

右ページ、下左：1920年代のベルリン市街は、政治にまつわる話や寸劇を楽しむサロン風のキャバレーや、エロティックなストリップダンスで絶大な人気のアニタ・ベルベルをかかえる「白ねずみクラブ」のように仮面をつけた客が集まるキャバレー（写真）があふれていた。意外にもナチスが政権を掌握した1933年もキャバレーのいくつかは存続し、1940年代前半まで繁盛していた店もあった。

右ページ、下右：「エルドラド」は、上流階級の女装や男装専門のナイトクラブで〔写真は全員女装した男性〕、そのキャバレーのショーは、ヨーロッパじゅうで有名であった。また、洗練された知的な場所として画家や作家がよく訪れた。

最上：ブルーノ・タウトの設計で1925〜33年に建設されたブリッツ集合住宅は、モダニズムの感覚を取りいれ、新しい社会改革の理念をもとに快適で手ごろな価格の労働者階級の住宅として生まれた。

上：1938年、「退廃芸術」展覧会に訪れたゲッベルス。ナチスの宣伝大臣の彼は、教養文化を統制する権力を握っており、ナチスの掲げる理想に反するという烙印を押された芸術家やその作品を世間から抹殺する決定をくだした。あふれる創造性とモダニズムの実験に湧いた10年間は終焉した。ユダヤ人作家のヨーゼフ・ロートは、「国を去る時がきた。彼らは、我々の書物を焼き、我々にも同様のことをするだろう」と記した。ロートは亡命先で早逝したが、生き残った芸術家たちは、ドイツ以外の場所でモダニズムを追求・展開することになった。

ルリンの新しい建築計画にも、テクノロジーが新しい社会の創成に役立つという当時の理念が反映された。先見性と想像力にとんだ建築群、例えば馬蹄形をしたブリッツ集合住宅、優美な曲線を描いたシェルハウスが建設され、ノイケルンの高層のカールシュタット百貨店は、ウィルヘルム2世時代の暗い貧困地区の空にそびえた。街では毎晩数えきれないほどのレビューが催され、若い娘や中年女性もステージに上り、衣服を脱いで踊ったりした。

ハインリッヒ・マンは、20年代のベルリンを「興奮と希望の都」とよんだ。だが、こうした爆発的な驚くべき黄金の10年間は、ほんの一握りの人々によって生みだされたものであった。彼らの多くは外国からの知的エリート層で、ベルリン社会では異端であった。偉大な文化的ルネサンスは大多数の住民に無縁で、工場労働や厳しい仕事場の生活が変わることはなかった。また、ベルリン育ちのホワイトカラー層の大半が貧困の出であり、流行歌やアメリカ風の現実逃避のミュージカルを好み、かつ自分たちの誇りとなる「民族」文化を欲していた。知的エリート層は、大衆向きの娯楽を提供することはなかったし、ヴァイマル体制の絶望的な政治問題にも発言しなかった。対照的に、多くのアーティストが、劇作家のベルトルト・ブレヒトやクルト・トゥホルスキーも含め、自分のたちの作品をつうじてさまざまな立場から政治への痛烈な批判をおこない、成功をおさめていた。

1926年、若いヨーゼフ・ゲッベルスがアンハルト駅に到着した。彼は孤立しがちな性格であったが、ヒトラーの野望をかなえるために「ベルリンを掌握する」決意であった。当時ベルリンは、ナチ党員は200人足らずなのにたいし、共産主義者は25万人という圧倒的な支持を誇っていた。ゲッベルスは、大胆不敵な行動で共産主義者をねじ伏せ、ユダヤ人を社会の病弊をもたらす元凶として排斥していった。市街のユダヤ系住民にたいする襲撃を何百回も指揮し、世間の注目を集めた。ベルリンで再燃した経済不況と、1929年からの大量失業（世界大恐慌の末期には労働人口の3分の1が解雇された）の苦しみに、プロパガンダに精通した彼の策謀がつけ入ったのである。ほとんどのドイツ人と同じように、ベルリン市民はすばやく対応するナチスに魅了され、ヒトラーが権力を手中にした翌月には、5万人がナチ党に加わった。

前衛芸術家の左翼集団は、1933年にあっけなく崩壊した。「非ドイツ的な」書物は、ドイツ文芸振興のための「全国著述院」によって発禁となり、コスモポリタンやボルシェヴィキ寄りのアーティストは退廃的と烙印を押された。すでに国外に去っていた人もいたが、フリッツ・ラング、マレーネ・ディートリッヒ、クルト・ヴァイル、アインシュタイン、ミース・ファン・デル・ローエなどの著名人を含め、何千人も国外へ脱出した。ナチス独裁の勝利により、ヒトラーは、ベルリンを人民主義の民族的な「千年国」の新都「ゲルマニア」として再建すると宣言し、「10年以内

に、誰も想像できない都になるだろう」と誇らしげに言った。1945年、ベルリンは市街の70%が廃墟となり、このことばは皮肉にも的中した。

　第二次世界大戦が終わると、ナチスに勝利した連合国側はベルリンを4分割した。ソ連のスターリンの野望は、ベルリンを奪い、さらにはドイツ全体を共産主義化することであった。1948年、彼は、ヨーロッパで影響力を強めるアメリカをはじきだす手段として、ベルリンとつながる鉄道や道路を封鎖した。しかし反ソ同盟国は物資の空輸をおこない、市民は封じこめの生活に耐え抜いた。ソ連軍は撤退したが、資本主義陣営との対立は熱を帯び、ベルリンは「世界の発火点」とよばれ、核戦争がおきそうな状況に陥ったこともあった。1961年、ソ連と東ドイツは、全長156kmの忌わしい壁「ディー・マウアー」を築き、完全

に西ベルリンを隔離した。壁は28年間存在し、東側から西側へ越えようとして200人以上が犠牲になった。そして1989年、ソ連の覇権が弱まり東欧の民主化が進むなかで、ベルリンの壁は崩壊した。2、3年後には壁の痕跡はほぼ消え、瓦礫のなかのめぼしい破片は土産物業者の手に渡った。東西ドイツが統一を果たし、首都として再び活気を取り戻したベルリンの今日を、厚い壁があった当時どれだけの人が想像したであろうか。

上：ベルリンの壁が崩壊し、全体主義者（ファシスト）であれ共産主義者（コミュニスト）であれ、ドイツはスターリンがもたらした東ドイツの国家統制主義は完全に終わりを告げた。再びリベラルな民主政治を手にすることができたのである。

ベルリン　253

シカゴ
Chicago

アメリカのエンジン

ジェームズ・クノー

◆シカゴは、1871年10月8日から9日にかけて、一日で破壊された。都の南西側のガタガタの通りで発生した火事は、乾燥した熱風が猛烈な勢いで炎を巻きあげ、数分で千戸の建物に燃え広がった。1時間で平均26ヘクタールという速さで延焼しつづけ、中心部の9km²の面積を焼き払った結果、1万8000戸以上の建造物が焼失し、750万ドル相当の損害を与えた。そして30万人の住民の3分の1が家を失い、少なくとも300人が死亡し、ここ30年間で急成長した市街地の大半が、破壊されたのである。

200年前に初めて居留地が設けられたシカゴは、フランス人商人にとって、湖と北部の森林地帯をミシシッピ川とつなぐ陸上輸送にうってつけの場所であった。1673年に、ルイ・ジョリエット〔ケベック生まれの毛皮商人〕は、ミシガン湖とセントルイス川(現在のイリノイ川)を結ぶ運河の建設を当時のヌーベルフランス政府へ進言した。

シカゴの地理は未来をひらく鍵となり、1850年までに、アメリカ西部へ向かうほぼすべての輸送路の集結地に成長

ここでは、ハングリーな男たち、店や畑のできそこないが、牧歌やロマンスを心に秘めて、泥の中で「栄光あれ！」と叫びながら、自分たちの「帝国」を築きあげた。
(セオドア・ドライサー、1914年〔長編小説『タイタン』より〕)

した。厚板の桟道が敷かれ、湖を多数の蒸気船とスクーナー(2本マストの帆船)が航行し、また平原地帯から穀物を運搬する最初期の蒸気機関車が往復した。1856年には、58両の客車と38両の貨物運搬車が発着していた。1869年には、半日で300台もの車両が、計300万トンの生産物をシカゴへ運んだ。木材と穀物は生活必需品で、もちろん家畜も重要であった。7万5000頭の豚、2万頭の牛、2万頭の羊が、1平方マイル(約2.5km²)のユニオンストック・ヤード(食肉業者団体の共同家畜置場ないし屠畜場)に集められた。好景気に支えられた経済活動は、めざましい人口の増加を生み、1850年の3万が1870年には30万にたっした。

だが都市の急成長は貧困層を拡大させた。海外から移住

下：1871年10月のシカゴ大火災は、街の南西部の納屋で出火し、あっという間に燃え広がり、市街の中心はほぼ焦土と化した。しかし、この挫折は都市を刷新する好機となり、建築技術の進歩を利用して新しいシカゴを創生することができたといえる。

右：オーディトリウム・ビルは、ダンクマール・アドゥラーとともに、ルイス・H・サリヴァンが1886〜90年に設計・建設した。内部をホテルの階とオフィスの階に分け、さらにオペラハウスの大講堂を組みこんだ多機能ビルは、サリヴァンにとって重要な節目となった建築であり、いまも街の名所となっている。

下右：1934年に大恐慌のなかで催されたシカゴ世界博の宣伝ポスター。楽観的な未来図と、最先端の現代建築、科学、テクノロジーが描かれている。

してきた20万人の大半は、皮なめし工場や缶詰工場、蒸留酒製造場のまっただ中の、道路も下水路も整備されていない狭い場所に、粗末な木造平屋が密集する不衛生な生活をしいられた。1871年の夕刻に出火したパトリック・オレアリーの納屋もそんな場所にあった。このシカゴ大火災のせいで、都の発展も企てもすべて崩れ去った。否、そうとしか思えないほどの大惨事であったが、まもなく再起のチャンスをつかんだ。

シカゴの再建は、建築技術や基礎工法の画期的な進歩とともに遂行され、金属フレームの強じんな構造をもち、照明、スチーム暖房、耐火性に加えて速く安全なエレベーターが装備されたビルが出現した。土地の価格が上昇し、繁華街も集中して開発された。国じゅうの革新的な建築家がシカゴに引きよせられた。再建事業で先導的な貢献を果たしたのは、アドゥラーとサリヴァン、バーナムとルート、ホラバートとローシュで、彼らはそれぞれ共同で設計・建築事務所をかまえ、全員が「高層」ビルの可能性に挑んだ。一番高いビルの栄誉はつぎつぎに更新され、1882年には10階、1885年には13階、1890年には16階、1892年には21階と、高さ90mを超えるようになった。こうした垂直方向に伸びる建物の増加と同時に、水平方向へ広がる市街地の開発もすすんだ。1889年、隣接地域の住民が併合案に賛成票を投じると、シカゴの面積は一挙に4倍に拡大、人口は100万にたっした。大火災で壊滅的な被害をこうむったにもかかわらず、1830年にたった50人の居留地だったシカゴが、50年後には立派な大都市に成長したのである。

だが、この都市をけん引する指導者たちの願望はそれにとどまらなかった。1851年のロンドンの万国博覧会の成功につづき、1867年と89年のパリ、76年のフィラデルフィアの万博をうけて、シカゴは、1892年に予定されていたコロンブスの新大陸発見400周年を記念する展覧会の開催都市に名乗りをあげた。そして、ニューヨークとワシントンDCを含むほかの都市と競い、最終決定はアメリカ合衆国連邦会議にゆだねられることになった。

有力候補にたいする強い競争心から、シカゴの資本家たちは1500万ドルの寄付金を集め、しかもそのうち500万ドルは一般市民の公債購入によるものであった。連邦会議がシカゴを選び、準備期間を入れて1893年開催を決定すると、ニューヨークの銀行家は驚きと落胆で色を失っ

たという。シカゴ万国博覧会は大成功をおさめた。1日で75万人以上が押しかけるなど、のべ2700万人の見物客を魅了し、街の中心に新しく建ったホテルから、客が電車で直接会場へ移動できるように設計したシカゴ初の高架鉄道は、大きな感動を与えた。

しかし、何でも取りこんできたシカゴには、確固とした計画性がひどく欠如していた。そこで1906年にシカゴ商工会は、1893年のシカゴ万博のプランナーもつとめた先駆的な建築家ダニエル・バーナムに、「シカゴの将来計画」の策定を委任した。彼の遠大な計画には、公共の憩いの場として湖畔をシカゴ市が永久保有する、都心部との往復を容易にする広い道路や鉄道路線の効率的なシステムをつくる、遠隔地の鉄道事業に力を注ぐ、市民の生活をうるおし誇りとなる公共空間を充実させる、といった具体策が盛りこまれた。1910年に1日75万人以上の乗客を運ぶ高架鉄道と路面電車の輸送システムが実現した。すなわち有名なシカゴの「L（ループ）」である。さらに市街地の地下にトンネルを掘って新しい軌道が開通し、100台以上の機関車を導入したので、地上や架橋の鉄道を利用する貨物輸送や通勤の混雑が大幅に改善された。

上：1909年頃のループ（環状鉄道道路）のディアボーン通りとランドルフ通りの交差点で、馬車と路面電車を巻きこんだ交通渋滞が生じている。シカゴの経済的、商業的な成功は、大勢の移民を引き寄せた。急激に膨らむ市街状況にたいする計画性の欠如は明白であった。1909年7月4日に出版されたダニエル・バーナムの都市計画案は、輸送と秩序の改善に着手し、「整然とした便利な都市」をめざすべきだとしている。

しかし都市改造の成功には、人口増や貧困といった社会問題もつきまとう。シカゴ全体が、もしスラム地区の平均人口密度（270人／1エーカー）と同じくらい過密化すれば、人口は3200万に膨れあがると指摘された。

社会改革者のジェーン・アダムズは、都市の貧困問題に対処する最良の方法は、さまざまな福祉や教育のサービスを提供する半民間の施設を併せもつ「セツルメント」の創設にあると信じた。彼女のさまざまな業績のなかで、もっとも有名かつ永続的な貢献となったハルハウス（1889年創立）は、最終的に1街区を占めるセツルメントに拡張され、子どもの保育所、体育館、銀行、図書館、美術学校、料理や裁縫などを教える場所もあった。ハルハウスの成功によって、市内のあちこちに同様の施設が設立された。小説家

のアプトン・シンクレアの描いた『ザ・ジャングル』〔1906年〕でも知られるとおり、セツルメントは大都市シカゴの貧困にあえぐ何千という人々を救済した。

1929年の世界恐慌はシカゴを直撃した。1933年には市内の製造業の就労者は半数が解雇され、4年間で事業倒産件数も5倍に増えた。自活の道をなくしたホームレスが街に取り残された。それでもシカゴは、1933～34年には「進歩の世紀」をテーマに再び万国博覧会を開催した。この博覧会は、落ちこんだ雇用と景気回復をねらい、シカゴという大都市の将来を見据えた指導者たちの力を示した。多才な現代建築家ジョセフ・アーバンの総合企画による、最先端の建築、テクノロジー、エンターテインメントからなる湖畔のフェスティバルは、科学、工業、ビジネスがもたらす「幸福」や「豊かさ」に立ち返ろうという意志の表明であり、のべ3900万人以上が博覧会を見物した。しかし、その成功は人々の士気を大いに高めたにとどまり、シカゴ市街はいまだ大恐慌のすさまじい余波で、厳しい苦境におかれていた。シカゴが本当に回復したのは、第二次世界大戦開戦以降で、1950年代と60年代にめざましい経済発展をとげることになる。

シカゴ発展の基盤は、その地理的位置と、都市の未来を確実にする輸送業の役割を早くから理解していたことにある。1959年にセントローレンス海路を開通させると、五大湖からシカゴへの運航が増大した。また、もともと軍用機製造工場の飛行場跡地を大々的に拡張し、シカゴ・オヘア国際空港へ変身させた。この地区のおかげで、アメリカ最大の鉄道網の拠点だけでなく、国内外の航空輸送の拠点として、さらに国家戦略的な重要性も担うことになった。

かつての大火後のように、再起した経済は第一線の建築家を引きよせ、ミース・ファン・デル・ローエに率いられた革新的なビルが生みだされた。彼は1937年にドイツから亡命した移民であり、シカゴのアーマー工科大学（現在のイリノイ工科大学（IIT））の建築科主任教授に迎えられると、大学の新しいキャンパスの設計・建設に取りかかった。そのうち建築科の建物（クラウンホール）はもっとも有名で、つぎつぎと彼の手がけたガラス張りのアパート形式の建築には、ハイライズ構造の新しい国際標準規格が用いられた。

シカゴはまた文芸の都であり、セオドア・ドライサーやアプトン・シンクレアをはじめ、ソール・ベロー、デヴィッド・マーメットにいたる作家を輩出している。ネルソン・オルグレンは『シカゴ、シカゴ』（中山容訳）のなかでこう書いている。「そこは、いつも芸術家の町…作家の町であり、また、戦うものたち〔ボクサーや闇の世界の殺し屋たち〕の町であった」。劇場、古典音楽においても国際的な水準にあり、さらにアフリカ系アメリカ人のゴスペル、ブルース、ジャズととくに密接なつながりがある。最初の黒人新聞は1878年に創刊された。1895年、シカゴへ移ったジャーナリストのアイダ・B・ウェルズは、その新聞発行人（フェルディナンド・バーネット）と結婚し、とくに反リンチ運動

上：シカゴにはジャズがあふれ、ゴスペルやブルースもさかんで、南部から多数のミュージシャンが集まった。キング・オリヴァーは1918年にニューオリンズからシカゴにやってきて、キングオリヴァーズ・ジャズ・クレオール楽団を結成し、初期の重要なジャズバンドとして大成功をおさめた。写真のように、1922年にはルイ・アームストロングが第2コルネット奏者として加わった。

に積極的に取り組んだ。また、女性の避難所やセツルメントハウスとも連携し、NAACP（全米有色人種地位向上協会）の起源となった協会の創立に重要な役割を果たした。合衆国南部からの移住はとぎれず、シカゴの黒人人口は年々増加した。しかし、最初期にシカゴにきて住みつづけている大勢のアフリカ系アメリカ人でも、白人社会からの徹底した差別をうけ、そのなかにとけ込むことは難しかった。1910年には、サウスサイド地区に黒人の住民の78％が集中し、アフリカ系アメリカ人の生活と文化の中心になっていた。サウスサイドの状況は今もあまり変わらない。

キリスト教の福音書と、アメリカの民謡や黒人霊歌のメロディとが結びついたゴスペルは、1920年代のシカゴで、トーマス・ドーシー（ジャズバンドリーダーでトロンボーン奏者のトミー・ドーシーではない）が教会音楽用に作詞作曲をしたのがはじまりとされている。ドーシーがジョージア州の小さな町から北上してきたのは、南部からの黒人の大移動が始まった時期であった。1931年、彼をまじえた音楽家たちは、エベネゼル・バプテスト教会でゴスペル聖歌隊を組織した。ドーシーは、ピルグリム・バプテスト教会で60年間にわたってゴスペル聖歌隊を指導し、アメリカ全土でスタンダードとなる多数のゴスペル曲を創りだした。

ブルースもゴスペルとならんで生まれた。初期のブルース音楽の代表は、1936年にシカゴに移ってきたミシシッ

ジェームズ・クノー

上：1918年ウィリアム・リグレー・Jrは、自分のチューインガム会社の本部を設立するために、ミシガン通りの三角形の土地を購入し、1920年1月には建設工事を始めた。2棟の高層建築からなり、1棟は屋上にセビーリャ大聖堂のヒラルダの塔を模した建物を置き、もう1棟との中間に歩道橋を渡した。光沢のあるテラコッタの壁タイルで覆われたこの白く輝く建物は、いまも「リグレー」の本社である。

ピ出身の歌手兼ギター奏者のウイリー・ディクソンで、チェスレコード会社の発展とともに大人気となったブルース音楽の礎をつくった。1950年に2人のポーランド人移民によって設立されたこのレコード会社は、シカゴ・ブルースの都会風のサウンドにとくにこだわり、チャック・ベリーからローリング・ストーンズまですべてのロックンロールの先駆者に影響を及ぼした。シカゴ・ジャズは、ニューオリンズとミシシッピデルタから新しくやってきたキング・オリヴァーとルイ・アームストロングを含む奏者によって栄え、ジャズの一大中心地として有名になった。とくに進展めざましかった1960年代は、アート・アンサンブル・オブ・シカゴ楽団によって、さまざまな演奏法を試みる革新的なジャズ音楽の拠点となった。

シカゴの文化と歴史は、移民によって特徴づけられる。長年、異なる波をすべてかぶってきた問題があるにもかかわらず、この都市は多言語社会の歴史に自負を抱いている。アイルランド人（1860年のシカゴはアメリカ全土で4番目に大きなアイリッシュの都市になっていた）、ドイツ人（1900年には、シカゴの全住民の4人に1人はドイツ出身か、彼らを両親にもつシカゴ生まれの2世であった）、そしてイタリア人（1930年には7万3960人）がシカゴにやってきた初期の時代から今日まで、少なくても2万5000人以上の住民数の民族集団が26もあり、100以上の言語が公立学校で話さ

れていることを誇りにしている。それゆえ、まっさきに新しいものを取り入れ、多様化と革新と成功させてきた。こうした特性が、地理的な位置と合わせて、起業家精神、市民意識、社会的、商業的な支援や市民リーダーの慈善活動などにおいて、シカゴを、ニューヨークにつぐ合衆国最重要都市にしたといえる。

合衆国中西部の諸都市の多くが衰退するなかで、シカゴの繁栄はつづき、しかもさらに力を増している。マドリッド、リオデジャネイロ、東京とともに、2016年のオリンピック開催地の最終候補の4都市にも選ばれた。もしシカゴが、この招致に成功していれば、1893年と1933年の万国博覧会のように、ホスト都市としての能力を証明し、さらなる発展につなげたことであろう。「広い肩幅」というニックネームで知られるシカゴは、大きな夢を抱く人や再起を願う人をつねに鼓舞している。

ロサンゼルス
Los Angeles

イマジネーションの文化

ケヴィン・スター

◆ロサンゼルスの創設は、1781年9月、スペイン人が、ヤングナというアメリカ先住民の古い村落付近を流れるロサンゼルス川の湾曲部に入植したときにはじまる。プエブロを最初に築いたスペイン人は、ここをエル・プエブロ・デ・ヌエストゥラ・セニョーラ・ラ・レイナ・デ・ロス・アンヘレス・デ・ポルティウンクラと命名した。先住民の集落をさす語、聖母マリアと天使、イタリアのポルティウンクラ礼拝堂のスペイン語を連ねたのである。アルタ・カリフォルニアのキリスト教化をめざすフランシスコ修道会派にとってポルティウンクラは、アッシジの聖フランチェスコが13世紀初期に伝道をはじめた特別な教区であった。この格式ばった名称はみごとだが、当然ながらもっと簡単な通称も使われた。スペインは、1822年までアルタ・カリフォルニアを支配し、その後1846年までメキシコ共和国の管轄となり、このときロサンゼルスという現在の名称に短縮された。

1846年、アメリカ合衆国の陸・海軍がメキシコとの戦争でカリフォルニア一帯を占領し、アメリカの支配下におくと、ロサンゼルスは、カリフォルニア南部の牛牧畜業の一大中心地として頭角をあらわした。最初のころは、牧場や鉄道駅の周辺で、エルモンテのギャング団のような無法者のカウボーイが大小の銃撃戦をくりかえす荒野の宿場町にすぎなかったが、1860年代と70年代には、商業地区をはじめ当時のアメリカ南西部で最高級ホテルとなったピコハウス（1870年）や、聖ヴィビアナ聖堂（1876年）（いまも同じ場所にある）が建設されるなど、体裁の整った都市に成長した。

1876年、サンフランシスコへの鉄道の接続が完成し、1880年代と90年代にそれぞれ中西部および東部と直接結ぶ路線が開通すると、中流階級の健康志向の人々がいっせいに移住してくるなど、都市としての落ち着きが生まれ、物的環境も改善された。ただし、1900年の人口は10万に届いたばかりで、北部のサンフランシスコに比べるとかなり小規模であった。海軍基地と良港に恵まれ、1848年の金鉱発見によるゴールドラッシュで一挙に大都市になったサンフランシスコは、1870年に全米で10番目の大きさを誇り、20世紀最初の10年の終わりには、なんとカリフォルニアの総人口の60％が、サンフランシスコ湾沿岸部の住民であった。

しかし20世紀が進むにつれ、運命はすっかり変わる。F・

> ロサンゼルスよ、お前のものをなにか俺にくれないか！　俺がお前のもとへ来たように、俺のもとへ来てくれよ！　俺はお前の街通りを歩きまわった。美しい街をこよなく愛している。お前は砂漠の哀しい花だ。美しい街よ。
>
> （ジョン・ファンテ、1939年）

スコット・フィッツジェラルドの小説『グレート・ギャツビー』のニューヨークと同じように、ロサンゼルスはまったく新しい街として登場する。そこはもともと96kmも内陸部にあり、海港がなかったが、1899年にフェデラルファンドを利用し、デッドマンズアイランド島をダイナマイトで爆破し、ウィルミントン－サンペドロに水深のある港を造成した。そしてこの海岸地区を1909年にロサンゼルス市に加えたのである。また、半砂漠の平原のため、19世紀には生活用水の過使用で地下水位の低下が深刻化し、新鮮な水が枯渇していた。そこで1907年から13年にかけてロサンゼルス市当局は、水道事業長に抜擢した独学の技師ウィリアム・ムルホランドの指揮下で、オウエンス谷から川の水を送管する全長350kmをこえる上水路を建設した。

この水資源の確保によって、ロサンゼルスは近郊の郡区を吸収し、大都市へ成長していった。またハリウッド地区を併合し、1915年には隣りのサンフェルナンド・バレーから市内にいたる435k㎡の広域区になった。さらにサンタモニカ・ベイの海岸のヴェネツィアを模したリゾート地区が1925年に加わり、1926年にはワッツ地区がつづいた。1920年には、ロサンゼルスの郡や地区は全部で300以上、総面積が943k㎡にたっし（さらに1970年には1205k㎡に拡張された）、自分の港と農業地帯を併せもつ自立した「都市国家」に変容した。

20世紀の前半に、ロサンゼルスはこの地方随一の大都市へ発展した。1880年代の路面電車の発明のおかげで、市街の中心部から各方面の平地をぬって路線を伸ばし、パシフィック電鉄のビッグレッド号とロサンゼルス鉄道のイエロー号が、西方面のサンタモニカと海岸、北西方面のサンフェルナンド・バレー、南方面のウィルミントン－サンペドロ、そして北東方面のパサデナとの間を運行した。かつて先住民の歩いた道が開拓時代の移民が牛を追う道になったように、各方面をむすぶ線路は、やがて道路や広い並木街路に変換された。1920年代の自動車の出現が、都市交通の要であった路面電車に取って代わったのである。

1909年、映画監督のデイヴィッド・ウォーク・グリフィスは、バイオグラフ社の俳優を率いてサンガブリエル伝道所（1771年設立）を訪問し、『ラモーナ』を撮影した。1913年にハリウッドにやってきたセシル・B・デミル監督は、ヴァイン通りとセルマ通りの交差角の広い穀物倉庫を

上：映画が早い時期にロサンゼルスに入ってきて、ハリウッドに集中した映画産業はまもなく、たんなる事業以上の価値をもたらした。ハリウッドは大都市の真ん中で脈動する夢の工場であり、神話の舞台であった。そして、その不思議な魔法のおかげで、ロサンゼルス自身も、華麗、魅惑、金ピカ、そして犯罪の闇といった明暗おりなす映画のシーンをちりばめた都市になった。

最上：20世紀前半の急進撃のロサンゼルスでは、不動産屋のハリー・カルヴァーやアルフォンゾ・ベルといった都市開発業者たちが、牧草地やリマビーン（ライマメ）畑のつづく広大な土地を、住宅や道路の建設用地に提供した。不動産業はアメリカの新しい都市づくりと密接な共生関係にあった。

借りたスタジオで『ザ・スコウマン』を撮影した。1920年代のハリウッドの映画製作会社のネットワークは、世界じゅうの観客を何百万人も楽しませる映画をつぎつぎに提供するようになった。そこに映しだされるロサンゼルスやその奥地のイメージに感嘆し、東部からの移住を決意した観客も少なくなかった。ロサンゼルスの人気は当時根づきはじめた「旅行文化」と映画の力で拍車がかかり、多数の高級ホテルに観光客が集まり、移住者も激増した。冬は雪に閉ざされるアメリカ中西部の人々が陽光と健康を求めたことや、穀倉地帯の不作で仕事にあぶれたことなど、移住の理由はさまざまだが、1910年代と20年代のロサンゼルスの躍進はめざましく、20世紀の最初の30年間で、ロサンゼルスの人口は市街地に100万、その後背地に200万という膨大な数にたっした。

1930年代のロサンゼルスはまさにアールデコの時代で、西はウィルシャーとサンセット大通りを経由して海岸のサンタモニカまで拡張され、ウィルシャーにあるミラクルマイルには、ビヴァリーヒルズに限定された高級ブティックが現われた。つい最近までライマメ畑が広がっていた場所に、豪壮な邸宅が有名なビヴァリーヒルズ・ホテルとそのポロラウンジ（カクテルラウンジ）を挟んでゆったりならんだ。サンタモニカ山のすそ野を走るサンセット大通りは、ハリウッドを通過した後、ベルエアーと新設されたUCLAの大学キャンパスを抜けて、パシフィックパリセードとよぶ太平洋を見わたす海岸部にいたる。イギリス人俳優チャールズ・ロートンと妻エルザ・ランチェスターはここに邸宅を構え、ドイツから亡命してきた演出家ベルト

ルト・ブレヒトがよく訪れていた。ブレヒトと同じく、ドイツを去って移住したトーマス・マンの邸宅は近くのサンレモドライブにあった。そこで4部作からなる『ヨセフとその兄弟』の最終章や、『ファウスト博士』の構想を練った。オーストリアから亡命し、UCLAで教鞭をとっていた音楽家のアーノルド・シェーンベルクも近所に住んでいた。彼は、完成したマンの小説に自分を模した人物が描かれていることにひじょうに立腹し、名指しで非難した。

トーマス・マン、イゴール・ストラヴィンスキー、マン・レイ、オットー・プレミンガー、フランツ・ヴェルフェル、ヘディ・ラマール、オルダス・ハクスリー、クリストファー・イシャーウッドをはじめ、海外から逃れて活動の場を移した多数の著名人は、ロサンゼルスの名を国際的にし、ハリウッド映画は黄金期を迎えた。レイモンド・チャンドラーは石油会社の最高幹部の職を辞し、本格的に作家の道にすすんだ。彼は小説の主人公である私立探偵フィリップ・マーロウを、ロサンゼルスにひそむ卑劣な闇の世界を暴きだすために、夜のネオンに照らされた大通りを車で駆けるハードボイルドな男として描いた。ウィルシャー、サンセット、ヴェニス、ピコ、セプルヴェダ、サンタモニカ界隈のブールヴァード（並木大通り）は、この都市が茫漠とした未来に向かってどこまでもつづくかのようににぎわった。

1920年代のロサンゼルスは、〔小説の中心舞台は異なるが〕『グレート・ギャツビー』のアメリカの街であり、イマジネーションの産物といえる。1930年代のロサンゼルスは、ジョージ・ガーシュウィンのアメリカである。ガーシュウィンはここで暮らし、兄で作詞家のアイラとともに、ハリウッド・ボウル（音楽堂）でのロサンゼルス・フィルハーモニー楽団の演奏にかかわった。サミュエル・ゴールドウィンの依頼で『1937年のフォリーズ』のための楽曲を創作中に早逝し、「ラヴ・ウォークト・イン」、「エンブレイシャブル・ラヴ」「ラヴ・イズ・ヒヤー・トゥ・ステイ」などの名曲を残した。1920年代にリチャード・ノイトラやルドルフ・シンドラーが設計、建築したウエストサイド地区の美しい住宅のいくつかは今なお健在で、快活でモダンで瀟洒なロサンゼルスを偲ぶことができる。繁華街の1930年代に建った現オービッツ・ビルや、主要な並木大路を彩るネオンサインもそのなごりで、現在は、ウィルシャー・コリドーの起伏の多い通りやハリウッドへ抜ける上り坂や、東西に伸びるサンセット・ブールヴァードの外れまで、グリーン、ゴールド、ルビー、レッド、エレクトリックブルーのネオンの美しい灯が輝いている。

ジェイムズ・M・ケイン、ホレス・マッコイ、ジョン・オハラ、F・スコット・フィッツジェラルド、ナサナエル・ウエスト、ウィリアム・フォークナー、クリストファー・イシャーウッド、バッド・シュールバーグ、そしてレイモンド・チャンドラーといった作家は、毎晩のようにネオンの回廊へ車で出かけ、フィッツジェラルドが「絢爛豪華な世俗の美」（野崎孝訳）とよんだ現実とファンタジー、夢と

上：広大な土地を幾何学的に区画化したロサンゼルスの風景は、近代主義者の好奇心をそそった。写真のローヴェル邸（1929年）を手がけたルドルフ・シンドラーとリチャード〔帰化前はリヒャルト〕・ノイトラなどのような建築家にとって、新興都市のロサンゼルスは、斬新な都会生活にかなった簡素で上品な「インターナショナル・スタイル」（国際様式）を表現できる最高の場といえた。

願望、堕落と無垢の入りまじった都会についてめいめいの感覚でとらえた。とくにチャンドラーは、ネオンが点灯したホテルや高層アパート、売店、バー、レストラン、劇場の景色に、夜になると文字どおりネオンサインの電気的な合図でサブリミナルパワーが流れるのを感じた。1949年のチャンドラーの小説『リトル・シスター』には、フィリップ・マーロウが、ロサンゼルスの街を車で走りながら、「ネオンの灯がすばらしい」のをみて、「ネオンを発明した男には、15階のすごい記念碑を建ててやってもしかるべきだ…とんでもないものを思いついた若造がいたもんだ」とつぶやく一節がある。

第二次世界大戦中のロサンゼルスは、ドナルド・ダグラスやロッキード兄弟、ジャック・ノースロップといった創業者が築いた軍用機産業によって、あらたな役割をになった。また、コロラド川のボルダー・ダム（のちのフーバー・ダム）の水力発電所が完成し、いくらでも電力を供給できるようになった。ロサンゼルスの軍用地では、何百万人という若者が戦闘訓練をうけて太平洋から戦場へ向かった。兵士たちは訓練の余暇には、サンセット大通りのハリウッド・キャンティーン（食堂街）やバーやビストロで過ごした。戦争が終結し、任務を解かれた元兵士が思い出の場所を再

ケヴィン・スター

訪することも多く、ロサンゼルスの名を押しあげた。

その後も、フリーウェイ（高速道路）建設をはじめ、メトロポリタンの成長物語はつづく。ロサンゼルス市警察（LAPD）のウィリアム・パーカー本部長は、治安のために、市民生活の安全警護を軸に現代的な改革をおこなった。1950年代のNBCテレビの連続刑事ドラマ『ドラグネット』はロサンゼルスが舞台で、毎回市庁舎の細長い高層ビルの画面とテーマ曲ではじまったので、本物のロス市警をますます有力な公共機関に押しあげた。1958年には、ベースボールのドジャース球団がブルックリンから移転し、ロサンゼルスは正式に大リーグ（MLB）のホーム・スタジアムをもつ都市になった。1960年代前半には、ミュージックセンターと美術館のすばらしく印象的な建築が完成した。

1960年代半ばのロサンゼルスは、その少し前までアメリカ中西部出身者が大半を占めていたが、多様な民族構成の都市に変わっていた。もとはスペイン人による創設期にはじまり、アングロ系、メキシコ系住民が増え、その後アジア系に加えてアフリカ系アメリカ人の数がいちじるしく増大した（じつは、1781年9月の最初の入植者のなかに、アフロ・ラテン系の人もいたことが分かっている）。第二次世界大戦中は、軍艦の造船所などに雇われたアフリカ系アメリカ人労働者がどっと移住してきた。1965年のアメリカ移民法の改正でアジア系などの移民制限が緩和されると、人口構成はさらに大きく変化した。2000年紀（ミレニアム）のロサンゼルスは、市制、郡制のいずれにおいても、メキシコ人が地球上で2番目に多く住み、韓国人にとっても2番目の都市であった。イラン、アルメニア、エチオピア、ヴェトナムからの移民、そしてネイティブアメリカンの住民比率も高い。アメリカ合衆国で、ロサンゼルスは、ニューヨークの「ビッグアップル」につぐ「ビッグオレンジ」として、ナンバー2の都市人口を有するまでになった。

最後になるが、今日のロサンゼルスは、世界都市、国際性をもつ都市、グローバルポリスとして知られる多文化、多民族出自の都市でありながら、不思議なほど1つにまとまる求心力をもち、約80もの言語と世界じゅうの文化や宗教が入りまじるなかで、共通のアイデンティティを維持している。しかも、いたるところにエンゼルの街、夢の街、そしてグレート・ギャツビーのアメリカのなごりをとどめている。独自の空想を現実にするべく、その熱意と決断力によって、港や水路、高速道路、映画スタジオなどを創出してきた。ロサンゼルスとは、惜しげもなくオズ（の魔法の国）や金ピカの街（ハリウッド）でうめつくし、アメリカ人や世界じゅうから移ってきた人々がともに暮らす都市なのである。

左：大成功をおさめた高速道路網の整備によって、ロサンゼルスは21世紀には全米で2番目に人口が多く、かつ環太平洋地域における重要な都市となった。そのゆるぎない地位を見せつけるように、市街の中心地には高層建築のシルエットが空に浮かぶ。かつて空想の産物と評され、「グレート・ギャツビー」の街のようであったロサンゼルスは、今日ではグローバルな巨大都市である。

ロサンゼルス　263

ブエノスアイレス
Buenos Aires

永遠の約束の都市

フェリペ・フェルナンデス・アルメスト

◆1909年の風刺漫画には、「未来の高級住宅地」の見出しで、ゴミがちらばる雑木林の真ん中にオイル缶を平らにつぶしてつくった掘立小屋があり、そこへ遠くの工場から廃水と煤煙が流れ出ている光景が描かれている。別の漫画は吹きだしに不動産屋のセリフを入れて皮肉った作品で、おとぎ話の七里靴をはいた男の足が「鉄道の駅からひとまたぎ」で同じ街の郊外の開発地に届いている。

当時ブエノスアイレスは急成長のさなかであった。この「ひとまたぎ」のごとく、その少し前の1870年代の人口はまだ20万ほどで、文明化の「きわ」で苦闘していた。アルゼンチンは、大三角江（エスチュエリ）と流域の草原（パンパ）の地であった。どの方角も広大無辺の眺めがつづき、海のように広い河口は大西洋の大海原に接し、反対側には果てしない草原があった。奥地で生活する少数民族を、ブエノスアイレスの住民は「未開人」とさげすんだ。1880年代に、ロカ将軍はパンパの先住民を機銃掃射で服従させ、未開拓地を牧場と農地へ転換する政策をすすめた。1899年には、アルゼンチンは1億ブッシェル〔1bu.≒約35ℓ〕もの穀物を輸出し、1883年の冷凍技術の導入で牛肉の輸出も可能にした。貿易高は、前世紀終盤の30年間を合わせた額のじつに3倍にたっした。当時のアルゼンチンにならぶ人口と生産の増加率を示した国は、おそらくどこにもなかったであろう。1914年のブエノスアイレスの人口は250万に膨れあがり、アルゼンチン全人口の3分の1に相当した。

ブエノスアイレスは移民の街で、ほぼ半数がイタリア人、約3分の1がスペイン人で、イタリア語とスペイン語を混ぜた「波止場用語」で会話し、いろいろな国の人々が売春宿もある「悪徳の都市」に集まった。娼婦の世界には白人奴隷の物語がいくらでもあり、1899〜1901年に登録された娼婦のほぼ5分の1は帝政ロシア出身で、3分の1がライン川より東ヨーロッパのある女性であった。開拓の町につきまとう怪しげなイメージは、安ピカの都会へ変わり、野心と自負が一体となっていた。アルゼンチンの成金主義は、1906年、大物議員が金婚式に1200人分のフォアグラ料理を用意し、住宅開発業者の常連や学校の児童まで招待するといった愚行ぶりに象徴される。1909年の国旗にた

ブエノスアイレスにはじまりがあったなどと、信じることはできない。
私が思うに、そこは空気や水と同じように永遠である。
（ホルヘ・ルイス・ボルヘス、1929年）

いする宣誓のことばは、アルゼンチン共和国が、「地上でもっとも立派な国」で、「これまでもこれからも勝利あるのみ」と信じさせるものであった。

だがブエノスアイレスは、そのあと失意の時代に陥り完全には抜け出せなくなった。1930年代のタンゴの抒情的な調べは、庶民の苦しみと怒りの声が聴こえる。かのエンリケ・ディセポロは、「イエスも、盗人と同じだってさ」と皮肉たっぷりに不道徳や金銭欲を賛美した曲をつくり、カレドニオ・フローレスは「強者の怒りは、空腹には無力だ」と歌った。作家や知識人は、庶民の食糧を海外の投資家やイギリス帝国主義者へ売り渡してにわか成金になった「牛肉男爵」を非難した。30年代の「忌まわしい10年」とよばれた挫折のあと、アルゼンチン経済がなんとか回復したのは第二次世界大戦中で、中立の姿勢を保ったことが大きい。だが戦後、ほんとうの「失墜のとき」がやってきた。アメリカ連邦政府が主導したマーシャルプランは、ヨーロッパの疲弊した市場の立て直しに功を奏するが、アルゼンチンの輸出拡大を後押しするものではなかった。1948年から1952年の間に労働者の平均賃金が20%も減少し、工業化と国内の生産拡大をすすめてきた政策は崩壊した。1960年代のアルゼンチンは、旧型の車が走る国であり、初等教育の普及率はいちじるしく低下した。カビのはえた掘立小屋で暮らす貧困層が、ブエノスアイレスの腐敗した上層社会を取りまいていた。フロリダ通りのハロッズ百貨店では、擦りきれた制服の作業員がエレベーターを動かすシューッという蒸気の音とともに上下し、高級まがいの品を並べたフロアへ買い物客を運んだ。当時のブエノスアイレスは、美術に関心をもつパトロンや愛好家が少なかったこともあり、偉大な現代作家をつぎつぎに輩出した。映画館はひじょうににぎわい、音楽はけっして鳴りやまなかった。

20世紀末以降、ブエノスアイレスも民主主義と新自由主義経済、グロバリゼーションの洗礼をうけ、国際舞台に登場した。1992年からはアルゼンチンの「ペソ」通貨制度に「ドルペック制」を導入してインフレ経済の沈静化に成功したが、2002年には、銀行システムの崩壊が暴動をまねき、押しかけた群衆に銀行側が銃火器を発砲するという険悪な事件もおきた。しかし、いつも「先延ばし」になっているけれど、この都市が「永遠の約束の地」たりえることに変わりはない。

右ページ：ブエノスアイレス南東部の海岸沿いに色彩豊かな家並みがつづくラパカの街は、伝統的なタンゴ発祥の地である。この地区周辺に定住したのは大半がイタリア系の入植者であった。

シンガポール
Singapore

ライオンの都

ジョン・キーイ

◆1819年1月29日、トーマス・スタンフォード・ラッフルズは、シンガポールに最初の一歩を踏み入れた。ノースクエイ通りのラッフルズ像はそれを記念したものだが、当時、ここが都市国家にふさわしい場所となる保証はなかった。赤道から1日の航海で着く島は鬱蒼とした高温多湿の熱帯林がおおい、籐で葺いた小屋の集落のみで密貿易にかかわっていた。しかし、いくつかの小島のうしろに天賦の良港をもつシンガポール島は、正面にマラッカ海峡を臨み、戦略的、商業的に恵まれた位置にあった。じつは、ほぼ100年も前に航海中の船長が、「英領居留地に適している」としてこの島の位置を正確に記述していた。ラッフルズは、ジャングルから魔法のようにすばやく町を出現させ、船の積み出しと商品の買い付けを2本柱とする自由貿易港都市シンガポールの繁栄をめざした。しかし、いかに彼がすぐれた夢想家であろうと、ダイナミックな都市国家に成長するこの島の潜在的な力まで見抜いていたわけではない。

今日のヨーロッパでは、独立した主権を有する都市国家は時代遅れ的な存在といえる。モナコとローマ教皇庁のバチカン、そして、イギリス連邦のジブラルタルと欧州連合のマルタがかろうじてその特性を保っているが、古代アテネや中世のヴェネツィアに匹敵する都市国家となるとアジア方面に目を向ける必要があり、中近東の湾岸都市(ドバイ、バー

> 我々の目的は、領土ではなく交易である。大きな商業中心地を建設して、そこを起点に我々の影響力を政治的に強めていくのがよい。マルタ島が西洋で担っている役割を、シンガポール島は東洋で果たしてくれるだろう。
> (トーマス・スタンフォード・ラッフルズ、1819年)

レーン)、そしてシンガポールがあげられる。現在シンガポールには、たった704km²の土地に540万人が住み、人口密度は7500人/km²を超え、世界でもっとも高い。干拓のおかげで土地面積は拡大したが、100万人以上の海外からの一時居住者も加わり、さらに増えつづけている。住民の識字率は95%、平均余命も約80歳と、アジアではきわめて高い。

1885年、自然科学者のウィリアム・ホナーディは、「自分が見た都市のなかでもっとも便利にできている」と強調し、どんな商品でもすぐに見つかる卸売り倉庫を「引きだしや整理棚のたくさんついた大きな机」にたとえた。ラッフルズは動植物の分布調査や分類に熱心なコレクターで、彼ならではの都市づくりに励んだ。移民には民族や職人集団に分かれた居住区を提供し、今日でも、通りを歩く人をみればそこがどこか推定できる。税金がかからず、礼拝堂や寺院、病院といった公共の建物も用意されたシンガポー

下:無名の中国人画家による1840年頃のシンガポールの海岸風景。「ガバメントヒル」(統治府の丘)を背景にラッフルズの居館や聖アンドリュース教会が描かれている。

右ページ:ヤシの木の植木鉢が置かれたラッフルズホテルでのひととき。1905年頃。日傘、扇子、小型カメラ、帽子を揃え、服装に気づかったイギリス人の女性客。大英帝国の繁栄期。

ジョン・キーイ

上：1942年2月、シンガポール市内を凱旋行進する日本軍。英国は「シンガポール要塞」によって少なくとも6か月は敵の侵攻を妨げることができると信じていた。しかし、わずか2週間で陥落した。

ルは、あらゆる人を引きよせた。

だが、立案者の楽園は、その後の都市国家主義者にとって悪夢であった。マラッカ、ペナン、上海、香港などの「エンポリア（商業中心地）」は、植民地交易で繁栄した東インド会社が撤退すると自治権を放棄し、大英帝国の干渉に従順な植民地都市へ化した。シンガポールもほぼ追随した。1909年には、宗主国イギリスの直轄支配する海峡植民地の主翼となり、1963年から65年まではマラヤ連邦に属した。シンガポールは生き残りをかけて結局成功した。そして世紀半ばには特別に優遇される都市となり、まだ最良の状況といえないが、確固たる独自性が培われた。

移住者は増大した。マレー半島から運ばれてくるスズや生ゴムの精錬、加工、輸出品の船積みなどに大量の労働力を必要とし、インドから渡航してきた年季雇いの労働者のほか、福建省と広東省から大勢の移民が押しよせた。シンガポールの民族構成は中国系が圧倒的な割合を占め、瓦屋根の店舗兼住宅が建築様式の定番となった。通りに面して間口を大きく広げた店を構え、2階を事務所や住居にしつらえた建物が隣りあって奥行きのあるベランダを連ねている。セランゴーン通り周辺のタンジョンパガールでは、当時の建物がまだ見られるが、外装の改修で昔のイメージとは異なる。

宗主国イギリスにとって、シンガポールは経済的、戦略的にきわめて重要な拠点であった。海峡植民地政庁、市庁舎、博物館などの威厳にあふれたファサードが、ヨーロッパ風の優雅さを伝え、舗装道路の両側には緑が植栽され、巨大なダイオウヤシの雄姿がそびえた。造船所が拡張され、軍需景気にわいた。サマセット・モームの作品の主人公は「港に係留中の大型艦船は、特別な事態が起るのを待ちかまえている」と述べている。風通しのよいラッフルズホテルでは楽団の演奏もあった。戦争を怖れたイギリス政府が巨額の軍事費を投じて東洋艦隊基地をおいたので、島全体が「シンガポール要塞」と化し、街は安堵感で包まれた。

だが、1937年の日本軍の中国本土侵略は、警告音であった。シンガポールの中国人は帰国の途を閉ざされ、沈着なイギリス人も在留しつづけた。1939年に第二次世界大戦がヨーロッパで始まると、日本はインドシナへ作戦を拡大し、1941年にはついに米英と開戦した。このとき英国にはまだ、シンガポールは巨大な海岸砲台も配備されて難攻不落だという思いこみが強く、英国空軍は偵察用の旧式機を準備しただけであった。また戦車は密林を走行できないと想定し、シンガポール本土の北海岸の鬱蒼とした茂みに有刺鉄線をはりめぐらしたことすら住民は不必要だと考えた。しかし日本軍は、電光石火の進撃でマレー半島の各地を占領しながら南下し、1942年2月、最南端のジョホバール海峡をわたって、シンガポール島へ上陸を果たした。海峡に架かるコーズウェイ橋は、シンガポール市内へ供給する水道も通る主要道路であった。マレー半島の戦いで不利になった連合軍側は、島へ退却のさいにコーズウェイ橋の一部を最後尾の兵士に爆破させて通行不能にしたが、日本軍は、ゴムボート等で海峡を渡って上陸に成功し、その後連合軍は1週間あまりもちこたえたが、市内に侵攻されるとわずか1週間で降伏したのである。

チャーチルは、このシンガポール陥落を「英国史上、最

268 近代都市の時代

上：貿易、流通の集積港にはじまり、大企業資本と都市国家行政が一体化した大商業都市となった。金融関係が集まる超高層ビル群が、大々的な改修をおこない、ウエッジウッド風の色調に変わったタンジョンパガールのかつての店舗住宅を見おろしている。

悪の大惨事」とよび、強い屈辱感を味わった。当時の報道カメラは、白旗を掲げた不運な将校たちがとぼとぼと歩く姿や、爆撃された石油基地のそばを進む日本軍の戦車、チャンギー収容所へ送られる捕虜の長い列などの映像を伝えている。現在の国際空港の場所にあったこの施設には、5万人の市内在住の中国人が強制収監され、無実で銃刑に処せられた人も大勢いた。

　この42か月後、日本は連合国側に敗れ、シンガポールの統治時代も終焉する。1945年10月、マウントバッテン卿は市庁舎で、日本の無条件降伏文書に正式に調印した。日本の軍属が司令本部として押収していたラッフルズホテルは返還され、同じ5つ星ホテルのグッドウッドパークでは日本軍の戦犯裁判がおこなわれた。シンガポール市内のインフラは回復し、イギリスの再統治に反発していたマレー人の暴動は鎮圧された。しかし、時代の趨勢により、イギリスが宗主国として植民地支配の正当性をつらぬくことはもはや困難であった。ユニオンジャック旗は1963年まで弱々しくひるがえり、海軍工廠は1971年まで存在しつづけたが、1965年の国連承認をへて、ついにシンガポールは独立した地位を獲得した。在留中国人たちは、毛沢東主義の中国へ帰順する気持ちはなく、中国系シンガポール人としての永住権を与えられた。財政的なインセンティヴ（誘因）が、多民族からなるシンガポールの政策や同盟関係を厳しく統制し、高等教育や産業労働力を高めることによって、国際的に大きな信用を築いた。古代の都市国家の質素を美徳とする犬儒学派はなりをひそめ、まったく別のタイプの都市国家が誕生した。シンガポールは、高度成長率に満足そうにのどを鳴らす「シンガ-プーラ（ライオンの都市）」であり、韓国、香港、台湾とともに環太平洋地域の「トラ」とよばれることもある。

シンガポール **269**

ニューヨーク
New York

未来の眺め

ジャン・モリス

◆おそらく現代のメトロポリスの歴史で、ニューヨークほど第二次世界大戦直後の短期間に突出して発展した都市はない。この都市が世間一般に知られているのは、不規則に広がったニューヨーク市の全体ではなく、その縮図といえるマンハッタン島の行政区がつくった伝説化したイメージである。マンハッタン島の面積はさほど大きくない。端から端まで20km、幅は4kmぐらいで、ニューヨーク市の本土と多数の橋やトンネルでつながっており、この島にさまざまな民族出自からなる190万もの人口が集約している。移民を受け入れた誇りは、港の入口の「自由の女神像」の台座の銘板に「私のもとへくるがよい、汝、疲れた者　貧困にあえぐ者、不安におののきながら　身を寄せ合って自由の空気を吸いたいと願う人々よ…」と刻まれた頌詩に表現されている。しかし1940年代初期には、すべての人々に開かれた安息所としてのマンハッタン島の役割は減り、地上で最強の国アメリカのもっとも裕福で、活気と自信にあふれた大都市に入れ替わった。

世界のいたるところが戦争の影響で損壊し、疲弊しきっており、とくに西洋文明を長く牽引してきたヨーロッパ諸国の首都の状況は深刻であった。一方、マンハッタンは爆撃も戦闘もまったく経験せずに莫大な戦争利益を手にした。マンハッタンの金融機関は世界を主導する確固たる地位を築き、驚くほどエネルギッシュな知的生活が維持された。湾上の摩天楼として有名な超高層ビル群は空に向けて、かの「運命の女神の群像」を刻んだフリーズとそっくりのシルエットを描いていた。

マンハッタンの住民は、これまでにない優越感にひたり、ニューヨークがアメリカ合衆国の首都ではないことに、かえってプライドを抱いた。ワシントンDCでは、うんざりするほど自己中心的な外交手法がめぐらされ、18世紀の仰々しい建造物が国家の意義を象徴していた。マンハッタンは圧倒的に新しく若い都会であり、「ニューヨークが完成すれば、最高にすばらしい場所になるだろう（つねに建設途上である）」というなじみのジョークがくりかえされた。旧世界はロンドンから東京にいたるまで戦争の悲惨な過去を引きずっていたが、ニュ

人はだれでもすぐにニューヨークになじむ。5分いれば5年間いるのと同じくらいの気持ちになれる。

（トーマス・ウルフ、1939年）

ーヨークはにぎやかに繁栄する新しい未来をみつめていた。

この輝かしい状況に、当然のことながらたちまち海外の羨望が集まった。世界じゅうの金持ちも貧しい人もニューヨークに驚嘆し、摩天楼の膝元にすべりこみたいと願った。アメリカ国民にとっても、ニューヨークはほんとうにすばらしいところに思えた。とくに、ヨーロッパの戦場から勝利して帰還してきた兵士にとって、マンハッタンは、母国へのたんなる入口でなく、進歩に向かう象徴であった。

時事評論家たちは、ニューヨークを「ワンダーシティ」とか「明日の都市」と名づけて論じ、エコノミストたちは、莫大な富について予測した。工業技術の飛躍的な発達により、ポケットラジオ（小型無線機）、スコッチテープ（セロファンテープ）、カフェイン抜きのコーヒー、大型自動車、ファックス機器、高速で昇降できるエレベーター、リムジンに据えつけの車内電話といった、人類の知りえなかった製品がいち早くニューヨークの日常生活に出現した。マンハッタンの中心に浮かぶエンパイアステートビル（1931年完成）は、「天空のカセドラル」とよばれた。

マンハッタンは精神的な高揚をもたらし、すぐれた文化・教養が培われる場でもあった。ベルトルト・ブレヒト、アーサー・ミラー、ジョン・スタインベック、e. e. カミングス、テネシー・ウィリアムズ、W・H・オーデンは、全員マンハッタンの住民であった。ジャクソン・ポロックやマーク・ロスコなど異才を擁したニューヨーク・スクールは、絶対的優位のパリの美術界をゆるがし、ニューヨーク近代美術館（1929年）は各地に類似の施設を派生させた。総合大学をはじめ、4つの交響楽団、2つの大新聞や『ニューヨーカー』といった有力誌が成長した。ブロードウェイはすばらしいエンターテイメントの本場となり、ついにはアメリカの芸術形式の原型であるミュージカルの舞台を多数生みだした。マンハッタン

左：「天空のカセドラル」で有名なエンパイアステートビルは、初期の超高層ビルの建築と構造技術の傑作である。1931年の完成当時は世界一高いビルであった。現在では、周囲にほかの超高層ビルが林立しているが、今なおニューヨークのスカイラインを刻む象徴的な地位を保っている。

270　近代都市の時代

のすさまじい貧民街ですら、多民族主義的な活力にみちており、安い賃貸アパートに住む最下層の人々や、酔って立ち上がれないほど打ちのめされた人々も、ロックフェラーやトスカニーニのような大富豪と同じ都市の住民であることを誇りにした。

　当時の物質的、社会的な輝き、芸術面の豊かさ、娯楽や楽天的な気分を支えたマンハッタンの根本要素は、「パワー」であった。人類に託されたメッセージは幻想ではなく、まさしく「未来の都市」へ向かっていた。ニューヨークの活気、富、創意工夫や自己充足によって多くのことを現実化していくことは、アメリカの潜在能力の証しでもあった。この時期、イリノイやオハイオ州の工場、鉱業、会社、西部の広大な穀倉地帯、陸・海軍やマンモス企業、ワシントンDCの政治戦略、そして恐ろしい原爆そのものなど、あらゆることがらにおいて、端から端までの距離が20kmにみたないマンハッタン島で輝かしい勝利を手にした。キングコングは、天空のカセドラル（エンパイアステートビル）のてっぺんに立ち、ホテルの接客係は、ニューヨークにはどんな料理もメニューにあると自慢したがり、客にたいして「奥さま、おまかせ下さい」と答える。

上：マンハッタンの突端のすぐ近くに浮かぶエリス島は、1954年まで、最大の移民入国管理センターであり、アメリカへの入口であった。アメリカ人の40％以上が、彼らのルーツである祖先をこの島を経由した誰かにたどり着くことができると推定される。

ニューヨーク　271

鉛の時代から黄金の時代へ

アレクサンダー・ブルーム

　若い作家や知識人にとってニューヨークの最良の時代とは、きまって前の世代のときのようである。年配のニューヨーカーは、つねに過ぎ去ったニューヨークのすばらしい日々を語ろうとする。1930年代に語られた「伝説」の材料は、第一次世界大戦以前の急進的な政治と前衛的な文化に包まれたグリニッジヴィレッジの風景であった。第二次世界大戦後の作家は、「個人や性の自由を擁護するために挑戦した時代」として、失われた1920年代のヴィレッジを懐かしんだ。しかし、ジャーナリストのマーレイ・ケンプトンは、「ニューヨークに長く住んでいて思うのは、鉛の時代はいつか黄金の時代にみえるようになる」と述べている。

　第二次世界大戦後の数年間は、冷たい戦争、マッカーシー旋風（赤狩り）、反知性主義、偏狭なアメリカといった語句とともに「鉛の時代」と言われたが、今は黄金に変わり、当時を称賛する意見も少なくない。評論家アナトール・ブロヤードは死後出版された回想録（1993年）の冒頭で、「私は、ニューヨークシティ、とくに第二次世界大戦直後のグリニッジヴィレッジの生活にノスタルジーを覚える…そこにはよき時代、おそらく20世紀のなかで最良の時間が流れていたと思う」と記している。小説家ダン・ウェイクフィールドの追憶も似ている。「我々は、当時もっとも胸が高鳴る街で暮らしはじめた。もはや記憶のなかにとどまっているだけだが、いまや伝説の1950年代のニューヨークは、20年代のパリと同じように我々の聖地であった」。

　ニューヨークは文化的、知的な活動の証拠であふれていた。コロンビア大学の社会学者ダニエル・ベルはニューヨークを氷山にたとえ、「目に見える部分は、劇場、アートギャラリー、美術館、大学、出版社、レストラン、ナイトクラブ、エスプレッソが飲めるカフェ、しゃれた店などからなっている。あらゆる活動がすべて、アメリカのこの巨大都市に特別な輝きを与えている」と評した。戦後、知識人や芸術家の活動がひときわ高まったのは、この地であった。「ニューヨーク・スクール」は、アメリカの現代絵画の拠点で、ジャクソン・ポロック、ウィレム・デ・クーニング、マーク・ロスコなどさまざまな美術家が活躍した。ライオネル・トリリング、シドニー・フック、クレメント・グリーンバーグ、アーヴィング・ハウなど、「ニューヨーク・インテレクチュアルズ」とよばれた超一流の文芸評論家、社会思想家、政治アナリストたちが時代の先導的役割を果たした。コロンビア大学や近代美術館のような機関は、世界はともかくアメリカという国全体の社会的、文化的な姿勢を形成した。

　同時期のニューヨークは、既成文化の反逆者にも魅力的であった。アレン・ギンズバーグは、コロンビア大学でライオネル・トリリングの学生であったが、ジャック・ケルアックやウィリアム・バロウズといった異色の若い前衛作家たちに同調し、1940年代後半に「ビート・ジェネレーション」を結成した。彼らは50年代後半まで無名に近かったが、ニューヨークを自分たちのカウンターカルチャー的な生活スタイルに適した場所とみなしていた。写真家で『ヴィレッジ・ボイス』の編集者でもあったフレッド・マクダラーは、ニューヨークでのビート・ジェネレーションの生活についてこう記している。

　　家賃は安かった。私は、月46.68ドルの部屋を借りて、ヴィレッジの端で暮らした。1週間で約50ドル稼ぎ、2ドルで外食ができた…週末には近所の仲間とワシントンスクエア・パークにでかけて、なんらかの活動［歌、詩の朗読といったパフォーマンス］に加わった。

　しかし、世代間の分離はいよいよ明らかであった。ヴィレッジは大勢の若者を引きつけ、興奮させたが、少なくともニューヨーク大学教授で哲学者のウィリアム・バレットのような年配の知識人にとって、ビート・ジェネレーションは前衛文化の範疇にも入らなかった。バレットは、1954年のヴィレッジを観察し、「中産階層がいなくなり」、自分の若い頃に「すばらしい時期の生活」に導いてくれた市民に替わって、「街は、若いカップルでごったがえしている」にすぎないと指摘した。バレットは、フレッド・マクダラーがカメラのレンズを向けつづけたビートたちの「活動」の意味を見誤まり、「怪しげな若者たちの集会は、じつは、よちよち歩きの子どもを連れた母親どうしが雑談をかわす、ワシントンスクエアの幼児の遊び場（ベビーサークル）

右ページ、上左と下右：1960年代初期のグリニッジヴィレッジの2つのカフェ。写真のビート・ポエトリ・カフェの「ガスライト」と「ビザール」のほかに、アーティストや作家が集まる有名なカフェがあった。ガスライトは音楽も評判で、ボブ・ディランはここで歌った。

右ページ、上右：ロングアイランドの自分のスタジオで創作中のジャクソン・ポロック（1948年）。ジャクソン・ポロック、ウィレム・デ・クーニング、フランツ・クライン、マーク・ロスコといった世界の美術界をリードした画家がニューヨーク学派とよばれるようになったのは、彼らのアート作品とニューヨークとのつながりを意味する。

右ページ、下左：ビート世代の詩人、文学者のアレン・ギンズバーグは、1950年代のボヘミアンから、60年代の反既成文化の象徴的人物へ変化した。彼はどんな状況でも、ニューヨーク市のグリニッジヴィレッジにおけるデモの先頭に立つ写真のように、マリファナ吸引を弁護するなど、世の中の主流から外れた反抗的立場をつらぬいた。

上：ニューヨーク近代美術館の「彫刻の庭」と新設された左翼部分。MoMA（モマ）は、戦後世界の芸術文化の粋をニューヨークに集めた美術館で、展示や展覧会はひじょうに定評がある。きわめて強力な後援組織をもち、キュレーターは、アーティスト同様に称賛されている。

右ページ：ニューヨークの錬金術。夕日で黄金色に変わった通りに沿って摩天楼が並ぶ。

なのだ」と言い放った。

　1960年代のはじめ、ヴィレッジの舞台はさらに別の世代へ移った。戦後の反逆者たちの何人かは、新たな若者の動きやカウンターカルチャーの広がりに合流し、とくにアレン・ギンズバーグは賛意を鮮明にした。しかし、ビートたちが盛んに活動した50年代の前衛芸術のこまやかな感性を60年代に結びつけるのは困難であった。それは30年代の知識人が、50年代の文化と結びつけるのを拒んだことと似ている。政治学者で社会民主主義者のマイケル・ハリントンは、「ボブ・ディランという名のはにかみ屋の若者が現われて、未来について歌うのを聞き、好きになれなかったその夜」、グリニッジヴィレッジは終わったと記している。言うまでもないが、そのつぎの世代は、詩人のディランを賛美で包んだ。前世代のヴィレッジやニューヨークが最良の時ならば、つぎの世代は最悪の時になる。

　1949年の有名なエッセイ、「ここはニューヨーク」のなかで、E・B・ホワイトは、ニューヨーカーは３つに分類できるとした。すなわち、「街に潮の満ち干を与えている通勤客たち」、「街に堅固さと持続性をもたらしている地元住民たち」、「街に情熱をそそぐ移住者たち」である。とくに情熱と志をもって移住してきた人々が、ニューヨークをより豊かで、強烈で、包容力のある街にしてきた。都会にあこがれてやってきた田舎の若者が立身出世をするという昔話の現代版は、いまも実在する。そして、ライオネル・トリリングは「ニューヨークは、おとぎ話のロマンスや完ぺきな魔法の糸で貫かれている」と述べている。1950年代のニューヨークで、フレッシュな情熱にあふれた若者が世の中と向き合い、鉛を金に変えていった「錬金術」を見直してもよいのかもしれない。

サンパウロ

São Paulo

コーヒーと交易

エリザベス・ジョンソン

◆サンパウロは、創設されて450年間で、ポルトガル帝国の支配するひっそりとした後進地から、南アメリカで最大、世界では4番目に大きいメトロポリスへ成長した。大サンパウロ都市圏の人口は、現在2000万に近づいている〔2011年の統計では2000万を超えている〕。

サンパウロは1554年にイエズス会の宣教師、マヌエル・デ・ノブレガとジョセ・アンシエタによって創設された。ホルトガル領アメリカ植民地の、海岸からやや離れて位置する数少ない町の1つにすぎなかったが、内陸部の地形がイエズス会の目をひいたのである。最大の長所は、ティエテ川、ピネイロス川、アニャンガバウ川、タマンドゥアティ川の4つが合流し、これらの水流をすべて利用できることであり、イエズス会の人たちは、ブラジルの広大な地域に住むインディオの集団との交易（物々交換）や布教活動を積極的にすすめた。サンパウロの創設からまもなく、イエズス会の集落のそばに定住し、共生するインディオたちが増えだした。サンパウロに魅力を感じて移住してきたポルトガル人や混血の住民も増加し、町はしだいに多様なエスニシティの「るつぼ」と化していった。

合流する4つの川のとくにティエテ川は、ブラジルという国土形成の大きな助けになった。「パウリスタ」の名で知られるサンパウロ住民が、こうした水流をさかのぼって新大陸の奥に分け入ったのは、金、銀などの貴重な鉱物資源を探すためであった。また、インディオの集落をみつけて情報を集めるついでに、農場の労働力となりそうなインディオの若者を連れ帰ることでもあった。黄金にたいする欲望にかられ、パウリスタが奥地へ進めば進むほど、ポルトガル王領の版図は拡がった。

こうして奥地の探索が活発におこなわれ、広大な新天地ブラジルが生まれたが、サンパウロそのものは19世紀末まで大した変化はなかった。だが、パウリスタの自営農民がコーヒー栽培に成功すると、サンパウロ産コーヒー豆は爆発的な人気となり、ブラジル国内のインフラ整備にたいして海外からの投資が殺到するようになった。つぎつぎに輸送網の建設がおこなわれ、サントスの積み出し港からサンパウロ高原まで、海岸沿いの急勾配の斜面を登る鉄道も開通した。鉄道は、コーヒー豆の搬送、輸出に欠かせないだけでなく、世界各地から押しよせた500万人以上の移民を開拓地へ送る役目をになった。リオデジャネイロと異なり、サンパウロは植民地時代よりも重要度が増し、しかも

リオは美しい。けれどサンパウロは、――サンパウロは、都市です。

（マリーネ・ディートリッヒ）

ブラジルのなかでもっとも民族的多様性がみられる都市となった。ヨーロッパ諸国からのみならず、相当数の日本人やレバノン人も移住してきた。

サンパウロはコーヒー経済によって急速に発展してまもなく、リオデジャネイロを追い越し、ブラジルでもっとも重要なメトロポリスになった。この時期に「コーヒー男爵」として知られるパウリスタの新しい富裕階層が出現し、莫大な資産を投じてサンパウロを都会の風景に変貌させた。きわめて印象的な建築がこの時期につぎつぎと建設され、大半は建築家のフランシスコ・デ・パウラ・ラモス・デ・アルベードの設計によるものであった。

パウリスタ出身のラモス・デ・アルベードは、ベルギーで学んだあと1879年に帰国し、生地のサンパウロに戻った。彼は、地元の有力者や貴族たちの協力を得て、ブラジルにヨーロッパの香りをもちこんだ。重要な建築作品には、ルス鉄道駅、ミュニシパル・シアター（市立劇場）、ミュニシパル・マーケット（市営市場）、リセウ・デ・アルテス（工芸学校）があり、大規模な新しい並木大通りの設計や建設にも尽力した。ただ、もとからあった中心街付近はさびれてしまうことになった。アベニーダ・パウリスタと名づけられたこの大通りは、ウルグアイ人のジョアキン・エウジェニオ・デ・リマの率いた斬新な構想にもとづき、1891年に完成した。デ・リマは、28m幅の長い大通りに沿って広壮な邸宅をゆったりと構えることができるようにし、この新しいアベニーダ・パウリスタに感動したコーヒー男爵などの資産家が、競い合うように建設した豪邸に移り住んだ。

アベニーダ・パウリスタはまもなくサンパウロ社会の中核に成長した。1894年、市議会はここに住むエリート層の要請に応じ、この大通り沿いに工場などを建設することを禁じる条例を可決し、田舎から牛の群れを追って街まで運ぶのに使うことも禁じた。これをきっかけにサンパウロではゾーン法がつぎつぎに施行されるようになった。

アベニーダ・パウリスタ通りの完成後20年間で、ラモス・デ・アズベードや地元の建築家、そしてヨーロッパ人の建築家は、大通りの並木沿いに何十もの大邸宅（マンション）を建設した。1916年には、アニャンガバウ川流域のみごとな眺望のもとでエリートが集うテラス式の大庭園トリアノン・ベルベデーレが、アズベードの設計で築かれた。さらに最大の土木事業として、トリアノン庭園の地下にト

上：1970年代に大量に押しよせた移民の多くは、掘っ立て小屋の貧民街に住むしかなかった。サンパウロ市当局の調べでは、現在およそ200万人があちこちのハバロ（貧民街）で生活している。最近の行政対策のおかげで、今ではハバロの多くが水道や下水処理はもちろん電話やケーブルテレビなどを含む、基本的な公共設備をそなえている。

ンネルを掘り、その開通日（1938年7月9日）にちなんで「ノーベ・デ・ジューリョ」と名づけられた大通りが、市の中心と新興住宅地をつなぐために建設された。トリアノン・ベルベデーレは、改造や変化をつねに渇望するサンパウロを象徴する運命をたどり、1957年にその広大な緑空間は破壊され、パウリスタの現代を表象するサンパウロ市立美術館（MASP）が新しく建設された。同様に、「破壊して建設する」という考え方によって、アベニーダ・パウリスタも、コーヒー男爵たちが初期に建てた豪壮な邸宅の5か所を除いたすべての建造物は消え去り、1950年代以降にはじまった商業施設の建設に拍車がかかった。今日の大通りの風景は、銀行とショッピングセンター街に様変わりしている。

アベニーダ・パウリスタと同様にサンパウロ全体が、コーヒー豆ブームに沸いた時代からはげしく変化した。1920年代にコーヒー豆の相場が急下落したのち、新しい階層はしだいに工業化に目を向けるようになった。海外からの移民が30年代に禁止されると、ブラジル北東部の貧困地域からサンパウロへ移住する人の数が増大した。出身地方の貧しさや干ばつから逃げだし、都市で働くチャンスと富を求めて、何百万人という農民がブラジル北東部から集まった。1950年代にどっと押しよせた移住者にたいして、安い労働力を求めていた地元の工場は満足したが、激増する貧困層の暮らしはますます悪化した。

サンパウロは全体として、やや過去とのぎこちない関係がみられる。自治体の限界のなかで、過去と現在が互いに引っ張りあい、ずっと妥協点をさぐっている。アベニーダ・パウリスタ界隈には20万人以上のアパートの住民と何百という店があり、ほぼ200万人の歩行者と10万台以上の車がこの大通りを毎日利用している。対照的にサンパウロの旧中心街は、昔は壮麗だが今は埃っぽい建造物の風景が残っている。サンパウロ市の最南端地区のすぐそばでは、ずっとメガロポリスによる侵食に抗して、クルクトゥ・グアラニのインディオがトゥピー語を話し、自文化を保ちながら暮らしている。

超現代と伝統という2つの面をもつサンパウロは、過去と未来が入り混じり、複雑で多様性にとんだ都市像を映しだしている。また、ここ何十年間で新しい商業地区が出現し、首位のアベニーダ・パウリスタにせまるにぎわいをみせている。しかし、この歴史的な並木大路がサンパウロの心髄であることは変わらない。

サンパウロ 277

シドニー
Sydney

バラックの町からグローバル都市へ

エリザベス・ファレリー

◆ 1788年1月、フランスでは空腹で苦しむ人々によって革命の音が轟き、マサチューセッツ植民地ではヨーマン（自作農）が既成の「貴族」体制をぶち切ろうとしていたころ、アーサー・フィリップ総督率いる艦隊は、南半球の2つのとがった岬の間に到達し、英国からの最初の流刑者たちを無事に移送しおえた。8か月かかった航海のあとでは、囚人たちも歓声をあげた。この空間がシドニー湾であり、伝説の大陸の東端部を切りこむ蜂蜜色の砂岩層の岸壁と節くれた赤っぽい樹肌の赤いアンゴフォラ〔ユーカリの仲間〕の林に縁どられていた。

その時以来シドニーは急速に発展し、たった200年で粗末なバラックを並べた場所がグローバル都市へ変わった。だが今なお海に面した砂岩の崖は、この都市に特有の自然の趣を与えている。この「シドニー砂岩」で有名な塩分混じりのテラコッタ色の岩面を眺めていると、創設してまもない流刑植民地の統治が混迷をきわめ、堕落した赤い制服の「ラム軍団」に牛耳られていた時代が、それほど遠い昔ではない気がしてくる。いつの世も政治文化を黒い影と明るい光の明暗に分けるのは、道徳意識のありように思える。

ニューサウスウェールズ（NSW）州首相のロバート・アスキンは、1965年から75年までの長期政権下で、厳しい社会状況、錯綜した政治、善と組織的な悪が混在するまま、シドニーの「絶頂期」をもたらした。都市はまだ若く最良というわけではないが、創生期からグローバル主義の現代

> シドニーは、究極的に、ワイン、豊饒、野生の楽しさを象徴する若々しい神、ディオニソスの名を受け継いでいる。
> （ピーター・トンキン、2000年）

までのうち、もっとも刺激的で、楽しく充実した転換期であったといえる。それは、日中は蝿、夕方は蚊がブンブン飛びかうオーストラリアの叢林に至福の瞬間もあるのと似ている。

アスキンの10年間は、「グリーンライト〔青信号の行け、行け〕時代」ともよばれたが、実態は、繁栄の理念とは異なるものであった。もぐりの酒場、ゆすり、不法賭博が横行し、さらには乱開発、犯罪組織、警察による横暴、行政の汚職といった問題を抱えたまま、シドニーの活性化がはかられた。アスキン自身、不法なノミ屋の胴元「スリッパリー・サム」のニックネームで巨額の資金を稼いだ疑惑や、メディア王サー・フランク・パッカーから莫大な政治献金を受けていたことが死後に取りざたされた。1965年に州首相に初当選した夜は、支援者たちを前にして「みなさん！ とうとうタルト屋に着きましたぞ〔菓子（賄賂）がいくらでも手に入る〕」と喜びを表わしたという。

アスキンが権力を握った頃のシドニーは、戦後の耐乏生活、卑屈な植民地主義、英国中心の白豪政策（非白人の移民の制限）の混乱をひきずっていた。連邦政府レベルでは、親英派のロバート・メンジース連邦首相がのべ17年間の

下：シドニーは現代的な超高層ビル群や盛況な商業地区とともに、輝かしい海沿いの都市として有名である。しかし、ここは今なお詩人のディキンソンの感情や真髄が伝わる場所でもある。シドニー発祥の地ロックスは、観光客と地元の人たちで1日中賑わっている。

右：ベストセラー『去勢された女性』（1970年）の著者、ジャーメイン・グリアの1960年代の写真。既成概念に造反する自由主義者たちの飲酒クラブ「シドニー・プッシュ」の常連であった〔当時、女性の公共の場での飲酒は禁じられていた〕。

下右：ヴェトナム戦争で息子が国民兵役に徴用されることに反対する母親たち。1966年にアメリカのリンドン・B・ジョンソン大統領がシドニーを訪れた期間中、ヴェトナム戦争に反対する人たちは、ロバート・アスキンとジョンソン大統領を乗せた車の行く先々で激しい抗議デモをおこなった。

任期を終えつつあり、一方、市庁舎は「収賄、汚職、なれあい、雑多なごまかし」といった悪弊に染まり、政治文化は長年停滞していた。高層建築の50年間禁止条例の解除から2、3年しかたっておらず、酒場の営業時間規制によって「6時閉店までがぶ飲み」と揶揄された男性の飲酒文化が日常化していた。そのためシドニーは、今でも「リソール〔ワインに付きものの揚げ物料理〕文化」で知られる。

しかし、市庁舎を吹きとばすほどの勢いがあったのは、ベビーブーム世代のエネルギーと反アパルトヘイト運動、ヴェトナム戦争介入への抗議、1960年代のロック文化など、意気さかんな市民の活動であった。ロイヤルジョージ・ホテルの階段奥の1室は、40年代から「シドニー・プッシュ」という自由主義者の飲み会クラブとして知られ、知的かつ奔放にふるまい、過激な議論を交わせる場所であった。次世代の若者にも寛容で、ジャーメイン・グリア、クライヴ・ジェームズ、ロバート・ヒューズ、ジェフリー・ロバートソンといった作家や思想家は、衝撃的で優れた才能をここで磨いたのち、さらに外の広い世界で活躍した。

1967年、アメリカ海兵隊員が休暇でやってきた。彼らは、ガーデンアイランドの海軍基地から、シドニー市街のキングスクロス通りのクラブや赤い灯のともる地区にくりだし、音楽、ドラッグ、セックス、ブルージーンズの即席市場を生みだした。同時に、CIAや国際マフィアの関係を噂される人物もやってきた。雑誌『オズ』は、リチャード・ネヴィルとマーティン・シャープのもとで発刊3周年を迎えたが、1971年には悪名高い諮問機関によってわいせつ容疑のターゲットにされた。

文化の衝突は、建物の構成にも感じられた。1965年のシドニーの中心部は、州の条例で12階以下に高さを制限され、照明は主要部分のみで自然光がほとんど入ってこない建物がぎっしりと並んでいた。サーキュラーキー区の「AMPタワー」ビル（62年竣工）は、「高さ制限」が廃止されてシドニーの空にそびえ立った最初の高層ビルであり、その2、3区画離れた場所では、第2の高層ビル、すなわち大胆なデザインの「オーストラリアスクエア」ビル（67年竣工）が建った。第二次世界大戦後「アメリカの優れたアイディア」を携えてシドニーへやってきた建築家ハリー・サイドラーが設計し、オランダから移住してまもないディック・デュッセルドループが施工した。約20棟の古い建物と中途半端な小道を撤去したあとに出現した「オーストラリアスクエア」は、

シドニー　279

上：サーキュラーキーとシドニーの都心部を背景に、建設中のシドニーのオペラハウスを撮影した1966年の写真。オペラハウスは、政治の混乱に巻きこまれ、完成するまでじつに長い期間を要したが、以来、シドニーの代名詞となった。また、都市の強化と改造の両方にとって、「建築学」がいかに重要であるかを示す模範的な建造物の「さきがけ」となった。

まさに新しい未来を代表する高層ビルで、各階の床面は中心から放射状に配置され、すばらしい眺望と採光にめぐまれたオフィス空間を提供した。別方向に2、3区画離れた場所では、かのオペラハウス（76年竣工）が貝殻の肋の組み立てと鉄骨の補強工事にかかっていた。前首相ポール・キーティングは最近の手記で、「虹がシドニーの背中をそっと押してくれた。ありえない幸運が20世紀を代表することになった建築を拾ってくれた」と述べている。1957年、オペラハウスの建築設計コンペの審査で、ヨーン・ウッツォンの設計案は一度落選したが、アメリカから招待していたフィンランド出身の建築界の世界的権威エーロ・サーリネンの目に留まり、強く推薦されて優勝し、天才が発掘されたのである。

だが、アスキンに州政権が移った頃は建設費の大幅な超過に苦しめられていた。公共事業部門の長官デイヴィス・ヒューズは、工事の遅延や経費の超過を理由に、オペラハウスの建築を指揮してきたウッツォンに報酬も支払わず、理不尽な辞任に追いこんだ。1965年、シドニーに移住した建築界の新星サイドラーも加わって、ウッツォンを事実上解雇したことにたいする抗議活動が広まり、大学生もウッツォン支持の街頭集会に多数参加した。しかし大学当局はこの抗議活動に批判的で、ニューサウスウエールズ大学は、66年にアスキンの州知事としての活動にたいして名誉博士号を送っている。

この時代は、文化遺産の保護運動がまさにはじまろうとした時期であった。ほとんどの市民が都市圏近郊に居住する夢をもとめていたが、ウッツォンを熱心に支持したモダニストのなかには、シドニーの中心街へ戻り、百年たった古いテラスハウスを修理して、都会の生活やヨーロッパスタイルを新たに創出しようとする人も少なくなかった。1971年には、シドニーの建設労働者組合による有名な「グリーン・バン」がはじめて行使された。ジャック・ムンディの主導で、シドニー近郊の小さな叢林地「ケリーズブッシュ」にかかわる建設労働者たちが、環境保全の立場からいっせいに就労を拒否し、やみくもな開発政策に歯止めをかける闘争を展開したのである。このグリーン・バンの手法は、その後もシドニーの各地で実践された。建設にかんする対立点は、ほぼ同時に市が公式発表した2つの都市計画案にもみてとれる（両案の中身は互いに矛盾していた）。1つは、市域の拡張に成功したロサンゼルスを都市モデルとし、シドニーの旧市内のほとんどを取り壊して高速道路をはりめぐらす案。もう1つは、シドニー市民の生活を優先して植樹や一般道路の整備につとめ、市街地そのものを文化遺産の保護区域と同じ扱いにするという案であった。

こうした政治文化の衝突は、ボヘミアンや労働者階級の多いヴィクトリアストリートやキングスクロスの界隈の闘争で頂点にたっした。アスキン政権の支持する大規模な再開発計画は、1972年にグリーン・バンが行使され、1975年になってもまだもめていた。この間開発に強く反対し、地元の作家で出版人のジュアニータ・ニールセンが突然失踪するというミステリアスな迷宮入り事件もおきた。

そうした時代を経て、シドニーは体質の改善につとめてきた。汚職や不正、貧困、犯罪組織、民族間問題はときおり表面化するけれども、2000年のシドニーオリンピック開催、経済的な豊かさ、若いエリート層（ヤッピー世代）の専門分野での活躍によって、グローバル都市としての地位を確立しつつある。南米コロンビアのボゴタ市長は、シドニーの公共交通機関の充実と環境保護の実績に感銘して、「シドニーが問題をかかえているといっても、我われにはほほえましい問題のように思える」と述べた。夏の夕方の街通りは仕事帰りの人々で混みあい、プルメリアの花が匂う夕暮れの空をコウモリの群れがねぐらをもとめて飛びかう。シドニーは今も、地上でもっとも魅力的な都市といえそうである。

東京
Tokyo

たえず変化しつづける都市

レズリー・ダウナー

◆東京は、きわめて活気にあふれた都市である。つねに変化の途上にあり、少なくとも初めて見ると、古いものはほとんどないように感じる。この永続性に欠ける感覚は、この都市のはじまりからの構造も一役かっている。

1590年、徳川家康は、まだ辺ぴであった関東の江戸に拠点をおいた。背後を山々が囲み、そばに大河が流れ、正面には守りを固めやすい湾がある。この立地条件と暮らしやすい風土を家康は大いに気に入った。戦国の武将で賢い為政者でもあった家康は、まもなく天下を手中にし、征夷大将軍として江戸に徳川幕府を開いた。江戸は、巨大都市に成長していった。海を干拓し、堤防を築き、運河を掘った。江戸時代の初期に訪れた外国人は、「東洋のヴェニス」と評した。都を見おろす江戸城は、二重の濠と水路がはりめぐらされていた。立派な花崗岩でかためた濠の周辺には、260の諸大名が広い武家屋敷を構えていた。一方、庶民は東側の大川（隅田川）ぞいに集中する平長屋に住んでいた。「花のお江戸」は、何年かごとにきまって地震と大火事に襲われ、木造建物のため壊滅

この百年で、いまや東京は、「昔とは対照的な都市」あるいは「今も昔もつづく日本の首都」として有名になった。前世紀の半ばに開国して以来、日本は、東洋と西洋、現在と過去を同時に組み合わせる技術と様式をますますみがいている。

（ドナルド・リーキー、1987年）

的な被害をこうむった。しかし、そのたびに再建をくりかえし、さらに規模が大きくなっていった。そこでは「浮き世」のはかなさを知りつつ、現世を明朗活発に生きる町人たちの文化が栄えた。

1868年、徳川将軍の江戸幕府は滅びた。天皇が京都から移り、江戸は「東京」と改称し、江戸城一帯は天皇の宮城（現在は皇居とよぶ）に変更された。鉄道、電灯、西洋風の石造りやレンガ造りの建造物とともに、「文明開化」の時代がはじまった。東京駅のレンガ造りの正面玄関は、当時のなごりを伝える数少ない建築である。

1923年の関東大震災によって、東京は壊滅的被害にあった。第二次世界大戦では、はげしい空爆によってまたも大惨害をこうむった。敗戦直後にアメリカ軍が到着したときの東京は、大半が灰燼の海であった。人々は都市の復興、建設に懸命に取り組んだ。戦災による焼失をまぬがれた建

下：1923年9月1日、関東大震災後の東京。日本橋本石町と神田付近。10万人以上が犠牲になったが、地震そのものよりも火災による焼死が多く、街の大半は灰燼に帰した。

レズリー・ダウナー

物はいくらか残ったが、東京は戦前の風景と大きく変わる。天皇は、みずからの神格を放棄する「人間宣言」をした。しかし、「国の象徴」として一般と隔離されて暮らす皇居は、いまも東京の中核に広大な緑の別天地をなしている。そこは通行禁止区域で、地下鉄を貫通させることも上空を飛行機が飛ぶことも許されない。

江戸の町は、迷路のように道や堀がはりめぐらされ、もし外敵が来たとしても真ん中の江戸城までたどり着けないように造られていた。戦災で焼け野原になった東京は、たとえば京都の碁盤目状に区画整理する好機といえた。しかし、じっさいに再建された都市の道路配置は、かつての迷路のようなところも多い。

庶民が昔から住んでいた都市東端部の浅草付近も建て直された。観音菩薩を本尊とする都内随一の仏教寺院で、人々があつい信仰をよせてきた浅草寺は、再び多数の参拝客でにぎわうようになった。ただし、古い伝統文化は残しているものの、浅草に戦前の活力が戻ったわけではない。かつては庶民の生き生きとした暮らしがあったが、いまはノスタルジーをかりたてる場所となった。都市の焦点は移り、回復するにつれて、東京は西へ広がった。

1964年の東京オリンピックは、日本にとって戦後のめざましい発展を国内外に示す機会となった。東京—大阪間を結ぶ世界最速の新幹線が開通。複数レーンの幹線道路も出現し、高架のコンクリート桁の建設や、かつての水路（堀）を暗渠にする工事がおこなわれた。代々木付近の広い道幅の両側にそって樹木が茂る並木大路は、「東京のシャンゼリゼ通り」とよばれ、そこに、丹下健三の設計によるオリンピックスタジアムが建設され、光を反射した曲線と空へ突きさすような触先からなる壮大な「吊り屋根」構造のシルエットがそびえ立った。

オリンピックが大転機であった。1970年代の日本は、空前のスピードで繁栄した。日本は「経済の奇跡」とよばれ、東京がその中核をになった。東京の副都心として開発された新宿の西側に高層ビルがつぎつぎに出現した。新宿は活力にあふれ、しかも新旧の日本が背中合わせになった典型的な都市に成長した。世界でも最大規模を誇る鉄道の駅から西新宿方面の出口を抜けると、広く閑散とした通りに、身震いしそうな超高層ビルが林立する。反対に駅の東出口を利用した旅行客は、人々でごった返す街通りを歩くことになる。戦後の古い建物がひしめく歓楽街にネオンの灯が列をなしてゆらめくさまは、まるで戦国武将の色とりどりの印旗のようであった。1968年のこの界隈は、学生運動の活動家や前衛芸術家といった反体制派の集まる創造の場でもあり、新しい日本の文化をけん引する人々を何人も輩出した。ファッションデザイナーの三宅一生、画家の

右：浅草寺。大慈悲の神とされる観音菩薩像に賽銭を供え、願いごとをする人々でにぎわう。頭上には、広重の版画にも描かれた有名な大提灯が吊るされている。

282　近代都市の時代

左ページ：西新宿の超高層ビル群と都内の建物の背景をなす富士山。写真の右端に丹下健三設計による東京都庁舎がそびえている。左端のパークハイアット・ホテルは、ソフィア・コッポラ監督の映画『ロスト・イン・トランスレーション』（2003年）の大半のロケ地である。

右：東京の高級ファッションの中心をなす表参道のディオールビル。妹島和世と西沢立衛の共同設計によるビルは、外面はガラス、内面は透けるアクリル繊維という2つを合体した被膜で壁がおおわれている。

横尾忠則、ダンサーの土方巽、劇作家の寺山修司、作家の三島由紀夫といった著名人はみな、新宿のこの地区が賑わいはじめた頃からの常連であった。

1980年代の東京は、繁栄の絶頂期を迎えた。若く威勢のいいヨーロッパ人建築家たちが、楽しさあふれる都市づくりのためにやってきた。イギリス人建築デザイナーのナイジェル・コーツが設計した六本木の「メトロポール」レストランは、古代ギリシャの柱とヴィクトリア朝の優雅さ〔ドレープ〕を取りいれ、まさに旬の東京を象徴する派手な作品であった。バブル崩壊後、こうした建物の多くはいつのまにか消えてしまったが、フランス人のフィリップ・スタルクがデザインしたアサヒ・ブリュワリーズ（アサヒビール株式会社）のモニュメントは、現在も当時の姿をとどめている。この黒いピカピカの四角体に金色の炎の彫刻をのせた「炎のオブジェ」が建設された場所は東京の東端にあたり、隅田川をはさんだ向かいには浅草寺が位置する。

バブル期には、コーヒー1杯250ドルの店や、金箔入りの寿司屋、金粉マッサージで客の歓心をひく店まで出現した。村上春樹などの小説家や、武道家のパフォーマンスアートなどが世界じゅうに広まった。ウサギ小屋と揶揄された狭い住居から都心へ何時間もかけて通勤する人たちが、高価なブランド物を購入することを幸せに感じ、ティファニーの金のオープンハートを恋人に贈るのが若者の間で流行した。

1987年の『フォーブス』誌は、世界各地に最高価額の不動産を所有している世界一の大富豪として、堤義明の名前をあげている。昭和天皇が崩御した1989年には、丹下健三の基本デザインによるカセドラルのような新しい東京都庁舎が落成した。新宿にそびえ立つこの超高層ビルは、10年間国内一の高さを保った。

1990年代に景気は急落し、バブル経済は破たんした。しかし2000年の東京は、すでに丸の内の再構築事業に着手していた。「要塞の内側」を意味する「丸の内」は、江戸時代には豪壮な大名屋敷が立ちならぶ2つの濠（内堀と外堀）に挟まれた区域であった。高度成長期の日本の中枢をになった丸の内のオフィスビル街は、サスティナブル・ディベロップメント（経済・社会・環境の官民協力による持続的発展）をうたい、事業の第1ステージ（10年間）で多数のビルが再建され、今は第2ステージの最中である。突如、巨大な超高層ホテルも出現した。「マンダリンオリエンタル」は2005年に、金色に輝く「ペニンシュラ東京」は2007年に竣工した。1964年の東京オリンピックゆかりの表参道シャンゼリゼ、妹島和世と西沢立衛設計のまるで絹織物のように白く輝く、「ディオールビル」（2003年）や、伊東豊雄が並木の枝が交錯するさまを外壁のデザインに取りこんだ「トッズ表参道ビル」（2004年）などが創りだされた。

そして六本木には、2007年「東京ミッドタウン」が開業した。広大なスペースに、ホテル、130に及ぶ商業店舗、オフィス、住居、病院、公園などが集まり、「新サントリー美術館」をはじめ、さまざまな文化施設を有する複合ゾーンである。鳥が空を舞うような建物の「21_21デザインサイト」は、三宅一生や安藤忠雄が、前衛的なデザインの啓蒙、養成のために創立した。ミッドタウンの高層ビルには、東京一の高さを誇る54階建てのオフィスビルもあり、高層階は、デラックスなホテル、ザ・リッツカールトン東京がテナントとして入っている。

東京の摩天楼は、建築理論上はじゅうぶん耐震性をそなえている。しかし、東京で暮らす人々は、地震がいつか直撃するだろうという思いがあり、誰もが一抹の不安をかかえている。東京湾の埋立地に建設された住宅も多く、大地震がおきればもろい地盤は液状化するかもしれない。

東京は、超現実的な夢をかなえる建築家の天国とよばれてきた。ネオンの光が眩しさを増し、新しい建築物はキラ星のごとく、ますます空の高みへ挑んでいる。しかしその一方で、浅草寺では香が焚かれ、煙と匂いのたちこめる境内は昔と同じようにたくさんの参詣客で賑わっている。東京は、過去と現在に抱かれつつ未来にふさわしい姿に更新をつづけている。

東京　285

上 海
Shanghai

中国のスーパー・シティ

ジョン・ギッティング

◆ ピースホテル（旧：サッスーン館、キャセイホテル、現：上海和平飯店）の屋上のテラスからは、東の黄浦江を渡った向こうの超高層ビルのシルエットがよくみえる。また西は、人民広場に通じる南京東路の混雑ぶりが見おろせる。人民広場は、かつてイギリスを中心とした共同租界の競馬場であった。河岸沿いの有名な「外灘（バンド）」は、北の黄浦公園から南へ1.1kmつづく中山東一路のエリアで、ピースホテルはその中心に位置する。半植民地時代には、こうした区域に子守や使用人以外の中国人が入ることは許されなかった。旧香港上海銀行本部などが並ぶ外灘の南は、中国古来の旧市街地区（旧上海県）で、いまも寺院や池畔や庭園を囲んで家屋が密集している。

上海は、現代中国で急速にいちじるしい経済発展をとげた都市の1つである。しかし、過去がまったく消滅したわけではなく、歴史に浸りながら街を歩くこともできる。上海の外貌はたえず変化し、その裏には、さまざまな歴史の記憶と驚くべき話、恐ろしい事がらが何層も積もっている。

華山路を下って旧フランス租界に入る途中にある、クスノキの鬱蒼とした高木と釉陶の龍を這わせた塀に囲まれた広大な「丁香花園（ライラックガーデン）」は、1880年代に、海外の列強との交渉を果敢に取りしきった清朝の李鴻章が、若い愛妾のために建てた別荘である。文化大革命（1966〜76年）のさい、江青夫人率いる4人組の1人、姚文元はここに政治本部を置いた。1966年に上海歌劇の美しいオペラ歌手、言慧珠が紅衛兵たちに追い詰められて自殺した自宅は、通りを隔てた旧フランス租界の瀟洒な一角にある。現在、丁香花園の広い敷地には、退役した中国共産党幹部のための高齢者施設が建ち、また上海・広東料理の高級レストラン〔申粤軒〕へ多くの客が訪れる。

イギリスの定番の旅行案内書には、1930年代に「東洋のパリ」と称賛された上海は、そのほんの前まで「干潟の漁村」にすぎなかったと記されている。だが、この過去を見下したような説明は正確ではない。13世紀末（南宋時代）の上海は、下流の「長江デルタ」の南に築いた町とともに、黄浦江の河川交通を支配する商業港で、上海商人は、後背地で栽培される綿花の紡績品の仲介交易で富をなした。

2000年前にさかのぼる上海の元来の名称は「滬」で、今日でもこの書体が使用されることがある。1280年に「海の上」にちなむ上海の名称を与えられたのは、東シナ海に

少年は、夕方の上海の中心街をドライブに連れだしてもらうのを、いつも楽しみにしていた。この電光と夕焼けで赤く彩られた都市は、世界じゅうのどこよりも刺激的であった。（J・G・バラード、1984年、『太陽の帝国』より）

面する長江の河口にもっとも近いからである。そのため「龍（長江）の口」とよばれることもあった。

1842年、第一次アヘン戦争でイギリス軍が上海を占領したとき、軍は上海の公共の建物を焼き打ちにかけ、穀物が大量に保管されていた倉庫を人々に開放した。そして南京条約締結後、上海とほかに4つの町に中国の「開港場」を創設し、外国人が居住して商業活動をおこない、何年も特別な領有権を行使できる租界地を設けた。19世紀末、列強の植民者たちは租界を運営評議会の取り決めに従って管理し、共同租界とフランス租界の計30㎢以上を統治し、そして、租界領域外に伸びるのべ80kmの道路も支配していた。

20世紀前半、清朝の中国は、辛亥革命、日本軍の侵略、内乱と、何十年もつづく戦乱にさらされ、上海は租界における国際的な商業の繁栄の中心地であると同時に、深刻な政治闘争の拠点となった。中国共産党は、第1回全国代表大会を1921年に上海で開き、1925年5月30日、イギリス主導の租界警察〔7割は中国人〕は、労働ストライキを支持する学生に発砲し、多くの死傷者をだした。この5・30事件は、中国全土に広がる抵抗運動のきっかけとなった。2年後、国民党主導の北伐によって、北京政府（中華民国）における軍閥勢力は解体された。国民党右派の蒋介石は上海を占領し、地元の非合法組織（洪門、青幇）を味方につけて、共産主義者たちの大虐殺をおこなった。このいわゆる「上海クーデター」で国共合作は完全に決裂し、蒋介石は南京国民政府の最高権力者となった（このあたりの状況はアンドレ・マルローも『人間の条件』に描いている）。

同時期に上海にいたアーサー・ランサムは、「上海に根を下ろしたイギリス人たち」を憤慨させる記事を書いた。「イギリス人は、壮大な西洋建築を自慢げに見つめ」、「せっかく立派なものを建ててあげたのに、中国人が自分たちに感謝しないのにはあきれる」と言うが、「建築にかかった金は、もともと中国から奪いとったものだということを忘れている」と、その傲慢さを非難したのである。上海の労働者や、他地域から流れてきた難民は、低賃金の搾取工場で長時間酷使されていた。『マンチェスター・ガーディアン』のハロルド・ティンパリーは、年季奉公の子どもたちが、「工場で1日10〜12時間働き、眼病や手足の病気に冒されている」という記事を書いた。

戦争中の上海の有名な2枚の写真のうち1枚は、1937

上：1930年代の外灘の風景。西洋建築のビルは、香港・上海銀行、税関、キャセイホテルなど、すべてが今日も健在である。

右：1937年8月。日本軍の侵攻が間近に迫ったために、中国人避難民は大群をなして国際租界地へ逃げこんだ。

年8月に撮った匿名作品で、日本軍の侵攻から逃げるために、大群衆が黄浦江の鉄橋に殺到している光景である。もう1枚は、1948年4月、蒋介石の国民党支配が崩壊したとき、銀行の外ですさまじい列をなす人々の混乱ぶりを、写真家のアンリ・カルティエ＝ブレッソンがとらえた。

上海は、勝利した共産党によって「解放」され、毛沢東の妻の江青女史と、孫文（1925年死去）の未亡人（宋慶齢）が、「上海の新しい時代がはじまった」と宣言した。だが北京政府は別の地域の発達に力をそそぎ、その後何十年も上海の経済は衰退した。

文化大革命の間、上海は文革の過激派たちの温床となった。そして、1976年に毛沢東が亡くなり、四人組が失脚した後、何年間も上海は、中国の「経済特別区」に指定された南部の他都市が経済再建に湧くのを見つめるだけであった。上海がようやく有利な状況を取り戻したのは、1984年に「経済技術開発区」に指定され、1989年、北京の学生を弾圧した「天安門事件」以降である。その間、上海の江沢民市長は、彼の庇護者であった鄧小平政権のもとで中国共産党総書記となり、のちに中国の首相になった。

ジョン・ギッティング

上海は現在、中国の超モダンな巨大都市として、威勢よく、全力で戦前の評判を再び手にしている。海外の投資家が最初に注目する場所で、海外の中国系人は不動産を購入し、香港と競りあっている。上海は中国のどの都市よりもコーヒー店の数が多く、高層建築（3000以上のビルがある）やスーパーマーケット、デパートも多い。新しい住宅開発がすすみ、しばしば地元の反対をうけながら、伝統的な上海の路地（リーロン）の多くが失われた。上海郊外に二次的な都市がつぎつぎに生まれた。長江河口の崇明島と上海は、2009年に長江大橋とトンネルで結ばれ、崇明は、ラムサール条約に制定された広大な島の自然とともに、新しいエコ都市として脚光をあびている。

2008年には上海の都市人口はすでに1800万を超えており、ここ15年で倍増した。そのうち少なくとも300万の移民は、この都市の経済ブームにのって、主に肉体労働に従事している。上海の伝統的な鉄鋼業や造船業よりも、エレクトロニクスや金融産業のほうがさかんである。古い造船所のいくつかは、2010年の上海万博の河岸用地として破壊された。

黄浦江と外海にはさまれた浦東新区は、大幅な自治権を与えられ、中国でもっとも急速な都市化がすすんだ上海市轄区域の１つである。浦東の新しい産業は、過去12年間、上海の総生産高の２倍となった。世界で３番目の高さを誇る金芝タワービル（1998年竣工。グランドハイアット上海ホ

上：1948年12月の上海。蔣介石支配が危うくなり、毛沢東の「解放軍」が侵攻する前の混乱と不安の毎日がつづき、人々は銀行の取り付けに殺到した。アンリ・カルティエ＝ブレッソン（1908〜2004）撮影。

右ページ：現在の南京通り。100年以上も上海最大の繁華街であり、今では毎週何千人もの中国人観光客が訪れる。遠くに見えるのは、黄浦江の対岸の浦東新区に1995年に竣工されたオリエンタルパールタワーである。

テルが53階から87階を占める）を中心とした超高層ビル群が建設されると、海外のトップ企業500の90％が出向した。1999年に開港した上海浦東国際空港は、世界最速のマグレブ（磁気浮上式［リニア］鉄道）によって市街地と直結している。

中国のもっとも著名な作家である魯迅（1881〜1936）は、1933年に「もし上海で暮らすなら」「みすぼらしくなく、パリッとした身なりでいたほうが優遇される」と記している。上海はいま再び、ショッピングやファッションにおいてパリの向こうを張っている。ただし、強化ガラスと鉄鋼の超高層建築から離れた人目につかない場所では、この繁栄する都市の土木・建設を下支えしてきた移民労働者たちが、仮小屋のバラックでひしめきあって暮らす現実もある。

執筆者一覧

ジョン・ジュリアス・ノーウィッチ (John Julius Norwich)
1970年より幅広いテーマを扱った小冊子 *A Christmas Cracker* の編集を始め、2008年に自伝 *Trying to Please* を出版。*Sicily : A Short History, from the Greeks to Cosa Nostra*、*A History of Venice*、*Byzantium*、*The Popes : A History*、*The Middle Sea : A History of the Mediterranean* など歴史書を多数出版。数々の歴史ドキュメンタリー番組も製作した。Colnaghi（ロンドンの老舗画廊）前責任者、ヴェニス救済基金 (Venice in Peril Fund) 名誉会長および英国ワールドモニュメント財団 (World Monuments Fund Britain：WMFB) 名誉理事。[編者として序章、各章概説のほか、コンスタンティノポリス、パレルモ、ヴェネツィアを担当]

コリン・アメリー (Colin Amery)
英国ワールドモニュメント財団 (WMFB) 設立者。現在は歴史的建造物に関する執筆や助言をおこなう。*St George's Bloomsbury* (2008) の主要執筆者で、この本は WMFB によるニコラス・ホークスムアの教会修復のために出版された。ブライアン・カランとの共著 *Saint Petersburg* (2006) など著書多数。[プラハ、コペンハーゲン、サンクトペテルブルクを担当]

ブライアン・S・バウアー (Brian S. Bauer)
イリノイ大学シカゴ校人類学教授。アンデス山地の先史時代の著書・論文多数。特にクスコとインカ帝国の研究で知られる。*Ancient Cuzco: Heartland of the Inca* (2004) など著書多数。[クスコを担当]

ドリス・ベーレンス＝アブーセイフ (Doris Behrens-Abouseif)
カイロ・アメリカン大学、ハンブルク大学、フライブルク大学で学位を取得。2000年にロンドン大学東洋アフリカ研究学院 Nasser D. Khalili Chair of Islamic Art and Archaeology に所属、カイロ・アメリカン大学、フライブルク大学とミュンヘン大学でイスラーム美術を教えた。ハーバード大学、ドイツのベルリン大学とバンベルク大学、ベルギーのルーヴェン大学の客員教授。カイロ・アメリカン大学特別招聘教授。*Egypt's Adjustment to Ottoman Rule* (1994)、*Beauty in Arabic Culture* (1999)、*Cairo of the Mamluks. A History of Architecture and its Culture* (2007) などイスラーム美術や文化、歴史に関する著書多数。[メッカ、バグダード、コルドバ、カイロを担当]

スティーブン・P・ブレイク (Stephen P. Blake)
ミネソタ大学近代初期歴史センター上席研究員。インドのムガール帝国やイランのサファヴィー帝国に関する多くの論文がある。著書に *Shahjahanabad: The Sovereign City in Mughal India, 1639-1739* (1991)、*Half the World: The Social Architecture of Safavid Isfahan, 1590-1722* (1999) など。[イスファハンを担当]

アレクサンダー・ブルーム (Alexander Bloom)
ウィートンカレッジ（マサチューセッツ）の歴史学、アメリカ学教授。著書に *Prodigal Sons: The New York Intellectuals and Their World* (1986)、'The Social and Intellectual Life of the City' (*New York: Culture Capital of the World, 1940-1965*, 1988)、"*Takin' It to the Streets*": *A Sixties Reader* (1995)、"*Long Time Gone*": *Sixties America Then and Now* (2001) などがあり、現在 *The End of the Tunnel: The Vietnam Experience and the Shape of American Life* を執筆中。[ニューヨークを担当]

トレヴァー・ブライス (Trevor Bryce)
オーストラリア人文科学アカデミー研究員、クイーンズランド大学名誉教授。古代の中近東（特にトルコ）の歴史と文明が専門。*The Kingdom of the Hittites* (2005)、*The Trojans and their Neighbours* (2006) など著書多数。[ハットゥシャを担当]

マイケル・D・コー (Michael D. Coe)
イェール大学人類学部名誉教授。*Angkor and the Khmer Civilization* (2004) や、メソアメリカの考古学・文字解読に関する多くの著書のほか、自伝 *Final Report* (2006) も出版。[アンコールを担当]

ロビン・カニンガム (Robin Coningham)
ダラム大学考古学教授で副学長代理。南アジアおよびイランでフィールドワークをおこない、スリランカのアヌラーダプラ、パキスタンのチャラサダ、イランのテペ・パルディスの遺跡を調査。現在は、アヌラーダプラ後背地の5年ごとの調査、中央イラン高原の調査・発掘を共同でおこなっている。[モヘンジョ＝ダロを担当]

ジェームズ・クノー (James Cuno)
ロンドン大学コートールド美術研究所所長・教授、ハーバード大学美術館館長・教授を経て、現在はシカゴ美術館（アート・インスティチュート・オブ・シカゴ）館長・教授。[シカゴを担当]

パトリック・ダーリング (Patrick Darling)
ボーンマス大学保存科学部上級研究員。ベニンのアースワーク（土塁）を広範囲にわたって調査し、研究結果を発表。African Legacy（各国の大学等にアフリカの遺産の現状を報告する組織）のメンバー。[ベニンを担当]

レズリー・ダウナー (Lesley Downer)
日本の文化・歴史を専門とするジャーナリスト、ブロードキャスター。著書に *On the Narrow Road to the Deep North* (1989)、*The Brothers* (1994)、*Geisha: The Secret History of a Vanishing World* (2000)、*Madame Sadayakko: The Geisha who Seduced the West* (2003)、*The Last Concubine* (2008) など多数。[京都、東京を担当]

マルガリータ・ファン・エス (Margarete van Ess)
ドイツ考古学研究所オリエント部科学研究員で、バグダード支部でウルクの科学研究責任者。主な研究対象は古代メソポタミアの都市化の歴史と文化。近年における文化遺産保護委員会に所属し、多数の論文、著書がある。[ウルクを担当]

スーザン・トビィ・エヴァンス (Susan Toby Evans)
ペンシルベニア州立大学人類学教授。古代メキシコ（特にアステカ人）の文化を研究。*Ancient Mexico: Archaeology and Culture History* (2nd ed., 2008) はアメリカ考古学協会の賞を受賞。ジョアン・ピルズベリーとの共編著 *Palaces of the Ancient New World* (2004) など多くの著書がある。[テオティワカン、テノチティトランを担当]

エリザベス・ファレリー (Elizabeth Farrelly)
シドニーを拠点に置くコラムニスト・著述家。建築学と哲学を学び、ロンドンとブリストルで活動。現在シドニー大学准教授。*Three Houses*、*Pritzker prizewinner Glenn Murcutt* (1993)、*Blubberland: The Dangers of Happiness* (2007) など著書、論文多数。[シドニーを担当]

フェリペ・フェルナンデス・アルメスト (Felipe Fernandez-Armesto)
ロンドン大学クイーン・メアリー（2000年）とタフツ大学（2005-09年）教授を経てオックスフォード大学研究員、ノートルダム大学教授。*The Americas: The History of a Hemisphere* (2003)、*So You Think You're Human: A Brief History of Humankind* (2004)、*Pathfinders: A Global History of Exploration* (2006)、*The World: A History* (2nd ed. 2009) など著書多数。[メキシコシティ、バルセロナ、ブエノスアイレスを担当]

オーランドー・ファイジズ (Orlando Figes)
ケンブリッジ大学トリニティ・カレッジで歴史学講師（1984-99年）を経てロンドン大学バークベック・カレッジ歴史学教授。*A People's Tragedy: The Russian Revolution, 1891-1924* (1996)、*Natasha's Dance: A Cultural History of Russia* (2002)、*The Whisperers: Private Life in Stalin's Russia* (2007) などロシアの歴史に関する多くの著書があり、15か国語に翻訳されている。[モスクワを担当]

チャールズ・フィッツロイ (Charles FitzRoy)
西ヨーロッパで美術ツアーをおこなう美術史家。専門はイタリア。フィレンツェ、ローマ、ストックホルムで多くのツアー・ガイドをする。*Italy: A Grand Tour for the Modern Traveller* (1991)、*Italy Revealed* (1994)、*Return of the King: the Restoration of Charles II* (2007) など多くの著書がある。[フィレンツェ、ローマ、ストックホルムを担当]

ジョン・ギッティング (John Gittings)
1971年に初めて上海を訪れ、のちにガーディアン紙で中国専門記者となり東アジアを担当する。2001年、中国に上海支局を開く。著書に *The Changing Face of China: From Mao to Market* (2005) など。ウェブサイトは www.johngittings.com. [上海を担当]

ミーシャ・グレニー (Misha Glenny)
元 BBC 特派員。*The Balkans, 1804-1999: Nationalism, War and the Great Powers* (1999)、*The Fall of Yugoslavia* (3rd ed. 1996)、*McMafia: A Journey through the Global Criminal Underworld* (2008) などヨーロッパ東部および南東部に関する著書多数。[ウィーン、ブダペストを担当]

マーティン・グッドマン (Martin Goodman)
オックスフォード大学ユダヤ学教授。オックスフォード・ヘブライ・ユダヤ学センター特別研究員。*Rome and Jerusalem: The Clash of Ancient Civilizations* (2007) など著書多数。[エルサレムを担当]

ジェイソン・グッドウィン (Jason Goodwin)
著書に *Lords of the Horizons: A History of the Ottoman Empire* (1998)、*The Janissary Tree*、19世紀イスタンブールを舞台にした歴史ミステリーシリーズ *The Bellini Card* (2008) などがある。[イスタンブールを担当]

ベタニー・ヒューズ (Bettany Hughes)
ロンドン大学キングス・カレッジの研究員として古代ローマ・ギリシャを研究。*Athens: The Truth About Democracy*、*The Spartans*、*Helen of Troy* and *When The Moors Ruled Europe* などのテレビシリーズのほか、10か国語に翻訳された *Helen of Troy: Goddess, Princess, Whore* (2005) などの著書がある。[アテネを担当]

ヘンリー・ハースト (Henry Hurst)
ケンブリッジ大学古典考古学講師。古代都市に特別な興味をもち、1974年から25年間カルタゴで都市の港湾地域を研究。古代ローマ時代から中世のグロスターやローマの発掘に携わり研究発表をした。[カルタゴを担当]

W・J・F・ジェンナー (W. J. F. Jenner)
ロンドン大学東洋アフリカ研究学院歴史学部教授格研究員。45年のあいだ中国の歴史と文化に関する執筆をする。*Memories of Loyang* (1981)、*The Tyranny of History: The Roots of China's Crisis* (1992) などの著書のほか、多くの翻訳書がある。[臨淄を担当]

エリザベス・ジョンソン（Elizabeth Johnson）
Brazil Research for Trusted Sources の責任者で多くの出版物にブラジルについて執筆。ジョン・ホプキンス大学の修士論文 'Ora et Labora: Labor Transitions on Benedictine and Carmelite Properties in Colonial São Paulo' ではブラジルの奴隷と強制労働を取り上げた。［サンパウロを担当］

クリス・ジョーンズ（Chris Jones）
カンタベリー大学（ニュージーランド）歴史学部上級講師。王立歴史学会会員。Eclipse of Empire? Perceptions of the Western Empire and its Rulers in Late-Medieval France（2007）などの著書がある。［中世のパリを担当］

ジョン・キーイ（John Keay）
The Honourable Company（1991）、Last Post: The End of Empire in the Far East（1997）、The Spice Route（2005）などアジアの歴史に関する多くの著書のほか、The Royal Geographical Society History of World Exploration（1991）や Mad About the Mekong: Exploration and Empire in South East Asia（2005）など探険の歴史に関する編著書もある。［シンガポールを担当］

エバ・コッホ（Ebba Koch）
ウィーン大学美術史教授。2001年より Taj Mahal Conservation Collaborative の建築顧問。King of the World: The Padshanama（1997）、Mughal Art and Imperial Ideology（2001）、Mughal Architecture（2002）、The Complete Taj Mahal（2006）など著書多数。［アグラを担当］

マグナス・リンクレイター（Magnus Linklater）
ジャーナリスト、ライター。スコッツマン紙の元記者で、現在はタイムズ紙のスコットランド担当記者。Massacre: The Story of Glencoe（1982）、Bonnie Dundee: John Graham of Claverhouse（1992）など、時事問題やスコットランドの歴史に関する著書がある。エディンバラ在住。［エディンバラを担当］

アラン・B・ロイド（Alan B. Lloyd）
スウォンジー大学古典学エジプト学科特任教授。英国エジプト学会会員。Journal of Egyptian Archaeology（1979-85）の編者で、エジプト学や古代エジプト古王国時代後期の著書多数。［アレクサンドリアを担当］

ローリー・マクリーン（Rory MacLean）
英国の旅行作家。著書に Stalin's Nose（1992）、Under the Dragon（1998）など。アーツ・カウンシル・ライターズ・アワード受賞。国際 IMPAC ダブリン文学賞ノミネート。［モントリオール、ベルリンを担当］

ビル・マンレイ（Bill Manley）
スコットランド国立博物館古代エジプト部門上級学芸員およびリヴァプール大学名誉研究員。エジプトとパレスチナで考古学調査をおこなう。著書に The Penguin Historical Atlas of Ancient Egypt（1996）、How to Read Egyptian Hieroglyphs（1998、マーク・コリアとの共著）、The Seventy Great Mysteries of Ancient Egypt（ed., 2003）、Life Everlasting: National Museum's Scotland Collection of Ancient Egyptian Coffins（2010、エイダン・ドドソンとの共著）などがある。［テーベを担当］

フィリップ・マンセル（Philip Mansel）
歴史家・伝記作家。Paris Between Empires（2001）、Dressed to Rule: Royal and Court Costume from Louis XIV to Elizabeth II（2005）など著書、論文、批評を多数執筆。Society for Court Studies 創設メンバーおよび王立歴史学会、歴史研究所、王立アジア協会会員。［近代のパリを担当］

サイモン・マーティン（Simon Martin）
ペンシルベニア大学考古学人類学博物館マヤ碑銘研究第一人者。原文と考古学的典拠の関わりを研究。著書に Chronicle of the Maya Kings and Queens（2nd ed., 2008、ニコライ・グルーベとの共著）など。［ティカルを担当］

ロバート・モアコット（Robert Morkot）
エクセター大学考古学講師。地中海および北東アフリカ、特にエジプト、ヌビア、スーダン、リビアを研究。著書に The Black Pharaohs: Egypt's Nubian Rulers（2000）、Historical Dictionary of Ancient Egyptian Warfare（2003）など多数。［メロエを担当］

ジャン・モリス（Jan Morris）
1926年、英国生まれ。ニューヨークに関する2冊の本を含む40冊以上の著書があり、テーマは歴史、紀行、伝記など幅広い。ウェールズ北西部沿岸在住。［ニューヨークを担当］

マリアン・ニューイット（Malyn Newitt）
エクセター大学副学長およびロンドン大学キングス・カレッジ歴史学教授。2005年退職。History of Mozambique（1995）、A History of Portuguese Overseas Expansion（2004）など著書多数。［リスボンを担当］

ジョーン・オーツ（Joan Oates）
イラクとシリアで50年以上活動した考古学者。現在はケンブリッジ大学マクドナルド考古学研究所上級研究員。The Rise of Civilization（1976）、Babylon（2005）、Nimrud, An Assyrian City Revealed（2001）など。メソポタミアの発掘調査および考古学と歴史に関する100以上の論文を発表。英国学士院会員。［バビロンを担当］

トマス・パケナム（Thomas Pakenham）
Meetings with Remarkable Trees（1997）、Remarkable Trees of the World（2002）、The Boer War（1979）、The Year of Liberty: The Story of the Great Irish Rebellion of 1798（rev. ed. 1997）、The Mountains of Rasselas（1998; 1st ed. 1959）、The Scramble for Africa（1991）など多くの著書がある。アイルランド樹木協会会長。アイルランド、ウェストミースに在住。観賞用と販売用に植樹をおこなっている。［ダブリンを担当］

ナイジェル・ポラード（Nigel Pollard）
デューク大学 Intercollegiate Center for Classical Studies in Rome の教授、スウォンジー大学人文科学部助教授。ローマの考古学者・歴史家。著書に Soldiers, Cities and Civilians in Roman Syria（2000）などがある。［ローマを担当］

ジュリアン・リード（Julian Reade）
オックスフォード大学特別研究員、大英博物館管理助手を経てコペンハーゲン大学近東研究所名誉教授。イラクとオマーンで発掘調査をおこない、古代中東の歴史・地理・イデオロギー・芸術・建築や考古学研究の進展など幅広く執筆。［ニネヴェを担当］

ジェーン・リドレイ（Jane Ridley）
バッキンガム大学歴史学教授。多数の論文、著書がある。建築家ラッチェンスの伝記 The Architect and his Wife: A Life of Edwin Lutyens は2003年にダフ・クーパー賞を受賞。［ニューデリーを担当］

バーナビー・ロジャーソン（Barnaby Rogerson）
若い頃から各地を旅行し、モロッコ、キプロス、イスタンブール、チュニジアのガイドブックのほか The Prophet Muhammad（2003）、The Heirs of the Prophet Muhammad（2006）、A Traveller's History of North Africa: From Carthage to Casablanca（new ed., 2008）、The Last Crusaders（2009）など多数の著書がある。妻ローズ・ベアリングと歴史・旅行書関連の出版社 Eland を経営（www.travelbooks.co.uk）。［ダマスカス、トンブクトゥを担当］

サイモン・シャーマ（Simon Schama）
コロンビア大学美術史・歴史学教授。The Embarrassment of Riches: An Interpretation of Dutch Culture in the Golden Age（1987）、Citizens, a Chronicle of the French Revolution（1989）、Landscape and Memory（1995）、Rough Crossings: Britain, the Slaves and the American Revolution（2005）、The American Future: A History（2008）など多くの著書がある。1996年、『ザ・ニューヨーカー』誌の芸術批評でナショナル・マガジン・アワード受賞。ベルニーニを取り上げたテレビ番組 The Power of Art で国際エミー賞受賞。BBC で30以上のテレビ番組の脚本・案内役を務め、The American Future: A History は2008年 Broadcast Press Guild award 最優秀ドキュメンタリー賞受賞。［アムステルダム、ワシントンDC を担当］

イアン・ショー（Ian Shaw）
英国エジプト学会会長。リヴァプール大学考古・古典・エジプト学部上級講師。古代エジプトの都市アマルナとメンフィスおよびファイユームのグラーブ遺跡の発掘調査をおこなう。The Oxford History of Ancient Egypt（2000）and Ancient Egypt: A Very Short Introduction（2004）などの著書がある。［メンフィスを担当］

ケヴィン・スター（Kevin Starr）
南カリフォルニア大学（ロサンゼルス）歴史学教授。7巻本の Americans and the California Dream はグッゲンハイム助成金を得て制作。ソサエティ・オブ・アメリカン・ヒストリアン会員、米国人文科学勲章受章。［ロサンゼルスを担当］

コリン・サブロン（Colin Thubron）
旅行作家・小説家で、主にロシア、中央アジア、中国を旅する。著書に Behind the Wall（1987）、In Siberia（1999）、Shadow of the Silk Road（2006）などがあり、数々の賞を獲得した。［サマルカンドを担当］

ウィリアム・L・アーバン（William L. Urban）
イリノイ州モンマスカレッジ国際関係学・歴史学教授。バルト海の研究、特に北方十字軍、チュートン騎士団の第一人者で多くの論文・著書がある。［リューベックを担当］

A・N・ウィルソン（A. N. Wilson）
ジャーナリスト、王立文学協会会員。スペクテイター紙およびイブニングスタンダード紙の元文芸部記者。著書に The Victorians（2002）、London: A Short History（new ed., 2005）、Our Times. The Age of Elizabeth II（2008）などがある。［ロンドンを担当］

フランシス・ウッド（Frances Wood）
大英博物館中国部学芸員。Did Marco Polo Go to China?（1995）、No Dogs and Not Many Chinese: Treaty Port Life in China 1843-1943（1998）、The Silk Road（2002）、The Forbidden City（2005）、The First Emperor of China（2007）など、中国に関する多くの著書がある。［北京を担当］

ヴィクター・C・シオン（Victor C. Xiong）
別名、熊存瑞。ウェスタン・ミシガン大学中国史教授。学術誌 Early Medieval China（1995）および Chinese Historians（1995-99）の編集に携わる。Sui-Tang Chang'an: A Study in the Urban History of Medieval China（2000）、Emperor Yang of the Sui Dynasty: His Life, Times, and Legacy（2006）、A Historical Dictionary of Medieval China（2009）など著書多数。［長安を担当］

アダム・ザモイスキ（Adam Zamoyski）
歴史家。Rites of Peace. The Fall of Napoleon and the Congress of Vienna（2007）、Warsaw 1920. Lenin's Failed Conquest of Europe（2008）、Poland. A History（2009）などの著書がある。［クラクフを担当］

参考文献

古代の世界

ウルク

George, A. R., *The Epic of Gilgamesh* (London, 1999)

Liverani, M. et al., *Uruk: The First City* (London, 2006)

Nissen, H. J., *The Early History of the Ancient Near East, 9000–2000 BC* (Chicago & London, 1988)

Nissen, H. J., P. Damerow & R. K. Englund, *Archaic Bookkeeping. Early Writing and Techniques of Economic Administration in the Ancient Near East* (Chicago & London, 1993)

Roaf, M., *Cultural Atlas of Mesopotamia and the Ancient Near East* (Oxford, 1996)

モヘンジョ = ダロ

Coningham, R. A. E., 'South Asia: From Early Villages to Buddhism', in C. J. Scarre (ed.), *The Human Past* (2nd ed., New York & London, 2009) 518–551

Jansen, M., *Mohenjo-Daro: Stadt der Brunnen und Kanäle: Wasserluxus vor 4500 Jahren* (Bergisch Gladbach, 1993)

Kenoyer, J. M., *Ancient Cities of the Indus Valley Civilization* (Oxford, 1998)

Marshall, J. H., *Mohenjo-Daro and the Indus Civilisation* (London, 1931)

Possehl, G. L., *The Indus Civilization: A Contemporary Perspective* (Walnut Creek, CA, 2002)

メンフィス

Anthes, R., *Mit Rahineh, 1956* (Philadelphia, PA, 1965)

Giddy, L., *Kom Rabi'a: The New Kingdom and Post-New Kingdom Objects* (London, 1999)

Jeffreys, D. G., *The Survey of Memphis*, I: *The Archaeological Report* (London, 1985)

Jeffreys, D. G., *The Survey of Memphis*, V: *Kom Rabia: The New Kingdom Settlement (levels II–V)* (London, 2006)

Petrie, W. M. F. & J. H. Walker, *Memphis I* (London, 1909)

Petrie, W. M. F. & J. H. Walker, *The Palace of Apries (Memphis II)* (London, 1909)

Porter, B. & R. L. B. Moss, *Topographical Bibliography of Ancient Egyptian Hieroglyphic Texts, Statues, Reliefs, and Paintings,* Vol. III, Part 2 (Oxford, 1978) 830–75

テーベ

Hornung, E., *The Valley of the Kings: Horizon of Eternity* (New York, 1990)

Lacovara, P., *The New Kingdom Royal City* (London & New York, 1997)

Nims, C. F. & W. Swaan, *Thebes of the Pharaohs: Pattern for Every City* (London, 1965)

Reeves, N. & R. H. Wilkinson, *The Complete Valley of the Kings: Tombs and Treasures of Egypt's Greatest Pharaoh*s (London & New York, 1996)

Rhind, A. H., *Thebes: Its Tombs and their Tenants* (London, 1862)

Romer, J., *Valley of the Kings* (London, 1981)

Strudwick, H. & N., *Thebes in Egypt: A Guide to the Tombs and Temples of Ancient Luxor* (London & Ithaca, NY, 1999)

Weeks, K., *Atlas of the Valley of the Kings: The Theban Mapping Project* (Cairo, 2000)

Wente, E. F., *Late Ramesside Letters* (Chicago, 1967)

Wilkinson, R. H., *The Complete Temples of Ancient Egypt* (London & New York, 2000)

ハットゥシャ

Bryce, T. R., *Life and Society in the Hittite World* (Oxford & New York, 2002) 230–56

Bryce, T. R., *The Trojans and their Neighbours* (London & New York, 2006)

Latacz, J., *Troy and Homer* (Oxford & New York, 2004)

Neve, P., *Hattuša Stadt der Götter und Tempel* (Mainz, 1993)

Seeher, J., *Hattusha Guide: A Day in the Hittite Capital* (Istanbul, 2002)

バビロン

Bergamini, G., 'Levels of Babylon reconsidered', *Mesopotamia* 12 (1977) 111–52

Finkel, I. L. & M. J. Seymour, Babylon (London, 2008)

George, A. R., 'Babylon revisited: archaeology and philology in harness', *Antiquity* 67 (1993) 734–46

Koldewey, R., *Das Wieder Erstehende Babylon* (Leipzig, 1913)

Oates, J., *Babylon* (rev. ed, London & New York, 2008)

Unger, E., *Babylon: Die Heilige Stadt* (Berlin, 1931)

ニネヴェ

Layard, A. H., *Nineveh and Its Remains* (Eastbourne, 2007)

Parrot, A., *Nineveh and the Old Testament* (New York, 1955)

Reade, J., *Assyrian Sculpture* (2nd ed., London, 1996)

Russell, J. M., *The Final Sack at Nineveh: The Discovery, Documentation, and Destruction of King Sennacherib's Throne Room* (New Haven, 1998)

カルタゴ

Brown, S., *Late Carthaginian Child Sacrifice and Sacrificial Monuments in their Mediterranean Context* (Sheffield, 1991)

Harden, D., *The Phoenicians* (Harmondsworth, 1980)

Lancel, S., *Carthage: A History* (Oxford, 1995)

Rakob, F., 'The making of Augustan Carthage', in E. Fentress (ed.), *Romanization and the City* (Portsmouth, 2000) 73–82

Raven, S., *Rome in Africa* (London, 1993)

Rives, J., *Religion and Authority in Roman Carthage from Augustus to Constantine* (Oxford, 1995)

アテネ

Boardman, J., *The Parthenon and its Sculptures* (London, 1985)

Camp, J. M., *The Athenian Agora. Excavations in the Heart of the Athenian Agora* (London & New York, 1986)

Camp, J. M., *The Archaeology of Athens* (New Haven & London, 2001)

Harris, D., *The Treasures of the Parthenon and the Erechtheion* (Oxford, 1995)

Roberts, J. W., *City of Sokrates: An Introduction to Classical Athens* (London, 1998)

Waterfield, R., *Athens, A History – From Ancient Ideal to Modern City* (London, 2004)

臨淄

Qiyun Zhang & Dongfang Li, *China's Cultural Achievements During the Warring States Period* (Taiwan, 1983)

Sun Tzu, *The Art of War*, translated by J. Minford (London & New York, 2002)

Wu Hung, 'Rethinking Warring States cities: an historical and methodological proposal', *Journal of East Asian Archaeology* 3.1–2 (2001) 237–57

Yu Weichao (ed.), *A Journey into China's Antiquity*, vol. 2, *Warring States Period – Northern and Southern Dynasties* (Beijing, 1997)

アレクサンドリア

Bernand, A., *Alexandrie la grande* (Paris, 1998)

Fraser, P. M., *Ptolemaic Alexandria*, 3 vols (Oxford, 1972)

Goddio, F. & A. Bernand, *Sunken Egypt: Alexandria* (London, 2004)

Walker, S. & P. Higgs, *Cleopatra of Egypt from History to Myth* (London, 2001)

メロエ

Lehner, M., *The Complete Pyramids* (London & New York, 1997) 197–99

O'Connor, D., *Ancient Nubia: Egypt's Rival in Africa* (Pennsylvania, 1993)

Welsby, D. A., *Kingdom of Kush: The Napatan and Meroitic Empires* (London, 1996)

エルサレム

Avigad, N., *Discovering Jerusalem* (Oxford, 1984)

Goodman, M., *Rome and Jerusalem: The Clash of Ancient Civilizations* (London, 2007)

Jeremias, J., *Jerusalem in the Time of Jesus* (London, 1969)

ローマ

Aicher, P. J., *Rome Alive. A Source-Guide to the Ancient City*, vol. 1 (Wauconda, IL, 2004)

Claridge, A., *Rome* (Oxford Archaeological Guides, Oxford, 1998)

Coulston, J. C. & H. Dodge (eds), *Ancient Rome: The Archaeology of the Eternal City* (Oxford, 2000)

Res Gestae Divi Augusti: The Achievements of the Divine Augustus, P. A. Brunt & J. M. Moore (eds) (Oxford, 1967)

Scarre, C., *Chronicle of the Roman Emperors* (London & New York, 1995)

Wallace-Hadrill, A., *Augustan Rome* (Bristol, 1998)

Zanker, P., *The Power of Images in the Age of Augustus* (Ann Arbor, 1990)

紀元後の最初の1000年間

テオティワカン

Berrin, K. & E. Pasztory (eds), *Teotihuacan: Art from the City of the Gods* (New York, 1993)

Headrick, A., *The Teotihuacan Trinity* (Austin, 2007)

Millon, R. (ed.), *Urbanization at Teotihuacan, Mexico* (Austin, TX, 1973)

Pasztory, E., *Teotihuacan: An Experiment in Living* (Norman, OK, 1997)

Sahagún, F. B. de, *The Origin of the Gods*, Book 3 of the Florentine Codex, trans. A. J. O. Anderson & C. E. Dibble (Santa Fe, 1978)

Sempowski, M. L. & W. S. Michael, *Mortuary Practices and Skeletal Remains at Teotihuacan*, with an addendum by R. Storey (Salt Lake City, 1994)

Storey, R., *Life and Death in the Ancient City of Teotihuacan: A Paleodemographic Synthesis* (Tuscaloosa, AL, 1992)

Sugiyama, S., *Human Sacrifice, Militarism, and Rulership: Materialization of State Ideology at the Feathered Serpent Pyramid, Teotihuacan* (Cambridge, 2005)

ティカル

Avendaño y Loyola, F. A., *Relation of Two Trips to Peten,* trans. by C. P. Bowditch & G. Rivera (Culver City, 1987)

Harrison, P. D., *The Lords of Tikal: Rulers of an Ancient Maya City* (London & New York, 1999)

Martin, S., 'In Line of the Founder: A View of Dynastic Politics at Tikal', in A. J. Sabloff (ed.), *Tikal: Dynasties, Foreigners, and Affairs of State* (Santa Fe & Oxford, 2003) 3–45

Martin, S. & Grube, N., *Chronicle of the Maya Kings and Queens: Deciphering the Dynasties of the Ancient Maya* (2nd ed., London & New York, 2008)

Sabloff, J. A. (ed.), *Tikal: Dynasties, Foreigners, and Affairs of State* (Santa Fe & Oxford, 2003)

Webster, D. et al., 'The Great Tikal Earthwork Revisited', *Journal of Field Archaeology* 32

(2007) 41–64

コンスタンティノポリス

Aimov, I., *Constantinople: The Forgotten Empire* (Boston, 1970)

Cormack, R. & M. Vassilaki, *Byzantium* (London, 2008)

Harris, J., *Constantinople: Capitol of Byzantium* (London, 2007)

Nicolle, D., et al., *The Fall of Constantinople: The Ottoman Conquest of Byzantium* (Oxford, 2007)

Norwich, J. J., *Byzantium: The Early Centuries* (London & New York, 1988)

Norwich, J. J., *Byzantium: The Apogee* (London & New York, 1991)

Norwich, J. J., *Byzantium: Decline and Fall* (London & New York, 1995)

メッカ

Creswell, K. A. C., *Early Muslim Architecture* (rev. ed., Oxford, 1969)

Ibn Jubayr, *The Travels of Ibn Jubayr*, translated by R. J. C. Broadhurst (London, 1952)

Watt, M. W. & R. B. Winder, R. B., 'Makka' in *Encyclopaedia of Islam*, 2nd ed., vol. VI (Leiden, 1991) 144b–150b

ダマスカス

Burns, R., *Syria. An Historical Guide* (London & New York, 1999)

Burns, R., *Damascus: A History* (London & New York, 2005)

Degeorge, G., *Damascus* (Paris, 2004)

Keenan, B. & T. Beddow, *Damascus: Hidden Treasures of the Old City* (London & New York, 2000)

Kociejowski, M. (ed.), *Syria: Through Writers' Eyes* (London, 2006)

Thubron, C., *Mirror to Damascus* (London & Boston, 1967)

長安

Chye Kiang Heng, *Cities of Aristocrats and Bureaucrats: The Development of Medieval Chinese Cityscapes* (Honolulu, 1999)

Steinhardt, N. S., *Chinese Imperial City Planning* (Honolulu, 1999)

Wright, A. F., 'The Cosmology of the Chinese City' in G. W. Skinner (ed.), *The City in Late Imperial China* (Stanford, 1977)

Xiong, V. C., *Sui-Tang Chang'an: A Study in the Urban History of Medieval China* (Ann Arbor, MI, 2000)

バグダード

Duri, A. A., 'Baghdad' in *Encyclopaedia of Islam*, 2nd ed., vol. I (Leiden, 1986), 921a–926a

Lassner, J., *The Topography of Baghdad in the Early Middle Ages* (Detroit, 1970)

Le Strange, G., *Baghdad during the Abbasid Caliphate* (Oxford, 1900, repr. London & Dublin, 1972)

Micheau, F., 'Bagdad', in J. Garcin (ed.), *Grandes Villes Méditerranéennes du Monde*

Musulman Médiéval (Rome, 2000) 87–116

コルドバ

Arberry, A. J., 'Muslim Córdoba', in A. J. Toynbee (ed.), *Cities of Destiny* (London, 1967) 166–77

Hillenbrand, R., '"The Ornament of the World" Medieval Cordoba as a Cultural Centre', in S. K. Jayyushi (ed.), *The Legacy of Muslim Spain* (Leiden & New York, 1994) 112–35

Manuel, A. A. & A. V. Triano, 'Cordoue', in J. Garcin (ed.), *Grandes Villes Méditerranéennes du Monde Musulman Médiéval* (Rome, 2000) 117–34

Seybold, C. F. & M. O. Jimenez, 'Kurtuba', in *Encyclopaedia of Islam* (2nd ed., Leiden, 1986) 509b–512a

中世の世界

アンコール

Coe, M. D., *Angkor and the Khmer Civilization* (London & New York, 2003)

Dagens, B., *Angkor: Heart of an Asian Empire* (London, 1995)

Groslier, B. P., *Angkor: Art and Civilization* (New York, 1966)

Groslier, B. P., *Angkor and Cambodia in the Sixteenth Century. According to Portuguese and Spanish Sources*, trans. M. Smithies (Bangkok, 2006)

Jacques, C. & M. Freeman, *Angkor: Cities and Temples* (London & New York, 1997)

Jessup, H. I., *Art & Architecture of Cambodia* (London & New York, 2004)

Stierlin, H., *The Cultural History of Angkor* (London, 1984)

パレルモ

Angeli, L., *Palermo: City of Art* (Mistretta, 1986)

Grube, E. J. & J. Johns, *The Painted Ceilings of the Cappella Palatina* (London, 2005)

Matthew, D., *The Norman Kingdom of Sicily* (Cambridge, 1992)

Norwich, J. J., *The Normans in the South 1016–1130* (London, 1967)

Norwich, J. J. *The Kingdom in the Sun 1130–1194* (London, 1970)

Norwich, J. J., *The Middle Sea. A History of the Mediterranean* (London & New York, 2006)

Runciman, S., *The Sicilian Vespers: A History of the Mediterranean World in the Later Thirteenth Century* (new ed., Cambridge, 1992)

カイロ

André, R., *Cairo,* trans. W. Wood (Cambridge, MA, & London, 2000)

Behrens-Abouseif, D., *Cairo of the Mamluks: A History of the Architecture and Its Culture* (London, 2007)

サマルカンド

Chuvin, P., *Samarkand, Bukhara, Khiva* (Paris

& London, 2003)

Nedvetsky, A. G., *Samarkand* (Reading, 1992)

Robinson, F., *The Mughal Emperors and the Islamic Dynasties of India, Iran and Central Asia 1206–1925* (London & New York, 2007) 42–51

Thubron, C., *Shadow of the Silk Road* (London & New york, 2006)

パリ

Cazelles, R., *Nouvelle Histoire de Paris de la Fin du Règne de Philippe Auguste à la Mort de Charles V 1223–1380* (Paris, 1972)

Favier, J., *Paris: Deux Mille Ans d'Histoire* (Paris, 1997)

Hallam, E. M. & J. Everard, *Capetian France*, 2nd ed. (Harlow, 2001) 987–1328

Hussey, A., *Paris: The Secret History* (London, 2006)

Jones, C., *Paris: Biography of a City* (London, 2004)

リューベック

Dollinger, P., *The German Hansa*, trans. and ed. D. S. Ault & S. H. Steinberg (Stanford, 1970)

Enns, A. B., *Lübeck: A Guide to the Architecture and Art Treasures of the Hanseatic Town* (Lübeck, 1974)

King, W., *Chronicles of Three Free Cities: Hamburg Bremen, Lübeck* (New York, 1914)

Rodnick, D., *A Portrait of Two German Cities: Lübeck and Hamburg* (Lubbock, TX, 1980)

Schildhauer, J., *The Hansa: History and Culture*, trans. K. Vanovitch (New York, 1988)

クラクフ

Davies, N., *God's Playground: A History of Poland*, 2 vols (Oxford, 1981)

Jasienica, P., *Jagiellonian Poland* (Miami, 1978)

Knox, B., *The Architecture of Poland* (London, 1971)

Kozakiewicz, H., *The Renaissance in Poland* (Warsaw, 1976)

Zamoyski, A., *The Polish Way: A Thousand-Year History of the Poles and their Culture* (London, 1987)

Zamoyski, A., *Poland: A History* (London, 2009)

ヴェネツィア

Chambers, D., *The Imperial Age of Venice: 1380–1580* (London, 1970)

Morris, J., *Venice* (3rd ed., London, 2004)

Norwich, J. J., *A History of Venice* (London & New York, 1982)

Wills, G., *Venice: Lion City: The Religion of Empire* (New York, 2001)

フィレンツェ

Cronin, V., *The Florentine Renaissance* (London, 1967)

Hibbert, C., *Florence: The Biography of a City* (London, 1993)

Hibbert, C., *The Rise and Fall of the House of Medici* (London, 1974)

Turner, R., *The Renaissance in Florence* (London, 1997)

Unger, M. *Magnifico: The Brilliant Life and Violent Times of Lorenzo de' Medici* (New York, 2008)

Vasari, G., *The Lives of the Artists* (Oxford, 1971)

ベニン

Bradbury, R. E., *The Benin-Kingdom and the Edo-Speaking Peoples of South-Western Nigeria* (London, 1957)

Connah, G. E., *The Archaeology of Benin* (Oxford, 1975)

Darling, P. J., *Archaeology and History in Southern Nigeria: The Ancient Linear Earthworks of Benin and Ishan* (Oxford, 1984)

Egharevba, J. U., *A Short History of Benin* (Ibadan, 1968)

Johnson, S., *The History of the Yorubas* (Lagos, 1956)

McClelland, E. M., *The Kingdom of Benin in the Sixteenth Century* (Oxford, 1971)

Ryder, A. F. C., *Benin and the Europeans 1485–1897* (London, 1969)

Shaw, T., *Nigeria: Its Archaeology and Early History* (London, 1978)

Willett, F., 'Ife and its Archaeology', *Journal of African History* 1, 2 (1960) 231–48

トンブクトゥ

Abun-Nasr, J., *History of the Maghreb in the Islamic Period* (Cambridge, 1987)

Barth, H., *Travels and Discoveries in North and Central Africa*, 3 vols (repr. London, 1965)

Bovill, E. V., *The Golden Trade of the Moors* (London & New York, 1958)

Hunwick, J. O. & A. J. Boye, *The Hidden Treasures of Timbuktu: Historic City of Islamic Africa* (London & New York, 2008)

Norris, H. T., *The Tuaregs, their Islamic Legacy and its Diffusion in the Sahel* (Warminster, 1975)

Rogerson, B., *A Traveller's History of North Africa: From Carthage to Casablanca* (new ed., Moreton-in-the-Marsh, 2008)

クスコ

Bauer, B. S., *The Sacred Landscape of the Inca: The Cuzco Ceque System* (Austin, TX, 1998)

Bauer, B. S., *Ancient Cuzco: Heartland of the Inca* (Austin, TX, 2004)

テノチティトラン

Berdan F. F. & P. R. Anawalt (eds), *Codex Mendoza*, III: *A Facsimile Reproduction of Codex Mendoza* (Berkeley, 1992)

Carrasco, P., *The Tenochca Empire of Ancient Mexico: The Triple Alliance of Tenochtitlan, Tetzcoco, and Tlacopan* (Norman, OK, 1999)

Cortés, H., *Letters from Mexico*, trans. & ed. A. Pagden (New Haven, 1986)

Díaz del Castillo, B., *The Discovery and Conquest of Mexico* (c. 1560s), ed. G. García, trans. A. P. Maudslay, introduction by I. A. Leonard (New York, 1956)

López Luján, L., *The Offerings of the Templo Mayor of Tenochtitlan*, trans. B. R. & T. Ortiz de Montellano (Albuquerque, NM, 2005)

Matos Moctezuma, E., *The Great Temple of the Aztecs: Treasures of Tenochtitlan*, trans. D. Heyden (London & New York, 1994)

Wolf, E. R. (ed.), *Hispanic Ecology and Society* (Albuquerque, 1976) 287–302

近代初期の世界

リスボン

Couto, D., *Histoire de Lisbonne* (Paris, 2000)

Góis, D. de, *Lisbon in the Renaissance,* trans. J. S. Ruth (New York, 1996)

Jack, M., *Lisbon: City of the Sea* (London, 2007)

Laidlar, J., *Lisbon,* World Bibliographical Series Vol. 199 (Oxford, 1997)

Oliveira Marques, A. H. de , *History of Portugal* (New York, 1972)

Saunders, A. C. de C. M., *A Social History of Black Slaves and Freedmen in Portugal 1441–1555* (Cambridge, 1982)

ローマ

Hibbert, C., *Rome: The Biography of a City* (Harmondsworth, 1985)

King, R., *Michelangelo and the Pope's Ceiling* (New York, 2003)

Noel, G., *The Renaissance Popes* (London, 2006)

Partridge, L., *The Art of Renaissance Rome* (New York, 1996)

Vasari, G., *The Lives of the Artists* (Oxford, 1971)

イスタンブール

Crowley, R., *Constantinople: The Last Great Siege 1453* (New York, 2005)

Freely, J., *Istanbul: The Imperial City* (London & New York, 1996)

Goodwin, J., *Lords of the Horizons: A History of the Ottoman Empire* (London, 1998)

Kleiterp, M. & C, Huygens, *Istanbul: The City and the Sultan* (Amsterdam, 2006)

Mansel, P., *Constantinople: City of the World's Desire 1453–1924* (London, 1995)

Orga, I., *Portrait of a Turkish Family* (London, 1988)

アグラ

Gupta, I. P., *Urban Glimpses of Mughal India: Agra, The Imperial Capital, 16th & 17th Centuries* (Delhi, 1986)

Koch, E., *The Complete Taj Mahal and the Riverfront Gardens of Agra* (London & New York, 2006)

Peck, L., *Agra: The Architectural Heritage* (New Delhi, 2008)

イスファハン

Blake, S. P., *Half the World: The Social Architecture of Safavid Isfahan, 1590–1722* (Costa Mesa, CA, 1999)

Canby, S. R., *Shah 'Abbas. The Remaking of Iran* (London, 2009)

Hillenbrand, R., 'Safavid Architecture', in

P. Jackson et al. (eds), *The Cambridge History of Iran,* Vol. 6: *The Timurid and Safavid Periods* (Cambridge, 1986) 759–842

Lambton, A. K. S, 'Isfahan' in *Encyclopaedia of Islam,* 2nd ed., vol. V (Leiden, 1991)

Newman, A., *Safavid Iran: Rebirth of a Persian Empire* (London, 2006)

北京

Abru, H., *A Persian Embassy to China: being an extract from Zubdatu't Twarikh of Hafiz Abru,* trans. K. M. Maitra (Lahore, 1934)

Arlington, L. C., & W. Lewisohn, *In Search of Old Peking* (Peking, 1935)

Naquin, S., *Peking: Temples and City Life 1400–1900* (Berkeley, 2000)

京都

Downer, L., *Geisha: The Secret History of a Vanishing World* (London, 2000)

Hibbett, H., *The Floating World in Japanese Fiction* (Boston, 2001)

Kaempfer, E., *Kaempfer's Japan: Tokugawa Culture Observed,* ed., trans. & annotated B. M. Bodart-Bailey (Honolulu, 1999)

Keene, D., *World Within Walls: Japanese Literature of the Pre-Modern Era, 1600–1867* (New York, 1999)

Morris, I., *The World of the Shining Prince: Court Life in Ancient Japan* (London, 1997)

Mosher, G., *Kyoto: A Contemplative Guide* (Rutland, VT, 1964)

Varley, H. P., *Japanese Culture* (Tokyo, 1974)

プラハ

Fucikova, E. (ed.), *Rudolf II and Prague: The Court and the City* (London & New York, 1997)

Lau, J. M., *Prague: Then and Now* (San Diego, 2006)

Marshall, P. H., *The Mercurial Emperor: The Magic Circle of Rudolf II in Renaissance Prague* (London & New York, 2007)

Sugliano, C., *Prague: Past and Present* (New York, 2003)

アムステルダム

Kistemaker, R., *Amsterdam: The Golden Age, 1275–1795* (New York, 1983)

Prak, M. A., *The Dutch Republic in the Seventeenth Century: The Golden Age* (Cambridge, 2005)

Schama, S., *Embarrassment of Riches* (London & New York, 2004)

メキシコシティ

Caistor, N. & E. Poniatowska, *Mexico City: a Cultural and Literary Companion* (Oxford, 1999)

Lombardo de Ruiz, S. (ed.), *Atlas histórico de la ciudad de México* (Mexico City, 1966)

ロンドン

Campbell, J. W. P., *Building St Paul's* (London & New York, 2008)

Hollis, L., *The Phoenix: St Paul's Cathedral* (London, 2008)

Wilson, A. N., *London: A Short History* (London, 2001)

ストックホルム

Buckley, V., *Christina: Queen of Sweden* (London, 2004)

Kent, N., *A Concise History of Sweden* (Cambridge, 2008)

Lockhart, P. D., *Sweden in the Seventeenth Century* (New York, 2004)

Peterson, G. D., The Warrior Kings of Sweden (Jefferson, NC & London, 2007)

Roberts, M., *Gustavus Adolphus and the Rise of Sweden* (London, 1973)

Roberts, M. From Oxenstierna to Charles XII (Cambridge, 1991)

ダブリン

Casey, C. (ed.), *Dublin. The Buildings of Ireland* (London, 2005)

Craig, M. (ed. S. O'Keefe), *Dublin 1660–1860* (repr. Dublin, 2006)

Guinness, D., *Georgian Dublin* (London, 1993)

Longford, C., *A Biography of Dublin* (London, 1936)

McParland, E., *Public Architecture in Ireland, 1680–1760* (London, 2001)

Malton, J., *A Picturesque and Descriptive View of the City of Dublin* (1799, repr. Dublin, 1978)

O'Brien, G. & F. O'Kane (eds), *Georgian Dublin* (Dublin & Portland, OR, 2008)

Pakenham, V. & T., *Dublin: A Traveller's Companion* (repr. London, 2003)

コペンハーゲン

Berman, P. G., *In Another Light. Danish Painting in the Nineteenth Century* (London & New York, 2007)

Bukdahl, E. M. & M. Bogh, *The Roots of Neo-Classicism: Wiedewelt, Thorvaldsen and Danish Sculpture of our Time* (Copenhagen, 2004)

Raabyemagel, H. & C. M. Smidt (eds), *Classicism in Copenhagen: Architecture in the Age of C. F. Hansen* (Copenhagen, 1998)

Woodward, C., *Copenhagen. The Buildings of Europe,* (Manchester, 1998)

サンクトペテルブルク

Amery, C. & B. Curran, *St Petersburg* (London, 2006)

Hughes, L., *Peter the Great: A Biography* (New Haven & London, 2004)

Iroshikov, M., *Before the Revolution: St Petersburg in Photographs, 1890–1914* (New York, 1992)

Lincoln, W. B., *Sunlight at Midnight: St Petersburg and the Rise of Modern Russia* (New York, 2002)

Shvidkovsky, D. & A. Orloff, *St Petersburg: Architecture of the Tsars* (New York, 1995)

Volkov, S., *St Petersburg: A Cultural History* (New York, 1995)

ウィーン

Brandstatter, C. (ed.), *Vienna 1900 and the Heroes of Modernism* (London, 2006)

Oechslin, W., *Otto Wagner, Adolf Loos and the Road to Modern Architecture* (Cambridge, 2002)

Salm-Salm, M.-A. zu, *Klimt, Schiele, Moser, Kokoschka. Vienna 1900* (London, 2005)

Schorske, C. E., *Fin-de-Siècle Vienna: Politics and Culture* (New York, 1993)

Varnedoe, K., *Vienna, 1900: Art, Architecure and Design* (New York, 1986)

エディンバラ

Boswell, J. *Boswell's Edinburgh Journals 1767– 1786,* edited by H. M. Milne (Edinburgh, 2001)

Buchan, J., *Crowded with Genius: The Scottish Englightenment: Edinburgh's Moment of the Mind* (London, 2003)

Dudley Edwards, O. & Richardson, G. (eds), *Edinburgh* (Edinburgh, 1983)

Edwards, B. & P. Jenkins, *Edinburgh: The Making of a Capital City* (Edinburgh, 2005)

Gifford, J. et al., *Edinburgh. The Buildings of Scotland* (London, 1984)

Linklater, E., *Edinburgh* (London, 1960)

Massie, A., *Edinburgh* (London, 1994)

Scott-Moncrieff, G., *Edinburgh* (London, 1947)

Youngson, A. J., *The Making of Classical Edinburgh,* (Edinburgh, 2002)

近代都市の時代

モスクワ

Allenov, M. M., *Moscow: Treasures and Traditions* (Washington, 1990)

Figes, O., *Natasha's Dance: A Cultural History of Russia* (London & New York, 2002)

Kelly, L. (ed.), *Moscow: A Travellers' Companion* (London, 1983)

パリ

Carmona, M., *Haussmann* (Paris, 2000)

Girard, L., *Napoléon III* (Paris, 1983)

de Goncourt, E. L. A. H., & J. A. H., *The Journal of the Goncourts: Pages From A Great Diary* (London, *c.* 1930)

Kurtz, H., *The Empress Eugénie* (London, 1964)

Mansel, P., *Paris Between Empires* (London, 2001; New York, 2003)

Mérimée, P., *Letters to an Unknown,* I & II (New York, 1906)

ロンドン

Inwood, S., *A History of London* (London, 1998)

Mayhew, H., *London Labour and the London Poor,* 4 vols (repr. New York, 1968)

Olsen, D., *The Growth of Victorian* London (London, 1983)

Owen, D., *The Government of Victorian London* (Cambridge, MA, 1982)

Wilson, A. N., *The Victorians* (London, 2007)

ブダペスト

Lukacs, J., *Budapest 1900: A Historical Portrait of a City and its Culture* (New York, 1988)

Sauer, W., 'Austria-Hungary: The Making of

Central Europe', in R. Aldrich (ed.), *The Age of Empires* (London & New York, 2007)

Török, A., *Budapest: A Critical Guide* (rev. ed., London, 1998)

モントリオール

Beauchemin, Y., *The Alley Cat: A Novel* (New York, 1988)

Havard, G., *The Great Peace of Montreal of 1701: French-Native Diplomacy in the Seventeenth Century* (Montreal, 2003)

MacLean, R., *The Oatmeal Ark* (London, 2008)

Morris, J., *O Canada!* (London, 1992)

Richler, M., *The Apprenticeship of Duddy Kravitz* (New York, 1991)

Tremblay, M., *Les Belles-Soeurs* (Vancouver, 1991)

Woodcock, G., *Social History Of Canada* (Markham, ON, 1988)

ワシントンDC

Berg, S. W., *Grand Avenues. The Story of the French Visionary Who Designed Washington, D.C.* (New York, 2007)

Bordewich, F., *Washington. The Making of the American Capital* (New York, 2008)

Gutheim, F. & A. J. Lee, *Worthy of the Nation, Washington, D.C., from L'Enfant to the National Capital Planning Commission* (2nd ed. Baltimore, MD, 2006)

Schama, S., *American History: The Future* (London, 2008)

Standiford, L., *Washington Burning: How a Frenchman's Vision for Our Nation's Capital Survived Congress, the Founding Fathers, and the Invading British Army* (New York, 2008)

バルセロナ

Fernandez-Armesto, F., *Barcelona: A Thousand Years of the City's Past* (London, 1991)

Hensbergen, G. van, *Gaudi. A Biography* (London & New York, 2001)

Hughes, R., *Barcelona* (new ed. London, 2001)

ニューデリー

Dalrymple, W., *City of Djinns* (London, 1995; New York, 2003)

Hussey, C., *The Life of Sir Edwin Lutyens* (London, 1950)

Irving, R. G., *Indian Summer: Lutyens, Baker and Imperial Delhi* (London, 1981)

Nath, A., *Dome Over India* (Mumbai, 2002)

Ridley, J., *The Architect and his Wife: A Life of Edwin Lutyens* (London, 2002)

http://www.india-seminar.com

ベルリン

Döblin, A., *Berlin Alexanderplatz* (London & New York, 2004)

Gaddis, J. L., *The Cold War* (London, 2006)

Isherwood, C., *Goodbye to Berlin* (London, 2003)

Kempowski, W., *Das Echolot: ein Kollektives Tagebuch* (München, 1993)

Ladd, B., *The Ghosts of Berlin: Confronting German History in the Urban Landscape* (Chicago, 1997)

Mann, H., *The Blue Angel* (New York, 1979)

Metzger, R., *Berlin in the Twenties* (London, 2007)

Richie, A., *Faust's Metropolis* (New York, 1998)

シカゴ

Grossman, J. R. et al., *The Encyclopedia of Chicago* (Chicago, 2004)

Mayer, H. M. & R. C. Wade, *Chicago: Growth of a Metropolis* (Chicago, 1969)

Sinkevitch, A. (ed.), *AIA Guide to Chicago* (New York, 2004)

ロサンゼルス

Banham, R., *Los Angeles: The Architecture of Four Ecologies* (New York, 1971)

Davis, M., *City of Quartz: Excavating the Future in Los Angeles* (London & New York, 1990)

Ulin, D. L. (ed.), *Writing Los Angeles: A Literary Anthology* (New York, 2002)

ブエノスアイレス

Collier, S. et al., *Tango. The Dance, the Song, the Story* (London & New York, 1995)

Podalsky, L., *Specular City: Transforming Culture, Consumption, and Space in Buenos Aires, 1955–1973* (Philadelphia, 2004)

Wilson, J., *Buenos Aires: A Cultural and Literary History* (Oxford, 1999)

シンガポール

Barber, N., *Sinister Twilight: The Fall and Rise Again of Singapore* (London, 1968)

Jayapal, M., *Old Singapore* (Singapore, 1992)

Keay, J., *Last Post: The End of Empire in the Far East* (London, 1997)

Liu, G., *Singapore: A Pictorial History, 1819–2000* (Singapore, 1999)

Turnbull, C. M., *A History of Singapore, 1819–1975* (Kuala Lumpur, 1977)

ニューヨーク

Bloom, A., *Prodigal Sons: The New York Intellectuals and Their World* (New York, 1986)

Broyard, A., *Kafka Was the Rage. A Greenwich Village Memoir* (New York, 1993)

Homberger, E., *The Historical Atlas of New York City: A Visual Celebration of nearly 400 Years of New York City's History* (New York, 1994)

Jackson, K. T. & D. S. Dunbar, *Empire City: New York Through the Centuries* (New York, 2002)

Morris. J., *Manhattan '45* (London & New York, 1987)

Morris. J., *The Great Port: A Passage Through New York* (2nd ed., London, 1987)

Wallock, L. (ed.), *New York: Culture Capital of the World, 1940–1965* (New York, 1988)

White, E. B., *Here is New York*, intro. by R. Angell (New York, 2000)

サンパウロ

Andrews, G. R., *Blacks and Whites in São Paulo, Brazil, 1888–1988* (Madison, WI, 1991)

Caldeira, T., *City of Walls: Crime, Segregation, and Citizenship in São Paulo* (Berkeley,

CA, 2001)

Luna F. V. & H. S. Klein, *Slavery and the Economy of São Paulo 1750–1850* (Stanford, CA, 2003)

Morse, R. M., *From Community to Metropolis: A Biography of São Paulo, Brazil* (Gainesville, FL, 1958)

Woodard, J. P., *A Place in Politics: São Paulo, Brazil, from Seigneurial Republicanism to Regionalist Revolt* (Durham, NC, 2009)

東京

Akira Naito, *Edo, The City that Became Tokyo: An Illustrated History* (Tokyo, London & New York, 2003)

Downer, L., *The Brothers: The Hidden World of Japan's Richest Family* (London, 1994)

Richie, D., *A Lateral View: Essays on Contemporary Japan* (Tokyo, 1991)

Richie, D., *Tokyo: A View of the City* (London, 1999)

Seidensticker, E., *Low City, High City: Tokyo from Edo to the Earthquake* (New York, 1983)

Seidensticker, E., *Tokyo Rising: The City Since the Great Earthquake* (New York, 1990)

Waley, P., *Tokyo Now and Then: An Explorer's Guide* (New York & Tokyo, 1984)

シドニー

Ashton, P., *The Accidental City, Planning Sydney Since 1788* (Sydney, 1993)

Birmingham, J., *Leviathan, The Unauthorised Biography of Sydney* (Sydney, 1999)

Drew, P., *The Masterpiece. Jørn Utzon, A Secret Life* (Melbourne, 1999)

Emmett, P., *Sydney. Metropolis, Suburb, Harbour* (Sydney, 2000)

Golder, H., *Sacked: Removing and Remaking the Sydney City Council* (Sydney, 2004)

Morris, J., *Sydney* (new ed. London, 1993)

Spearritt, P., *Sydney's Century: A History* (Sydney, 1999)

Watson, A. (ed.), *Building a Masterpiece: The Sydney Opera House* (Sydney, 2006)

Webber, P., *The Design of Sydney, Three Decades of Change in the City Centre* (Sydney, 1988)

上海

Baker, B., *Shanghai: Electric and Lurid City: An Anthology* (Oxford, 1998)

Ballard, J. G., *Empire of the Sun* (London & New York, 1984)

Nien Cheng, *Life and Death in Shanghai* (London, 1987)

Yatsko, P., *New Shanghai: The Rocky Rebirth of China's Legendary City* (New York, 2001)

図版出典

a = 上 , b = 下 , l = 左 , r = 右

1 British Museum, London; 2 © Jon Arnold/ jonarnoldimages.com; 4 Collection of Howard Hodgkin, London; 4–5 Historisches Museum der Stadt Wien, Vienna; 6–7 © Travel Pix Collection/jonarnoldimages.com; 8–9 Drazen Tomic; 10 © Bojan Brecelj/ Corbis; 11 © Jon Arnold/jonarnoldimages. com; 12 © AISA; 13al © Walter Bibikow/ jonarnoldimages.com; 13ar © Julian Love/ John Warburton-Lee Photography; 13bl © Christopher Herwig; 13br Michael S. Yamashita/National Geographic/Getty Images; 14 © Alan Copson/jonarnoldimages. com; 15 © AISA; 16–17 Don Fuchs/ LOOK-foto/ Photolibrary.com; 19 Edgar Knobloch/Werner Forman Archive; 21 © Nik Wheeler/Corbis; 22 National Museum, Karachi NMP 50.852; 23 James L. Stanfield/ National Geographic/Getty Images; 25 Upperhall Ltd/Robert Harding Travel/ Photolibrary.com; 27, 28, 29a Photo Heidi Grassley © Thames & Hudson Ltd, London; 29b © Sandro Vannini; 30–31 Photo Heidi Grassley © Thames & Hudson Ltd, London; 33a, 33b © AISA; 34 Photo Will Pryce © Thames & Hudson Ltd, London; 35 Musée du Louvre, Paris; 36a Abaca Press/ABACA/ PA Photos; 36b © Joan Oates; 37 © AISA; 39 © British Museum, London; 40–41 Randy Olson/ National Geographic/Getty Images; 42 Peter Connolly/ akg-images; 43 © RAGA/AISA; 44 Agora Museum, Athens; 45 Sonia Halliday Photographs; 46al Photo Heidi Grassley © Thames & Hudson Ltd, London; 46ar The University of Southern California, Institute for Creative Technologies, Los Angeles, CA; 46b Ashmolean Museum, University of Oxford; 47 Peter Connolly/akg-images; 48 Photo Xiaoneng Yang; 49 Hubei Provincial Museum, Wuhan; 51 DeAgostini Picture Library/Scala, Florence; 52a Copyright Franck Goddio/Hilti Foundation. Graphics Yann Bernard; 52b Copyright Franck Goddio/Hilti Foundation. Photo Christoph Gerigk; 53 Werner Forman Archive; 54 Staatliche Antikensammlung, Munich; 55 Martin Gray/ National Geographic/Getty Images; 56 Zev Radovan/ BibleLandPictures.com; 57 © Samuel Magal/ www.sitesandphotos.com; 58–59 Amit Erez/ iStockphoto.com; 60 Martin Blazeby, King's Visualisation Lab., King's College London; 61a Plinio Lepri/AP/PA Photos; 61b Italian Culture Ministry, HO/AP/PA Photos; 62–63 © Marco Cristofori/Corbis; 65 © Araldo de Luca/Corbis; 67 British Museum, London; 68 © Travel Pix Collection/jonarnoldimages. com; 69 Museo Nacional de Antropología, Mexico City; 70a Chris Sharp/South American Pictures; 70b Andres Balcazar/ iStockphoto.com; 71 Photo Kenneth Garrett; 72–73 © Dumbarton Oaks, Pre-Columbian Collection, Washington, D.C.; 73b Drawing Susan T. Evans; 74 Photograph K4886 © Justin Kerr; 75 © Royal Geographical

Society; 76–77 Michael Dietrich/imagebroker.net/ Photolibrary.com; 79 Bibliothèque Nationale, Paris; 80 © Christopher Herwig; 81 iStockphoto.com; 83 © Mohamed Messara/epa/ Corbis; 84, 85 Bibliothèque Nationale, Paris; 87 © Christopher Herwig; 88 © Yves Gellie/Corbis; 89a © Carmen Redondo/Corbis; 89b James L. Stanfield/ National Geographic/Getty Images; 91 Xi'an Municipal Institute of Archaeology and Preservation of Cultural Relics, Shaanxi Province; 92a National Palace Museum, Taipei/Werner Forman Archive; 92b Shaanxi History Museum, Xi'an; 93 Bibliothèque Nationale, Paris; 94a Kunsthistorisches Museum, Vienna; 94b © Michael Jenner; 95 Bibliothèque Nationale, Paris; 96 Louvre, Paris/Peter Willi/Bridgeman Art Library; 97 © AISA; 98 Photo George Mott; 99 © Paul Almasy/Corbis; 101 Musée Condé, Chantilly/Giraudon/Bridgeman Art Library; 103 Michael D. Coe; 104 © Michele Falzone/ jonarnoldimages.com; 105a © Peter Adams/ jonarnoldimages.com; 105b Michael D. Coe; 106–7 Paul Chesley/National Geographic/ Getty Images; 108 Fondo Edifici di Culto – Min. dell'Interno/Photo Scala, Florence; 110a Photo Scala, Florence; 110b © Anna Watson/Axiom; 111 © Joe Cornish/Arcaid/ Corbis; 112 Musée du Louvre, Paris; 113 © José Fuste Raga/zefa/ Corbis; 114 © Julian Love/John Warburton-Lee Photography; 115a © AISA; 115b Richard Nowitz/ National Geographic/Getty Images; 116 © Michel Setboun/Corbis; 118a © Eitan Simanor/Photoshelter; 118b Gérard Degeorge/ akg-images; 119 John Work Garrett Collection, Milton S. Eisenhower Library, Johns Hopkins University, Baltimore; 120 British Library, London; 121 Bibliothèque Nationale, Paris; 122 Bildarchiv Monheim/ akg-images; 123a, 123b © Walter Bibikow/ jonarnoldimages.com; 125 © Steve Raymer/ Corbis; 126 Alfredo Dagli Orti/ Biblioteca Nazionale Marciana, Venice/The Art Archive; 127 Deutsches Museum, Munich; 128a © Paul Adams/Alamy; 128b Erich Lessing/ akg-images; 129 © AISA; 130 Musée Condé, Chantilly; 132 © Rafa Pérez/AISA; 133a Gérard Degeorge/akg-images; 133b Photo Emily Lane; 135a, 135b Photo Scala, Florence; 136 Museo di San Marco, Florence; 137 © Steve Vidler/AISA; 139 Museum für Völkerkunde, Berlin/Werner Forman Archive; 140, 141 © www.jhunwick.com; 142 Bibliothèque Nationale, Paris/Bridgeman Art Library; 143 Yoshio Tomii Photo Studio/Aflo Foto Agency/Photolibrary.com; 144–45 James P. Blair/National Geographic/Getty Images; 146 Pedro de Osma Museum, Lima; 147a iStockphoto.com; 147b Gianni Dagli Orti/The Art Archive; 148–49 Glen Allison/ Photographer's Choice/Getty Images; 150 Museum für Völkerkunde, Vienna; 151 Newberry Library, Chicago; 152 Photo Kenneth Garrett; 153 Bodleian Library, Oxford; 155 National Gallery, London/

Bridgeman Art Library; 157 © Travel Pix Collection/jonarnoldimages.com; 159 British Museum, London; 160a Gabinetto dei Disegni e delle Stampe, Florence; 160b Pinacoteca Vaticana, Vatican Museums; 161 Vatican Museums; 162a, 162b © Michele Falzone/ jonarnoldimages.com; 163 Patrick Durand/ Sygma/Corbis; 165 Private Collection/Archives Charmet/Bridgeman Art Library; 166 Topkapi Sarayi Museum, Istanbul; 167a Christopher and Sally Gable/ Dorling Kindersley/Getty Images; 167b © Moritz Stipsicz; 168 Jean-Louis Nou/ akg-images; 169 Collection of Howard Hodgkin, London; 170 Photo Ebba Koch; 171 © Gavin Hellier/ jonarnoldimages.com; 172 British Museum, London; 173a James P. Blair/National Geographic/Getty Images; 173b, 174 Photo Will Pryce © Thames & Hudson Ltd, London; 176 © James Montgomery/jonarnoldimages.com; 177 National Palace Museum, Taipei; 178–79 Museum of Chinese History, Beijing; 181a Suzanne Held/ akg-images; 181b Alex Blackburn Clayton/ Photolibrary.com; 182 © Travel Pix Collection/jonarnoldimages.com; 183 Photograph © 2009 Museum of Fine Arts, Boston; 185a, 185bl © Jon Arnold/ jonarnoldimages.com; 185br © Jan Kaplan; 186 Skokloster Castle, Sweden; 189 © AISA; 191 © Peter Adams/ jonarnoldimages.com; 193 Corsham Court, Wiltshire/Bridgeman Art Library; 194a © Macduff Everton/Corbis; 194b Walter Bibikow/Photononstop/ Photolibrary.com; 195 National Portrait Gallery, London; 196 British Library, London; 197, 198a, 198b British Museum, London; 199 © Skyscan/ Corbis; 201 Château de Versailles, France/ Bridgeman Art Library; 202 © Michael Jenner; 204 Victoria & Albert Museum, London; 205 David Davison/The Irish Picture Library; 206 Jens Kristian Seier; 207 © Rafa Pérez/AISA; 208 Courtesy The Royal Library, Copenhagen; 209 akg-images; 210b © Steve Raymer/Corbis; 211a Angelo Tondini/Cubo Images/Robert Harding; 211b © Ivan Vdovin/ jonarnoldimages.com; 212 British Museum, London; 213 Photo Austrian Archive/Scala, Florence; 215 Historisches Museum der Stadt Wien, Vienna; 216 Photo Austrian Archive/ Scala, Florence; 217 British Museum, London; 218–19 The University of Edinburgh Fine Art Collection; 221 © Gavin Hellier/ jonarnoldimages.com; 223 akg-images; 224a Prints & Photographs Division, Library of Congress, Washington D.C.; 224b British Museum, London; 225a © AISA; 225b Tretyakov Gallery, Moscow/Bridgeman Art Library; 226 © AISA; 227a Gordon Gahan/ National Geographic/Getty Images; 227b Musée de la Ville de Paris, Musée Carnavalet, Paris, France/ Bridgeman Art Library; 228 Kunstmuseum, Düsseldorf; 229a Nasjonalgalleriet, Oslo; 229b Musée de la Ville de Paris, Musée Carnavalet, Paris/Lauros/ Giraudon/Bridgeman Art Library; 232b ©

図版出典　297

引用出典

The Crossness Engines Trust; 233 John Miller/Robert Harding Travel/ Photolibrary. com; 235 Alfredo Dagli Orti/ Kiscelli Museum Budapest/The Art Archive; 237a © Bettmann/ Corbis; 237b © Walter Bibikow/ jonarnoldimages.com; 238 Courtesy Pennsylvania Academy of the Fine Arts, Philadelphia. Bequest of William Bingham; 239, 240a Prints & Photographs Division, Library of Congress, Washington D.C.; 240b © Walter Bibikow/ jonarnoldimages.com; 241 Jewel Samad/AFP/ Getty Images; 243, 244a © AISA; 245 © Timothy Hursley; 247a © Rob Penn/ Axiom; 247b Sean Sexton/Hulton Archive/Getty Images; 248 © Ram Rahman; 249a © Robert Harding World Imagery/ Corbis; 249b © Paul Waite/Lutyens Trust Photographic Archive; 251bl Herbert Hoffman/BPK; 251br ullstein bild/akg-images; 252a Reimer Wulf/akg-images; 253 © David Turnley/Corbis; 254 Prints & Photographs Division, Library of Congress, Washington D.C.; 255a Chicago Architectural Photo Co.; 255b Private Collection/ Barbara Singer/Bridgeman Art Library; 256 Chicago Historical Society; 257 Frank Driggs Collection/Hulton Archive/Getty Images; 258 Jim Jurica/ iStockphoto.com; 260a Security Pacific Photographic Collection/L.A. Public Library; 260b Paramount/Kobal Collection; 261 Big Orange Landmarks; 262–63 Liane Cary/age fotostock/Photolibrary.com; 265 Photo Ken Haas; 266 Courtesy Antiques of the Orient; 267 akg-images; 268, 269 ullstein bild/akg-images; 270 Ogen Perry/ iStockphoto.com; 271, 273al © Bettmann/Corbis; 273ar Martha Holmes/ Time Life Pictures/Getty Images; 273bl, 273br © Bettmann/Corbis; 274 Digital Image, Timothy Hursley/The Museum of Modern Art, New York/Scala, Florence; 275 © Jon Arnold/ jonarnoldimages.com; 277 © Ron Giling/ LINEAIR/Still Pictures; 278 © Walter Bibikow/ jonarnoldimages.com; 279a © Corbis; 279b David Mist Collection, Power House Museum, Sydney; 280 National Archives of Australia, Canberra: A1500, 1966/15925; 281 Hulton Archive/Getty Images; 282–83 © Ken Straiton/Corbis; 284 © Travel Pix Collection/ jonarnoldimages. com; 285 Edmund Sumner/ View Pictures/ Photolibrary.com; 287b Courtesy Virtual Shanghai Project, IAO, Lyon; 288 Copyright Henri Cartier-Bresson/Magnum Photos; 289 Japan Travel Bureau/ Photolibrary.com

Text copyright
The following serves as an extension of the information on p. 4: pp. 44–47 copyright © 2009 Bettany Hughes; pp. 48–49 copyright © 2009 W. J. F. Jenner; pp. 192–94, 242–45, 264–65 copyright © 2009 Felipe Fernandez-Armesto; pp. 187–190, 238–41 copyright © 2009 Simon Schama; pp. 226–30 copyright © 2009 Philp Mansel

p. 20 A. R. George, *The Epic of Gilgamesh* (London, 1999); p. 22 Sir John Marshall, *Illustrated London News*, 20 September 1924; p. 24 Herodotus *Histories*, II: 99; p. 30 A. H. Rhind, *Thebes; its tombs and their tenants* (London, 1862); p. 32 quoted in T. Bryce *Life and Society in the Hittite World* (Oxford, 2002); p. 44 Thucydides, *History of the Peloponnesian War*, 2.38.1; p. 47 Plutarch, *Life of Perikles* 13; p. 50 Strabo, *Geography*, 17.1.8, trans. H. L. Jones (Cambridge, 1930) and Ammianus Marcellinus, History, 22.16; p. 54 Herodotus, *Histories*, II: 29, trans. G. Rawlinson (New York, 1862); p. 57 Pliny the Elder, *Natural History*, 5. 70; p. 60 Suetonius, *The Twelve Caesars, Augustus*, 28, trans. Robert Graves (London, 1957); p. 69 Sahagún, Fray Bernardino de, *The Origin of the Gods. Book 3 of the Florentine Codex*, trans. and notes by A. J. O. Anderson and C. E. Dibble (Santa Fe, 1978 [1569]): 1; p. 74 Avendaño y Loyola, Fray Andrés, *Relation of Two Trips to Peten*, trans. Charles P. Bowditch and Guillermo Rivera (Culver City 1987); p. 78 Edward Gibbon, *The Decline and Fall of the Roman Empire*, chap. 17, p. 224 (1776–89); p. 82, The Koran, 14, translated by N. J. Dawood (London 1990); p. 86 Mark Twain, *Innocents Abroad* (Hartford, 1869); p. 90 translation after Arthur Waley, *The Life and Times of Po Chü-I, 772-846 A.D.* (New York, 1949); p. 93 Yaqut al-Hamawi, *Dictionary of Countries*, 1224, from W. S. Davis (ed.) *Readings in Ancient History: Illustrative Extracts from the Sources*, 2 vols (Boston: 1912–13), vol. II, 365; p. 96 quoted in Robert Hillenbrand, '"The Ornament of the World": Medieval Córdoba as a Cultural Centre', *The Legacy of Muslim Spain*, Salmia Khadra Jayyusi (ed.) (Leiden & New York, 1992), p. 18; p. 102 H. Mouhot, *Travels in the central parts of Indo-China* (London, 1864); p. 109 Ibn Jubayr *Travels*; p. 12 Meshulam of Volterra, *Massa*, ed. A. Yaari (Jerusalem, 1948), p. 50; p. 120 after 'Song of the Peace with England', in T. Wright, *The Political Songs of England from the Reign of John to that of Edward II* (new ed., Cambridge 1996); p. 121, 122 Jean de Jandun, 'A Treatise of the Praises of Paris', ed. & trans. by Robert. W. Berger, in *Old Paris: An Anthology of Source Descriptions, 1323–1790* (New York, 2002); p. 130, quoted in M. F. Rosenthal, *The Honest Courtesan* (Chicago, 1992), p. 31; p. 134 Scipio Ammirato, *Istorie de Firenze*; p. 138 Henry Ling Roth, *Great Benin* (Halifax, 1903); p. 146 *Narratives of the rites and laws of the Yncas*, trans C. R. Markham (New York, [1571] 1964); p. 150 Díaz, Bernal del Castillo, B. *The Discovery and Conquest of Mexico*, trans. A. P. Maudslay (New York, [1560s] 1956); p. 156 Francisco Sá de Miranda, in Rodrigues Lapa (ed.), *Obras Completas* (Lisbon, 1977); p. 168 Abu Talib Kalim, *Diwan*, ed. Partau Bayza'i (Tehran, 1957), p. 341, verse 24; p. 169 Kanbo, Bahar-sukhan, fols. 248a & 248b, as trans. in E. Koch, 'The Mughal Waterfront Garden', in A. Petruccioli (ed.), *Gardens in the Time of the Great Muslim Empires: Theory and Design, Muqarnas Supplements* (Leiden/New York/Cologne, 1997), p. 143; p. 169 F. Bernier, *Travels in the Mogul Empire: A.D. 1656–1668*, trans. A. Constable (1891, repr. New Delhi, 1972), p. 285; p. 171 J.-B. Tavernier, *Travels in India*, 2 vols. trans. V. Ball, 2nd ed. W. Crooke (1925, repr. New Delhi, 1977); p. 172 Iskandar Munshi, *Tarikh-i Alam-ara-yi-Abbasi*, Iraj Afshar (ed.) (Tehran, 1955) 1:544; p. 176 *The Voyages and Adventures of Fernão Mendes Pinto*, trans. H. Cogan in C. D. Ley (ed.), *Portuguese Voyages 1498–1663* (London, 1947), p. 154, 156; p. 176 Hafiz Abru, *A Persian Embassy to China*, trans. K. M. Maitra (Lahore, 1934), pp. 49–50; p. 180 Ihara Saikaku, trans. in H. Hibbett, *The Floating World in Japanese Fiction* (London, 1959); p.184 Franz Kafka, *Letters to Friends, Family and Editors*, trans. R. & C. Winston (London, 1978); p. 187 Andrew Marvell, *The Character of Holland*, 1653; p. 192 J. E. Pacheco, *Vecindades del centro*, 1976; p. 195 H. H. Milman, *Annals of St Paul's Cathedral* (London, 1868); p. 203 Richard Stanyhurst *The Description of Ireland*, (1577); p. 206 Hans Christian Andersen, *The Biography* (1855); p. 209 A. Pushkin, *The Bronze Horseman* (1833), trans. Waclaw Lednicki, *Pushkin's Bronze Horseman* (Berkeley, CA 1955); p. 213 Robert Musil, *The Man Without Qualities*, trans. S. Wilkins (London, 1995); p. 217 R. L. Stevenson, *Edinburgh Picturesque Notes* (London, 1878); p. 222 F. F. Vigel *Memoirs (Zapiski)* (Moscow, 1928); p. 222 Marquis de Custine, *Empire of the Czar* (London, 1843); p. 230 C. Dickens, *Dombey and Son* (London, 1848); p. 234 Gyorgy Ligeti, interview by Dorle J. Soria, in *Musical America*, vol. 107, no. 4, September 1987; p. 238 C. Dickens, *American Notes for General Circulation* (Paris, 1842); p. 242 K. Marx & F. Engels, *Revolution in Spain* (1854, pub. London, 1939); p. 246 R. Byron, *Country Life* (1931); p. 250 quoted in O. Friedrich, *Before the Deluge: A Portrait of Berlin in the 1920s* (New York, 1963); p.254 T. Dreiser, *The Titan* (New York, 1914); p. 259 J. Fante, *Ask the Dust* (New York, 1939); p. 264 J. L. Borges, *The Mythical Founding of Buenos Aires* (1929); p. 266 Stamford Raffles to Col. Addenbrook, 10 June 1819, in V. Harlow & F. Madden, *British Colonial Developments 1774–1834* (Oxford, 1953); p. 270 T. Wolfe, *The Web and the Rock* (New York, 1939); p. 272 A. Broyard, *Kafka Was the Rage. A Greenwich Village Memoir* (New York, 1993); D. Wakefield, *New York in the Fifties* (Boston, 1992); F. W. and G. S. McDarrah, *Beat Generation: Glory Days in Greenwich Village* (New York, 1996); p. 274 quoted in R. A. Gorman, *Michael Harrington – Speaking American* (New York, 1995); p. 278 P. Tonkin, 'City of Dionysus' in P. Emmett, *Sydney. Metropolis, Suburb, Harbour* (Sydney, 2000); p. 281 D. Richie, *A Lateral View. Essays on Contemporary Japan* (Tokyo, 1987); p. 286 J. G. Ballard, *Empire of the Sun* (London, 1984).

索　引 （イタリックの数字は図版キャプション）

【あ行】

アインシュタイン、アルベルト 252
アウグストゥス皇帝 55, 60, *60*, 61, 64, *64*, 78
アクスム 55
アグラ 14, 154, 168-71, 246: イギリス支配 171; 河岸の庭園 168, 169, *169, 170, 171*; ジャーミー・マスジット 169; 城塞 169; タージマハル 119, 168, *168*, 169, 170-71, *171*; 墓廟 170, *170*
アグリッパ 64
アシュルバニパル 30, *39*, 40
アスキン、ロバート 278, 280
アステカ 12, 14, 69, 100, 192 →テノチティトラン
アダムス、ジョン・クインシー 239
アダム、ロバート＆ジョン 154, 218
アッバース朝カリフ 66, *66*, 82, 93, 94, *94*
アテーナー 44, 47
アテナイア祭 47
アテネ 10, 18, 44-47: アクロポリス *10*, 44, *46, 47*; アッタロスの柱廊 44, *45*; アテーナーのニケ神殿 47; エレクテイオン 47; ゼウス・エレウテリオス神殿の柱廊 45; パルテノン神殿 44, *46, 47*; プロピライア 47, *47*; ヘーファイトスの神殿 44
アドゥラー、ダンクマール 255, *255*
アトバラ川 54
アドルフ2世、ホルシュタインの 124
アーバン、ジョセフ 257
アピス牛 25
アフガニスタン 20
アブサロムの墓（キドロン渓谷）*57*
アブシル 24
アブド＝アッラフマーン1世 66, 96, 97
アブド＝アッラフマーン2世 97
アブド＝アッラフマーン3世 97
アフマートヴァ、アンナ 210
アプリエス王 25
アマニシャケト女王 *54*, 55
アマルフィ 130
アムステルダム 154, *154*, 158, 187-90, *188, 190*, 197, 209; 為替銀行 188; 交易市場 *187*, 188-89; 市庁舎 *189*, 190; 造船 188-89; 広場 *189*, 190
アームストロング、ルイ *257*, 258
アメンエムハト3世 24
アメン神 *26*, 29, 54, *54*; カルナックの神殿 24, *26*, *30*
アメンホテプ3世 *26*
アモーリー・ドゥ・ベネ *120*
アルカセルキビルの戦い 157
アルチンボルド、ジュゼッペ 186, *186*
アール・ヌーヴォー 186, 216
アルノ川 134, *137*
アル＝バドラシェーン 24
アル＝サヒリ、アブ・イスハーク 143
アルベルティ、レオン・バッティスタ 134
アルマダ海戦 158
アレクサンデル6世教皇 12, 159, 162
アレクサンドリア 18, 50-53, *52*, 96; コムエル＝シュカファのカタコンベ *53*; セラペウム *50*, 53; 図書館 40, 50; ファロス島 50, *52*; ファロスの灯台 53; 港 50, *52*; ポンペイの石柱 *50*
アレクサンドロス大王 34, 37, 50, 53, 57, 117
アレッポ 88
アンカラ 32
アンコール 12, 100, 102-5: アンコールトム 102, *105*; アンコールワット *102*, *104*; 国宮 104; タプローム *105*, *105*; バイヨン 104, *105*
安史の乱 *90*, 91, *92*
アンデルセン、ハンス・クリスチャン 206
安藤忠雄 285
アントワネット、マリー 226
イエズス会 162
イシャウッド、クリストファー 220, 250, 261

移住 138, 236, 249 →移民
イシュタル 20, *20*; ニネヴェの 38
イスタンブール 154, 164-67, 169; アーセナル（兵器庫）165; 市場と交易 164, 165, *167*; エユップ・モスク複合体 164; キュリリエ 167, *170*; スレイマニエ・モスク 167; トプカピ宮殿 81, 165, 167, *167*; ファーティフ・ジャーミー・モスク 164; ブルー・モスク 167, *167*; →コンスタンティノポリス
イスファハン 14, 117, 154, 169, 172-75: アリカプ門 172, *173*, 174; 王宮 172-74, *175*; 王のバザール 174; カイサリーイェ門 174, 175; シャイフ・ルトゥフアッラーのモスク 174, 175; 「世界の縮図の広場」172, *173*, 175, *175*; ハールーネ・ヴェラーヤト広場 172; マスジディ・シャー（王のモスク）175
イスラーム 10, 66, 82, *84*, 86, 89, 93, 96, 100, 110, 142, 164, 246; シーア派 172, 175
異端者処刑 156-57
異端審問 156, 162
市場 45, 81, *86*, 90, 96, *105*, 109, 114, 115, 138, 164, *179*
伊東豊雄 285
イブン・ワハーブ 91
移民 223, 232, 252, 258, 261, 263, 264
イリノイ川 254
インカ 12, 66, 100, 146
インダス川 10, 22
インド大反乱（1857年）246
ヴァイル、クルト 250, 252
ヴァーサ、グスタフ・エリクソン 200
ヴァザーリ、ジョルジョ *135*, 137
ヴァレンス皇帝 81
ヴィクトリア女王 230
ヴィッシャー、ヤン *197*
ウィーラー卿、モーティマー 22
ヴィラルパンド、クリストバル・デ 192, *193*
ウィリアム征服王 109
ウィレム2世 190
ウィーン *4*, 14, 154, 186, 213-16, 220, 226, 234: ウィーン会議 213; コーヒーハウス 215, *215*; シェーンブルン宮殿 213, *213*; ブルク劇場 213, *215*, 216; ホーフブルク 213, *215*; リニエンウォール 213, 215
ヴィンディッシュ・グレーツ 216
ウェスパシアヌス 59
ヴェトナム戦争 279, *279*
ヴェネツィア 12, *14*, 100, 128, 130-33, 187, 190, 266; サンマルコ聖堂 *132*, 133; ドージェ *130*, 131; ドージェの宮殿 *132*, 133
ヴェルサイユ条約 250
ウェルズ、アイダ・B 257
ヴェロッキオ 136
ヴェローナ 130
ウージェニー皇后 226
ウッチェッロ、パオロ 134
ウッツォン、ヨーン 280
ウド 138
ウマイヤ朝 コルドバ 96; ダマスカス 66, 89, 93, 96
ウルク 10, 18, 20, *20*
ウルグ・ベグ *118*, 119
ヴルタヴァ川 184, *184*
ヴワディスワフ2世（ポーランド王）127
運河 20, 38, 72, 93, 105, 112, 153, 154, *154*, 177, 178, *190*, 209, 226, 236, 281; →水道施設、灌漑
永楽帝 176, 177, *177*, 178
エカチェリーナ女帝 211, 222
疫病 154, 157; →黒死病
エジプト 18, 50, 86; アラブによる征服 24, 25, 50; 古代 10, 32; →カイロ、テーベ、メンフィス
エディンバラ 14, 154, 217-19, *219*; カールトンヒル *219*; シャーロッテ・スクエア 218; 城

218, 219; ノース・ロッホ 218; リース 218
江戸→東京
エラスムス 156
エラム人 35
エリコット、アンドリュー 239
エルサレム 10, 18, 37, 57-59, 89, 164; 儀礼 57; 神殿 57, *57*, 59, *59*, 嘆きの壁 57, *59*
エル・ベクリ 43
エルミラドール 75
嚔下都 48, 49
閻立本 91
オアハカ 69
王家の谷 29, *29*
『オズ』279
オーストリア・ハンガリー帝国 220
オスマン男爵 14, 220, 227, *227*, 246
オスマン帝国 14, 81, 115. 117, 131, 154, 159, 164, *165*, 169, 172, 186, 213, 234
オタワ川 236
オバマ、バラク 241
オーモンド公爵 203
オールドデリー（シャージャハナーバード）169, 171, 222, 246, 249; レッドフォート 246, *247*; →ニューデリー

【か行】

カイエ、ルネ 140
カイトベイ 86, 115, *115*
カイロ 12, *12*, 24, 25, *86*, 100, 112-15, *113*; 運河 114; カーヒラ 112; カラウン（スルタン）の複合施設 113; カン・エルカリーリのバザール *115*; シタデル（城塞）112, 114; バブ・ズワイラ 114, *114*; フスタート 25, 112; モスク *112*, 113, 114; 霊廟 114, 115
ガウディ、アントニ 242, *245*
カエサル、ユリウス *60*, 61, 64, 120
ガエタ 130
郭子儀 92
カサス、ラモン 242, *243*
カジミェシュ3世 127
ガーシュイン、ジョージ＆アイラ 261
カーズン卿 246
カダファルク、プッチ・イ 242
カタルーニャ語の地図 *142*
カッシート人 35
ガーディナー、ルーク 203
カトリック 159, 162, 184, 197, 201; →ローマ教皇
ガマ、ヴァスコ・ダ 12, 156
鴨川 180
カラヴァッジョ 163
カラッチ、アンニバレ 163
カリマチュス 59
カール4世（神聖ローマ帝国皇帝）124, 126, 184
カール5世（神聖ローマ帝国皇帝）160
カール10世（スウェーデン王）201
カール11世（スウェーデン王）201
カール12世（スウェーデン王）201
カルヴァー、ハリー *260*
カルヴァン派 195
カルカッタ 246
カルタゴ 18, 42-43, 190; アントニヌスの大浴場 43; 「コトン」（内港）*42*, 43
カルティエ、ジャック 236
カルティエ＝ブレッソン、アンリ 287, *288*
カルナック→テーベ
灌漑 18, 38, *39*, 86, 105, 171
邯鄲 48
関中 90
ガンディー、マハトマ 248
ガンドン、ジェイムス 204
カンペン、ヤコブ・フォン 190
桓武天皇 180
ギザの大ピラミッド 24

キーティング，ポール 280
キプロス 25
キャメロン，チャールズ 211
キャンベラ 246
共産主義 186, 209, 212, 286, 287
京都 14, 154, 180-82, 282; 桂離宮 *181*; 歌
　舞伎 180, 182; 茶道 180, *182*; 二条城 180, *181*
キリスト教 10, 12, 30, 53, 59, 66, 78, 89, 94, 96,
　136
ギルガメシュの叙事詩 20
ギルランダイオ，ドメニコ 159, *162*
金角湾 78, *78*, 164, 165
キングオリヴァーズ・ジャズ・クレオール楽団
　257, 258
ギンズバーグ，アレン 272, *272*, 274
クイクイルコ 69, 71
グイチャルディーニ，フランチェスコ 137
楔形文字板 34, 40
クシュ王国 54
クスコ 12, 100, 146-48; アルカワシ 147; イン
　カ帝国王 146, 147; インカの壁 *147*; 儀礼
　147; コリカンチャ 146-47, *147*; スペイン支
　配 146, 147, 148; 祠堂 147
グスタフ2世（スウェーデン王）200, 201
グスタフ3世（スウェーデン王）202
クセルクセス 37, 54
クラーク，アダム 234
クラーク，ウィリアム・ティアニー 234
クラクフ 12, 100, 127-29; 市場 127; 議会 129;
　聖母マリア教会 127, *128*; 大学 127, 128, *129*
グリア，ジャーメイン 279, *279*
グリエルモ1世悪王 110
グリエルモ2世善王 110
クリスチャン2世（デンマーク王）200
クリスチャン4世（デンマーク王）206
クリスティーナ（スウェーデン女王）201, *201*
グリフィス，デイヴィッド・ワーク 259
クリミア戦争 216, 226
クリムト，グスタフ 216, *216*
クレイグ，ジェームズ *217*, 218
クレオパトラ7世 50, 64
グレゴリウス1世 66
グロス，ジョージ 250
グロピウス，ヴァルター 250
クロムウェル，オリヴァー *195*, 197
啓蒙 アメリカ 239; スコットランド 14, 154,
　217-18; ロシア 209
下水整備 *18*, 22, 64, 71, 195, 231, *232*; →浴場
ゲッベルス，ヨーゼフ 252, *252*
ケプラー，ヨハネス 186
ケベック 236
ケルティス，コンラート 128
ケルン 124
『源氏物語』180
玄宗 *90*, 92
ケンペル，エンゲルベルト 180
交易／貿易 10, *12*, 15, 20, 42, 49, 55, 58, 72,
　105, 122, 138, *140*, 151, 188; 毛皮 236, 237; 交
　易ルート 34, 38, 49, 81, 82, 86, 94, 112, 117,
　130, 131, 133, 143, 201, 223; 奴隷 157 →市場、
　商人、シルクロード、ハンザ同盟
航海術 12, 18, 154; →地図製作
高層建築（摩天楼）14, *15*, 255, 270, 285, *285*,
　288
江沢民 287
黄浦港 286, 288
黒死病 127, 131, 222
黒海 165
コッシュート・ラヨシュ 234
呉道玄 91
コパン 72
碁盤目状の区画 *18*, 22, 43, 50, 242, 246
コペルニクス *127*, 128
コペンハーゲン 154, 201, 206-8, *206*; アマリエ
　ンボー 206; クリスチャンボー宮殿 206, *208*;
　市庁舎 208; 新古典様式 206; フレデリクシュ
　タット 206; ローゼンボー宮殿 206
コーラン 82, 89, 142, 175
コルテス，エルナン 150, 153

コルドバ 66, 96-98, 110; アルカサル宮殿 97;
　市場 96; 象牙彫刻 96, *96*; 図書館 96; メスキー
　タ 66, 96-97, *97*, 98, *98*
コロンブス，クリストファー 12, 137, 255
コンスタンティヌス大帝 12, 66, 78, 159
コンスタンティノポリス 12, 66, 78-81, 94, 96,
　110, 131; オスマン帝国による征服（1453年）
　78, 81, 159, 165; キュチュック・アヤソフィ
　ア・ジャーミー 81; ハギア・ソフィア大聖堂
　66, 78-81, *81*, 131, *165*; ヒッポドローム 81;
　ビンビルディリク 81; モザイク画 81, *81*; →
　イスタンブール

【さ行】
サイドラー，ハリー 280
サヴォナローラ，ジロラモ 137
サクサイワマン 100, 148, *148*
サッチャー，マーガレット 232
サハラ砂漠 140
サファヴィー帝国 172, 175
サーマッラー *93*, 94
サマルカンド 12, 100, 117-19; アラブによる征
　服 117; シャーヒ・ズィンダ *118*; ビビ・ハー
　ヌムのモスク *117*, 118; レギスタン広場 117,
　118, 119
ザヤンダ川 169
サラディン 112
サリヴァン，ルイス 255, *255*
サーリネン，エーロ 280
サルターティ，コルッチオ 134
サルダナパロス 38
サルディス 35
サンクトペテルブルク 14, 154, 209-12, 222,
　226; クンストカメラ *212*; ツァールスコエ・
　セロー 210, *211*; ネフスキー・プロスペクト
　210, *210*; 冬の宮殿（エルミタージュ美術館）
　211, 212; マルスの野 209-10, *210*
三十年戦争 126, 200
サンタモニカ 259
サンパウロ 15, 220, 276-77, *277*; アベニーダ・
　パウリスタ 276, 277; 移住人口 276, 277, *277*;
　コーヒー栽培 276; 鉄道 276; トリアノン・ベ
　ルベデーレ 276-77; 貧民街 *277*; ミュニシパ
　ル・マーケット 276
シェイクスピア，ウィリアム *12*, 154, 195
シェニョン1世 25
ジェノヴァ 130, 131, 156
ジェファソン，トマス 238, 239
ジェームズ，クライヴ 279
シェンディ 54
死海文書 58
シカゴ 14, 220, 254-58; アフリカ系アメリカ
　人 257; オーディトリウム・ビル *255*; 音楽
　257-58, *257*; 火事（1871年）254, *254*; クラウ
　ンホール 257; 建築技術 255; ハルハウス 256;
　万博（1893年）256, (1934年）*255*, 257; 輸送
　システム 254, 256; ループ 256
シクストゥス4世 159, *160*
シクストゥス5世 163
ジグムント1世（ポーランド王）129
七年戦争 236
シチリア 100, 109; →パレルモ
シドニー 15, *15*, 220, 278-80; AMPタワー 279;
　オーストラリアスクエア 279; オペラハウス
　280, *280*; オリンピック（2000年）280; キン
　グスクロス通り 279, 280; グリーン・バン
　280; ロックス *278*
シナン，ミマール 167
シムズ，ジョージ・R 231
シャー・アッバース1世 172, *172*, 174, 175
シャー・イスマーイール 172
シャー・ジャハン 168, 169, 170, 171, 246
ジャハーナーラー 169
シャープ，マーティン 279
シャムシ・アダド1世 38
ジャヤヴァルマン7世 102, 104-5, *105*
シャルルマーニュ 130, 154
上海 15, 220, 268, 286-88

シャンプラン，サミュエル・ド 236
ジャンボローニャ 137
周王朝 48
宗教改革 126, 129
十字軍 12, 89, 131, *132*, 156
周達観 102, 105
朱全忠 48
出版 96, 190
シュッピルリウマ 32
シュトース，ファイト 127, *128*
ジュリエット，ルイ 254
巡礼地 *59*, 82, *89*, 102; →メッカ巡礼
ジョアン1世 156
章懐太子 *92*
商人 72, 91, 94, 100, 117, *121*, 124, 142, 151,
　165, 188, 197, 224
ジョージ5世（英国王）246
ジョット 134
ジョーンズ，イニゴ 195, *197*
ジョンソン，サミュエル 220
シルクロード 35, 117, 118
シンガポール 15, 220, 266-69
シンクレア，アプトン 257
新古典主義 163; 建築様式 202, 206, 217, 218;
　彫刻 206, *206*
シンドラー，ルドルフ 261, *261*
新プラトン主義 53, 136
人文主義 134, 137, 157, 159, *160*
水道設備 58, 61, 64, 241, 259
スエズ運河 154, 226
過越し祭 57, 59
スコラリオス，ゲオルギオス 164
スーサ 35, *35*
スターリン，ヨシフ 211, 253
スタルク，フィリップ 285
スティーブンスン，ロバート・ルイス 217
ストックホルム 154, 200-2; ガムラスタン 200,
　201, *202*; 貴族館 *200*; トレクロノール 200,
　201, 202; ドロットニングホルム王宮 201; リ
　ッダルホルム教会 *202*
スペイン帝国 14; アメリカ大陸の征服 100,
　146, *146*, 147, 148, 150, 153, 192, 259
スペイン内戦 245, *245*
スミス，アダム 154, 217
スミソニアン，ジェームズ 241
スールヤヴァルマン2世 102
スレイマン大帝壮麗王 167
西安→長安
清教徒 195
青銅器時代 18, 22, 32, 44
聖ヨハネ，ダマスカスの 89
セーチェーニ，イストヴァン 234
セーヌ川 120, 122
セバスティアン王 157
セビーリャ 156
セプティミウス・セウェルス皇帝 86, *86*
戦国七雄時代 18, 48
セントローレンス川 236, *237*
センナケリブ 38, *39*, 40
楚 48
象牙 96, *96*
造船 130, 154, 156, 157, 188-89, 288
ソロン 44

【た行】
第一次世界大戦 235, 250
大学 100, 120, *120*, 122, 127, 128, *129*
大恐慌 252, 257
大航海時代 156
第二次世界大戦 209, 211, 253, 257, 261, 264,
　268, 270, 272
退廃芸術 252, *252*
タウデニ 142
タウト，ブルーノ *252*
ダーダネルス海峡 78
タブリーズ 172
ダブリン 154, 203-4; 王立病院 203; 議事堂
　204; ステフェンズグリーン 203; 税関 204; チ
　ャペル通り *204*; トリニティ・カレッジ 204,

300 索引

204; フェニックス・パーク 203; ヘンリエッタ・ストリート 203; メリオン・スクエア 204

ダマスカス 66, 82, *84*, 86–89, 93, 110, 117; スーク・アル゠タウィル 86; 大モスク *12*, *86*, *88*, 89, *89*, 96; モザイク画 89, *89*

ダレイオス大王 37

丹下健三 282, 285, *285*

ダンテ *135*

チェッリーニ, ベンヴェヌート 137

チェファルー 110

チェーホフ, アントン 224

チェンバーズ卿, ウィリアム 204

地図製作 137, 156

地中海 18, 42, 50, 78, 100, 130, 154, 165, 189

チマブーエ 134

チャイルド卿, フランシス 199

チャク・トク・イチャーク 75

チャーディン, ジャン 172

チャールズ 1 世（英国王）195, 197, 199

チャールズ 2 世（英国王）203

チャンドラー, レイモンド 261

長安 10, 66, 90–92, *90*, *92*, 118, 180; 漢 90

長江 *286*, 288

チンギス・ハン 118, 119

堤義明 285

ツルゲーネフ, ニコライ 223

ディアギレフ, セルゲイ 224

ティヴォリ 162

ティエテ川 276

ディオクレティアヌス帝 *50*

ティカル 10, 66, 72, 74–77; 王 *74*, 75–76; ピラミッド 74, *75*, *76*

ディクス, オットー 250

ディクソン, ウイリー 258

ティグリス川 18, 20, 34, 38, *66*, 93

ディケンズ, チャールズ 220, 230

ディー, ジョン 186

ティトス 57, 59

ディートリッヒ, マレーネ 250, *250*, 252

ティムール 100, 114, 117, *117*, 118, *118*, 119, *119*

ディラン, ボブ 274

鄭和 179

ティンタル 75

デゥラエウロポス 86

テオティワカン 10, 66, 69–73, *69*, 75, 77; ケツァルパパロトゥル *70*; シウダデラ 71; 太陽のピラミッド 66, *69*, 71; 月のピラミッド 66, *69*, 71; 羽のある蛇 *70*, 71; 翡翠 72

テオドシウス帝 86

テオフィルス帝 81

デカルト, ルネ 201, *201*

デ・クーニング, ウィレム 272

テージョ川 156, 158

テッシン, ニコデムス 201

鉄道 223, 224, *224*, 230, *231*, 232, 259; 新幹線 282; マグレブ 288

テノチティトラン 12, 150–53, *151*, 154; 創設 151; テンプロ・マヨール 150, 151, *151*, 153; モンテスマの宮殿 150, 153, *153*; →メキシコシティ

テーベ 10, *10*, 18, 26–30; 王墓 29–30; カルナック 26, *30*; 儀礼 26, 29, *26*, 30; 墓の壁画 29, *29*; ルクソール神殿 26, *26*, *29*, 30; →デル・アル゠バハリ、デル・エル゠マディーナ

テベレ川 61, 64

デミル, セシル・B 259

テームズ川 *12*, *197*, *198*, 231, *231*, 232

デモクラシー（民主政）45, *44*, 47, 238

デモステネス 47

デリー→オールドデリー

デル・アル゠バハリ 26, 29, *29*

デル・エル゠マディーナ 29, *29*

テンプル騎士団 121

天文学 18, 20, 35, 53, 66, *127*, 128, 199

トアレグ遊牧民 142, *142*

唐王朝 *12*, 66, 90, *91*, 92, *92*, 180

東京 15, 180, 220, 258, 281–85; 江戸城／皇

居 281, 282; 表参道 285, *285*; オリンピック（1964 年）282; 地震 281, *281*, 285; 新幹線 282; 新宿 282, *285*; 浅草寺 282, *282*, 285; ディオールビル 285, *285*; 丸の内 285; 代々木 282; 六本木 285

トゥドハリヤ 4 世 *33*

トゥホルスキー, クルト 252

徳川家康 180, *181*

都市計画 20, 23, 69, 192 →碁盤目状の区画

ドーシー, トーマス 257

図書館 40, 50, *93*, 94, 96, *140*, 142, 143, 164

ドーズ案 250

トトメス 3 世 29, *30*

ドナウ川 165, 234, 235, *235*

ドナテッロ 134

ドフトエフスキー, ヒョードル 210

杜甫 91

ドライサー, セオドア 257

トラテロルコ 151

ドラモンド, ジョージ 218

トラヤヌス帝 37, 43

トルヴァルセン, ベルテル 206, *206*

トルデシリャス条約 12

ドレイク, フランシス 158

トレチャコフ, パーヴェル 224, *225*

トロイ 18

トロント 15, 236

トンブクトゥ 12, 15, 100, 117, 140–43; カスバ要塞 142; サンコーレ・モスク 140, 143, *143*; 塩交易 *140*, 142; シディ・ヤハヤ・モスク 140; 書庫 *140*, 142, 143; ジンガリベリ・モスク 140

【な行】

ナイル デルタ 24, 112; 川 *10*, 18, 25, 30, 54, 114, 165

ナクベ 75

ナザレのイエス 57

ナーシィル（バグダード）95

ナジール・シャー 246

ナシール・ムハンマド（カイロ）*112*, 113–14

ナチス *250*, 252

ナボナッサル 35

ナボポラッサル 35

ナポリ 130

ナポレオン 3 世 14, 220, 226, *227*, 228

ナポレオン・ボナパルト 131, 213, 220, 222, 223, 226

ナルメル王 24

南京 176, 177

ニコライ 1 世（ツァーリ）209

ニコライ 2 世（ツァーリ）211

ニジェール川 140, 142

ニネヴェ 18, 38–40, *39*; イシュタル神殿 38, 40; クユンジュクの宮殿 38, 40; センナケリブの王宮 38, 40; 防御壁 38, *40*

ニューオリンズ 258

ニューデリー 15, 220, 246–49

ニュートン, アイザック 199

ニューヨーク 14, 15, 220, 255, 270–74; 移民 270, *271*; エリス島 *271*; エンパイアステートビル 270; 近代美術館 270, 272, *274*; グリニッジヴィレッジ 272, *272*, 274; 自由の女神像 270; 美術 270, 272; ブロードウェイ 270; マンハッタン 270

ニューロプ, マーティン 208

ヌビア 29, 30, 38, 54–55

ヌン・アルバレス・ペレイラ 156

ネヴァ川 209

ネヴィル, リチャード 279

ネブカドネザル 2 世 25, 34, *36*, 36–37, *37*

ネロ皇帝 59

ノイエ・ザッハリヒカイト（新即物主義）250

ノイトラ, リチャード 261, *261*

農耕 10, *10*, 18, 20, 48, 54

ノースウエスト会社 236

ノルマン人 109

【は行】

ハイナウ, フォン 234

バウハウス 250

パウルス 3 世ファルネーゼ教皇 162

バーカー, ロバート *219*

白居易 91

ハクスリー, オルダス 261

バグダード 20, 66, *66*, 89, 93–95, *93*, 96, 117; 円形都市計画 93, 95; 占領 *66*, 93, 95, *95*, 112; 図書館 *93*, 94; 内紛 93; マドラサ *94*, 95; モスク 94

バザルゲット, ジョセフ 231

バシレイオス 2 世 81

ハースドルフ, C・F 206

パッカー, サー・フランク 278

ハットゥシャ 18, 32–33; ライオン門 32, *33*

ハットゥシリ王 32

ハットン, ジェイムズ 218

パドヴァ 130

ハドソン湾会社 236

バーナム＆ルート（建築家）255

バビロン 18, 25, 34–37, 93; イシュタル門 36, *36*; エサギラ神殿 36, 37; カルデア人 35; 北の宮殿 36, 37; 「行列大路」36, 37; 「空中庭園」34, 37; 「夏の宮殿」36; ネブカドネザルの宮殿 36, *36*, 37; 「バベルの塔」36; ファイスティオンの火葬場 37; →ネブカドネザル

ハプスブルク家 14, 213, 234

バーブル 119, 168

バラダ川 86, *88*, 89

ハラッパ遺跡 22

パリ 14, 118, 209, 224; ヴェルサイユ 226, 229, 248; サントシャペル 121–22, *122*; シテ島 120, 121, 122, *123*, 228; 大学 120, *120*, 122; チュイルリー宮殿 226, 228; 中世 100, 120–23; 二月革命 215; ノートルダム大聖堂 123, *123*; 万博（1867 年）228, *229*, 255; 包囲（1871 年）229, *229*; ライトバンク 121, 123; ルーヴル（宮殿）*100*, 121,（美術館）226, 228, 229; レ・アール 122, 227; レフトバンク 122; ローマ人 120

バルセロナ 15, 220, 242–45; カタルーニャ人のアイデンティティ 243; サグラダ・ファミリア 242, *245*; スペイン内戦 245, *245*; バトリョ邸 242; 「悲劇の一週間」242, *245*; ミラ邸 243

バルト, ハインリヒ 140

バールベック 86

パルミラ 86

パレスティナ 18, 25

バレット, ウィリアム 272

バレ・リュス団 224

パレルモ 12, 109–11, *109*; 大聖堂 109; パラティーナ大聖堂 109, *110*

ハンザ同盟 *12*, 100, 124, *124*, 126, *127*, 200, 201

反宗教改革 162, 184

バーンズ, ロバート 154, 218

ハンセン, C・F 206, *208*

ハンニバル 42, 60

ハンブルク 126

ハンムラビ法典 35, *35*

東インド会社 172

ピサ 130, 131

ビザンティン／ビザンツ 帝国 14, 66, 78, 81, 89, 130, 134, 154; モザイク画 81, *81*, 89, *89*, 97, 110; →コンスタンティノポリス

ビスマルク, オットー・フォン 220

筆写 66

ヒッタイト人 18, 32, 35

ヒトラー, アドルフ 250, 252

ピープス, サミュエル 154, 195, 197

ヒューズ, ロバート 279

ヒューム, デイヴィッド 154, 217

ピュエッカレ 21

ピョートル大帝 14, 154, 202, 209, *209*, 212, *212*, 222

ピラト, ポンテオ 58

ビルイェル・ヤール 200

ビロード革命 184
ピントゥリッキオ 159
ピント、フェルナン・メンデス 176, 177
ファーガッソン、ロバート 218
フィオレンティーノ、フランシスコ 129
フィッツウィリアム家 203
フィリップ2世（フランス王） 121, 122
フィリップ4世（フランス王） 121
フィリップ、アーサー総督 278
フィレンツェ 100, 134-37; ヴェッキオ宮殿
　135; ヴェッキオ橋 137; シニョリーア広場
　136, 137; 大聖堂 134, 135
フィロン 53
フェニキア 25
ブエノスアイレス 15, 220, 228; タンゴ 264,
　264; フロリダ通り 264; 貿易 264
フェファット 26
フェリペ2世（スペイン王） 157-58
プーシキン、アレクサンドル 210, 222
富士山 285
フス、ヤン 184
フセイン、サダム　バビロンの宮殿 36, 37
武宗 92
ブタハ神 24, 25
ブダペスト 15, 220, 234-35; 鎖橋 234, 235; 城
　234
プーチン、ウラジーミル 212
仏教 22, 90, 92, 100, 102, 177; 大乗 102, 105
フック、ロバート 199, 199
プトレマイオス1世 50, 53
プトレマイオス2世 53
プトレマイオス、クラウディウス 53
フラ・アンジェリコ 134
ブラーエ、ティコ 186
プラティーナ、バルトロメオ 160
プラトン 45, 46, 136
プラハ 154, 184-86, 184, 201; ヴァーツラフ広
　場 184; 黄金の小路 184, 186; カレル大学 127;
　カレル橋 184, 184; スタレ・メスト（旧町）
　186; ノヴェ・メスト（新町） 184; プラハ城
　184, 186; 窓外投擲事件 184; マラーストラナ
　184
ブラマンテ 159, 159
フランクリン、ベンジャミン 236
フランコ将軍 245
フランス革命 190
フランソア1世（フランス王） 236
フランツ・ヨーゼフ1世 216, 234, 235
フリードリヒ大王 220
プリモ・デ・リベーラ総督 242
ブリュージュ 124
ブルーニ、レオナルド 134
ブルネッレスキ、フィリッポ 134, 135, 241
ブルーノ、ジョルダーノ 186
ブルフィンチ、チャールズ 239, 241
フレデリク5世（デンマーク王） 206
ブレヒト、ベルトルト 252, 261, 270
ブレーメン 126
フレンチ、ダニエル・チェスター 240, 241
プロティノス 53
プロテスタント 160, 182, 184, 195, 203
ブロンズィーノ 137
文王 90
文化大革命 286, 287
分離派 216, 216
米西戦争（1898-1902年） 242
ベイルート 86
ベーカー、ハーバート 246, 247, 248, 249
北京 102, 154, 176-79, 220; 紫禁城 12, 177,
　177, 178; 定期市 177, 179; 天壇 176, 177
ベスプッチ、アメリゴ 137
ペトラ 86
ペナン 268
ベニン 12, 100, 138-39; アースワーク 138; オ
　バ王朝 138; ブロンズ製 138, 139
ペピ1世のピラミッド 24
ペリクレス 46, 46
ベル、アルフォンゾ 260
ベルゲン 124

ペルジーノ 159, 162
ペルセポリス 172
ベルニエ、フランソワ 169
ベルニーニ、ジャン・ロレンツォ 162, 163,
　163
ベルベル、アニタ 250
ベルリン 15, 220, 224, 250-53; 映画 250, 250;
　壁 253, 253; キャバレー 250; ブリッツ集合
　住宅 252, 252
ベレスフォード、ジョン 204
ベレッチ、バルトロメオ 129
ベロー、ソール 257
ヘロデ王 57, 57, 58, 59
ヘロドトス 24, 25, 34, 35
ボアズキョイ（ボアスカレ） 32
墨子 48
ボスポラス海峡 66, 78, 164, 167, 169
ボスラ 88
ボッティチェッリ、サンドロ 136, 159, 162
ポトマック川 238, 239, 241
ホーホ、ピーテル・デ 154
ホラバート&ローシュ（建築家） 255
ボイル、ロバート 199
ボルダー・ダム（コロラド川） 261
ポルトガル 12, 156; →リスボン
ポロック、ジャクソン 270, 272, 272
香港 268, 288
ポントルモ、ヤコポ 137
ポンペイ 12
ポンペイ 58, 60
ポンペイウス（大） 57, 58, 60

【ま行】
マウントバッテン卿 248, 269
『マカーマート』（ハリーリー、1237年） 84,
　93
マザッチョ 134
マーシャル卿、ジョン 22
マッキャヴェッリ、ニッコロ 137
マディナ・アッサーラ 97
マドリッド 243, 258
マニエリスム 137
マヌエル1世 156
マネト 24
マムルーク朝 82, 86, 112-13, 112, 114, 115
マムーン 94
マーメット、デヴィッド 257
マモントフ家 224
マヤ 66, 69, 71, 72, 74, 74, 75
マラッカ 268
マリア・テレジア皇后 213
マルコ・ポーロ 117
マルマラ海 78
マンゴ・パーク 140
マンサ・ムーサ 140, 142, 142
マンスール 93
マン、トーマス 261
水の供給 114, 163, 167, 259; →運河、灌漑、
　水道設備
ミース・ファン・デル・ローエ 243, 252, 257
ミトラヒナ 24
三宅一生 285
ミラー、アーサー 270
ミラノ 130, 224
ミルトン、ジョン 195, 197
明王朝 176-79
ムアーウィア 82, 88-89
ムーオ、アンリ 102
ムガール帝国 119, 168-71, 172, 246
ムスタイーン 93
ムスタンツィル 95
ムハンマド（預言者） 82, 86, 88, 89, 172
ムムターズ、マハル 168, 169, 170
村上春樹 285
ムルホランド、ウィリアム 259
ムンディ、ジャック 280

メイヒュー、ヘンリー 230, 232
メキシコシティ 12, 14, 69, 150, 154, 192-
　94; 大広場（ソカロ） 150, 192, 193, 194; 大聖
　堂 100, 192, 194; →テノチティトラン
メグズ、モンゴメリー 240-41
メコン河 102, 105
メッカ 66, 82-84, 86, 88, 140, 164; カーバ 82,
　82, 84
メッカ巡礼（ハッジ） 82, 82, 84, 86, 140
メッテルニヒ宰相 215
メディチ家 130, 137; 教皇レオ10世 160; コジ
　モ 134, 135; ジュリアーノ 137; マリー 187;
　ロレンツォ 128, 136-37
メディナ 82, 86, 88, 112
メネス 24
メフメト2世 164, 165, 165
メルエンプタハ 25
メルボルン 15
メロエ 15, 18, 54-55;「王家の都」54-55; ピラ
　ミッド墳墓 54, 55
メロン、アンドリュー 241
メンジース、ロバート 278
メンチュヘテプ2世 26, 29
メンフィス 10, 18, 24-25, 26, 112
毛沢東 287, 288
モスクワ 209, 220, 222-24, 225; 赤い広場 222;
　救世主キリスト大聖堂 222, 224; クレムリン
　222, 224; 劇場広場 222; 鉄道 223, 224, 224;
　トレチャコフ美術館 224, 225; ナポレオン侵
　攻 222; 舞台美術 224; 貿易と産業 223-24
モーズリー、アルフレッド・パーシヴァル 75
モスル 38, 40
モテクソマ2世（モンテスマ） 150, 150, 153
モヘンジョ=ダロ 10, 18, 18, 22-23, 23; 大浴場
　22, 23
モロゾフ家 224
モントリオール 15, 220, 236-37; 毛皮貿易 236;
　港 237; ラシーン運河 236, 237
モンレアーレ 110, 111

【や行】
ヤショーヴァルマン1世 102
ヤムナー川 168, 169, 169, 170, 171, 171, 246
ヤルムークの戦い 88
ユスティニアヌス帝 66, 78, 81
輸送方法　河川 18, 20, 153, 169, 177, 178, 276;
　→運河、鉄道
ユダヤ人 53, 57, 58-59, 94, 96, 113, 122, 162,
　190, 197, 232, 234, 252; 難民 127, 156, 164
ユーフラテス川 18, 20, 32, 35, 86, 93
ユリウス2世教皇 159-60, 159, 160; 廟 159
ユリウス3世教皇 162
浴場 18, 22, 43, 64, 94, 104, 167
ヨーゼフ2世 213

【ら行】
ラクダのキャラバン 86, 143, 165
洛陽 49, 90, 90
ラシーン 236
ラストレッリ、フランコ・バルトロメオ 211
ラッチェンス、エドウィン 220, 246, 247, 247,
　248
ラッフルズ、トーマス・スタンフォード 266,
　266, 268
ラファエッロ 137, 160
ラムセス2世 24
ラモス・デ・アルベート 276
ラング、フリッツ 250, 252
ランファン、ピエール・シャルル 238, 239,
　240
リオデジャネイロ 258, 276
李思訓 92
リスボン 154, 156-58, 226; インド商務院 156;
　カルモ修道院 156; ギニア商務院 156; セル
　カ・フェルナンディーナ 156; ベレンの塔
　156, 157; 貿易 157, 158; 港 157-58; ユダヤ人
　156
リッピ、フィリッポ 134

李白 91
リフィー川 203
リャブシンスキー家 224
リューベック 12, 100, 124-26, *126*; ギルド（同業組合）124; 商人と交易 124, *124*
リンカーン，エイブラハム *240*, 240-41
臨淄 48-49, *48*
リンネ，カール・フォン 202
ルイ14世（フランス王）190, 226
ルクソール→テーベ
ルシーニョ，サンティアゴ 242
ルターの宗教改革 200
ルター，マルティン 160
ルッジェーロ1世 109
ルッジェーロ2世 109, *109*, 110
ルドルフ2世 154, *184*, 186, *186*
ルネサンス 129, 133, 134, 136, 154, 156, 186
ルーベンス，ペーテル・パウル 188
レオ1世教皇 66
レオナルド・ダ・ヴィンチ 137
レヤード，A・H 40
レンウィック，ジェームズ 241
レン，クリストファー 154, *198*, 199, *199*, 230, 241
レンブラント 188
ロサンゼルス 14, 220, 259-63; 移民 261, 263; ヴェネツィア 259; 映画産業 260, *260*; サンガブリエル伝道所 259; サンタモニカ 260; サンフランシスコ湾 259; 聖ヴィビアナ聖堂 259; ハリウッド 220, 259, *260*, 261; ビヴァリーヒルズ 260; ミラクルマイル 260; ピコハウス 259; 輸送システム 259, 263, *263*; 旅行文化 260
ロスコ，マーク 270, 272
ロタール遺跡 22
ロック，ジョン 199
ロバートソン，ウィリアム 217
ロバートソン，ジェフリー 279
ローマ 66, 78, 209; アウグストゥスのフォルム 64; カストール神殿 61; カピトリヌスの丘 60, 162; カール5世による劫略 160, 162; カンプスマルティウス 61, 64; 教皇 159, 160; キルクス・マキシムス 60; コロッセウム 64; サンピエトロ大聖堂 *159*, 160, *160*, 162, *162*, 163, *163*; ジェス教会 162; システィーナ礼拝堂 159, 160, 162, *162*; 聖ペトロの墓 159; 帝国 10, 30, 42, 43, 55, 57, 60-64; バチカン図書館 159, *160*; パラティヌスの丘 60, *61*, 64; パンテオン神殿 *160*; フォルム 60, *61*; ポンペイウス劇場 60, *60*; マルケルス劇場 64; ルネサンス 154, 159-63; →ローマ帝国
ローマ教皇 66, *120*, 121, 122, 130, 134, 154, 159, 160
ローマ帝国 12, 54, 55, 58, 60, 78, 130, 154, 159
ロンドン 12, *12*, 14, 124, 128, 154, 158, 195-99, 220, 226, 230-32; ヴィクトリア時代 230-31; 疫病 154; 王立協会 199; グリニッジ王立病院 199; グローブ座 195; 下水 195, 231, *232*; コヴェントガーデン 197, *197*; サウスケンジントン 230; シティ 195, 232; 証券取引 232; セントパンクラス駅 230; セントポール大聖堂（旧）*197*, 199, *198*, 199, 231, *231*, *232*; 大火災（1666年）*12*, 154, 195, 199, *199*, 232; チェルシー王立病院 199; 鉄道 230, *231*, 232; テンプルバー 199; ハマースミス橋 234; バンケティングハウス（ホワイトホール）195-97; 万博（1851年）255; ビーヴィスマークス・シナゴーク 197

【わ行】
ワーグナー，オットー 216
ワシントン，ジョージ 238, *238*
ワシントンDC 15, 220, 238-41, *239*, 246, 255, 270, 271; アダムスモーガン 238, 241; アフリカ系アメリカ人 238; ヴェトナム戦争戦没者慰霊碑 241; 英国による焼き打ち 239, *240*; 議会 238, 241; コルコラン美術館 241; ジョージタウン 239; フリーア美術館 241; ペンシルヴァニア・アヴェニュー 238; ホワイトハウス 241; モール 240, *241*; リンカーン記念館 240, 241; 連邦議会議事堂 239, *239*, 241
ワリード 89

訳者あとがき

　本書は、ロンドンの Thames & Hudson 社より 2009 年に出版された *THE GREAT CITIES IN HISTORY* の全訳です。

　古代から現代においてめざましい繁栄の時代を築き、世界に大きな影響をもたらした 70 の大都市（うちロンドンとパリは 2 回）を取りあげ、編者のジョン・ジュリアス・ノーウィッチはじめ 50 余名の執筆者がそれぞれの都市を担当し、専門的な解説をおこなっています。

　計 290 枚もの写真や図（うち 244 枚がカラー）は、古代遺跡、復元図、王の彫像や壁画、工芸品、都市計画図、古文書、そして現存する宮殿やキリスト教会、モスクなどの建築物まで多岐にわたり、本文の理解を助け、とくにページの両面を使った大きな写真は臨場感にあふれ、想像をかきたてます。見覚えがある写真も少なくありませんが、本文を学んだあとに見ると印象が大きく変わります——有名なローマのアウグストゥス帝の影像に最高権力者のいだいた「夢」を思い、エルサレムの巨大な神殿跡やサマルカンドの壮麗なモスクには都の「栄華と衰亡」について考えずにはいられません。

　この本の斬新さは、日本史と世界史といった分け方や思想史とか美術史のくくりでとらえず、めざましい繁栄の時代を築いた個々の都市にかんする歴史を論じていることにあります。また、古代の伝説にしろ近世の史実にしろ、都市を創成し繁栄に導いた英雄的な支配者の横顔や、その都市をめぐる国家間の戦争や歴史上のできごとの説明に、具体的な数字やエピソードが随所に取りこまれ、私たちにとって初耳のエピソードが多いことや、欧米の研究者の視点が感じられることも本書の大きな魅力です。

　編者による序に、

　歴史好きの読者にとって、この本はまさに都市の歴史を描いたものといえる。しかし、何にもまして「人々」にかんする書であり（…）それぞれの都市の住民はいったいどんな仕事や遊びをして暮らしていたか、どのような信仰を持っていたか、そして近接した家どうしが日々どのように調和と強調をはかって過ごしていたか？　こうしたことがらは、都市に生きる人々自身が、何世紀もかけて挑みつづけてきた最大の社会的テーマにほかならない。

　とあり、50 人余の専門家が論じる 70 の歴史都市の内容は、文章表現も展開のしかたも当然異なるにもかかわらず、この趣旨はほぼ一貫しています。本書が全体を通じてもっとも問いたいことなのでしょう。

　私は本書の翻訳に携われたおかげで、中世にサハラ砂漠で繁栄した都トンブクトゥに出会いました。この都の住民は隊商に出かけたついでに持ち帰った膨大な写本類を私設の書庫に保管し、子孫が今も門外不出を守っているそうです。ところが、テレビ報道でトンブクトゥが最近の紛争に巻きこまれたことを知って驚きました。あの簡素で奇抜なモスクが破損したのは残念ですが、誇りたかい住民のことも気がかりです。終わりに、「都市」とは奇跡にひとしい存在だということを、本書から教わった気がいたします。

2016 年 5 月　福井正子

【著者】
ジョン・ジュリアス・ノーウィッチ（John Julius Norwich）
ノルマン朝シチリア王国、ヴェネツィア、ビザンツ帝国や地中海に関する歴史書を多数執筆。1970年より小冊子 A Christmas Cracker の編集を始め、2008年に自伝 Trying to Please を出版。Sicily : A Short History, from the Greeks to Cosa Nostra、A History of Venice、Byzantium、The Popes : A History、The Middle Sea : A History of the Mediterranean などの著書があり、数々の歴史ドキュメンタリー番組も製作。Colnaghi（ロンドンの老舗画廊）前責任者、ヴェニス救済基金名誉会長および英国ワールドモニュメント財団名誉理事。

【訳者】
福井正子（ふくい　まさこ）
京都大学農学部卒業。著書に『キリントの歌』、訳書にS・ウォルマン『家庭の三つの資源—時間・情報・アイデンティティ』（河出書房新社）、C・モズレイ『世界民族言語地図』、B・センテンス『世界の木工文化図鑑』（以上、東洋書林）、S・ペイン『世界のお守り・魔よけ文化図鑑』、P・ギボン『世界の少数民族文化図鑑』、C・ルグラン『少数民族の染織文化図鑑』（以上、柊風舎）など多数。

ビジュアル版
世界の歴史都市
世界史を彩った都の物語

2016年9月15日　第1刷

編　者　　ジョン・ジュリアス・ノーウィッチ
訳　者　　福井正子
装　丁　　古村奈々
発行者　　伊藤甫律
発行所　　株式会社　柊風舎

〒161-0034　東京都新宿区上落合 1-29-7 ムサシヤビル 5F
TEL 03-5337-3299／FAX 03-5337-3290

日本語版組版／明光社印刷所

ISBN978-4-86498-039-5
Japanese text © Masako Fukui